기독교윤리학

Bible and Ethics in the Christian Life, Revised and Expanded Edition
by Bruce C. Birch and Larry L. Rasmussion ⓒ 1988 Fortress Press
411 Washington Ave N, 3rd Floor
Minneapolis, MN 55401, USA

ⓒ 2025 Bruce C. Birch and Larry L. Rasmussion
All rights reserved.
Publication Date: December, 26, 2025
Previously published by Fortress Press, 1988

This Korean Edition was published by arrangement with Editions Fortress Press through rMaeng2
Agency Co., Seoul.

기독교윤리학
— 성경, 윤리 그리고 그리스도인의 삶

2025년 12월 26일 처음 펴냄

지은이   브루스 C. 버치, 래리 L. 라스무센
옮긴이   김성호
펴낸이   김영호
펴낸곳   도서출판 동연
등 록   1-1383호(1992. 6. 12)
주 소   서울시 마포구 월드컵로 163-3
전화/팩스   02-335-2630 / 02-335-2640
이메일   yh4321@gmail.com
인스타그램   instagram.com/dongyeon/press

Copyright ⓒ 도서출판 동연(Dong Yeon Press), 2025

ISBN 978-89-6447-729-8 93230

이 번역서는 2025년도 서울신학대학교 교내연구비 지원에 의한 것임.

기독교윤리학

**성경, 윤리
그리고
그리스도인의 삶**

브루스 C. 버치, 래리 L. 라스무센 지음
김성호 옮김

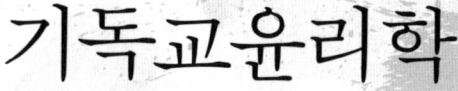

Bible & Ethics
in the Christian Life

동연

사랑하는 아내, 오르가니스트 황인영 사모에게
이 번역서를 드립니다.

옮긴이의 글

　　브루스 C. 버치(Bruce C. Birch)와 래리 L. 라스무센(Larry L. Rasmussen)
의 *Bible & Ethics in the Christian Life*는 1976년 초판 출간 이후 성경
연구와 기독교윤리를 통합적으로 다룬 대표적 저작으로 평가받아 왔다.
이번 번역은 1988년에 출간된 개정증보판(1989년 발행본)을 저본으로 삼았
다. 초판 이후 10여 년 동안 성경 신학과 윤리학 전반에서 이뤄진 급격한
발전을 반영하여, 두 저자는 도덕적 행위 능력, 성품 형성, 사회 구조, 의사
결정 등 기독교윤리의 핵심 개념들을 대폭 확장해 제시했다.

　　나는 독일에서 디트리히 본회퍼(Dietrich Bonhoeffer)의 삶과 신학을 연
구했고, 귀국 후에는 교회 이해와 제자도를 중심으로 본회퍼 신학을 계속
다루어 왔다. 그러나 기독교윤리를 전공한다고 말하면서도 "기독교윤리는
어디에서 시작되는가, 성경은 윤리에 대해 어떤 권위를 갖는가"라는 근본
적인 물음은 마음속에 늘 남아 있었다. 이 책은 그 질문에 대해 깊고 균형
있는 신학적 토대를 제공해 주었고, 번역 과정은 기독교윤리를 성경 위에
다시 정초하는 귀한 배움의 시간이 되었다.

　　저자들이 이 책을 통해 말하고자 하는 핵심은 분명하다. 기독교윤리는
공동체 윤리이며, 성경은 이 공동체의 정체성을 형성하고 유지하는 결정
적 문서라는 점이다. 성경은 단순한 규범집이 아니라 "교회라 불리는 공동
체의 특별한 정체성을 확립하는 이야기"(246)이며, 그렇기 때문에 기독교
윤리의 모든 사유에서 성경은 "단일하고 필수적인 참조점"(247-248)이 된

다. 성경은 공동체의 성품을 형성하고, 도덕적 행위를 이끌며, 시대 속에서 책임 있는 결정을 가능하게 하는 살아 있는 권위이다.

특히 저자들은 "기본적인 기독교적 성품의 형성 없이 내린 결정은 공허하고 무의미하다"(299)고 강조한다. 사회적, 기술적 환경이 빠르게 변화해 가는 시대일수록, 기독교윤리는 다시 성경 이야기와 신앙 공동체의 삶에서 출발해야 한다는 사실이 더욱 분명해진다. 본회퍼의 교회 이해를 연구해 온 나로서는 "기독교윤리의 본질이 공동체 윤리"(55, 244-245, 312)라는 이 책의 주장에 깊이 공감한다. 성경은 교회 공동체의 삶을 통해 의미를 드러내고, 교회 공동체는 성경을 통해 자신의 정체성과 소명을 새롭게 한다. 이 책은 이러한 상호 관계의 구조를 매우 균형 있게 보여주는 귀중한 저작이다.

이 번역은 동연의 식구들, 많은 제자들, 안성두 대사님 그리고 사랑하는 가족이 함께 빚어낸 결과물이다.

이번 번역서의 출판을 허락해 주신 동연의 김영호 대표님, 이영주 선생님 그리고 편집에 정성을 기울여 주신 박현주 편집부장님과 출판되기까지 여러모로 도움을 주신 모든 분께 깊이 감사드린다. 또한 2024년도 2학기와 2025년도 1학기에 수업을 함께했던 서울신학대학교 신학대학원 학생들과 박사과정생들이 보여준 헌신도 잊을 수 없다. 특히 번역을 위한 준비 과정에서 꾸준히 수고를 아끼지 않은 김선미 전도사에게 깊은 감사를 전한다. 2021년도 2학기부터 동행해 온 안성두 대사님께도 특별한 감사를 드리고 싶다. 현재 2025년 2학기 서울신학대학교 박사과정에서 기독교윤리와 디트리히 본회퍼를 연구하고 있는 대사님은 나의 학문적 동료이자 인생의 멘토이다. 오랜 시간 번역 스터디를 함께하며 번역의 여러 부분을 세심하게 검토해 주셨고 큰 도움을 주셨다.

이어 가족에게도 감사의 마음을 전한다. 늘 보이지 않는 자리에서 나의 학문적 여정을 든든하게 지지해 준 아내이자 내게는 최고의 오르가니스트인 황인영 사모에게 깊은 감사를 드린다. 아내는 유학을 마치고 귀국한 뒤, 내가 교수로 임용되기까지 12년 7개월간의 시간강사 시절을 한결같이 함께해 준 사람이기도 하다. 또한 언제나 끊임없이 기도하며 나의 길을 지지해 왔고, 최근에는 창세기부터 요한계시록까지 이어지는 한글 성경 전체 필사를 마무리했다. 손목이 아파도 "하나님께서 함께 쓰고 계신 것 같다"고 말하던 그 신앙 고백의 순간을 잊을 수 없다. 최근 몇 년간 아빠의 늦은 귀가에도 밝고 건강하게 자라 준 예진이와 예인이에게도 깊이 감사한다. 더불어 새벽마다 아들을 위해 평생 기도해 오신 부모님 김현장 장로님과 우덕희 권사님 그리고 장인·장모님께도 깊은 감사의 마음을 전한다. 네 분의 기도 덕분에 우리 가족의 어제와 오늘 그리고 내일이 있음을 고백한다.

부족한 제자를 학문적으로 이끌어 주신 존경하는 스승님들, 황덕형 총장님, 윤철원 교수님, 최인식 교수님, 정병식 교수님께도 깊이 감사드린다. 서울신학대학교에서 함께 사역하고 있는 선후배 교수님들 그리고 신학과 신앙, 삶의 자리를 진지하게 고민하는 모든 이와 이 책의 기독교윤리학적 통찰을 나누며 그 의미를 우리의 공동체와 사역 속에서 함께 펼쳐 가기를 기도한다.

이 번역서를 읽는 이들이 성경과 윤리의 관계를 새롭게 조명하고, 변화하는 시대 속에서도 기독교윤리를 성경적 기초 위에서 굳건히 세워 갈 수 있는 통찰을 얻기를 바란다. 아울러 성경이 단순한 정보나 규범의 집합이 아니라 구약과 신약을 통틀어 하나님께서 일하시고 그의 백성이 응답해 온 '하나님의 이야기'(God's story, 102-104)가 예수 그리스도 안에서 온전히 드러나며 교회 공동체의 성품과 삶을 형성하는 살아 있는 이야기임을 다시금 발견하게 되기를 기대한다.

2025년 늦가을, 서울신학대학교 연구실에서
성경과 윤리, 그리스도인의 삶을 생각하며
역자 김성호

개정판 머리말

이 책의 초판이 출판됐을 때, 그 목적은 성경 연구와 기독교윤리 사이의 간극을 메우는 것이었다. 이 두 분야를 체계적으로 연결하는 자료들은 거의 존재하지 않았으며, 대부분은 단지 논문 길이에 불과했다.

불과 10년 만에 상황은 극적으로 변했다. 수많은 뛰어난 연구들이 등장했다.[1] 학제 간 연구를 장려하려는 초판의 원래 목적은 대체로 달성됐다.

그러나 우리가 예상하지 못했던 것은 초판이 수업 교재로 널리 활용되었다는 점이다. 그것은 책의 원래 목적은 아니었지만 매우 기쁜 일이었다. 그 반응은 윤리학 선생님들에 의해 오랫동안 인식된 상황, 즉 기본적인 기독교의 도덕 개념들과 기독교적인 윤리적 삶의 가장 중요한 원천들 모두를 다루는, 학문적이지만 비전문적인 저작이 거의 존재하지 않는다는 상황을 강조한다. 이 개정판은 바로 그러한 기본 교재로서 작성되었다.

변경 사항들과 추가 사항들이 많다. 우리는 특히 기독교윤리의 기본적인 작동 개념들에 대한 부분들을 확장했다. 도덕성(morality)이라는 어휘에 관한('도덕적 삶의 궤적 따라가기', Charting the Moral Life), 의사결정에 관한 그리고 성품과 사회 구조에 관한 새로운 장들이 있다. 도덕적 삶에서 성경의 권위와 용법 그리고 신앙 공동체의 역할에 대한 논의를 새롭게 다뤘고 확장했다. 시대에 뒤떨어진 자료들을 삭제했으며, 최근의 논의와 사건에 의해 영향을 받은 초판의 모든 그러한 부분을 수정했다. 성경의 자료들과 기독교윤리 모두에 대한 공통의 주제로서 공동체와 공동체의 역학뿐만이 아니라 도덕적 행위 능력을 강조하고 발전시켰다. 추가적인 연구에 도움이 될 문헌을 인용한 미주를 제공했고 또 참고문헌뿐만이 아니라 색인도 포함했다.

그렇다면 우리의 의도는 여러 환경, 즉 단과대학, 종합대학, 신학교에서의 기독교윤리학 안에 있는 기본적인 과정들, 성경과 윤리의 관계를 직접적으로 다루는 과정들과 독립적인 연구 그리고 기독교적이고 윤리적인 삶에 관한 교회 연구 모임들을 위해 적절한 교재를 제공하는 것이다.

이 개정판을 대신하여 일일이 나열할 수 없는 많은 분께 감사드린다. 대부분은 10년 넘게 초판에 대한 그들의 반응으로 기여했다. 다른 분들은 새로운 자료들을 읽고 응답했다. 칼라 마이어(Carla Meier), 엘리자베스 바운즈(Elizabeth Bounds), 데이비드 홉킨스(David Hopkins)는 선별된 장들에 대해 유익한 의견을 제공했다. 데이비드 거쉬(David Gushee)는 전체 원고를 비판적인 시각으로 읽었을 뿐만 아니라 연구 보조자로서 다른 과제들을 수행했다. 마사 린드버그 만(Martha Lindberg Mann)은 모든 페이지를 세심하게 편집했다. 루시 풀러턴(Lucy Fullerton)은 참고문헌과 성경의 참조들에 대한 색인을 준비했다. 우리는 모두에게 신세를 졌으며 또 감사하다.

서문

춤의 의미는 춤을 추는 것 안에 있다. 기독교적인 삶의 의미는 기독교적인 삶을 사는 것 안에 있다. 어떤 시점에 우리 자신이 춤을 추거나 춤에 대한 이해가 우리로 하여금 다른 사람의 춤을 즐기도록 하지 않는다면, 춤에 관해 이야기하거나 춤에 대한 교육을 받을 이유는 거의 없다. 마찬가지로 기독교적인 삶에 대한 논의가 기독교적인 삶에 대한 우리의 삶이나 그렇게 하는 사람들에 대한 우리의 이해를 증진시키지 않는다면, 기독교적인 삶에 대하여 논의할 이유는 거의 없다.

이 책은 기독교적인 윤리적 삶에 관한 것이다. 이것은 그것을 대신할 수도, 실행할 수도 없다. 이 책의 목적은 그것에 대한 이해를 증진시키고 자신들을 위해 기독교적인 도덕적 삶, 즉 춤을 '추는 것'을 선택한 사람들을 위한 것이다.

도덕적 삶은 처음부터 유대교와 기독교 신앙의 중심에 있었다. 신앙 공동체들은 항상 그들의 구성원이 어떤 종류의 사람이 되어야 하는지 그리고 어떻게 행동해야 하는지에 대한 문제와 씨름해 왔다. 그들은 끊임없이 일상적인 일들 속에서 하나님에 대한 신실한 응답을 추구했다. 그리고 삶이 어떠해야 하는지에 대한 비전에 맞추어 삶을 형성하고자 지속적으로 노력해 왔다.

이 가운데 성경은 기독교적인 윤리적 삶을 위한 헌장(charter) 문서로 여겨져 왔다. 성경의 내용들은 성품과 행위를 형성하고 지침과 권위를 제공하기 위해 되풀이해서 요구되었다. 깨달음을 추구하며 세대마다 자신의 도덕적 숙고들을 성경적 공동체의 투쟁 및 이야기와 관련시키려고 노력해 왔다. 기독교적인 삶에서 의무, 미덕, 가치 또는 비전에 관한 논의는 성경에 대한 참조 없이 멀리까지 전해지지 않는다.

기독교윤리와 성경의 학문은 연구의 분야로서 기독교적 성찰 속에서 특별한 책무를 지닌다. 그것들은 신앙의 근본 문서인 성경과 일상생활에서의 신앙 표현 사이의 거리를 신앙 공동체가 횡단하는 것을 돕는 데 가장 직접적으로 요구된다. 두 분야를 연구하는 이들이 평신도든 전문가든, 서로가 다른 쪽이 중요하다고 주장하는 것은 옳다.

그러나 성경과 윤리가 어떻게 적합하게 연결되는지는 결코 명확하지 않다. 분명한 것은 단순한 문제가 아니라는 점이다. 이 책에서 우리의 목표는 복잡성을 존중하면서 관계에 관한 명확성을 성취하는 것이다.

이러한 목표를 달성하는 것은 주제가 성경과 윤리일 때마다 변함없이 등장하는 다음과 같은 핵심적인 한 묶음의 질문들을 수반한다:

성경은 기독교의 윤리에 대해 어떤 종류의 권위인가?

성경의 자료들은 어떤 시점에 그리고 도덕적 삶에서 어떤 목적을 위해 적절하며 영향력 있는 역할을 하는가?

도덕적 삶에서 각각 다른 유형의 성경적 자료들은 어떻게 기능해야 하는가? 그것들은 어떻게 가용하게 되며 적절하게 사용되는가?

무엇이 '도덕적 삶'을 구성하며, 기독교윤리의 기본 범주, 요소 그리고 과제는 무엇인가? 어떤 결정적인 지점에서 기독교의 윤리는 성경의 자료들을 의존하며, 어떤 목적을 위해서인가?

도덕적 삶에서 신앙 공동체의 역할은 무엇인가? 특히 교회에서 도덕적 성품과 행위를 형성하기 위한 성경의 다양한 용법은 무엇인가?

요약하자면, 우리는 기독교윤리에서 성경의 사용과 권위에 관한 한 묶음의 반복되며 결정적인 문제들을 다루기 위해 노력한다. 도덕적인 삶 자체와 그것의 구성 요소 및 범위에 관한 명확성을 제공하는 방식으로 그렇게 하기를 희망한다. 이 책은 기독교적인 윤리적 삶과 그 속에서 성경의 형성적이고 규범적인 위치에 관한 것이다.

차 례

1장

합의 및 질문

성서학자들과 윤리학자들이 똑같이 가지고 있는 중요한 두 개의 합의가 존재한다.

첫째는 "기독교윤리가 성서 윤리와 동일하지 않다"라는 말로 가장 간결하게 표현될 수 있다. 한 가지 확실한 이유는 성서의 공동체들이 오늘날 우리의 삶을 형성하는 몇 가지 도덕적 문제와 역사의 힘에 직면하지 않았다는 점이다.

새로운 힘, 새로운 선택들

1973년 스탠리 코헨(Stanley Cohen)과 허버트 보이어(Herbert Boyer)는 한 미생물의 유전물질을 다른 것에 붙여서 이전에 존재하지 않았던 어떠한 생명을 창조했다. 1953년 제임스 왓슨(James Watson)과 프랜시스 크릭(Francis Crick)은 DNA(디옥시리보핵산), 즉 모든 생명체의 유전적인 청사진을 전달하는 이중 나선 구조의 화학적 배열을 규명했다. 1987년 미국 특허청은 새로운 생명체에 대한 특허를 미생물로부터 [새로운] 포유류를 포함하는 고등 생명체까지 확장할 수 있다고 결정했다.[1] 1988년 특허청은, 새로운 동물 형태에 대한 특허를 보유한 회사가 농부들에게 동물들과 그 새끼들에 대해 각 특허의 17년의 유효기간 동안 특허권 사용료를 지불하라고 요구할 수 있다고 결정했다.[2]

성서 공동체의 고대 민족들은 생명 자체를 만들어 내는 요소를 조작할 수 있는 지식과 능력을 소유하지 않았다. 유전자 코드를 '해독하고' 우리 자신을 새로운 생명체를 창조하도록 위치시켰던 것은 바로 우리다. '세포 공학', '유전자 결합' 그리고 '유전 상담'은 '생명공학'과 '생명윤리학'과 마찬가지로 인간의 책임에 대한 사전의 새로운 표제어들이다. 아직 걸음 마 단계이지만 이들은 엄청난 잠재력을 품고 있는 새로운 창조물이다. 인간 힘의 모든 증대와 마찬가지로, 이들은 필연적인 도덕적 책임을 수반한다.

또한 성서의 고대 민족들은 핵 방아쇠나 우리가 알고 있는 것과 같이 생명을 종식시키지는 않더라도 근본적으로 변화시킬 충분한 파괴력에 손 대지 않았다. '핵분열'과 '핵융합'은 '전략 미사일'과 우주에서의 '전략 방어 구상'과 마찬가지로 우리의 어휘에 최근에 추가된 것들이다. 그것들은 성서적 세계를 당황하게 할 법한 발전을 특정하는데, 이는 엄연한 역사적 사실로서 그러한 능력들이 20세기에 들어서기까지 존재하지 않았기 때문이다. 바로 미래 세대의 존재 가능성에 대한 도덕적 책임을 지는 것은 우리가 아직 완전히 받아들이지 못한 새로운 도덕적 사실이다.[3] 지금까지 인간은 자기의 행동이 아무리 파괴적이라고 해도 생명은 계속될 것이라고 단순히 가정했다. 성서의 공동체를 포함한 그들은 우주적인 '창조를 파괴하는 자들'(un-Creators)이 될 수 없었다. 그러나 오늘날 미래를, 어떤 미래라도 구하는 것은 인간의 선택이다. 대량 파괴의 광범위한 파도 속에서 국경은 무의미해지고, 결국 어느 곳도 안전하지 않다.

'산성비'는 자연환경에 대한 증대된 인간의 영향을 시사하는 또 다른 새로운 용어다. 우리의 세대와 이후의 세대는 더 이상 이전의 무수한 세대들처럼 "결코 자연이 소진되지 않는다"고 가정할 수 없다. [이 구절은 제라드 맨리 홉킨스(Gerard Manley Hopkins, S. J.)의 시 <하나님의 장엄함>(God's Grandeur)에서 나온 것이다.] 확실히 자연은 놀라울 정도로 풍요롭고 회복력이 있다. 그럼에도 자연의 작품들이 파괴될 수 있다는 것은 진실이다. 현재 50억 명을 넘어서는 인구는 환경의 수용능력(carrying capacity)에 맞서며 매우 강하게 압박하고 있다. '수용능력'은 그 자체로 우리의 어휘에서 새로운 어구이다.

인간 본성 안에는 광대하게 뻗어 있는 시간과 문화에 걸쳐 우리 모두를 연결하는 많은 것들이 있고, 시대에서 시대로 그 길을 헤쳐 나온 많은 도덕적 지혜와 어리석음이 있지만, 오늘날의 기독교윤리가 결코 성서적 윤리의 지평에 등장하지 않았던 도덕적 질문들 가운데 길을 찾아야 한다는 점은 부인할 수 없다. 윤리가 전례 없는 도덕적 문제들을 포함할 때, 기독교윤리는 성서의 윤리와 동의어가 아니게 된다. 둘을 동일시할 수 없는 다른 이유가 있다.

다른 측면

도덕적 문제는 기본적인 윤곽에서 거의 똑같이 남아 있지만, 상황이 너무나 변화되어 성경적 대응이 더 이상 적용되지 않는다. 기아와 굶주림은 이러한 간단한 점을 지적하는 참혹한 현실이다. 고대 세계 사람들은 지금의 사람들과 정확히 똑같은 방식으로 굶주렸다. 세포는 그때도 지금과 같이 생리학적 쇠퇴의 고통스러운 과정 안에서 죽었다. 그러나 우리 시대에 기아와 굶주림의 원인을 다루는 것은 크게 다르다. 그 원인은 날씨의 변덕 때문이라기보다는 구성된 인간 현실로서의 빈곤 때문이다. 대부분의 굶주린 사람들은 음식을 구할 수 없기 때문이 아니라 가난하기 때문이다. 그리고 가난의 원인을 추적하는 것은 성서 세계의 가난하고 굶주린 사람들이 알고 있는 어떤 것보다 더 복잡하고 광범위한 한 묶음의 지방적이고, 지역적이며, 국제적인 무역, 금융 그리고 기타 경제적, 정치적 조합으로 이어진다. 기아에 대응하는 기본적인 도덕적 문제는 여전히 남아 있다. 그러나 상황이 크게 변했다. 그러므로 대응의 성격 역시 달라져야 한다.

역사적 신앙

기독교윤리와 성서적인 윤리를 동일시할 수 없는 또 다른 이유는 신앙의 본질에서 비롯된다. 유대교와 기독교는 자신들이 역사적인 종교라고 주장한다. 그들은 세계 종교들 가운데 거의 비할 데 없는 활기를 가지고 그렇게 한다. 그들이 예배하는 하나님은 특정한 시간과 장소를 점유하는 유한하고 역사적인 존재로서 우리의 성품에 적합한 방식으로 임재하시는 역사의 하나님이다. 이것은 성육신에 대한 기독교의 가르침과 하나님이 임마누엘(하나님이 우리와 함께하심)이심을 주장하는 유대교의 주장의 힘이다. 더욱이 유대교와 기독교의 성경 자체는 다양한 상황 속에서 자기들의 구체적이고 종종 독특한 순간을 위한 '주님으로부터의 말씀'을 분별하고자 했던 다양한 신앙 공동체의 기록들이다. 이것들은 시간을 초월한 실재가 아니라 역사적인 민족, 장소, 사건에 대한 성서이다. 이후의 신조들 역시 "[그분은] 본디오 빌라도에게 고난을 받아 십자가에 못 박혀 죽으시고 장사되었다. 그리고 사흘 만에…"와 같이 이를 반영한다. 나아가 성서와 성서 이후의 공동체는 그들과 그들의 역사를 '움직이고 있는' 것으로 보았다. 이는 창조의 시작과 의와 화평이 '입 맞추고'(시 85:10) 모든 것을 포용할 때인 창조의 궁극적 성취 사이에 펼쳐진 거대한 드라마의 일부였다. 이러한 공동체들은 자신들의 하나님이 '살아 있는 자의 하나님'이며 '새 일을'(사 43:19) 행할 수 있는 분이라는 신념 속에서 자신들을 지탱했다.

성격상 역사적인 성서적 신앙은 많은 것을 의미하며, 특히 유대교와 기독교의 도덕성이 역사적으로 그리고 문화적으로 표현되고 영향 받았다는 것을 의미한다. 그러한 도덕성은 자신의 정체성을 훼손하지 않고서는 그 기반에서 분리될 수 없다. 이는 수 세기를 넘어 변하지 않는 내용으로 전달될 수 없으며, 각각 다른 상황과 각각 다른 삶의 방식과 사고방식에 전폭적으로 단순히 '적용될' 수 없다. 유대교와 기독교 신앙의 본질은 이를 반대한다. 모든 역사적 신앙이 그러하며, 그러한 신앙은 본질적으로 역동적이다. 근본적으로 성육신적인 이것은 시간과 장소의 세부 사항에 기꺼이 묶여 있다.

변화된 판단들

비록 우리가 성서적 윤리를 역사와 무관하게 접근했다고 하더라도, 이는 종종 결과를 단순히 거부할지도 모르는 무수히 많은 경우에 시도된다. 이것은 기독교윤리와 성서적 윤리가 더 이상 동일시될 수 없는 이유이다. 예를 들어 오늘날의 기독교윤리는 노예제도에 관한 용인된 성서적 규정이나 여성을 소유물로 취급하는 것에 대한 건전한 정당화를 찾지 못한다.

또한 일부 성서의 공동체가 저지른 모든 범죄에 대한 극형을 강요하지도 않는다. '시간' 그리고 훨씬 심각하고 고통스러운 도덕적 투쟁은 일부 '고대의 선'을 어리석은 것으로 만들었다.

한마디로 성서 공동체의 윤리는 우리에게 기독교윤리와 같지 않으며, 같을 수도 없다. 이 책이 다루는 문제가 발생하는 이유도 바로 그것들이 같지 않기 때문이다. 기독교윤리를 성서의 윤리로부터 구별하는 것은 이중 합의의 첫 번째 부분이다.

두 번째는 이것이다. 즉, 성서는 기독교윤리를 위해 어쨌든 형성적이고 규범적이다. 그러나 어떤 방식으로 형성적이고 규범적인가? 이 질문은 많은 답변을 불러일으켜 왔다. 그러나 그것들을 통해 성경은 다른 어떤 단일한 자료에 거의 부여되지 않는 권위를 지닌 헌장(charter) 문서에 합의의 실마리가 풀려 나간다.

형성적 지식과 권능

결국 성경은 기독교의 도덕적 충성의 궁극적 대상, 즉 성령 안에서 경험되는 예수 그리스도 안에 계신 하나님에 관한 주요 지식의 원천이다. 성경은 바로 신앙 공동체의 정체성의 중심인 이야기의 주요 원천이다.

더욱이 성경은 성경에 의해 영향을 받지 않는 사람들에게는 문제 되지 않을 도덕적 문제를 만들어 내는 힘을 지녀 왔다. 기독교인들이 기독교윤리에서 성경의 강력한 역할 때문에 무시할 수 없는 특정한 도덕적 문제는, 영향을 받지 않는 사람들은 무시할 수 있을지도 모른다. 카이사르에 대한 초기 기독교인들의 태도가 대표적인 예다. 카이사르의 군대에서 싸울지 여부는 로마제국 내의 대다수 남성에게 고통스러운 도덕적 문제가 아니었다. 그러나 기독교인들에게는 그랬다. 즉, 카이사르에게 주(lord)로서 바쳐지는 약간의 향(香, incense)으로 입증되는 로마에 대한 충성은 기독교인들에게 종교적이며 도덕적인 문제였다. 그들의 주장에 따르면, "예수는 우리의 카이사르이시며"(행 17:7), 하나님의 통치는 무기에 의해서가 아니라 '어린 양'의 승리에 의해서 성취된다(계 5장 이하). 실제로 시민 공동체에 대해서 [많은 그리스인과 로마인에게 그랬던 것과 같이] 도덕적 삶의 장소로서 신앙 공동체에 대한 유대인들과 기독교인들의 근본적인 충성은 성서 시대로부터 우리 시대까지 이어져 온 수많은 문제와 긴장을 일으켰다.[4] 그 결과는 기독교윤리를 위한 성경적 자료의 형성적 성격을 잘 보여주는 만성적인 교회-국가의 갈등이며, 이 경우는 도덕적 문제를 해결하기보다 만들어 내는 힘이다. "이웃을 자신과 같이 사랑하라"는 핵심적인 도덕적 명령에 관해서도 같은 힘으로 언급될 수 있는데, 특히 시험 사례가 원수일 때 그렇다![5]

강력한 권위로서 성경의 지위는 이후에 상세히 논의될 것이다. 지금으로서는 이 두 번째 합의 영역, 즉 성경은 기독교의 도덕적인 삶을 위해 형성적이고 규범적이라는 점에 주목하는 것으로 충분하다. 기독교윤리는 성경을 벗어나서는 기독교윤리가 아니다.

의제

만일 성서학자들과 기독교윤리학자들이 일반적으로 이 두 가지 사항, 즉 기독교윤리는 성서의 윤리와 동의어가 아니지만 성경은 기독교의 도덕적인 삶을 위한 형성적인 힘이라는 점에 동의한다면, 문제는 이렇게 된다.

즉, 현대 신앙 공동체에서 성경과 윤리의 관계는 이론과 실제에서 무엇인가? 이 질문은 이 책을 위한 의제를 구성하기 위해 합쳐지는 수많은 다른 질문을 낳는다.

1) 성경과 윤리를 연결하는 어떠한 포괄적이고 이해 가능한 방법이라도, 기독교윤리에 대한 이해를 명확히 해야 한다. 윤리의 관심 범위, 즉 그것의 탐구 분야들은 무엇인가? 어떤 범주와 절차가 그 작업을 계속해 나가는가? 도덕적 삶의 요소들과 그것들을 이해하고 다루기 위한 기독교윤리의 자원은 무엇인가?

기독교윤리가 도덕적 삶의 다양한 차원들을 명확히 했다면, 성경은 그것들을 어떻게 다루는가? 기독교의 도덕적인 삶의 어떤 지점에서 성서의 자료가 적절한 영향을 미치는가? 우리는 언제 그리고 어떤 목적을 위해 성경을 사용하는가? 적절한 성서 자료의 종류는 상황에 따라 달라지는가? 무엇이 적절한 시작점인가? 우리는 성서 자료로부터 시작하는가 혹은 도덕적 결정을 요구하는 어떤 문제로부터 시작하는가? 또는 다른 어떤 지점인가? 시작점은 어떤 차이를 만드는가? 도덕적 삶에서 각각 다른 상황을 위한 각각 다른 시작점이 있는가?

2) 도덕적 삶에서 그리고 성경과 윤리의 연관에서 신앙 공동체의 위치는 무엇인가? 도덕적인 형성의 공동체로서 신앙 공동체의 역할은 무엇인가? 공동체 삶의 어떤 지점에서 성경은 이러한 역할을 담당하게 되는가? 교회는 성경과 윤리에 대한 실제적인 연관에 어떻게 영향을 미치며, 어떻게 영향을 받는가?

3) 도덕적 의사결정을 위한 성경의 권위는 무엇인가? 비성경적인 통찰의 원천들은 얼마나 권위가 있는가? 어쨌든 성경의 권위는 다른 원천의 권위와 다른가? 이러한 다양한 원천들의 관계는 무엇인가? 어떤 통제 수단들이 사람들로 하여금 이미 가지고 있는 신념에 따라 성경적 그리고 비성경적 원천 사이에서 단순히 선택하는 것을 방지할 수 있는가?

4) 성경과 윤리를 연관시키는 데 대한 어떠한 적절한 방법이라도 성경에서 발견되는 자원의 본질을 논의하는 것뿐만 아니라 신앙 공동체가 현대의 문제를 다룰 때 이러한 자원을 어떻게 적절하게 활용할 수 있는지도 제시해야 한다. 어떤 종류의 주해(exegesis)가 이 작업에 적합한가? 성경 본문의 원래 형태, 맥락, 의미는 얼마나 중요한가? 모든 자료가 똑같이 중요한가? 모두 적절한가? 우리는 성경의 당혹스럽게 하는 다양한 관점들 사이에서 어떻게 선택하는가? 우리의 선택에 대한 통제 수단은 있는가? 성경 전체에 대한 하나의 성경적 인용의 관계는 무엇인가? 선택된 성경의 책들의 공식적인 모음, 즉 정경의 존재는 도덕적 문제에서 우리가 어떻게 성경을 사용하는지에 차이를 만드는가? 각각 다른 성경적 자원들의 본질은 그것들이 도덕적 삶과 연결될 수 있는 각각 다른 방식을 암시하는가? 그러한 방식들은 무엇인가?

이 책의 나머지 부분은 이러한 의제를 추구한다. 먼저 우리는 기독교 윤리에 대한 이해로 나아간다.

2장

공동체 윤리로서 기독교윤리

'공동체'(community)와 '도덕적 행위 능력'(moral agency)은 이 책 전반에 걸쳐 나오는 기독교윤리의 핵심 주제이다. 공동체는 사회적 관련성에 대한 동의어이며, 도덕적 행위 능력은 도덕적 피조물로서 우리 자신을 이해하는 것에 대한 동의어이다. 이번 장은 일반적인 도덕적 삶과 특별히 기독교윤리를 위한 공동체에 대한 논의를 시작한다. 다음 장은 보다 전문적인 용어인 '도덕적 행위 능력'을 소개한다.

공동체의 위치

우리가 분별하고 행할 수 있는 것은 다양한 공동체들에 대한 우리의 참여로부터 기인한다. 다양한 사회적 세계는 우리를 형성했고, 삶에서 우리의 전반적인 태도를 결정했으며, 특별한 문제들에 대한 우리의 구체적인 반응을 불러일으키기조차 했다. 우리가 타자를 떠나서는 인간이 아니고 인간이 될 수 없는 것처럼, 우리는 공동체를 떠나서는 홀로 우리를 위한 도덕적 통찰을 끌어모을 수 없고 끌어내지도 못한다. 그렇기 때문에 도덕성과 도덕적인 삶 혹은 다른 어떤 것에 관해 우리가 아는 모든 것은 최종적으로 공동체의 기업이며 성취이다. 개인들이 단순히 공동체의 복제물이 아니라 독특하며 그들의 공동체의 도덕적 수준을 능가할 수도 있다는 것은 사실이지만, 가장 사적인 결정과 성취조차도 우리의 사회적 경험의 결과이며, 그 경험을 떠나서는 존재할 수도 이해될 수도 없다는 것 또한 똑같이 강력한 사실이다. '양심'(conscience)이라는 단어는 이를 잘 설명한다. 우리는 종종 양심을 개인 내면의 '고요한 작은 목소리'로 묘사하지만, 어원적 의미는 그 실제 근원을 드러낸다. 'com+scire'는 '관계 속에서 아는 것' 또는 '함께 아는 것'을 의미한다. 양심은 공동체 안에서만 형성되는 성격의 표현이다.

도덕적 삶에서 공동체의 중심적인 위치는 자명한 이치이며 삶의 사실이다. 그러나 공동체가 개인주의를 강조하고 개인들이 공동체와 공동체의 영향을 떠나서 혹은 공동체와 공동체의 영향 이전에 존재한다는 환상을 키우는 사회에서, 우리는 공동체의 위치를 강조해야 한다. 그러한 사회들은 종종 '자유'(freedom)를 독립으로 정의하는데, 이는 개인적인 욕망에 따라 선택된 의무를 제외한 모든 의무로부터의 자유 그리고 사실상 다른 사람들을 위한 필요로부터의 자유를 의미한다. 특히 북미 사람들은 우리의 삶이 피할 수 없는 사회적 상호 연결성 속에서 함께 주조되었다는 기본 가정 없이 살아가는 것 같다. 오히려 대다수는 우리가 타자와 관계를 맺을지 말지를 선택할 수 있는 독립된 개인들이라고 주장하는 것 같다. 우리는 사회를 대체로 기계론적인 방식으로 인식하며, 우리의 개인적 자유와 권리에 최대한 집중하면서 다양한 집단의 필요, 욕망, 요구를 균형 잡는 장으로 본다.[1] 이러한 방식으로 사회를 묘사하는 것은 개인주의의 환상을 더욱 강화할 뿐이다. 우리가 더 많은 자유를 얻을수록 비인격적 행동(일부는 폭력적), 고립, 소외, 공허함, 외로움과 같은 사회적 장애로 더 많이 고통받으며, '진정한 공동체'를 더 갈망하게 되고, 그것을 약속하는 집단에 더 끌리는 것은 전혀 놀라운 일이 아니다. [워싱턴 D.C.의 크라이스트 하우스에서 몇 주간 머물렀던 한 손님은 이렇게 말했다고 한다. "나는 가난의 반대가 무엇인지 안다. 그것은 부가 아니라 공동체이다."][2]

대안의 시작은 우리 삶에서 공동체의 결정적인 위치에 대한 인식에서 비롯된다. 가장 근본적인 의미에서 공동체는 어떤 사회적 집단화, 즉 중요한 무언가를 공유하는 사람들의 모임을 지칭한다. 이런 의미에서 우리 모두는 많은 공동체 속에서 살아가며, 대부분 현대 사회에서 하루 동안 몇 개의 각각 다른 공동체에 참여한다. 이웃은 가족과 직장, 속한 전문 단체, 친구 모임, 교회, 학교, 마을, 도시, 주, 지역, 국가 그리고 회원권을 갖고 있는 여러 자발적 조직과 마찬가지로 하나의 공동체이다. 우리는 또한 사회경제적 계층, 인종, 민족, 성별 혹은 신념의 구성원으로 공동체를 주장한다.

우리의 가장 강렬한 공동체는 언제나 공동의 투쟁 및 함께 나눈 고통과 기쁨에서 발생한다. 우리의 가장 의미 있는 공동체들은 우리가 우리 자신일(be ourselves) 수 있는, 즉 전제조건이나 자격 없이 타자를 받아들이고 우리 자신을 표현하는 관계, 한마디로 사랑의 공동체들이다.

그렇다면 우리의 삶은 다양한 공동체 안에서 설정되며 공동체들, 즉 모든 종류의 공동체들에 의해 형성된다. 우리는 단절된 사건과 관계의 구별되지 않는 도식 속으로 태어나는 것이 아니라 우리의 사회적 존재를 구조화하는 공동체들과 함께 이미 살아 있는 집단적인 삶 속으로 태어난다. 도덕적 삶은 이러한 공동체들을 떠나서 존재할 수 없으며 오직 이러한 공동체들의 견지에서만 가능하다. 우리가 갖는 어떤 도덕적 의식도 사회적 관계성에 앞서서, 사회적 관계성과 분리하여 혹은 사회적 관계성과 독립하여 존재하지 않는다. 공동체들은 우리의 사회적 관계성의 형태이며 도덕적 삶의 중요한 현실이다.

만일 우리가 이것을 인간 존재의 사실로 받아들인다면, 우리는 이것을 기독교의 도덕적인 삶과 기독교윤리를 위해 더욱 강력하게 진실한 것으로 인식해야 한다. 그 이유는 이렇다. 즉, 공동체는 기독교 신앙 자체의 바로 중심에 있기 때문이다.

삶에 대한 하나의 방도

유대교와 기독교 모두의 기원을 살펴보는 것은 교훈적이다. 우리가 출애굽 · 시내산 드라마에서 하나님의 백성의 형성을 보든지, 십자가 · 부활 · 오순절의 이야기를 보든지, 그 경험은 '백성 됨'을 위한 권능으로서 하나님의 권능에 대한 경험이다. 그리고 이는 함께하는 경험이다. 유대교와 기독교 윤리 모두의 시작은 공동체를 창조하시는 분, 공동체 안에서 경험되는 분, 공동체의 가장 깊은 근원이며 의미로서 하나님에 대한 경험이다.

더욱이 공동체는 이스라엘과 초기 교회 모두에게 지배적인 도덕적 토대였다. 신앙 공동체의 구성원들이 성품과 처신에 관해 질문했을 때, 그들은 이후의 철학자들이 "보편적 선이 무엇이며 내 쪽에서 그것에 부합하는 행동은 무엇인가?"[3]와 같은 인도하는 질문으로 제기할 법한 고고한 질문을 하지 않았다. 대신에 "하나님의 백성으로서 우리가 누구인지에 부합하는 성품과 처신은 무엇인가?"라고 물었다. 신앙 공동체와의 동일시는 도덕적 삶에 핵심이었으며, 공동체 자체는 그 토대였다.

사실 도덕적 삶은 심지어 유대교와 기독교의 기원에서조차 그것의 고유한 주제가 아니다. 독립된 주제로서 '도덕성' 그 자체에 대한 관심 혹은 '도덕적인 삶'이라고 불리는 어떤 추상화에 대한 관심은 거의 없었다. 오히려 도덕성과 윤리는 하나님의 백성이 서로 간에 그리고 신앙 공동체 외부의 사람들과 어떻게 살아가야 하는지에 대하여 관심 있는 공동체 생활의 차원이었다. 더 넓은 관심은 한 백성의 삶의 방도로서 하나님을 향한 신실함이었다. 도덕성은 이것의 한 측면이었는데, 이는 공동체의 한 차원이었다. '도덕적 삶'은 공동체의 신실함을 위해 그리고 공동체의 신실함의 부분으로 존재했다.

데살로니가 공동체에 대한 바울의 언급은 이를 잘 보여준다. 그의 첫 번째 편지는 우리가 보유하고 있는 가장 초기의 완전한 기독교 문서다. 이것은 도덕적 권면의 서신이다.[4] 그는 그들의 함께하는 삶과 그들 사이에 하나님의 권능에 대한 감사와 고마움으로 시작한다: "너희의 믿음의 역사와 사랑의 수고와… 소망의 인내를… 끊임없이 기억함이니"(살전 1:3). 그는 그들이 "우리가 너희 가운데서 너희를 위하여 어떤 사람이 된 것은 너희가 아는 바"(1:5)를 지켰으며, 그들이 감동되어 "우리와 주를 본받은 자가 되었으니"(1:6)라고 언급한다. 그들은 "너희가 마땅히 어떻게 행하며 하나님을 기쁘시게 할 수 있는지…"(4:1)에서 성장했다. 바울은 그들에 대한 자신과 실루아노 그리고 디모데의 정서적인 유대와 도덕적 책임을 표현하기 위해 어머니, 간호사, 아버지, 형제와 같은 가족적인 이미지를 사용한다. 그는 데살로니가 사람들에 대한 세 명의 처리에 대해 '옳고 흠 없이'(2:10)라고 말하였으며, 그 결과는 성령 안에서 공동체의 수립이다. 그는 공동체의 구성원들 사이에 연대와 친밀감을 강조하고 격려한다. 이것은 죽은 사람들을 기억과 희망 속에서 간직하는 것을 포함하며, '주 안에서' 데살로니가 사람들이 서로에게 매인만큼 다른 곳의 신앙 공동체에도 묶인다는 점을 지적한다. 더욱이 하나의 공동체로서 그들은 신앙 공동체 밖의 사람들에게 '의존할' 필요가 없어야 하지만, 그들의 삶 역시 그곳에서 살아야 하므로 그들의 삶의 양식은 '외인에 대하여 단정히'(4:12) 행하는 것으로 보여야 한다. 이 모든 것의 존재 이유는 그리스도 안에서 하나님께서 행하신 것에 대한 '복음'(3:2)이다. 이어지는 도덕적 권면과 격려는 "너희를 부르사… 하나님께 합당히 행하게 하려 함이라"(2:12)이다.

여기서 도덕성은 성경 전체에서와 마찬가지로 하나님을 믿는 신앙 공동체로서 공동체의 소명 부분으로 그리고 이를 위해 존재한다. 도덕성의 목적은 '여러분을 부르고 계시는 하나님께 합당한 삶'을 사는 것을 돕고 지원하는 것이다. 이것은 '신 중심적'(theocentric) 도덕성('여러분을 부르시는 하나님')인데, 그 형태는 공동체이다. 하나님-공동체-개인은 도덕적 삶의 불가분의 살아있는 요소들이다.

하나님과 타자에 대한 공동체의 신실함은 자주 '삶에 대한 방도'(way of life)라는 단순한 용어로 묘사된다. 예수님을 따르는 사람들은 그들이 '기독교인'이라 불리기 이전에조차 예수 자신이 '그 길'(way)로 제시된 것 같이 '그 도(way)를 따르는 사람들'이라고 불렸다(행 9:2). 그 뿌리는 깊이 유대적인데, 유대교에서 많은 공동체의 과업이 기록되고 구전된 토라를 사용하여 '그 길'(the way)을 가르쳤기 때문이다. 웨인 믹스(Wayne Meeks)가 사도적 및 초기 기독교 문서에 대해 언급한 것은 히브리 성경에도 똑같이 적용된다: "[그들은 신앙] 공동체의 삶을 형성하는 것을 중요한 목적으로 갖고 있었다."[5] 이것은 포괄적인 과정이며, 이후 장들에서 논의될 것이다. 지금으로서 주목할 가치가 있는 것은 이 과정이 상당 부분 삶의 패턴 혹은 방식으로 드러난다는 것이다. [보통 '합당하게 사는 것'(to live a life worthy)으로 표현되는 바울이 자주 사용하는 문구는 문자 그대로 번역하면 '합당한 길을 걷는

것'(to walk a way worthy)이다.]

요약하자면, 유대교와 기독교 모두 도덕적 삶을 공동체의 구성원들과 전체로서의 공동체가 살았던 삶의 유형들에서 나타나는 실질적인 공동체 신앙의 결과로 인식했다. 공동체의 과제는 그 구성원을 공동체 안에서 하나님에 대한 경험에 걸맞은 종류의 행동을 보여주는 삶의 형태들로 사회화시키는 것이었다. 유대인이 된다는 것은 이스라엘 이야기와 랍비 전통들의 내부로부터 세상을 경험하도록 그것들을 충분히 잘 배우고, 지속되는 신앙 공동체의 일원으로서 그 경험에 따라 행동하는 것이었다. 이와 유사하게 그리스도인이 된다는 것은 이스라엘과 예수의 이야기 그리고 지속되는 교회 전통들의 내부로부터 세상을 경험하도록 그것들을 충분히 잘 배우고, 공동체의 일원으로서 그러한 경험에 따라 행동하는 것이다.[6]

그 도의 사람들

기독교윤리를 그 기원에서 더 확장하여 살펴볼 필요가 있다. 초기 기독교 공동체에서 예수를 둘러싼 운동의 구성원들에게 주어진 이름인 '그 도의 사람들'(People of the Way)에 대해 언급하였다. '그 도'는 특정한 삶의 유형, 이를 위해 요구되는 가르침과 훈련('제자도' 혹은 그 도를 따르는 것이라 불림) 그리고 형성적 이야기들, 무엇보다도 '예수 이야기' 자체에 대한 지속적인 '기억하기'와 '각색하기'(retelling)를 의미한다(행 18:24-26 참조).

이러한 교육은 가장 초기의 몇몇 공동체를 위하여 가정뿐 아니라 유대교 회당에서 이루어졌는데, 유대교로부터 기독교의 분리 이전에 발생했다. 이는 매우 자연스럽게 일어났는데, 그러한 교육이 유대 공동체의 특징이었기 때문이다. 유대교에서 윤리란 의롭거나 공정한 삶을 만드는 것이었다. 그것은 학습되어야 하는 삶이었으며, 공동체의 지속적인 삶의 일부로서 학습되었다.

'그 도'는 그리스어 성경(신약)과 히브리어 성경(구약) 모두에서 공통의 은유이다. 하나님의 길 혹은 '주의 길'에 대한 언급이 자주 있다. 이는 흔히 '부르시는 하나님께 합당한 길을 걸을 수 있도록' 교육을 요구하는 윤리적 요소를 포함한다. 때로는 대조적인 길이 화해할 수 없는 것으로 제시된다. 신명기 30장은 "내가 생명과 사망과 복과 저주를 네 앞에 두었은즉 너와 네 자손이 살기 위하여 생명을 택하고 네 하나님 여호와를 사랑하고"(30:19-20)라는 말씀으로 맺는다. 예수의 '산상수훈'은 특히 누가복음의 버전에서 축복과 저주를 극명하게 대조한다(눅 6:17-49). 예수는 지혜자 전통의 특징속에서 자주 멸망으로 이끄는 넓은 길과 생명으로 이끄는 좁은 길 그리고 '하나님을 섬기는 것'이든지, '재물을 섬기는 것'이든지에 대한 대조적인 길들에 대해 말씀하신다.[7] 2세기의 교회 교육 지침서인 디다케는 "따를 수 있는 두 가지 길이 있는데, 하나는 생명의 길이고, 다른 하나는 죽음의 길이다. 이 둘 사이에는 깊은 차이가 있다"[8]라고 시작한다.

모든 가르침이 이처럼 엄격한 것은 아니다. 그러나 형태가 어떠하든지 이미지는 목표 지향적인 여정의 형태이며, 여정의 방식은 그 자체가 순례의 구성 부분이다. '그 도'는 길과 여행 방식 모두를 가리킨다. '그 도' 안에서 걷는 것은 목적지 그 자체와 너무나 밀접하게 연관된 도덕적 방식을 포함하므로, '그 도'에서 벗어나는 것은 곧 목표(하나님께 신실한 공동체 안에서의 의로운 삶)를 놓치는 것이다. 목적지와 수단은 서로 너무나 밀접하게 얽혀 있으므로, 수단은 그 자체로 과정 안에서의 끝이다. 라살의 시구는 성경적 개념을 반영한다.

그 도 없이 우리에게 목표를 보여주지 말지니.

땅에서 목적과 수단은 너무 얽혀 있어

너는 하나를 바꿈으로 다른 것도 바꾸나니

각기 다른 길은 다른 목적지를 드러내리라.[9]

'그 도'에서 가르침은 초기 기독교윤리에 깊이 영향을 미친 유대교의 특징일 뿐만 아니라 기독교가 마을과 도시 중심에서 소규모 '가정교회' 공동체 형태로 자리 잡은 그리스-로마 세계에서 다른 도덕적 유형들의 대표적 특징(trademark)이었다.[10] 비기독교 작가들은 종종 기독교를 하나의 '철학적 학파'로 언급했다.[11] 이는 다소 이상하게 들릴 수 있는데, 특히 많은 기독교의 초기 개종자들이 문맹이며 낮은 사회경제적 계층들의 교육받지 못한 구성원들이었기 때문이다. 우리는 '철학적 학파'라는 표현이 현대적인 표식에 의해 사회적으로 하찮은 사람들의 종교적 분파에 더 가까워 보이는 것을 지칭한다고 기대하지 않는다.

철학적 학파들은 그리스와 로마의 공공 생활에서 활발한 부분이었지만, 우리가 철학과 더 이상 기꺼이 어울리지 않는 방식으로 결부되어 있었다. 각 학파는 자신의 생명(bios), 즉 '생명의 길'을 주장했다. 철학은 단순히 사고의 방식, 즉 인지적인 형이상학적 추구의 기획이 아니었다. 물론 그러한 추구는 고대 학파들에게 낯설지 않았다. 그러나 그들의 결정적인 목적은 엄격한 논의를 통해 적합하고 적절한 행동의 본질을 분별하고 그것을 행동으로 전환하는 것이었다. 좋은 철학은 철학이 훈련과 덕의 삶 속에서 체화하고자 하는 삶의 방식과 윤리를 둘러싸고 전개된다. 그 언급은 철학을 연구하는 것이라기보다는 철학을 실천하는 것(askēsis)에 대한 것이었다. 소크라테스는 '철학을 실천함'으로써 자연적인 인간의 본능을 초월했다고 말했다.

학파들의 전통들은 로마 공공 생활의 활발한 부분이었지만, 소크라테스에 대한 언급이 시사하는 것처럼 기원에서 그리스적이었다. 고대 그리스에서 철학은 영혼의 안내 또는 '영혼 수련'(psychogogia)을 포함했다. 그 작업의 주된 부분은 영혼의 도덕적 형성이었다. 아리스토텔레스 자신은 철학의 추구를 공동체 안에서 인간의 행위 능력을 육성하고 이를 덕의 실천으로 정향하여(orienting) 폴리스(도시국가)를 적극적으로 돌보는 것을 포함한다고 이해했다. 실제로 아리스토텔레스는 초기 기독교인들에게 중요한 용어가 된 단어, 코이노니아(공동체 또는 교제)를 사용한다. 아리스토텔레스에게 정부의 목적은 코이노니아였으며, 철학은 이를 증진해야 했다. 철학 학파들은 로마 통치 아래에서 계속하여 영혼 수련 공동체로 존속되었다.

철학 학파들은 대중적이고 매우 경쟁적이었다. 한 개인이 이전의 길로부터 다른 길로 전향했을 때, 이 변화는 '회심'(conversion)으로 불렸다. 오늘날 사회학자들은 이를 '재사회화'라고 부를 것이다. 무슨 이름이든 이교의 철학적인 회심은 초기 기독교 회심에 대한 설명과 놀라울 정도로 일치한다. 그것은 새로운 '도'를 살기 위해 필요한 뒷받침하는 믿음과 가르침과 훈련과 함께 특정한 공동체 윤리로의 전환이었다. 이것은 공동체에 적합한 방식으로 행동하도록 배우는 새로운 공동체로의 재사회화였다. 회심은 종종 변화된 개인적 정체성을 의미했으며 '세상'과의 분명한 단절로 여겨졌다.

철학 학파들과 기독교 공동체들의 도덕적 실천의 공통점은 종종 놀랄 만하다. 따라서 2세기의 비기독교 작가 갈렌(Galen)은 '기독교 철학'에 관하여 사람들을 음식과 음료 그리고 성적 처신의 문제에서 자기 절제와 엄격한 통제의 삶으로, 정의의 추구로, 죽음에 대한 '경멸', 즉 죽음에 대한 두려움의 결여로 이끌었던 철학으로 얘기한다. 또한 2세기 초에 글을 썼던 순교자 저스틴은 자신의 기독교로의 회심을, 비록 그것이 다른 학파의 생명(bioi, 삶의 방도들이나 유형들)과 경쟁 관계에 있었지만, 이러한 특별한 '철학'으로의 회심으로 제시한다.[12] 그러나 순교자 저스틴이 기독교를 하나의 철학으로 식별했다는 사실은 의미심장하다.

더 의미심장한 점은 비기독교 운동(non-Christian testimony)에 관한 비기독교인의 증언을 인용하는 것이다. 이것은 학파들이 기독교인들과 공유했던 일부 특성을 드러낼 것이며, 그럼으로써 초기 기독교 공동체들이 삶의 방도를 둘러싼 집단적인 도덕적 형성의(집단적이며 도덕적으로 형성된) 공동체였다는 우리의 요점을 강조할 것이다. 다음의 설명은 [비기독교인] 철학자 플로티노스의 학파로 '회심했던' 유명한 로마의 원로원 의원에 관한 것이다. 이 이야기는 기독교의 가장 유능한 초기 비평가 중 한 명이기도 했던 플로티노스(Plotinus)의 제자 포르피리우스(Porphyry)에 의해 전해졌다. 포르피리우스는 로가티아누스(Rogatianus)의 새로운 삶에 대하여 그 시대의 기독교 회심자들과 거의 정확히 일치하는 설명 속에서 증언한다.

> 또한 원로원 의원인 로가티아누스(Rogatianus)가 있었는데, 그는 공적 삶에 대한 비난에 있어 심한 정도까지 이르러서, 자신의 모든 재산을 포기하고, 자신의 모든 하인을 해산했으며, 자신의 지위에서 사임했다. 그가 집정관으로서 공적으로 등장하는 시점에 그리고 장교들(lictors)이 이미 그곳에 있었을 때, 그는 그 직무와 어떠한 관련이 있는 것처럼 보이기를 거부했다. 그는 심지어 거주할 자신의 집을 유지하지 않으려 했고, 한 집에서 식사하고 다른 집에서 잠을 자며[그러나 그는 오직 이틀에 한 번만

먹었다] 친구와 지인들의 집을 돌아다녔다. 이러한 단념과 삶의 필요에 대한 무관심의 결과, 그는 그렇게 통풍이 심해 의자에 실려 다녀야 했음에도 건강을 되찾았고, 그의 손을 펼 수 없었지만 전문적인 수공업자들보다도 손을 훨씬 쉽게 사용할 수 있게 되었다. 플로티노스(Plotinus)는 그를 매우 호의적으로 평가했고, 높이 칭송했으며, 자주 철학을 실천하는 모든 사람에게 그를 본보기로 제시했다.[13]

기독교인의 처신은 종종 '철학을 실천하는 자들'의 방식과 놀라울 정도로 유사했지만, 모든 이교 관찰자가 기독교가 '철학'이라는 데 동의하지는 않는다는 점을 빠르게 덧붙여야 한다. 어떤 사람들은 '갈릴리인들'의 삶의 방식이 충분히 지적으로 엄격하지 않았다고 얘기했는데, 이는 이미 2세기에 기독교 변증가들이 반박하기 위해 했던 주장이었다. 많은 사람은 기독교를 '미신'이라고 불렀다. 그들은 기독교가 그리스와 로마 신들의 만신전 밖에서 실행하며 일반적인 종교적 관습과는 다른 반쯤 비밀스러운 관행에 관여하는 외래의 종교적인 광신 집단이라고 했다. [이는 도덕적 비난의 계기가 되었다.] 더욱이 기독교는 제국 시민 종교에 대해 무관심과 때로는 반대하는 태도를 보였다. [이러한 후자의 이유로 기독교인들은 때때로 '무신론자'로 불렸다.][14]

중요한 점은 그대로 남아 있는데, 그것은 초기 기독교윤리를 고대 유대교에 속해 있던 공동체 그리고 히브리 성경에 스며들어 있었던 공동체에 대한 강한 의식의 측면에서 보든 고전 문화의 배경에서 보든, 종교적, 도덕적 중심을 가진 삶의 방도를 의미하는 '그 도'가 핵심에 있다는 것이다. '그 도'는 항상 공동체의 문제이다. 이는 신앙 공동체의 삶의 방도이다.

유대교의 특징들

만일 우리가 초기 기독교윤리를 가장 초기이자 가장 형성적인 시기에서 이해하고 초대 기독교인들이 자신들을 인식했을 법한 방식으로 이를 설명하고자 한다면, 유대교의 도덕적 패턴으로 눈을 돌려야 한다. 초기 기독교 공동체와 로마 철학 학파에 의해 공유된 삶의 방식에 대한 강조에 주목하는 것만으로는 충분하지 않다. 학파들은 기독교 공동체를 구별했던 종교적 정체성을 강조하지 않았는데, 후자의 '도'가 신앙 공동체의 생명 (bios)이었기 때문이다. 게다가 모든 [모임의] 형태 중 기독교 모임에 가장 가까운 그리스-로마 세계의 사회적 집단, 즉 종교적 숭배 집단들은 기독교인들의 마음을 상당히 끌었던 공동체 과업으로서의 도덕성과 윤리에 상대적으로 거의 주목하지 않았다. 만일 우리가 기독교윤리를 초기 단계에서 이해하고자 한다면, 우리는 유대교의 유산이 그리스-로마의 유산보다 훨씬 더 중요하다는 점을 인식해야 한다.

고대 이스라엘과 그 분파인 초기 기독교의 가장 두드러지고 지속적인 특징 두 가지는 하나의 '백성'이라는 의식과 성경이 공동체 내에서 궁극적으로 획득한 높은 위치다.

백성 됨

유대교나 기독교에게 '하나의 백성'(a people)이 된다는 것은 단일한 응집력 있는 공동체가 된다는 것을 의미하지 않는다. 이스라엘은 부족 연합체(tribal confederation), 소규모 국가, 유배 공동체 그리고 디아스포라 공동체였다. 예수의 시대에 이스라엘에는 수많은 공동체 형태가 있었는

데, 예수와 세례 요한을 둘러싼 사람들과 같은 메시아적 갱신 운동, 새로운 언약의 에세네파 쿰란 공동체와 같은 준수도원적 공동체, 알렉산드리아와 로마 같은 국제적 중심지에 흩어져 있는 디아스포라 공동체 그리고 이후 유대교에 무엇보다 중요한 점점 성장하는 랍비 학파가 그것이다.[15]

이것은 기독교 공동체 내에서 역시 다원주의(pluralism)의 시작을 목격했던 시기로부터의 부분적인 목록일 뿐이다.[16] 다원주의의 일부는 신약성경 자체에 보존되어 있다. 기독교 역사의 첫 몇 세기에 이미 어떤 단일한 제도나 공동체 형태도 지속되지 못하고 '백성'을 대표하지 못했다면, 이용어는 무엇을 의미했을까? 기독교 교회에서 이것은 곧 사건, 인물, 이야기, 의식, 믿음, 관습, 규율, 구전과 문서화된 지혜 그리고 제도들의 어떤 복잡하고 살아 있는 집합체를 포함하게 될 것이었다. 이것들은 광범위한 수정, 추가, 정교화에도 불구하고 세기와 대륙을 넘어 공유될 것이었는데, 그렇더라도 풍습, 지리, 언어, 문화, 인종, 계급 그리고 국적의 엄청난 차이 가운데 인식이 가능한 응집력을 만들어 낼 것이었다.

공유된 요소와 그것의 변형에 스며든 역동성은 '백성'이라는 의미에 훨씬 더 근본적이었는데, 이는 한 분 하나님에 대한 믿음의 사회적 구현에 대한 유대인의 주장이었다.[17] 하나님의 백성이 되는 것은 먼저 이스라엘에서, 그러고 나서 예수와 성령 안에서 하나님에 대한 집단적 경험에 대하여 공동체의 형태를 부여하는 것을 의미했다. 공동체들은 그들의 구성원의 삶의 모체로서 종교사회적(realigiosocial) 또는 종교공동체적(religiocommunal) 현실을 강조했다. 그들의 인간 현실의 기본 '단위'(unit)는 그리스인들에게 그런 것과 같이 폴리스가 아니었고, 로마인들에게 그런 것과 같이 제국도 아니었으며, 많은 현대인들에게 그런 것과 같이 개인도 아니었다. 그것은 종교사회적 공동체로서의 백성이었다. 이러한 특성이 얼마나 강했는지 그리고 유대교와 교회 사이의 초기 유사성이 얼마나 강했는지는 로마의 반응에서 드러난다. 로마인들은 기독교의 '그 도의 사람들'(People of the Way)을 유대 공동체의 변형으로 인식했다.

기독교윤리는 그 기원에서 특징적인 신앙의 공동체적 구현에 대한 의미를 완전히 상실하지 않았으며, 성경에 대한 증거를 보존하는 한 그것을 잃지 않을 것이다. [한 가지 이유는 종교적 정체성에 대한 거의 모든 성경적 이미지는 이스라엘, 가족, 왕국, 언약, 잔치, 많은 가지를 가진 하나의 포도나무, 많은 지체를 가진 하나의 몸, 선택받은 민족과 왕 같은 제사장 등 공동체적인 것들이라는 것이다.] 그러나 이후의 발전은 종교사회적 의미를 상당히 약화시켰다.

— 히브리적이라기보다는 더 그리스적이며, 이미 초기 수 세기에 존재했던 이원론(dualism)과 금욕주의(asceticism)는 물질적 현실을 영적 현실로부터 분리했으며, 신앙의 실재를 사회적으로 가시적인 것 안에서, 그와 함께 그리고 그 아래에서보다는 보이지 않는 것에서 찾았다. 자연/초자연, 정신/육체 그리고 영혼/육체의 이원론이 발전했다.

— 콘스탄티누스 황제로부터 계속된 [기원후 4세기] 시민적 경계와 일치되는 교회 경계의 확장은 종교적 공동체의 대안적인 삶의 방식과 더 넓은 사회의 도덕적, 문화적 패턴 간의 경계를 해체했다. 기독교 공동체의 독특한 삶의 방식은 공공의 시야에서 점차 사라졌거나, 단지 그리스도인의 일부 그룹이나 '계층'만을 포함했던 가시적이지만 반쯤 분리된 사회적 형태(수도원 제도가 대표적인 예이다)를 취했다.[18]

계몽주의 이후(17세기와 그 이후) 서구에서 가장 만연했으며 영미 문화에서 가장 강했던 도덕 문제에서 개인주의의 승리는 필수적인 도덕 공동체에 대한 바로 그 의미를 제거했다. '공공선'(the common good)은 기본적인 도덕적 개념으로 물러났으며, 기독교의 도덕성을 포함한 도덕성은 점점 더 개인적인 문제가 되었다. 도덕성의 형성은 가족, 때때로 학교 그리고 개인적 선택의 결과, 자발적으로 계약된 공동체에 맡겨졌다. 많은 사람은 가치 자체를 개인적 취향과 선호의 표현으로 간주했다.

이러한 세 가지 유산(금욕주의와 이원론, 콘스탄티누스의 타협, 개인주의)의 누적된 영향력을 고려할 때, 우리는 '백성 됨'의 도덕적 형성에 대한 성경적 사례들을 인용하는 것이 좋을 것이다. 그렇지 않으면 본질적으로 공동체적인 기독교윤리의 힘이 상실된다. 우리는 이스라엘에서 하나, 초기 교회에서 하나, 두 가지 예를 선택한다.

출애굽은 백성 됨의 초기 형성적 사건이었다. 이 사건 자체는 해방된 노예들을 시내 광야에 남겨 두었으며, 그곳에서 그들은 필연적으로 "이제 우리는 어떻게 우리의 육체적 필요를 충족시키며, 우리의 고통을 아시고 우리의 부르짖음을 들으신 이러한 해방하시는 하나님께서 우리를 위해 쟁취하신 자유를 우리의 삶 속에서 어떻게 함께 보여줄 것인가?"와 같은 질문에 직면했다. '시내산'은 대답을 시작했다. 광야에서의 사회적 과제는 험난한 환경 속에서 그들 가운데 계시는 하나님의 강력한 임재를 본받아 신실한 공동체를 만드는 것이었다. 무엇으로부터의 자유는 무엇을 위한 자유가 되어야 했으며, 자유는 공동체의 삶 속에서 사회적 형태를 찾아야 했다. 실제로 광야에서 그리고 새로운 땅으로 가면서 다음과 같은 전체적인 질문들이 다루어졌다. 즉, 공동체의 경제, 통치와 정치적 구조는 어떻게 될 것인가? 예배와 의식은? 사회적 교류와 이웃에 대한 관계는? 누가 생계에 대한 과업을 수행하고 가족, 씨족, 연맹을 위한 규칙을 만들 것인가? 일은 어떻게 배분되며, 이익과 부담은 어떻게 공유될 것인가? 어떤 법이 지배할 것인가? 범죄자들은 어떻게 다뤄야 할 것인가?

그러한 질문들에 답하는 패턴은 중요했다. 물론 지역적 조건과 자원에 주의를 기울였고, 그 길을 개척하는 데 기억과 상상력이 다른 인간의 기술들과 섞였다. 그러나 이 모든 것은 공동체가 그들 자신의 성품과 행위 속에 그들의 고통을 아시고 그들을 이집트 땅으로부터 끌어 올리신 의롭고 자비로운 하나님의 성품과 행위를 반영해야 한다는 신념 아래 일어났다.[19] 이러한 '야훼의 부족들'의 집단적인 도덕적 추론은 다음과 같이 진행됐다. 만일 우리가 야훼라고 부르는 장엄하고 이해하기 어려운 존재가 가난한 자들을 구원하고 우리의 고통, 즉 노예의 고통을 아신다면, 우리도 그렇게 자비를 보이고 피해자와 소외된 자를 구원해야만 한다. 만일 강력한 야훼가 이집트 땅에서 나그네였던 우리를 찾아오시고 우리에게 구원의 환대를 베푸셨다면, 우리 또한 나그네들을 억압하지 말고 그들을 받아들이고 피난처를 제공해야 한다. 확실히 우리는 나그네를 포함한 이웃을 우리 자신처럼 사랑해야 한다. 만일 강력한 야훼가 힘없고 수탈 당한 우리와 동일시하셨다면, 우리도 야훼의 공동체로서 그렇게 해야 한다. 근본적인 사랑과 돌보는 정의는 자발적 경건 행위의 선택적 행위가 아니라 우리가 이 하나님의 백성이 된다는 것이 무엇을 의미하는지의 핵심에 있다.[20]

공동체 도덕의 이러한 유형의 핵심은 여기서 억압받는 자들의 한 분 하나님(a God)이신 하나님의 경험된 성품이다.[21] 그 과정의 결과는 이집트에서 알았던 것에 대한 대안이 되려고 의식적으로 노력하는 공동체이다. 자비롭고 의로우신 하나님과의 언약 공동체는 국가의 권력이 그 신들의 권력과 일치했던 파라오와 고대 근동의 다른 거대 문화들의 제국 공동체와 대조적으로 정의되었다. 이집트가 약할 때 신들은 약했고, 이집트가 강할 때 신들도 강했다고 한다. 신들의 권력은 국가의 군사력, 경제력, 문화적 업적에 의해 측정되었으며, 신들에 대한 접근은 위에서 아래까지 철저히 계층화된 사회에서 정치적, 경제적 권력과 협력 관계에 있었던 정교한 제사장 체제에 의해 중재되었다. 신들은 분명히 사회적 피라미드의 꼭대기에 있는 사람들을 선호했으며, 그렇게 제국 체제를 지지하고 강화했다. 그러므로 신들 중 하나가 수탈 당한 자들의 신음을 듣고 지위나 권력이 없는 노예들과 자유롭게 언약 관계에 들어가는 것은 신들에서의 혁명이었다. 또한 이러한 노예들이 당시 국가들의 공동체에 대한 대안이었던 공동체를 만든 것은 사회 체제들에서의 혁명이었다. 여기서 그 과정과 결과를 자세히 추적할 수는 없지만, 한 백성의 하나님에 대한 경험에 공동체적 형태를 부여한 이러한 노력을 개관할 수는 있다.[22]

출애굽기, 레위기, 신명기의 페이지를 채우는 법률은 공동체 형성의 실질적 필요와 자기들의 종교 도덕적 신념을 공동체적인 표현에 부여하려는 사람들의 이러한 혼합을 보여준다. 본문들은 매우 강한 '백성 됨'에 대한 의식, 정확히 '열방과 같은'(삼상 8:5, 20) 것이 아닌 공동체로서, 심지어 모든 민족을 대신하는 '제사장 나라'로서 집단적인 종교적 소명을 반영한다(출 19:6). 모든 공동체에서와 마찬가지로 본문들 또한 인간의 연약함과 오류, 편협하고 불공정한 그리고 부패하게 하는 관점과 관행의 명확한 증거를 반영한다. 사실 혐오스러웠던 파라오의 방식들은 이후 이스라엘 자체 안에서 자신들도 대상임을 알게 될 것이었다.[23] 적어도 '이집트'를 '이스라엘'로부터 빼내는 것은 '이스라엘'을 '이집트'로부터 빼내는 것만큼이나 어려웠다. 그럼에도 이러한 아이러니는 공동체 창조와 공동체 보존 경험으로서 하나님에 대한 경험에 사회적 형태를 부여하는 방법을 찾고자 하는 데 대한 심오한 주장을 바꾸지는 않는다.

사도행전에서 보듯이 초기 교회에서 유사한 역동성이 존재했다. 부활하신 예수님과 성령의 베푸심에 대한 집단적 경험은 매우 실질적인 질문들로 이끌었다. 즉, 이제 우리는 우리 가운데 살아 계신 그리스도의 강렬한 실재를 어떻게 구현할 것인가? 우리는 우리의 재산, 우리의 집, 우리의 땅을 어떻게 처리할 것인가? 우리는 지역적으로 그리고 먼 거리에 걸쳐 서로 간의 교제를 어떻게 조직할 것인가? 즉, 각각 다른 장소에 있는 같은 몸의 구성원으로서 어떻게 '함께 떡을 뗄' 것인가? 우리의 통치 형태는 어떠해야 하며, 우리는 어떤 척도로 우리의 지도자를 어떻게 인식하는가? 예배는 어떻게 진행될 것인가? 우리의 이전 삶의 의식들과 의례들 그리고 축제들은 어떻게 취급될 것인가? '예수가 우리의 가이사'(행 17:7)인 지금, 우리는 가이사에게 무엇을 말해야 하며, 황제의 군 복무에 관해 어떻게 해야 하는가? 부모와 자녀, 남편과 아내, 종과 주인의 관계는 이제 어떻게 변화하는가? 공동체에서 구성원에 대한 필요조건은 무엇인가? 범죄자들은 어떻게 다루어져야 하는가? 우리는 새로운 복음을 공격하고 우리를 박해하는 사람들을 어떻게 다뤄야 하는가?

시내산 응답처럼 이러한 노력은 제한된 인간의 비전과 제한된 협력의 모든 흔적을 지니고 있었다. 파벌은 급증했다. 그럼에도 삶은 부활로 하나님에 의해 입증됐고 성령으로 생기 있게 된 예수와 그의 도에 대한 권위를 부여하는 경험을 제외하고는 이해할 수 없는 새로운 공동체 안에서 변화되었다. 이러한 기독교적 정향성은 '예수를 따름'(복음서의 표현)이나 '그리스도를 입음'(바울의 표현)으로 향했다는 점에서 다른 유대인 공동체들, 이방인 공동체들과 구별되었다. 그러나 더 자세히 살펴보고 나서 우리는 이것이 기독교 공동체가 하나님에 대한 그들의 경험에 관하여 말하는 방식이었고 그들의 히브리적인 도덕적 패턴의 형태였다는 것을 안다. 즉, 하나의 공동체 윤리는 그들이 경험한 신적 임재의 특성으로부터 추론되었다. 이러한 경우에 예수와 성령은 하나님의 임재에 대한 공동체의 경험이었으며, 그들의 신앙의 사회적 형태는 그것으로부터 단서를 얻었다. 따라서 질문이 "우리는 이제 무엇이 되어야 하고, 무엇을 해야 하는가?"라는 도덕적 질문이었을 때, 초기 기독교인들의 답은 유형(pattern), 선생 혹은 모범으로서 예수에게 호소하거나 '예수 이야기', 주로 십자가와 부활의 고난 드라마로부터 다른 단서를 기대하거나[24] 그들 가운데 성령 안에서 계속되는 예수의 임재에서 단서를 끌어오거나 그것들의 일부 조합에서 단서를 기대하는 것이었다. 초기 기독교인들의 독특성은 도덕적 질문들에 답하는 방식에 있지 않았으며, 그들은 유대적 유산의 주요 노선을 이어갔다. 그들의 독특성은 하나님이 강렬한 명확성으로 보이셨고 인간의 형태에서 가능한 최대한의 표현으로 오신 것은 바로 나사렛 예수라는 유대인 안에서였다는 신념 안에 놓여 있다. 독특성은 기독교인들이 집단적인 종교의 도덕적 소명을 지닌 '백성'이라는 의식에서 벗어났다는 점이 아니라, 이 예수가 '참 하나님'(하나님의 신실한 드러남)이자 '참 인간'(인간 삶의 모범적 모형)이었다는 주장에 있었다.

우리는 '예수 운동' 자체에 관해 주목해야 한다. 이것은 우리가 말하는 유형을 이어가지만, 많은 초기 교회, 예를 들어 바울의 회중의 구성원과 동일하지 않다. 예수 운동은 예수 생애 동안 그리고 서기 70년 성전의 파괴까지 예수를 직접적으로 둘러싼 공동체를 지칭한다. 이것은 주로 갈릴리 지역에서 자기들의 마을에 머물렀던 '그 도'에 대한 지지자들과 예수와 함께 여행했던 사람들로 구성되었다. 이것은 전적으로 팔레스타인 내부의 유대 운동이었으며, 그 시대의 많은 갱신 또는 회복 운동 중 하나였다. C. H. 도드(C. H. Dodd)는 예수의 목적을 '하나님의 백성이라는 이름에 걸맞은 공동체'를 만드는 것이라고 말한다.[25] 이를 추구하기 위해 예수는 "자기 자신의 지도력 아래에서 새로운 이스라엘을 형성하려고 했고, 그 기초 구성원을 지명했으며, 그들을 새로운 '언약' 안으로 받아들였으며, 새로운 율법을 제정했다. 그것이 그의 사명이었다."[26]

이것은 유대인의 탐구이다. 마커스 보그(Marcus Borg)는 이것을 "예수는 역사 안에서 공동의 삶이 하나님에 대한 신실함을 반영했던 공동체를 창설하는 데 관심이 [있다]"라고 정확히 언급한다.[27]

요약하자면, 이스라엘의 시작과 가장 초기 단계로서의 예수 운동과 함께 초기 교회의 시작이라는 예들은 모두 형성 과정에서 사회적 윤리를 '가졌다'기보다는 그들이 사회적 윤리'였던' 종교적 공동체들을 증거한다. 도덕성은 공유된 종교적 경험의 한 차원이었으며, 이것은 형태에서 공동체였고, 그 공동체 형태는 역동적이었다. 신약의 용어를 빌리자면, 윤리는 코이노니아 윤리(koinōnia ethics), 즉 하나님에 대한 강렬한 경험에 뿌리를 둔 공동체를 창조하는 인간 관계성이었다.[28]

성경의 위치

초기 기독교윤리에서 강한 백성 의식은 유대교 유산의 가장 중요한 흔적이다. 두 번째로 밀접하게 관련된 것은 도덕적 삶에 대한 성경의 높은 권위이다.

성경은 초기 기독교 공동체에서 어떤 위치를 차지했는가? 초기 기독교 공동체는 오늘날 우리처럼 성경을 갖고 있지 않았기 때문에, 그것은 우리 것과 똑같지 않으며 그럴 수도 없었다. 성경 자체는 신앙 공동체의 문서들로 만들어졌는데, 처음에는 구전으로, 이후에는 여기에 추가되어 기록된 형태로 전달되고 보존되었다. 히브리 성경, 즉 타나크(기독교 구약)는 그리스도 이후 2세기 초까지 최종적인 정경 형태를 갖추지 못했다. 그러나 율법서, 예언서, 기타 책들은 이미 그보다 200년 전부터 사용되고 있었고, 모세가 기록한 것으로 여겨지는 다섯 책인 모세오경은 공동체의 담론에서 오랫동안 인용되었으며 매우 이른 시기에 정경의 형태를 갖추었다.[29] 그리스어 성경(기독교 신약)은 그리스도 이후 4세기에 정경으로 승인받은 초기 교회 문서들의 선집이었다. 그 시대까지 히브리 성경과 함께 이러한 문서들의 다양한 모음집이 기독교 성경으로 사용되었다.[30]

그러나, 심지어 정경의 형태를 갖추기 전에도, 조상의 신앙 공동체로부터 전해진 이 문서들은 고대 세계의 종교적 및 철학적 운동 사이에서 비할 데 없는 위치를 차지했다. 그것의 공동체적 권위는 '유대적 에토스의 독특한 특징'이었다.[31] 그리스와 로마 학파의 창시 철학자들과 저명한 선생들의 저술들은 각각 그들의 공동체에서 결코 그와 같은 높은 지위를 부여받지 못했으며, 심지어 호메로스의 작품이나 플라톤의 저작과 같이 이미 고전으로 자리 잡은 것조차도 그러했다. 어느 것도 유대 공동체에서 토라가 지녔던 혹은 기독교 공동체에서 신성한 글들이 지녔던 '헌법적인' 지위 같은 어떤 것도 갖지 못했다.[32] 그들의 공동체에서 성경은 살아 있는 힘을 가진 헌장 문서였다.

어떻게 그러한 권위가 이러한 공동체의 도덕적 삶 안에서 그리고 그러한 삶을 위해 작용했는지는 이후 장들에서 다룰 문제다. 지금으로서는 다음의 점만을 언급한다. 고대 유대 공동체와 기독교 공동체 모두는 도덕적으로 중요한 것이 성경에 대한 신중한 연구를 통해 분별할 수 있다고 확신했다. 성경은 신앙과 삶의 문제에서 신뢰할 만한 지침을 구성했다. 그러나 도덕적 삶을 살기 위해 필요한 모든 것이 이러한 신성한 책에서 발견됐던 것은 아니었으며, 신앙 공동체는 성경이 완전한 윤리 체계를 구성한다고 주장하지 않았다. 성경에 있는 직접적인 도덕적 권면(십계명, 산상수훈의 부분, 바울의 권고)은 포괄적인 가르침이라기보다는 <u>모범적인</u> 지침으로서 작용했다. '그 도'에서의 가르침은 심지어 표현이 도덕적 의무의 법과 같은 용어일 때조차 법률보다는 강력한 암시에 더 가까웠다.[33] 암시되고 모범이 되는 것은 하나님의 임재를 고려하고 모든 피조물을 위한 하나님의 희망을 목적으로 공동체에 기대되는 <u>종류의 삶</u>이다. 성경은 공동체의 형성, 가르침, 보존 그리고 갱신을 위하여 그 도를 이야기한다.

이것을 약간 다르게 이야기할 수 있다. 성경은 이러한 공동체들을 위한 고정된 도덕적 보증이라기보다 다양한 시대와 장소와 다양한 상황 속에서 이스라엘이 되려고 노력하거나 하나님의 기독교 백성이 되려고 노력하는 것이 무엇을 의미했는지에 대한 소중한 공동체 기록이었다.

그럼에도 이러한 공동체들에서 훨씬 더 포괄적이고 도덕적인 성경의 사용이 있다. 유대교와 기독교 번역들 모두 역사 자체, 즉 자신들의 공동체 역사뿐만 아니라 모든 인간 역사에서의 드라마 속에서 깊은 도덕적, 신학적 차원을 분별했다. 한 분, 의롭고 자비로우신 하나님은 통치하시고, 인간의 크고 작은, 인간의 힘으로 건드리는 모든 것에 대해 하나님께 책임이 있다. 하나님의 목적은 모든 피조물의 완전한 번영이라는 드라마에 존재한다. 인간은 하나님 앞에서 이러한 목적을 좌절시키는 대신 실현하는 방식으로 살아가야 할 책임이 있다. 성경은 신학적, 도덕적 관점에서 역사에 대한 이러한 읽기를 표현하며 고취한다. 그것은 신앙 공동체의 삶을 모든 창조를 위한 하나님의 목적이라는 무엇보다도 중요한 맥락 안에 놓는다. 하나님-공동체-창조(God-community-creation)는 서로 떼어놓을 수 없게 함께 묶여 있는 도덕적 현실이다.

계속과 결론

우리가 말한 모든 것도 기독교윤리의 본래 맥락이 공동체라는 결론을 내리기에는 여전히 너무 부족하다. 본래의 내용이 독특한 공동체 삶의 방식이라는 사실을 강조한다고 해도 너무 부족하다. 우리는 그러한 원래의 형성적인 충동들이 계속해서 무엇을 의미하는지 인식할 때 더 많이 이야기하기 시작한다. 그것들은 신앙 공동체가 도덕적 삶을 위한 기준점이자 지속적인 사회화의 행위 주체로 남아야 함을 의미한다. 기독교에서 도덕적 숙고와 도덕적 형성은 기독교 신앙 공동체의 공유된 기억, 사명, 지속적인 삶과 묶여 있어야 한다.

그 지속적인 삶은 기독교윤리가 유대교 윤리와 마찬가지로 항상 진행 중이라는 것을 의미하며, 그것은 공동체에서의 발전과 함께 변화한다. 성경 자체가 이를 증언한다. 출애굽, 유배, 예수의 십자가 처형과 같은 중요하고 종종 독특한 역사적 사건들은 세대에서 세대를 거쳐 종교의 도덕적 정향성과 지침을 위해 촉구된 이야기, 전통, 의식을 불러일으켰다. 예배, 영성, 축제는 중요한 의식이 되었으며, 정의와 자선의 다양한 작품들처럼 그 도의 사람들이 되어야 할 종류의 사람들을 만들어 내는 데 도움이 되었다. 도덕적 지혜와 자원들은 비유대교 및 비기독교적 자료를 포함하여 많은 다른 지역으로부터 왔다. 성경의 성명들 자체가 바로 이러한 과정을 반영한다. 그러나 여기서 중요한 점은 이것이 기독교윤리에서 이후의 세기들에 걸쳐 지속되었다는 것이다. 성경적 세계와 성경 이후의 세계 모두에서 신앙 공동체 전통을 넘어선 곳으로부터의 자원들은 공동체 자체의 자기 이해를 통해 걸러졌으며 공동체 자체의 공동 기질에 따라서 형성되었다. 공동체(코이노니아)는 더 넓은 세상의 자료를 수용하는 과정에서 변화되었으며, 때로 극적으로 변화되었다. 이것은 또한 자신에게 깊은 영향을 주었던 바로 그 세계에 자주 영향을 미쳤다.

요약하자면, 기독교윤리는 과거뿐만 아니라 지금도 공동체 윤리다. 그것은 기원에서뿐만 아니라 계속되는 것에서도 그러하다. 기독교가 로마제국과 비잔틴제국 및 그들의 후예들에게 영향을 주고 그들로부터 영향을 받은 것처럼 성경적 유대교와 그리스-로마 세계의 영향은 기독교 안에서 계속 존재했다. 북아프리카, 중동, 인도, 슬라브, 서구 사회 모두는 그들이 현재 아프리카, 아시아, 다른 문화들에 의해 형성되어 가고 있는 것처럼 기독교 공동체의 마음, 형태, 에토스를 결정적으로 형성했다. 성경 자체에서 보이는 동일한 공동체 과정은 성경의 정경이 마감된 후에도 계속된다.

▼▼▼

공동체 윤리로서 기독교윤리의 함의는 적절한 시점에 탐구될 것이다. 지금은 잠시 물러서서 성경이 오늘날 기독교윤리를 포함한 기독교윤리에 대한 모든 후속 논의에 대하여 성경이 기여한 바를 인식하는 것으로 충분하다. 성경이 기독교윤리를 위해 행하는 것은 적어도 이것이다. 즉, 성경은 도덕성을 공동체 신앙 그 자체의 표현 또는 삶의 방식으로서 신앙 공동체 삶의 중심에 매우 가깝게 위치시킨다. 불행하게도 오늘날까지 성경에 대한 많은 연구는 공동체의 도덕적 형성에 대한 성경의 강렬한 소명을 인식하지 못하고 있다. 마찬가지로 유감스럽게도 기독교윤리에 대한 많은 일반적인 이해는 이러한 심각한 실수를 바로잡지 못하고 있다.

그러나 도덕적 삶은 어떻게 존재하게 되는가? 그것은 어떻게 유지되고 수행되는가? 삶의 방식은 처음 어떻게 만들어지고 개혁되는가? 신앙 공동체 자체는 어떻게 도덕적 삶에 형태를 부여하는가? 이와 같은 질문들은 우리가 '도덕적 삶'이 무엇을 의미하며 기독교윤리의 요소들이 무엇인지 안다는 것을 전제한다. 그러나 이러한 것들은 자명하지 않다. 이러한 이유로 다음 장은 도덕적 삶과 기독교윤리에서 필수적인 도덕적 개념들을 소개한다.

/ 3장 /

도덕적 삶의 궤적 따라가기

도덕의 의미는 수수께끼 같은 것이다. 최소한 그것은 자명하지 않다. 이 장의 목적은 우리 삶의 '도덕적' 차원을 '비도덕적' 차원으로부터 구별하고 도덕적 삶에 대한 공통된 표현을 제공하는 것이다.

도덕적 삶은 우리에게 낯설지 않으며, 이것을 묘사하고 논의하기 위해 사용하는 용어도 아니다. 도덕적 문제는 매일매일의 경험과 일상적인 토론의 일부다. 그러나 우리의 공통된 언어는 '도덕적'으로 의미하는 것을, 적어도 우리가 일상적으로 마주하는 것을 선명하게 이해할 수 있게 할 정도로, 항상 정밀하게 드러내지는 않는다.

예를 들어 '도덕적'(moral)을 '부도덕한'(immoral)보다는 '도덕과 무관한'(non-moral)으로부터 어떻게 구분할 것인가? '도덕적'이라는 단어는 무엇을 지칭하는가? 우리의 사고와 언어 습관을 면밀히 살펴보면, 차이가 드러나는 두 가지 경우를 인식할 수 있다. 첫 번째는 인간을 다른 생명체로부터 구별하는 데, 두 번째는 인간 경험 자체 내에서의 구별에 있다. 이를 순서대로 살펴보고, 우리가 도덕적 문제에서 자주 사용하는 단어들이 도덕과 무관한 의미를 지닐 수 있는지 주목하고자 한다.

1) '좋은'(good)은 그러한 단어이다. 이는 도덕의 어휘에서 가장 흔히

사용되는 단어일 것이며, '옳은'(right)과 '그른'(wrong)이 그 뒤를 바짝 따르고 있다. '판단'(judgment)은 또 하나의 자주 쓰이는 용어이다. [우리는 흔히 '가치 판단'이나 '도덕적 판단'에 대해 말한다.] 그러나 예를 들어 식물을 '판단'할 때 '좋은'을 사용하여, 민들레나 엉겅퀴는 '나쁜' 반면 토마토나 옥수수는 '좋다'라고 말한다면, 이는 우리가 식물을 자신들의 행동이 도덕적 판단의 대상이 되는 도덕적 피조물로 간주하기 때문이 아니다. 우리는 '좋은'(good), '나쁜'(bad), '판단'(judgment)이라는 흔한 '도덕적' 용어를 사용했지만, 식물의 도덕성을 평가하기 위해서가 아니다! 식물의 도덕성이라는 개념 자체는 이상하게 느껴진다. 왜 그럴까? 우리는 식물이 아니라 인간을 '도덕적' 피조물로 간주하기 때문이다. 그러나 왜, 어떤 이유 때문인가? 인간은 의식을 가지고 있고 식물은 아무 의식도 보여주지 않기 때문이 아니다. 식물은 인간이 하는 것처럼 자기의식을 보여주지는 않지만, 분명히 그들의 환경에 대해 고도로 다채로운 반응을 보여준다. 식물은 결여하고 인간은 갖고 있는 특별한 의식은 간격이나 차이, 즉 '있어야 한다'(ought)로부터 '있다'(is)의 차이, 지금보다 더 나아질 수 있는 세상으로부터 현재 존재하는 것의 차이에 대한 인식이다. '도덕적' 의식은 바로 '있어야 한다'로부터 '있다'의 구별과 다른 세상을 선택할 수 있는 능력에 있다. 식물은 '있는' 것을 '있어야 할' 것과 더 잘 맞추기 위해 의식적으로 세상을 변화시키려 하지 않지만, 인간은 한다. '도덕과 무관한' 피조물들로부터 구별되는 것으로서 '도덕적' 피조물의 삶은 '있다/있어야 한다'라는 간격에 걸쳐 펼쳐져 있으며, 그러한 간격을 가로질러 살아가는 데 대한 긴장을 보여준다. 다시 말해 도덕적 피조물은 옳고 그름, 더 나음과 더 나쁨 모두에 대한 의식적인 감각과 함께 산다. 그들은 악으로부터 선을 구별하려 노력하고, 그러한 구별에 대한 이유를 제시하며, 그에 따라 행동하려 한다. [혹은 만일 그들이 그렇게 하지 않는다면, 더 큰 긴장을 겪는다.] 식물은 인간만큼 생기가 넘치지만, 이러한 도덕적 습관을 보여주지 않는다.

'도덕적' 의식과 '도덕과 무관한' 의식 사이의 경계는 식물계에서 동물계로 이동하여, 인간 동물들과 다른 동물들을 비교하면서 다소 희미해진다. 비인간 포유류들 사이에서 우리는 선뜻 '도덕적'으로 느끼는 행동을 자주 관찰한다. 많은 동물은 어린 새끼나 약자를 돌본다. 그들은 애정과 아마도 심지어 '사랑'을 보이는 듯하다. 그들은 적대감을 드러낸다. 많은 동물은 집단 충성을 보인다. 일부는 자기 자신들의 종을 보호하기 위한 정교한 방법을 갖고 있다. 이 모든 것은 '도덕적' 감수성의 세계에 속하는 것 같다. 하지만 비인간 동물들은 분명히 색다르고 '더 나은' 세상을 계획한 다음, 의식적인 의도를 갖고 이러한 비전에 따라 현재의 세상을 변화시키려고 시도하지 않는다. 인간 사이에서 '있다/있어야 한다'라는 간격은 확실히 훨씬 더 넓으며 그 역동성은 훨씬 더 강하다. 그래서 우리는 비인간 동물들에게 도덕적 비전을 부여하는 것이 이상하다는 것을 알게 된다.

요점은 창조된 사물들의 질서에 걸쳐 있는 우리 자신과 우리의 동료 형제자매들 사이의 경계에 대한 명확성이 아니다. 그것은 세상이 지금보다 다를 수 있으며 더 나아질 수 있다는 '도덕적' 의식의 근본적인 특성을 명명하는 것이다. 도덕적 선과 악, 옳고 그름에 대한 판단은 이러한 종류의 의식에 속한다.

2) 그러나 모든 인간 경험이 그러한 판단의 문제는 아니다. 도덕과 무관한 가치와 판단이 있는 것과 마찬가지로 인간 경험의 도덕과 무관한 차원들이 있는데, 우리는 도덕과 무관한 방식으로 '좋다'와 '나쁘다', '옳다'와 '그르다'를 사용한다. 한두 가지 예면 충분할 것이다.

만일 당신이 렘브란트의 예술성을 숙고하기 위해 그의 그림 앞에 멈추고, 당신의 미술 강사가 어깨너머로 "렘브란트는 좋은(good) 화가입니다"라고 속삭인다면, 당신은 즉시 "① 이는 절제된 표현이다, ② 강사가 '좋은'을 도덕과 무관한 의미로 사용하고 있다"라는 두 가지를 인식하게 된다. 강사는 렘브란트의 성품이나 그의 편에서 도덕적 행동들을 언급하고 있지 않다. 그것들은 이러한 특정 판단의 요점을 벗어난다. 묘사된 가치는 도덕적이 아니라 미적이다. 미적인 것은 도덕과 무관한 인간 경험의 차원 중 하나다.

우리는 도덕적 판단에 사용하는 동일한 단어들로 다른 능력과 다른 감각을 종종 묘사하곤 한다. 좋은 정비공, 좋은 과학자, 좋은 요리사, 좋은 음악가 혹은 좋은 운동선수가 되기 위해서는 지식, 기술, 훈련 그리고 미묘함과 복잡함에 대한 감각이 필요하다. 그러나 그러한 평가(좋은)는 홈 플레이트에서 피트 로즈(Pete Rose)의 경기력에 대한 판단이나 사제가 미사를 집전하는 전례적 감각에 대한 평가만큼이나 어디에서도 도덕적 평가가 아니다. '옳은'과 '그른'이 기술적인 실행을 가리키는 것과 같이 '좋은'과 '나쁜'은 여기에서 기술적 능력을 지칭한다.

우리가 어휘를 '도덕과 무관한'(nonmoral)과 '도덕적'(moral)으로부터 '부도덕한'(immoral)과 '도덕적'(moral)으로 전환할 때, 우리는 준거의 틀 역시 전환한다. '부도덕한'은 '도덕과 무관한'과는 뚜렷이 다르다. '부도덕한'은 도덕적 세계 안에서 내려지는 판단이다. 그것은 '도덕적 행위자'(moral agent)로서 우리에 의해 행해지는 도덕적 판단 자체다. 도덕적 세계는 여기서 일반적인 현실이며 '도덕적'과 '부도덕한'은 그 안에서의 구별인데, 이는 인간의 성품과 행위에 관하여 도덕적으로 좋다거나 나쁘다 또는 도덕적으로 옳다거나 그른 것으로 판단하는 것이다. 만약 당신의 미술 강사가 "렘브란트는 의심스러운 성격의 소유자였다"라고 말했다면, "렘브란트는 훌륭한 화가였다"가 명확한 미적 판단인 것과 마찬가지로, 이는 명확한 도덕적 판단을 표명한 것이다.

이 책의 관심은 전적으로 도덕과 무관한 경험이 아니라 도덕적 경험에 있다. '도덕적', '부도덕한' 모두 이미 이 책의 세계에 속해 있다.

도덕적 세계: 미덕, 가치, 의무, 비전

이러한 일차적인 구분을 넘어 우리는 무엇을 말할 수 있을까? 도덕의 세계는 어떻게 묘사될까? 어떤 범주와 개념이 도덕적 관점에서 우리 자신을 이해하는 데 도움이 될까?

핵심 용어들의 어원은 몇 가지 일차적인 통찰을 제공한다. '윤리'(ethics)는 그리스어에 뿌리를 두고 있으며, 그 명사형은 tō ethōs이다. 이에 상응하는 라틴어는 *mos*이며, 이로부터 '관습'(mores), '도덕성'(morality), '사기'(士氣, morale)가 파생되었다. tō ethōs는 원래 동물을 위한 은신처나 거처를 지칭했다. 동물들은 그것들이 제공하도록 부양되는 것을 사회에 제공하기 위해 보호와 영양을 공급받을 장소가 필요했다. 축사(stall)는 영양과 안전을 뜻했다. 이것은 그것들의 필요를 충족시켰던 매일매일의 일상과 그들에게 '집'이라는 의미를 부여했던 친숙함을 뜻했다. '마구간'(stable)은 '안정성'(stability)을 제공했다. [이 두 단어는 '서다' 또는 '서기 위한 단단한 자리'를 의미하는 공통된 어원을 공유한다.]

Eiōtha는 '윤리'의 그리스어 동사형이다. 이것은 '~에 익숙하다'를 의미하며, *mos*에 상응한다('mores'는 '습관'이다). '도덕성'의 가장 오래된 의미 중 하나로는 관습에 따른 행동이다. 관습적인 행동은 축사가 동물을 위해 행하는 것의 많은 부분을 인간 사회를 위해 행하는데, 이것은 안정성과 안전을 제공하며 사회를 유지하는 데 도움이 된다. 도덕성은 일종의 사회적 접착제이다[이미지를 전환하자면]. 이는 사람들이 삶을 계속 살아가도록 사회를 충분히 온전하게 유지한다. 따라서 사회가 도덕적으로 '해이해졌을' 때, 사회는 실행 가능한 어떤 접근 방식으로 삶의 본분을 수행하기 위해 거의 본능적으로, 종종 강제로 도덕적 회복을 추구한다. 최소한의 도덕적 규정의 준수 없이 함께하는 삶은 이루어질 수 없다.[1]

그러나 그리스인들은 '도덕성'과 '윤리'를 구별하게 되었다. 이 구별은 확실한 긴장을 만들어 냈다. 도덕성은 계속해서 관습에 따른 행동을 지칭했다. 그러나 철학의 부상과 함께 윤리는 이성 혹은 성찰에 따른 행동을 의미하게 됐다. 윤리는 도덕성에 의문을 제기하고 이러한 분석적 성찰에 기초한 권유된 행동의 변화를 제안했다. 또한 윤리는 많은 경우에 관습적인 행동을 확인했지만, 이제 그 확인은 '정당화'(justification)라고 일컬어지는 것을 요구했다. 도덕성의 정당화는 이에 대해 공개적으로 책임 있는, 사리에 맞는 논거를 제공하는 것을 의미했다.

오늘날 도덕성과 윤리는 많은 의미를 지니며, 최선의 충고는 단순히 '당신의 표현에 주의를 기울이고' 사람들이 윤리 얘기를 말할 때 무엇을 말하는지 잘 듣는 것일지도 모른다. 이전 장에서는 도덕성과 윤리 모두를 '삶의 방도'(way of life)라는 공통의 항목 아래에서 식별했다. 그러나 이 책에서 이후에 사용하는 것은 기독교윤리를 기독교 도덕성(christian morality)으로부터 구별하며, '윤리'는 도덕성을 탐구하고 평가하며 도덕적 권고를 하는 과제를 가리킬 것이다. 이 책의 대부분에서 기독교윤리는 그리스도인의 도덕적 삶에 봉사하는 중요한 지적 훈련이며, 도덕성은 사람들이 그것을 살아가는 데 사용하는 성품과 행동의 표준을 지칭한다.

이러한 핵심 용어들의 많은 의미에도, 가장 우발적인 대화에서조차 그
것들은 자의적이지 않다. 이것은 『거울 나라의 앨리스』와 같이 여왕이 험
프티 덤프티에게 말하는데, 단지 자기가 선택한 단어들로 말하며, 그 단어
들이 단지 그녀가 의미하도록 선택한 것만을 의미하는 경우가 아니다. 그
러나 다양한 의미는 우리의 표현에 주의를 기울이라는 충고를 강조한다.

비록 이러한 구별을 하고는 있지만, 도덕적 삶의 요소에 대한 설명이
부족하다. 아래의 도표는 이에 대한 지침이며, 이 장의 나머지 부분과 이후
몇 개의 장에 대한 안내 역할을 할 것이다. 도표의 일부 주요 용어들은
이 장에서 광범위하게 다루어지며(도덕적 비전, 덕, 의무, 가치), 다른 것들은
여기에서 간략히 소개되고 이후 장들에서 다루어진다(성품 형성과 의사결정).

도덕적 행위 능력	
성품 형성	의사결정과 행동
좋은 사람과 좋은 사회 도덕적 미덕 존재의 윤리	옳은 선택과 행동 도덕적 가치와 도덕적 의무 행위의 윤리
도덕적 비전	

무엇보다 중요한 개념은 우리 자신을 '도덕적 행위자'(moral agent)로
하는 '도덕적 행위 능력'(moral agency)의 개념이다. '행위자'(agent)와 '행
위 능력'(agency)은 윤리학의 전문 용어인데, 그 의미는 도표를 해석하면
서 드러날 것이다. 지금은 도덕적 행위 능력이란 단순히 '도덕적으로' 행
동하는 피조물로서 우리 자신을 이해하는 데 필요한 것을 명명하는 하나

의 방법이라고 말할 수 있다. 이는 인간의 경험과 특히 인간 행동을 도덕적 관점에서 설명하기 위한 표지다. 이는 우리가 다양한 행동 방침을 인식하고, 여러모로 고려할 목적으로 그것들을 저울질하며, 그 고려 사항들을 바탕으로 행동들 가운데 선택하고, 선택에 따라 행동할 수 있는 종류의 피조물임을 의미한다. 이는 또한 우리가 우리의 선택과 행동에 대해 책임질 수 있다는 것을 의미한다.[2] '행위 능력'은 성품(character)과 행위(conduct) 모두와 우리의 도덕적 '존재'(being)와 도덕적 '행위'(doing) 모두를 포함하며, 따라서 도표의 요소들을 포괄한다.

앞의 도표는 가로선이 포함되어 있다. 이는 도덕적 삶에서 인간 행위 능력의 통합성을 나타낸다. 도덕적 행위 능력은 '존재'를 '행위'로부터 또는 성품을 의사결정 및 행동으로부터 분리하지 않는다. 연속적인 선은 이러한 기본적인 통합성을 보여준다. 수직선은 도덕적 행위 능력의 요소를 분리하지만, 이는 단지 명확한 인식, 분석, 논의를 위해 그렇게 한다. 수직선은 임시적인 것으로 간주해야 한다. 이는 오직 이해를 돕기 위해 존재할 뿐이다. 이는 우리의 도덕적 경험 자체를 통해 위에서 아래로 자르는 선이 아니다.

'도덕적 비전'(moral vision)은 도표의 아래에 별도로 배치되어 있다. 이는 도덕적 행위 능력과 마찬가지로 두 열 모두의 차원을 포괄한다. 그러나 이것은 도덕적 행위 능력의 동의어가 아니며 별도의 논의가 필요하다.

전체적으로 도표에 대한 소개는 개별적인 요소로 들어가기 전에 적절하다. 왼쪽 열의 초점은 윤리학의 오래되고 지속적인 질문 중 하나에 맞추어져 있는데, "무엇이 좋은 사회 또는 좋은 공동체인가 그리고 누가 좋은 사람인가?"이다. '좋은'(good)은 한 개인 혹은 사람들의 하나의 집단 자질과 특성에 관계없이 소중한 존재의 자질 또는 바람직한 도덕적 성품의 특징을 언급한다. 그 언급은 도덕적 행위자들이 어떤 종류의 사람들인지에 대한 것이다.

'성품'(character)에 주목할 때 우리는 종종 개인이나 집단에 '내적인' 것으로 간주하는 도덕적 요소들, 즉 동기, 성향, 태도, 의도, 인식을 언급한다. 이것들은 우리의 도덕적 정체성의 측면으로서 도덕적 '존재'에 속한다. 또 개인 혹은 집단으로 우리의 성품을 표현한다. 우리가 도덕적으로 누구인지를 반영한다.

성품과 도덕적 정체성에 관한 도덕적 판단은 '미덕'(virtue)에 관한 판단, 어떤 자질이나 '탁월성'이 좋은 사람과 공동체를 특징짓는지에 관한 판단이다. 그러나 미덕에 관한 관심은 우리가 개인들이나 사람들의 집단들로서 누구인지 그리고 누가 되어야 하는지에 국한되지 않는다. 이는 반드시 훌륭한 자질을 육성하기 위해 존재해야만 하는 그런 종류의 세상을 포함한다. 즉, 도덕적 미덕은 건전한 도덕적 성품의 자질뿐만 아니라 건전한 도덕적 성품의 공동체에 이바지하는 사회적 장치들과도 관련이 있다. 따라서 미덕과 성품은 다음과 같은 질문을 던져야 한다. 어떤 장치들이 용기 있고 자비로운 사람들, 정직하고 공정한 사람들을 길러내는가? 무엇이 친절함의 정신과 감사의 분위기를 조성하는가? 무엇이 모든 사회 집단에 대한 공정하고 평등한 대우를 중시하는 성향을 장려하는가? 이러한 것들은 기독교윤리[그리고 다른 도덕적 전통들]에서 '미덕'의 관심이다.

오른쪽 열 또한 윤리학의 오래되고 지속적인 질문, 즉 "나는 또는 우리는 무엇을 해야 하는가?"에 관여한다. 여기서 특정한 도덕적 쟁점과 문제에 대한 특별한 상황에서의 구체적인 선택과 행위는 도덕적 판단의 대상이다.

그러한 선택은 기독교윤리의 긴 연장선에서 정상적으로 요구되는 것이다. 기독교인들은 전쟁, 혁명, 개인적 자기방어 혹은 폭력, 종종 치명적인 폭력을 수반하는 다른 행동에 참여해야 하는가? 만일 그렇다면, 어떤 방식으로? 무엇이 낙태나 안락사의 문제에서 적절한 선택인가? 경제 정책과 선택에 관해서는 어떤가? 무엇이 공정한 세법, 노동자와 경영의 권리, 고용과 실업 수당, 사회에서 부와 기회의 분배인가? 어떤 시민권이 사회 구성원에게 합당한가? 권리들이 충돌할 때 무엇이 공정한 판결인가? 누가 건강 관리를 적절히 담당하는가? 그것이 어떻게 공정하게 전달되는가? 부모, 연인, 친구는 서로를 어떻게 다뤄야 하는가? 무엇이 자녀에 대한 부모의 책임인가? 그 반대는? 무엇이 낯선 이에게 합당한가? 무엇이 적에게 합당한가?

이와 같은 질문들은 단지 인간의 관심 자체가 닿는 만큼 뻗어 나가는 도덕적 질문들의 목록을 시작할 뿐이다. 그러나 이러한 질문들을 목록으로 마주하지는 않는다! 그것들은 특정 상황에서 구체적인 선택으로, 결정을 요구하는 문제로 매일 직면하게 된다. 그것들은 도덕적 진퇴양난(quandaries)과 갈등의 살아 있는 재료다. 일상적이고 비범한 방식 모두에서 그것들은 도덕적 행위자로서 우리 삶의 많은 부분을 구성한다.

이와 같은 쟁점과 선택에 관한 판단은 도덕적으로 '옳다'는 것에 관한 판단인데, 그것이 소중히 여기는 도덕적 가치와 감지된 도덕적 의무를 반영하기 때문이다. '가치'와 '의무'라는 두 용어 모두 별도로 다뤄져야 한다. 우리는 미덕과 마찬가지로 이들이 도덕적 판단의 문제에 속한다는 점만 인식하면 된다. 그러나 그것들은 성품의 '내적인' 자질이 아니라 결정과 행동 자체를 지칭한다. 그것들은 공공연한 행동, 즉 '행위'에 초점을 맞춘다.

이것은 간략한, 큰 틀의 방식으로 도표를 제시한다. 이후 논의는 여기에서 세워지지만, 우리는 도덕적 삶을 실제로 살아가면서 이 두 열을 가로

지르는 점선은 상호 영향 속에서 흐려진다는 점을 다시 한번 강조한다. 극작가 오스카 와일드(Oscar Wilde)에 관한 이야기는 이를 멋지게 보여준다. 와일드가 1882년에 미국에 도착했을 때 세관 직원들은 그에게 신고할 물품이 있는지 물었다. 항상 재치 있고 다소 허세를 부리는 와일드는 "단지 내 천재성뿐입니다!"라고 대답했다. 그러나 약 15년 후 그는 리딩 감옥(Reading Jail)에 수감되었다. 그곳에서 그는 더 사색적이고 겸손한 기분으로 더 사려 깊은 작품 중 하나인 *De Profundis*를 썼다. 이 작품은 그의 "천재성을 '낭비하는 사람'이었다"라는 고백을 포함한다. 그는 "나는 평범한 날의 모든 작은 행동이 성품을 만들거나 파괴한다는 사실을 잊었다"라고 했다.[3]

미덕 윤리, 즉 성품 형성에 대한 고전적 정식화를 우리에게 제시한 철학자 아리스토텔레스는 『니코마코스 윤리학』에서 거의 똑같은 말을 한다. 즉, "우리는 정의로운 행동을 함으로써 정의로워지고, 절제된 행동을 함으로써 절제되며, 용감한 행동을 함으로써 용감해진다."[4] 히브리 지혜 문학도 거의 똑같은 이야기를 하는데, 은혜가 덕의 삶에 축적된다고 덧붙인다.

네가 의로움을 추구하면 그것을 얻고
영예로운 예복처럼 그 의로움을 입으리라.
새들은 새들끼리 날아들고
진리는 그것을 실천하는 이들에게 돌아오리라.
(집회서 27:8-9)

이 모든 것은 성품이 행동을 특징짓는 것처럼, 행동은 성품을 형성한다고 말한다. '존재'와 '행위'는 서로를 형성한다. 자아, 그것의 선택과 행동의 본질적인 통일성은 선택과 행동이 그것들 안에서 표현을 찾는 바로 그 성품을 창조하는 데 도움이 되기 때문에 존재한다. 우리가 나중에 다룰 여기에서의 도덕적 형성에는 만만찮은 복잡성이 있지만, 이는 출발점이다. 이제 우리는 미덕, 가치, 의무, 비전에 대한 더 본격적인 탐구로 향할 수 있다.

각각은 도덕적 삶의 다른 측면을 드러낸다. 적절한 기독교윤리에 대한 한 가지 시험은 모든 것이 있는지 그리고 그것들이 잘 설명되고 있는지 여부이다.

미덕(Virtue)

화자는 글라우콘이다. 플라톤은 그에게 고전적인 윤리 과제를 부여했다. 즉, 정의로운 사람을 어떻게 알아볼 수 있을지 설명해야 한다. 플라톤은 무엇이 정의의 확실한 존재를 보여줄 것인지 묻는다. 글라우콘은 참으로 정의로운 사람은 다음과 같다고 답한다:

> 진실로 단순한 성품을 지닌 사람으로… 선하게 보이려는 것이 아니라 선하게 되고자 원하는 사람일 것이다. 우리는 그(혹은 그녀)가 선하게 보이는 것을 허용해서는 안 된다. 왜냐하면 만약 그렇다면 그는 정의로움의 명성을 가진 사람에게 주어지는 모든 보상과 영예를 얻게 될 것이며, 우리는 그의 동기가 정의에 대한 사랑인지, 아니면 보상과 영예에 대한 사랑인지 말할 수 없을 것이기 때문이다. 아니다, 우리는 그에게 그의 정의를 제외한 모든 것을 박탈해야 한다. … 그는 아무 잘못도 저지르지

않았음에도 악행으로 인한 최악의 평판을 가져야 한다. 그래서 우리는 그의 정의를 시험하고 그가 인기 없음과 그로 인해 따르는 모든 것을 직면하여 약해지는지 봐야 한다. 우리는 그에게 악하다는 평생의 부당한 평판을 부여하고, 그가 죽을 때까지 자신이 선택한 길을 고수하게 해야 한다. … 사람들은 우리가 묘사한 대로 정의로운 사람은 매질 당하고, 고문받고, 감옥에 갇히며, 그의 눈이 뽑히며, 모든 굴욕을 겪은 후 십자가에 못 박힐 것이라고 말할 것이다. …[5]

순전한 잔인함 때문에 이 묘사는 이사야서의 고난받는 종과 나사렛 예수에 대한 극명한 평행으로서 충격적이다. 그럼에도 이 텍스트가 주목하는 것은 플라톤의 질문에서 벗어나지 않는다. 정의는 어디에 있는가?

그러나 글라우콘을 인용한 우리의 목적은 플라톤의 목적과 약간 다르며, 플라톤의 질문보다 '우선적'으로 고려되어야 할 질문을 제기한다. 즉, 도대체 왜 이 구절이 '윤리 담화'인가? 무엇이 이것을 그렇게 만드는가? 그리고 플라톤은 도덕적 삶의 어떤 차원을 드러내고 있는가?

'정의'(justice)는 분명히 '윤리 담화'에 속한다. '사랑'(love)을 제외하고 유대교와 기독교윤리에서 이보다 더 자주 되풀이되는 단어는 거의 없다. 이것들은 이러한 전통들과 다른 많은 전통에서 가장 두드러진 도덕적 규범이다. 그러나 여기서 정의는 무엇을 지칭하는가? 정의는 어디에 있는가? 우리의 관심은 무엇에 끌리는가? 이 텍스트는 특히 그 생략된 부분들까지도 신중한 검토를 거쳤다.

보통의 용어에서 정의는 종종 해결을 요구하는 어떤 논쟁적인 사안을 지칭한다. 우리는 결과를 '정의롭다' 혹은 '정의롭지 않다'라고 판단한다. 그러나 여기서는 그 의미가 될 수 없다. 어떠한 도덕적 논쟁도 제기되지 않았다. 글라우콘은 도덕적 해결을 요구하지 않는다. 그는 단 하나의 사회적 문제도 논의하지 않으며 서로 다른 당사자들과 그들의 이익을 요구하지 않는다. 정의의 도덕적 의미는 다른 곳에 있다.

또 다른 가능성은 특정한 사회 체제나 심지어 사회 전체를 묘사하는 데 사용되는 것으로서의 정의다. 우리는 경제 질서, 형사 사법 제도, 현재의 정치적 구조 혹은 교육이 이루어지는 방식을 평가하면서 정의가 상대적으로 존재하거나 부재함을 본다. 그러나 그것은 여기서도 참고가 될 수 없다. 어떤 체제도 묘사나 평가는 고사하고, 심지어 언급조차 되지 않는다.

아마도 정의는 칭찬할 만한 인간의 행위에 대한 글라우콘의 꼬리표일 것이다. 우리는 자주 사람들이 행하는 것을 정의롭다거나 정의롭지 않다고 판단한다. 그러나 이 구절은 정의를 시험받는 사람의 편에서 어떠한 잘못도 부인한다. 악행에 대한 심각한 평판이 씌워졌음에도 어떠한 구체적인 부당한 행위도 제기되지 않았다. 이 구절에서 모든 것이 그에게 행해진다. 그의 행위에 대한 어떠한 단서도 주어지지 않는다. 단 하나도 언급되지 않는다. '정의로운'은 다른 어떤 것을 수식한다. 여기서 정의는 그 사람의 행위에 대하여 옳다거나 그르다는 판단이 아니다.

플라톤의 질문에 대한 글라우콘의 답은 처음부터 암시된다. 즉, "진실로 단순한 성품은… 선하게 보이는 것이 아니라 선하게 되기를 원하는… [사람의 자질]"이다. 정의는 성품의 자질 또는 '탁월성'이다. 윤리적 담론의 유서 깊은 표현을 쓰자면, 이것은 '미덕'의 문제다. 이것은 이 사람의 존재 자체에 속한 속성이다.

정의의 다른 차원들은 플라톤의 다른 작품들에서 나타난다. 그러나 이것은 윤리가 플라톤에게 무엇인지 그리고 그가 도덕적 삶의 어떤 특징을 강조하는지를 보여주는 데 충분하다. 윤리는 최선의 삶을 사는 유형과 이를 육성하고 표현하는 성품의 탁월성을 묻는 독창적인 과학이다. 초점은 사람들의 사회적 역할에 적합한 도덕적 자질을 육성하는 사회적 장치와 더불어 도덕적 특성에 맞춰져 있다. 이것은 기독교윤리에서 활발하게 수용된 고대 고전 문화에서의 강력한 주제다. 한 가지 예를 들자면 토마스 아퀴나스에 의한 로마가톨릭 윤리에 대한 고전적 정리(formulation)는 기본 틀을 제공하기 위하여 아리스토텔레스를 사용한다. 아리스토텔레스에게도 윤리는 사회에 존재하는 사람의 종류들로 표현되는 것으로서 좋은 사회의 자질에 관한 것이다.[6]

물론 그리스인들에게도 오늘날 모든 민족에게처럼 사회 정의에 대한 성가신 도덕적 문제와 수많은 쟁점이 발생했다. 그러나 도덕성의 작업은 ["만약 ~한다면 어떻게 할 것인가?"와 같은] 도덕적 딜레마에 대한 해결보다는 우리가 되어야만 하는 사람들의 유형에 대한 특별한 관심과 더불어 우리가 어떻게 살아야 하는지에 대한 숙고로 더 정향되었다. 도덕적 삶의 이러한 측면은 도덕적 형성을 전면에 내세우고 윤리의 핵심 요소로서 좋은 삶을 위한 도덕적 교육과 훈련을 강조한다. 사회의 형성과 질서 잡기는 여기서 결정적인데, 사회는 도덕의 선생이자 생활 환경이기 때문이다. 사회는 성품 형성을 위한 교사이자 교실이다.

그러나 미덕과 도덕적 형성이라는 도덕적 삶의 이러한 측면은 기독교윤리에서 그리스적 영향의 전유물이 아니다. 더 지속적인 힘은 한 백성으로서의 소명을 갖는 신앙의 백성에 속한다는 의식을 지닌 유대적 유산이다. 하나님의 백성에 속한다는 것은 공동체의 신앙 정체성에 따른 개인의 도덕적 정체성의 형성과 변화를 의미한다. 이것은 덕과 성품 형성 이상을 포함하지만, 이것들은 필수적인 구성 요소다. 게다가 공동체의 성경은 도덕적 형성을 위한 주요 수단이다. [그리스인들에게는 도덕적 형성을 위해 그들이 사용했던 '고전'은 있었지만, 신성한 성경은 없었다.] 때로 이러한 작품에서 특정 덕목들 자체가 권장된다. 바울은 갈라디아 공동체에 대하여 성령 안에서 살아가는 삶이 '사랑, 희락, 화평, 오래 참음, 자비, 양선, 충성, 온유, 절제'(갈 5:22-23)라는 성령의 열매를 가져온다고 말한다. 성령의 인도하시는 바가 되는 사람들(갈 5:18)은 또한 자만, 서로 노엽게 하는 것, 서로 투기하는 것(갈 5:24, 26)과 같은 악덕을 버려야 한다. [악덕은 특정한 잘못을 저지르는 고착된 성향이다.]

그러나 성경은 직접적인 도덕적 권고를 위해서보다는 도덕적 형성을 성취하기 위한 간접적인 수단을 위해 더 많이 사용된다. 예배 중 반복적으로 부르거나 조용한 묵상 가운데 읽는 시편은 예를 들어 감사, 의존, 책임감, 겸손, 경외심과 같은 미덕의 형태를 취하는 특정한 '의식'을 길러준다. 이것들은 '권고'되는 것이 아니라 기도의 과정에서 육성된다. 마찬가지로 성경의 위대한 이야기들을 낭독하고, 비유를 이야기하며, 예언자들의 계시와 꿈을 새롭게 듣는 것은 도덕적 정체성을 형성한다. 기독교 공동체의 삶에서 성경이 하나님의 방식에 따라 공동체 구성원의 개인적인 도덕적 정체성을 형성하는 도덕적 소명을 지니고 있다고 말하는 것은 지나친 주장이 아니다. 성경은 신앙의 백성으로서 우리가 누구인지를 반영하는 도덕적 자질의 내면화를 무수한 방식으로 장려한다. 그러나 더 중요한 점은 유대적 유산과 그리스적 유산 모두 기독교윤리에서 미덕과 도덕적 형성에 대한 지속적인 관심을 보이며, 미덕과 도덕적 형성은 기독교의 도덕적 삶에 대한 어떠한 적절한 이해에도 확실히 속한다는 것이다. 이것들을 경시하는 윤리는 본질적으로 결함이 있다.[7]

우리는 '행위 능력'이 암시하는 행동에 대한 밀접한 연관성을 다시 강조해야 한다. 미덕들은 '내적인' 성품의 문제이지만, 실천과 내적으로 연결된 도덕적 재화(moral goods)이며, 아리스토텔레스와 집회서 저자에 대한 이전의 언급에서와 마찬가지로 행동 속에서 길러지는 행위의 습관이다.

마무리하는 메모를 추가하자면, 기독교윤리는 시작부터 미덕을 위한 중요한 자리에 있었지만, 신학적 근거에서 이를 의심해 왔다. 기독교의 도덕 전통은 큰 악을 선의 타락으로, 큰 악덕을 미덕의 왜곡으로 이해한다. 루터와 같이 인간의 죄성에 대한 생생한 교리를 가진 사상가들은 치명적인 죄만큼이나 치명적인 미덕을 경계했다! 미덕에 대한 추구는 종종 선의 독선적이며 왜곡된 측면인 자기 의로움을 불러일으킨다. 겸손, 특히 종교적 겸손은 교만의 한 형태가 되고, 거짓된 겸양은 실제적인 것을 대체하게 된다. 게다가 왜곡된 미덕은 선 안에 존재하는 악을 분별하기 어렵게 만드는 사악한 자기기만을 동반한다. [사람들은 좋은 뜻을 가지고 있으며 자신이 하는 것이 모두에게 최선의 이익이 된다고 생각한다.] 아마도 의식적인 악덕만큼이나 선의 왜곡으로부터 많은 인간 피해가 발생할 수 있다. 루터의 『로마서 강해』 도입부에서 루터의 언급은 다음을 포함한다:

이스라엘 백성의 출애굽은 오랫동안 악덕에서 미덕으로의 전환을 의미하는 것으로 해석되어 왔다. 그러나 오히려 이를 미덕으로부터 그리스도의 은혜로 가는 길로 해석해야 한다. 왜냐하면 미덕들은 종종 더 크고 더 나쁜 결점이기 때문인데, 그것들이 그런 것으로 덜 간주되고 더 강력해질수록 모든 선(goods)을 넘어 인간의 모든 애정을 그 자체에 복종시킨다. 따라서 마찬가지로 요단강의 오른편은 왼편보다 더 두려웠다.[8]

변함없이 루터는 기독교윤리가 악덕으로부터 미덕으로의 움직임과 같게 된다고 말한다. 성화는 도덕적 성장으로 여겨진다. 움직임이나 진보의 관점에서의 그러한 사고는 아리스토텔레스 방식(*ad modum Aristotelis*)으로 생각하는 것인데, 그 방식은 '모든 것이 사람이 하는 일에 달려 있고', 의로움은 '죄가 제거되는 정도에 따라 실제적'이라는 것이다.[9] 루터에게 죄는 결코 완전히 제거되지 않으며, 따라서 '움직임'이 있어야 한다면, 그 것은 악덕으로부터 미덕이 아니라 악덕과 미덕으로부터 은혜이다. 루터는 우리가 법, 미덕, 도덕적 진보의 관점에서 사고하는 성향을 버리고, 대신에 "의로운 사람은 없나니, 단 한 사람도 없다"라는 지식 안에서 "그리스도와 함께 매일 죽고 살아나는" 데 참여해야 한다고 강조한다. 루터는 "당신이 원한다면 요단강을 건너라. 그러나 강의 양쪽 모두에서의 삶은 거의 똑같 으며, 동일하게 근본적인 변화가 필요하다"라고 말한다. '미덕'이 아니라 '은혜'가 윤리에서 핵심 용어이다.[10]

브라질의 신부 돔 헬더 카마라(Dom Helder Camara)는 한밤중에 부유 한 사람들의 가난한 사람들에 대한 태도와 소위 '제1세계'의 '제3세계'에 대한 태도에 관하여 묵상하며 1962년 8월에 다음과 같이 썼다:

> 나는 탕자의 형의 회심을 위해
> 끊임없이 기도한다.
> 내 귀에는 항상 두려운 경고가 울린다.
> "이 사람(탕자)은
> 죄의 삶에서 깨어났다.
> 다른 사람(형)은
> 언제
> 그의 미덕에서
> 깨어날까?"[11]

이 중 어떤 것도 도덕적 삶으로부터 미덕과 도덕적 형성을 배제하거나 그 중요성을 감소시키지 않는다. 그러나 이는 미덕에 대한 인간의 왜곡에 대해 우리에게 경고하며, 그리스도인의 삶이 미덕 이상이라는 점에 우리의 주의를 이끈다.

가치

윤리 자체는 미덕 이상이며, 도덕적 삶은 사회에서 사람들의 성품으로부터 행하는 것 이상이다. '가치'(value)와 '가치들'(values)은 다른 측면을 드러낸다. 그것들은 무엇을 지칭하는가? 제2차 세계대전이 발발하기 직전 중국 본토로부터의 실제 이야기가 하나의 실마리를 제공한다.

일본인들은 중국을 침공하면서 비(非)중국인들을 모아 민간인 수용소에 수용했다. 그중 하나가 중국 북부 웨이셴(Weihsien)에 위치한 산동수용소였다. 수용소 인원은 약 1,500명으로 일부 유라시아인, 남미인, 남아프리카인과 함께 대부분이 유럽인과 미국인이었다. 일본군은 수용소에 대한 접근을 엄격히 유지하고 출입하는 모든 물품을 통제했지만, 수용소 공동체의 기본적인 내부 조직, 유지 관리, 일상적인 운영은 수용자들에게 맡겼다. 그리하여 서로 잘 알지 못하는 사람들은 모든 수준에서 작은 문명을 창조해야 하는 만만찮은 과제를 떠맡게 되었다. [적에 의해 제공되는 안전 확보는 제외하고] 화자가 언급하듯이 사회는 여기서 가시적인 크기로 축소되었으며, 그 기본적인 역학은 모든 사람이 볼 수 있도록 분명했다.[12] 더 넓은 세계의 축소판은 함께 일할 수 있는 공동체를 만들어 내야 했다. 그런 것으로서 그것은 공동체 창조, 사회적 가치들, 반복되는 인간 문제들에 있어 폐쇄적이고 살아있는 실험실이었다.

1945년의 한 사건은 웨이센에서의 삶의 한 차원으로서 '가치'를 설명해 준다. 1월의 어느 추운 날 전혀 예상치 못한 배달이 이루어졌다. 경비병들이 수용소의 문을 열었고 당나귀 수레들이 차례로 궁핍한 억류자들에게 상상하지 못했던 선물 1,500개의 소포를 가져왔다! 각 소포는 그 집단에게 하늘로부터 내려온 만나처럼 받아들여진 50파운드의 풍부하고 지방이 가득한 음식이었다.[13]

이 소포들은 미국 적십자의 선물이었다. [당시 1,450명의 수용자 중] 200명의 미국인 중 많은 이들은 출처를 근거로 소포에 대해 특별한 권리를 즉각 주장했다. 일본군 사령관은 다음과 같이 결정을 내렸다: "미국인은 각각 1.5개의 소포를 받고, 그 외의 모든 사람은 각각 1개씩 받는다. 계산은 완벽하게 작동했다. 그럼에도 많은 미국인들은 미국인이 미국 적십자 물품의 분배를 결정해야 한다"라고 필사적으로 항의했다. 사령관은 공동체가 항의에 대해 논의할 때까지 배분을 연기하는 것으로 대응했다.

논의는 미국인 두 명, 즉 나이 많은 선교사 그랜트(Grant)와 젊은 교사(산동수용소 경험에 대한 화자) 길키(Gilkey) 사이의 다음 대화를 포함한다. 길키는 그랜트가 소포 사건의 '도덕적' 측면을 주장하고자 했다고 회상한다. "길키, 나는 항상 도덕적인 관점에서 모든 것을 본다." 길키는 "매료된 채, 나는 그의 말을 끝까지 들었다"라고 언급한다.[14]

나는 우리가 이 훌륭한 미국 물품들을 사용하는 데 도덕적 특성이 있다는 점을 확실히 하기를 바란다. 이제 길키 당신도 잘 알다시피, 나눔을 강요당하는 데는 아무런 미덕이 없다. 우리 미국인들은 소포를 받아야 한다. 그렇지. 그러고 나서 우리 각자는 그것들을 어떻게 할지 결정하는 데 자신의 도덕적 판단을 행사하도록 내버려두어야 한다. 우리는 나눌 것이지만,

적의 명령에 따라서가 아니다. 그렇다면 그것은 도덕적이지 않을 것이기 때문이다.

길키는 '도덕적'이라는 의미를 추적하며 미국인들이 몇 개의 소포를 나눌지 물었다. 그랜트는 각자가 적어도 두 개는 넘겨줄 것이라고 답했다. 길키는 이것이 비미국인은 각각 사령관이 애초에 명령한 하나씩의 소포가 아니라 4분의 1 미만의 소포를 받을 것이라는 점을 의미한다고 지적했다. 그러자 길키는 그랜트에게 다음과 같은 질문을 던졌다: "우리 모두가 똑같이 배고프고 궁핍할 때, 그것은 도덕적인 나눔인가?" 그는 그랜트의 반응을 이렇게 전한다: "그랜트는 당혹스럽게 나를 바라보았다. 그것은 그가 '도덕적'으로 뜻한 바가 전혀 아니었다." 그는 "나는 당신이 이해되지 않는다. 만약 일본인들이 그것을 우리 대신 나눠준다면, 아무도 선한 행동을 하고 있지 않으며, 따라서 그것 안의 어디에도 어떠한 도덕성이 없다"라고 말했다.[15]

길키는 계속해서 '도덕적'에 대한 그랜트의 이해를 묘사하며 그것과 자신의 이해를 대조한다. 그랜트는 개인의 자유로운 행위가 아닌 인간의 행동은 '도덕적'으로 간주될 수 없다고 주장했다. 만일 우리가 선택으로부터 행동하지 않고 우리의 선택에서 우리가 누구인지 표현하지 않는다면, '도덕성'은 진정으로 존재하지 않는다. 심지어 유익한 사회적 결과를 가져오는 행동이라 할지라도 그것이 강요된다면(적의 정부에 의해), 진정으로 '도덕적'인 것으로 간주될 수 없다. 그랜트에 따르면(길키를 통한), 도덕적 행동은 이를 수행하는 사람들과 관련하여 인식된다. 선한 행동은 미덕을 표현하고 더하며, 나쁜 행동은 그것을 훼손한다.[16] 그랜트에게 도덕성의 근원은 성품, 자유로운 선택 그리고 진정으로 책임의 자유로운 행사(free exercise of responsibility)에 있다.

길키는 이에 반박하며 계속해서 다음과 같이 말했다: "그랜트의 도덕성 이론은 도덕적 행동이 기본적으로 공동체 안에서 사람들 사이의 관계와 관련되어 있다는 사실을 완전히 무시한다. 따라서 실제로 도덕적 행동은 이웃의 필요가 자신의 필요와 동등하게 주어지는 행동이며, 부도덕한 행위는 이웃이 자신을 위해 잊히는 행동이다. 따라서 도덕적 행동은, 특히 그것이 '기독교적'이라고 불리려면, 행동의 외적 형태에서 이웃의 복지에 대한 관심을 표현해야 하며, 이 관심은, 만일 어떤 것이 있다면, 내적 미덕의 본질이다."[17]

길키는 자신의 설명을 다음과 같이 결론지었다: "이러한 관점에서 배고픈 이웃을 먹이는 데 도움이 되는 모든 행동은, 비록 그 나눔의 최종적인 도구가 비인격적인 정부 기관일지라도, 도덕적이다. 따라서 내가 그랜트에게 주장했듯이, 보편적인 나눔을 이루기 위해 고안된 노력은 도덕적이며, 그러한 나눔을 방해하는 노력은 부도덕하다."[18]

길키는 그랜트와 선명하게 달랐는데, 길키의 윤리는 성품과 최대한의 개인적 자유 선택이 아니라 사회적 결과 속에서 실현되고 사회적 결과로 검증되는 것으로서 가치의 표현에 초점을 맞추었기 때문이다. 이 사례에서 두드러진 가치는 공동의 필요에 근거한 필수 재화에 대한 대체로 평등한 나눔이었다. 길키에게는 훨씬 더 기본적인 가치, 즉 서로에게 불가피한 관계에 있는 사람들의 근본적인 평등이 여기에 깔려 있다. 이러한 가치를 바탕으로 각 이웃의 복지는 자신의 복지와 동일한 준거의 틀 안에 놓이며, 길키의 윤리가 가치 중심적이기 때문에 그 결과는 그 근원이 무엇이든 행동의 결과에서 이웃 사랑을 표현하는 사회 정책을 '도덕적'이라고 선언하는 것이다.

윤리에서 '가치들'은 사회에서 실현되어야 할 도덕적 재화를 지칭한다. 그것들은 우리가 행동들과 사회 구조 자체 모두를 판단하는 도덕적 규범으로 기능한다. 또는 우리가 우리의 희망을 미래로 투사하듯이, 그것들은 우리가 바라는 사회의 유형을 판단하는 기준으로 작용한다. [프랑스 혁명의 표어는 세 가지 가치, 즉 자유(liberté), 평등(egalité), 박애(fraternité)였다!] 그렇다면 가치 판단은 우리가 우리의 행동과 타인의 행동을 통해 사회에서 실현되는 것을 보고 싶어 하는 가치들에 관한 판단이다. 가치 윤리로서의 기독교윤리는 보유된 가치에 따라 사회적 선을 의도적으로 실현하려는 사람들의 노력을 강조하고 평가한다.

이전 장에서 우리가 논의한 시내산 사건을 상기해 보라. 광야에서의 공동체는 노예 상태로부터의 해방에 대한 그들의 종교적 경험을 반영했던 사회에 형태를 부여하는 임무를 가지고 있었다. 그렇게 하기 위한 수단은 주로 노예 집단에 대한 하나님의 처우를 반영하는 가치들을 표현하는 방식 안에서 사회의 질서 확립으로서의 율법이었다. 이 경우 율법은 사회에서 도덕적 재화로서 가치를 '실현'하는 수단이었다.

또 다른 예로서 그리고 비교를 위해 우리는 '정의'를 글라우콘 에피소드에서처럼 그리고 그랜트가 상상했을 법한 것처럼, 미덕으로서가 아니라 하나의 가치로서 인용할 수 있다. 가치로서의 정의는 성경 자료에 만연해 있고 기독교윤리에서 오랜 역사가 있다. 이것은 사회 복지의 척도이자 기독교의 사회적 노력을 위한 규범으로 자주 원용된다. 우리는 정의가 하나의 가치로 원용될 때 주로 사람들의 내적 상태와 동기에 대한 척도가 아니라(그랜트의 관심) 오히려 정의가 행해진 혹은 투사된 행동의 결과에 대한 척도라는 것을 주목해야 한다.

라인홀드 니버(Reinhold Niebuhr)의 정의에 대한 논의는 유익하다. 니버에게 논의는 그리스도인의 삶, 사실상 모든 인간의 삶에서 도덕적 규범으로서의 사랑과 함께 시작되어야 한다. 이것은 또한 사랑이 정의를 위한 도덕적 규범이기도 함을 의미하는데, 사랑은 바로 우리의 존재에 대한 '법'이기 때문이다. 즉, 사랑으로 살 때 우리는 우리의 참 본성에 따라 살며, 이를 위반할 때 우리는 오직 타자와의 상호 관계를 통해서만 우리 자신이 될 수 있는 존재로서의 본질을 어기는 것이다. 그러나 니버는 사랑이 친밀한 관계 안에서 개인들에 의해 가장 직접적으로 실현되며 인간 조직의 규모가 커짐에 따라 점차 어려워진다고 말한다(국가와 기업은 '사랑하지' 않는다). 동시에 사랑은 니버의 말에서 '형제애의 이상'(the ideal of brotherhood)으로 표현된 모든 사람에 대한 우리의 관계를 포함할 것을 요구한다.

> 공동체는 사회적으로뿐만 아니라 개인적으로 필수적이다. 개인은 오직 동료들과의 친밀하고 유기적인 관계 속에서만 자기 자신을 실현할 수 있기 때문이다. 따라서 사랑은 인간 본성에 대한 근본적인 법칙이며, 형제애는 사회적 존재에 대한 근본적인 필요조건이다.[19]

우리는 모든 사람과 상호성과 친밀함을 나눌 수 없으므로, 질문은 "어떻게 사랑이 사회 전체에서 가장 근접해질 수 있는가"가 된다. 니버는 "정의라는 수단을 통해서"라고 답한다. 정의는 사랑과 동일하지 않지만, 죄의 조건 아래에서 '형제애'[그리고 '자매애']에 근접한 것으로서 사랑과 긍정적인 관계 안에 있다. 어떻게 도덕적 가치로서의 사랑이 정의를 통해 실현되는가? 니버는 두 가지 차원에서라고 말한다. "첫 번째는 정의의 규칙과 법의 차원이다. 두 번째는 정의의 구조 차원, 즉 형제애에 대한 그들의 관계에서 사회적, 정치적 조직들의 구조의 차원이다."[20] 후자는 신앙의 사회적 구현에 관한 히브리인의 주장에 대한 논의에서 이미 언급했으며, 여기서 전자에 대한 니버의 논의를 추가한다:

> 정의의 체계들과 원칙들은 그것들이 서로에 대한 의무감을 다음과 같이 확장하는 한 형제애의 정신에 대한 종복(servants)이며 도구이다.

ⓐ   분명한 필요로 촉발된 즉각적으로 느껴지는 의무로부터 상호 지원에 대한 고정된 원칙에서 표현되는 지속적인 의무로.

ⓑ   자신과 하나의 '타자' 사이의 단순한 관계로부터 자신과 '타자들'의 복잡한 관계로.

ⓒ   마지막으로 개별적인 자아에 의해 분별된 의무로부터 공동체가 더 공정한 관점에서 정의하는 더 넓은 의무로.

     이러한 공동체의 정의는 관습과 법 속에서 서서히 진화한다. 이 정의는 개별적인 자아에 불가능할 더 높은 공정성의 요소를 포함하고 있다.

이 세 가지 방식으로 정의의 규칙과 법은 사랑의 법에 대하여 긍정적인 관계에 있다.[21]

그렇다면 사랑은 정의의 규칙, 법, 구조를 통해 사회에서 실현되는 도덕적 선이다. 이는 글라우콘이 봤던 미덕으로서의 성격과 다른 차원을 정의에 부여한다. 마찬가지로 정의를 통해 표현된 사랑은 그랜트의 윤리에서 있었던 동기와 미덕 이상이다.

중요한 신학적 확신은 도덕적 삶의 차원으로서의 가치에 기초가 된다.

이것은 사랑, 정의 혹은 다른 모든 가치에 해당한다. 이 확신은 세상이 아직 미완성이며, 인간은 '미완성' 행위자라는 것이다. 다르게 표현하자면 창조는 정적인 개념이라기보다 동적인 개념이며, 인간은 위대하고 지속적인 모험에서 하나님과의 동참자이다. [성경의 히브리어는 명사 형태보다는 동사 형태를 사용하여 창조에 관하여 이야기하는데, 이는 언어 자체의 선택에서 창조의 동적이고 미완성적인 특성을 강조한다.]

이것으로부터 두 가지 사항이 따른다. 가치 윤리로서 기독교윤리는 언제나 '목적론적'(teleological) 윤리다. 텔로스(telos)는 '목표' 또는 '최종 목적'이라는 그리스어다. 가치 윤리는 목표 지향적인 윤리인데, 따라서 행동의 결과와 우리가 '가치들'이라고 부르는 도덕적 재화의 사회적 실현에 주목한다. 목적론적 윤리는 기독교적 버전을 훨씬 넘는 역사가 있지만, 기독교윤리의 중요한 가닥들이 이 전통의 일부이다.[22]

두 번째 사항은 다음과 같다. 가치 윤리는 일반적으로 인간의 성장과 발전 가능성을 강조한다. 가치 윤리에는 인간 행위 능력에 대한 강한 인식이 있으며(미완성 세상에서 행동하는 미완성 행위자들), 개인적이고 사회적인 변혁에서 인간 행동의 역할에 대하여 꾸준히 주목한다. 도덕적 삶에서 가치와 가치들을 강조하는 기독교윤리의 특성들은 보통 이러한 특성들을 반영한다.[23]

의무(Obligation)

보우샹(Beauchamp)과 차일드리스(Childress)가 전해준 다음의 가상 사례를 생각해 보라.[24] 가까운 친구들이 함께 등산하러 간다. 당신도 그들 중 하나다. 친구가 추락한다. 당신이 아래 바위에 있는 그에게 도착했을 때, 그가 심각하게 다쳤다는 것이 명백하다. 임종의 순간에 그는 당신에게 약속 하나를 해달라고 요청한다. 당신은 기꺼이 동의한다. 그는 자신이 깔끔하면서도 비밀스러운 백만 달러에 가까운 액수의 돈을 모으게 되었다고 밝힌다. 그는 열심히 일하고 신중하게 투자함으로써 그것을 얻었다고 설명하며, 그 돈이 어디에 있는지 당신에게 말하고, 친척, 즉 과거에 중요한 순간에 자신에게 필요한 도움과 지원을 제공해 준 삼촌에게 그 돈을 전달해달라고 부탁한다. 그리고 친구는 죽는다.

당신은 세 가지를 알고 있다. 당신은 약속을 했다. 당신만이 백만 달러에 관해 안다. 그리고 당신이 잘 아는 그 삼촌은 부유하며 친구의 돈을 탕진할 가능성이 높다. 게다가 당신은 그 돈의 더 나은 용처, 더 필요한 명분을 알고 있으며, 그 돈이 그들에게 가지 말아야 하는지 궁금해한다. 신중하게 고려된 자선은 삼촌의 목적보다 더 가치 있는 목적에 도움이 될 것이고, 동시에 당신의 친구를 위한 적절한 추모가 될 것이다. 그래서 당신은 스스로에게 친구와의 약속을 깨야 할지 묻는다. 당신이 하든 하지 않든, 당신의 친구는 절대 알 수 없을 것이며, 만약 당신이 약속을 깨더라도 그의 삼촌 역시 절대 알 수 없을 것이다.

이 사례와 질문은 '도덕적 의무'로 특징지어지는 삶의 측면을 드러낸다. "우리는 무엇을 해야 할 의무가 있는가?"라는 질문은 의무가 도덕적 삶에 던지는 질문이다. 옳고 그름, 선과 악이 우리에게 요구하는 관계들의 망을 고려할 때 무엇이 옳고 그르고, 선과 악인가? 우리는 서로에게 도덕적으로 무엇을 빚지고 있는가? 우리의 삶의 투자와 우리 손에 있는 생명 그 자체의 투자에 비추어, 우리는 누구에게 의무를 지고 있고, 해야만 하는 의무가 무엇인가? 이러한 질문에 답하기 위해서는 도덕적 의무에 대한 평가가 필요하다. 이 특정 사례에서 쟁점이 되는 판단은 당신이 더 필요한 명분을 위하여 친구의 돈을 사용하기 위해 친구에 대한 약속을 깨야만 하는지 여부다. 당신이 실제 어떤 판단을 내리든지 당신은 약속을 깨서는 안 된다는 바로 그 강한 절박한 의식의 존재가 도덕적 삶의 현실로서 의무에 대한 증거다. 기독교윤리의 일부 변형들은 다른 깃들이 덕이나 가치를 가지고 중심 현실로 하듯이 의무(obligation) 또는 임무(duty)를 중심 현실로 만들었다.[25]

그러나 의무란 무엇에 관한 것인가? 무엇이 도덕적 힘의 기초가 되는가? 죽어가는 친구의 사례는 책임이 우리의 관계 가운데 발생하며 그 관계의 일부라고 가정한다. 만일 우리가 가까운 친구라면, 우리는 서로에 대하여 완전히 낯선 사람 사이에서와는 다른 행동을 기대한다. 만일 우리가 부모라면, 우리의 자녀가 존재하지 않는 것처럼 도덕적으로 행동할 수 없다. 우리가 고용된다면, 우리의 직업이 요구하는 책임을 의식하지 않을 수 없다. 관계는 언제나 우리가 의무나 임무로 경험하는 책임을 수반한다.

그러나 의무는 이것보다 훨씬 더 많은 것을 함축한다. 삶 자체를 동반하는 의무와 관계의 깊은 수준이 있다. **조금이라도 함께 살아가는 것은 기본적인 규칙을 요구한다.** 이는 보편적으로 구속력이 있는 최소한의 규정들을 수반한다. 다른 시대와 문화는 이러한 규정들의 다른 형태를 제공하지만, 삶 자체가 우리에게 구속력 있는 도덕적 요구를 하며 의무가 공유된 존재의 필요에서 발생한다는 기본적인 사실에 관하여 서로 다른 문화 간의 상당한 합의가 존재한다. 도덕적 삶에서 이러한 끊임없는 견인력은 윤리학이 말하듯이 의무가 밝히고자 하는 것이다.

하나의 예면 충분할 것이다. 당신이 전화기를 들고 정확한 시간을 물어본다고 가정해 보라. 응답은 "10시 20분"이다. 당신은 전화를 끊고 시계를 맞추기 시작하지만, 걸려 오는 전화로 산만해진다. 당신은 몇 분 동안 통화한다. 그때 당신은 다시 시간에 확신이 없어져서 '시간' 서비스에 전화한다. 응답은 "6시 32분"이다. 이것이 맞을 리 없다는 것을 알고 있는 당신은 다시 한번 시도한다. "1시 15분"이 주어진다. 당신은 이것 역시 틀렸다는 것을 알고 있으므로 라디오를 켠다. '정시' 뉴스가 막 시작되었고, 당신은 재빨리 당신의 시계를 오전 11시로 맞춘다. 시간은 실제로 발표되지 않았지만, 때는 오전이고 당신이 10시 또는 뭔가 다른 것에 관한 원래 정보가 정확했다고 확신했기 때문에, 당신은 시간이 11시가 틀림없다고 결론을 내린다. 하지만 당신이 아파트를 나설 때, 당신은 코너에서 '3시 28분'을 가리키는 시계와 길 건너에서 '9시 12분'을 가리키는 또 다른 시계를 마주친다. 게다가 당신은 목적지에 도착하자마자 "당신이 중요한 회의를 위해 1시간 전인 오후 2시에 참석했어야 했다"고 말하는 한 동료와 "당신이 오후 4시 위원회에 난처하게도 늦었다"고 말하는 또 다른 동료가 격분해서 당신을 맞이한다.

이 작은 에피소드는 비현실적이다. 이런 일은 발생할 수 없다. 왜냐고? 만일 이것이 실제상황이라면, 사회는 대처할 수 없기 때문이다. 사실 '사회'는 존재하지 않고 오직 혼란만 있을 것이다. 사회를 조금이라도 지탱하기 위해서는 합리적으로 신뢰할 수 있는 기대와 행동의 패턴이 존재해야 한다. 약간의 질서, 즉 믿을 수 있는 구조가 있어야 한다. 최소한의 질서가 무너질 때, 지극히 인간적인 추진력이 이를 재창조하기 시작한다. 그 이유는 불가사의하지 않다. 우리의 삶은 글자 그대로 최소한의 신뢰성에 의존하며, 이는 조금이라도 함께 살아가는 데 대한 필요조건이다. 이 특정 사례에서 함께하는 보통의 하루를 위한 합의된 순서가 필요하다. '시간'은 존재해야 하며, 시간은 대부분 사람이 자신의 출입을 관리할 수 있을 만큼 충분히 자주 존중하는 형태가 주어져야 한다.

합의된 사회적 발명으로서 '시간'은 필요한 모든 것이 아니다. 더 심오한 예는 진실을 말하고 약속을 지킬 의무다. 우리는 모든 당사자가 실제로 시간이 몇 시였는지 알고 있었지만, 아무도 진실을 말하지 않았다는 가정하에 이 동일한 에피소드를 다시 이야기할 수 있다. 각자는 시간을 날조했고 그 결과를 완전히 잊었다. 그들이 글자 그대로 당신에게 하루의 시간을 알려주지 않을 때, 당신은 재빨리 그들의 말을 받아들일 수 없다는 결론을 내렸다. 당시의 시간, 중요한 회의를 하겠다는 그들의 약속 또는 회의가 예정되었다면, 당신은 그 자리에 참석하겠다는 약속에 대해 신뢰할 수 없었을 것이다. 반나절 만에 당신은 '진실 말하기'와 '약속 지키기'가 일상적인 존재 자체의 단순한 필요조건이며, 실행 가능하고 인간적인 기대와 행동의 완전한 필요성이라는 것을 배웠을 것이다. 기본적인 신뢰는 사회적 필요조건이다. 기본적인 불신 속에서는 삶을 살아갈 수 없다.

진실 말하기와 약속 지키기는 단지 필수 조건의 목록을 시작할 뿐이다. '존중'은 또 다른 것이다. 낯선 이를 포함한 타자에 대한 최소한 어느 정도의 존중이 없다면, 사회는 만인에 대한 만인의 투쟁에 빠질 것이며, 삶은 정말로 '외롭고, 가난하며, 추악하고, 야만적이며, 짧을' 것이다(토머스 홉스).

최소한의 존중은 육체적 필요에 대한 존중을 의미한다. 사람들에게서 기본적인 영양의 필요를 박탈하는 것은 그들의 인간성을 훼손한다. 주거와 의미 있는 일에 대해서도 똑같이 말할 수 있다. 그것들은 인간 발전의 더 복잡한 형태들이 좌절되지 않으려면 충족되어야 할 첫 번째 수준의 필요에 속한다.

서로에 대한 공정한 대우에 관해서도 비슷한 것을 얘기할 수 있다. 존중은 유사한 사례에 대한 유사한 처우 또는 괜찮은 연기에 대한 어떤 다른 공연을 수반한다. 부정적으로 표현하자면, 만일 서로에 대한 우리의 처우가 완전히 자의적이고, 따라서 전적으로 예측 불가능하다면, 우리는 함께 살 수 없다. 우리는 도덕적 자질과 자격으로서의 존중과 떨어져서 함께 살 수 없다. 우리는 우리가 대접받고 싶은 방식으로 타자를 대접하는 '황금률'과 같은 무언가를 고안해야 한다.

도덕적 필수 조건에 대한 우리의 특별한 목록이 무엇이든지, 그것은 더 큰 요점을 보여준다. 즉, 도덕적 의무는 바로 인간 존재 자체의 본질에 의해 요구되는 **근본 규칙**을 명확하게 하려고 분투하는 도덕적 삶의 노력이다. 우리는 이러한 규칙과 떨어져서 함께 살 수 없는 사회적 피조물이다. 정확히 근본 규칙으로서 이러한 의무들은 우리가 고려하는 모든 행동에 대해 자격을 부여하고 경계를 설정한다. 그것들은 틀과 한계를 설정한다. 그렇다면 도덕적 의무의 판단은 우리에게 가장 기본적으로 요구하는 것으로서 우리가 준수해야 할 의무가 있는 행동에 관한 판단이다.

이러한 요구들은 종종 원칙, 법, 규칙 또는 규범의 형태로 명시된다. 예수의 황금률에 대한 언급, 즉 "그러므로 무엇이든지 남에게 대접을 받고자 하는 대로 너희도 남을 대접하라. 이것이 율법이요 선지자니라"(마 7:12)는 이미 언급된 예다. 또 다른 예는 임마누엘 칸트의 정언명령의 두 번째 공식이다. 즉, "그러므로 모든 경우에 당신 자신의 인격에서든 다른 사람의 인격에서든, 인간을 결코 수단만이 아니라 목적으로 대하도록 행동하라."[26] 십계명 역시 기본적인 도덕적 의무의 예다. 즉, "네 부모를 공경하라, … 살인하지 말라, 간음하지 말라, 도둑질하지 말라, 네 이웃에 대해 거짓 증거하지 말라"(출 20:12-16). 이스라엘 역사에서 백성이 하나의 억압적이지만 온전한 사회 질서였던 파라오의 이집트를 떠나 또 다른 사회 질서에 대한 기본적인 형태의 부여가 요구되었던 그 순간 십계명이 주어졌다는 사실을 주목하지 않을 수 없다. 위에서 언급한 바와 같이 당면한 과제는 틀림없이 도덕적 가치를 실현하는 것이었지만, 더욱 근본적으로 과제는 하나의 기능하는 공동체로서 함께하는 삶에 대한 가장 기본적인 필요조건을 규정하는 것이었다. 또한 이러한 규정들, 즉 '계명'이 다름 아닌 존재하는 모든 것을 유지하시는 하나님에 의해 제정된 근본적인 도덕적 질서의 표현으로 간주된다는 사실, 즉 계명은 그 자체가 하나님 안에 기초를 둔 어떤 존재에 뿌리를 두고 있다는 사실을 우리는 주목하지 않을 수 없다.

십계명이나 사회의 지배적인 관습보다 훨씬 덜 포괄적인 도덕적 의무의 표현이 있다. 많은 전문직 또는 직무 역할은 윤리 강령과 규칙의 형태로 표현되는 특정 의무를 갖고 있다. 의사는 어떤 행동을 취하든 불필요한 고통을 완화하고 불필요한 해를 끼치는 것을 삼가야 한다(히포크라테스 선서의 일부). 인간을 대상으로 실험하는 과학자는 일반적으로 참가자의 고지에 입각한 동의를 얻고 채택된 윤리 강령에 비추어 조사된 보고서를 감독 위원회에 제공해야 한다. 국제법은 군인들이 '반인도적 범죄'가 상급 장교에 의해 명령될 때조차 이에 참여하는 것을 거부하도록 규정하고 있다. 법률가들은 많은 공무원이 정부 윤리 강령의 적용을 받는 것처럼 법조 윤리 강령을 준수해야 한다. 교직자들과 정신과 의사들은 들은 것을 비밀로 유지할 의무가 있다. 이 모든 사례와 이와 같은 많은 경우에 도덕적 의무는 특정 관계 내에서 수행되는 직무의 유형에 고유한 의무의 형태를 취한다. 의무 자체는 도덕적 행위자가 취할 수 있는 행동의 종류와 범위에 자격을 부여하고 제한하는 규칙, 법, 강령, 원칙으로 규정된다.

그러나 도덕적 의무는 매우 흔하게 명시적으로 규정되기보다는 '감지'(sensed)되고 '직감'(intuited)된다. 그것은 우리의 너무나 많은 부분인 관계들 속에서 발생하기 때문에 우리는 공식적인 도덕적 지침을 요청하지 않고도 우리에게 의무로 주어진 것이 무엇인지 '안다'. 관계의 요구를 고려할 때 적절한 반응이 무엇일지 우리는 인식한다. 여기서 의무는 어떤 친구가 갑자기 아파진 다른 친구와 함께 있기 위해 휴가를 짧게 '끝내야만 한다'는 것을 알고 있을 때 혹은 배우자가 자신이 무신경했으며 용서를 구하며 바로잡아야 한다는 것을 인식할 때처럼 유기적이다. 어떠한 '법'이나 '강령'이 인용되지 않았으며, 어떤 계명이 원용되지 않는다. 때로 심지어 아무 말도 하지 않는다. 아마 이미 맺은 서약이나 신뢰 속에서 주어진 약속을 상기시켜 주는 것으로서, 이외에 도덕적 법규를 들먹이는 것은 다소 이상할 것이다. 그러나 심지어 침묵 속에서도 의무는 관계 자체에 본질적인 도덕성의 차원으로서 여기에 깊숙이 실재한다.

앞선 예들은 결정과 행동을 위한 기본 규칙을 제공하는 도덕적 삶의 측면을 설명하는 데 충분하다. 만일 '가치'가 더 큰 발전에 대한 우리 인간성의 개방성을 반영하는 도덕적 삶의 차원을 부각한다고 말할 수 있다면, '의무'는 우리의 인간성의 주어졌음과 우리의 함께하는 삶으로부터 그리고 우리의 함께하는 삶을 위해 발생하는 요구를 강조하는 차원을 부각한다.[27] 의무로서의 도덕적 삶은 공동체를 가능하게 하며, 가치는 공동체를 의미 있게 만든다.

우리의 가장 치열한 논의 중 많은 부분은 도덕적 의무의 내용, 즉 어떤 상황에서 누구에게 무엇이 구속력이 있는지 그리고 도덕적 의무가 충돌할 때 무엇을 해야 하는지에 관한 것이라는 점은 말할 필요도 없다. [톰 스토파드(Tom Stoppard)의 한 연극 속 인물이 "도덕적 원칙들이 직선으로만 작용하고 결코 서로 교차하지 않는다면 도덕적 딜레마는 없다"라고 말한 것은 옳다.][28] 도덕적 삶에서 이러한 공통된 경험, 즉 도덕적 원칙들이 서로 교차하는 것은 단지 윤리학에서 '판단'의 의미와 필요성을 강조할 뿐이며, 우리는 주어진 특정 상황에서 무엇이 옳고 선하며, 틀리고 악한지에 관한 두드러진 분별과 결정을 위해 항상 노력해야 한다.

특히 기독교윤리를 위한 의무에 관해 두 가지 주목할 점을 덧붙인다. 하나는 의무에 대한 신학적 근거다. 의무가 하나님의 창조 자체의 요구로부터 발생하는 것처럼, 의무는 최종적으로 하나님에 대한 것이다. 다른 하나는 성경이 지속적이고 의무적인 도덕적 내용의 원천이라는 점이다. 이 점은 「뉴욕타임스」 사설 페이지에서 확인되었다. 그 주제는, 1988년 대선에 출마를 선언했으며 자기의 삶에서 다소 곤혹스러운 에피소드들에 대한 그의 해명에서 언론이 지나친 '정확성'을 요구하고 있다고 불평했던 한 대통령 후보에 대한 비판이었다. 사설의 결론 단락은 다음과 같이 쓰여 있다: "진실 말하기는 교화하는 언론에 의해 최근에 강요된 엄격한 요구가 아니며, 그것은 적어도 두 개의 성서(Testaments)까지 거슬러 올라간다. 기준으로서의 이것을 벗어나는 것은 횡설수설로의 혹은 로버트슨 씨의 말처럼, 바벨탑(Babel)으로의 타락으로 초대한다."[29]

비전(Vision)

다음 사건은 장기 이식 윤리에 관한 학술회의에서 발생했다. 참석자들은 명확한 도덕적 차원을 갖고 있는 다양한 의료 정책과 쟁점들, 즉 서비스에 대한 평등한 접근, 장기에 대한 증가된 수요의 경제적 파급 효과, 정부 규제의 역할에 대해 논의하고 있었다. 다음 세션의 연사인 젊은 역사학 박사가 도착했을 때, 그가 심각한 신체적 기형을 앓고 있다는 점은 분명했다. 선천적으로 기형인 척추로 인해 그는 의사, 법률가, 의료 관리자, 전문 윤리학자들로 이루어진 청중에게 강연하기 위해 특별한 방법으로 지원받을 필요가 있었다.

그 젊은 남성은 자신의 상태에 대해 있는 그대로 이야기했으며, 계속해서 고대 문명에서 장애인들은 다름 아닌 장애를 가졌다는 이유로 살해되었다고 지적했다. 게다가 그는 이러한 일이 미국에서도 발생했다고 말했다. 심지어 지금도 장애인들은 특정한 경우에 삶이 허락되지 않고 있다.

주의를 기울이는 청중은 이러한 주장에 즉각적이고 회의적으로 반응했다. 몇몇 참석자는 청중석에서 연사에게 직접적으로 이의를 제기했다. 그는 그 자리에 있는 이식 외과의들에게 구체적인 질문을 던지는 것으로 응답했다. 만약 두 사람이 장기 이식을 통해 죽음을 피할 수 있고 상당히 연장된 삶을 기대할 수 있다면 그리고 만일 그들 사이의 유일한 차이가 한 사람은 장애가 있고 다른 사람은 그렇지 않다면, 누가 생명을 구할 이식을 받을 것인가?

처음에 외과의들은 다른 모든 조건이 같다면 중증 장애인을 배제하는 자신들의 관행을 변호했다. 그들은 대다수가 합리적이고, 정보에 근거하며, 세련된 도덕적, 정책적 논거를 가지고 필사적으로 그렇게 했다. 그러나 오래지 않아 그들은 자기들의 정신 훈련의 실제적인 결과를 깨닫기 시작했다. 즉, 그들에게 조용히 질문을 던진 바로 그 사람은 그들의 판단에 따르면 살도록 허락되지 않았을 것이다. 외과의들은 일종의 느리고 조용한 도덕적 충격을 경험했다. 깊은 곳에서 그들은 자신들이 장애인을 완전한 인간으로 간주하지 않았다는 사실을 깨달았다.

이 사건을 보고한 학술회의의 회원인 로이 브랜슨(Roy Branson)은 다음과 같이 논평했다: "참석자들은 자신들의 판결들 사이의 침묵 속에서 윤리적, 경제적, 의학적, 법적 용어에 대한 논의를 넘어 새로운 책임의 지평을 엿보고 있다는 사실을 느꼈다. 그들의 인간성에 대한 인식이 확장되었다."[30]

여기서 무슨 일이 일어났는가? "그들의 인간성에 대한 인식이… 확장되었을 때, 도덕적 관점에서 무슨 일이 일어났는가?"

추측을 위해 외과의들이 보통의 받아들일 수 있는 성품을 지닌 사람들이었다고 가정해 보자. 일부는 의심할 바 없이 다른 사람들보다 강직했지만, 대다수는 그들의 환자들의 복지를 진심으로 염려했고, 그들의 고통완화에 헌신적이었으며, 그들이 돌보는 사람들을 다룸에 있어서 세심할 뿐 아니라 숙련되었다고 가정해 보자. 모두는 아닐지라도 대부분은 의사에게 기대되는 도덕적, 기술적 미덕을 보여주었다. 더욱이 그들은 자신들의 직업에 규정된 도덕적 의무를 회피하지 않았음을 보여주었다. 그들의 정책에 대한 맹렬한 옹호는 그들이 자신들의 의무를 진지하게 받아들였음을 시사한다. 특히 그들은 삶과 죽음이라는 매우 어려운 선택에 직면했을 때 그렇게 했다.

그렇다면 우리에게는 자신들의 도덕적 책임을 진지하게 받아들인다는 점을 보여주는 성품의 사람들이 있다. 또한 우리는 그들에게 중요하며 위선이나 기회주의로 무시될 수 없는 특정한 가치와 가치 판단이 있음을 증명할 수 있다. 그들은 자신들의 목표가 자원이 허용했던 만큼의 많은 시민들을 위한 가능한 최상의 건강이라고 주장했으며, 그들의 관행은 이러한 목표에 봉사하는 데 맞추어져 있었다.

외과의들은 덕과 의무에 주의를 기울였을 뿐만이 아니라 진지하게 사회적 선을 추구하였다. 이것이 우리의 결론이다. 그러나 이러한 신랄한 만남 속에서 미덕, 의무, 가치를 넘어선 무언가가 일어났다. 그것은 이 모든 것을 다른 지평선에 던져 버리고 새로운 빛 속에 위치시킨 무언가였다. 외과의들은 장기 이식 수혜자에 대한 선정을 관리하는 정책을 새롭게 숙고해야 한다는 사실을 깨달았다. 그들은 거의 즉각적으로 그렇게 하기 시작했다. 동시에 도덕적 자기비판이 시작되었는데, 자기들의 연민에 대한 이전의 의식이 제한되지는 않았는지 그리고 사회적 선에 대한 자기들의 이해가 편향적이지 않았는지 의아해했다.

외과의들에게 일어난 일은 다른 비전, 즉 다른 **도덕적 비전**의 침입이었다. 이는 "그들의 인간성에 대한 인식이 확장되었다"라는 의미다. 그들은 사물을 다르게 '봤다'. 이제 새로운 관점은 완전한 사람들로서 장애인들 혹은 다르게 능력이 있는 사람들을 포함했다. 일부 외과의들에게는 아마 처음이었을 것이다.

도덕적 비전은 우리가 보유하는 선(善)에 대한 비전이며, 그 일부는 우리가 우리 자신과 타자를 어떻게 인식하고 존중하는지다. 이것은 도덕적 영역에 대한 통합적인 이해다. 이것은 때로 외과의들의 만남과 같은 만남에 의해 완전히 의식되고 촉매적 사건들의 과정에서 변화한다. 더 자주 이것은 우리가 그 사이에서 움직이는 공동체들의 사회화된[혹은 내면화된] 반영인데, 그것은 특별하며 평범한 만남을 통해 오랜 기간에 걸쳐 형태를 취했다. 우리는 종종 이러한 내면화된 공동체의 도덕적 비전을 단지 희미하게만 인식하지만, 그럼에도 그것은 우리의 삶에서 효과적이다.

도덕적 비전의 다른 변화에서와 마찬가지로 이 경우에도 역시 미덕, 가치, 의무가 재평가되어야 한다. 이것은 결국 자기비판과 전향적인 행동으로 이끌었다. [독자들은 '도덕적 비전'이 모든 요소를 포함하는 방식으로 도표에 배치되었다는 점을 기억해야 한다.]

과거는 도덕적 비전에서의 변화와 이에 따른 도덕적 삶 전반에 걸쳐 가득 차 있다. 노예제가 주요한 예다. 기록된 역사의 많은 기간 동안 일부 사람들은 다른 사람들을 노예로 삼았다. 이러한 장치와 조건은 매우 다양했다. 일부는 노예를 재산으로 취급하는 제도(chattel slavery)에서처럼 이례적으로 잔인했다. 이외에는 덜했으며 어느 정도는 가족적 돌봄을 반영하는 방식의 가부장주의였다. 다시 한번 추측을 위해 미덕이 가르쳐졌다고 가정해 보는데, 실제로 그랬다. 즉, 주인은 노예를 돌봐야 하며, 노예는 항상 주인을 존경하고 그에게 복종해야 한다. 또한 의무가 규정되었다고 가정해 보는데, 실제로 그랬다. 즉, 주인과 노예 모두는 성경적 사회를 포함하여 대부분 사회에서 매우 불평등한 권리와 의무이지만, 법과 관습에 의한 권리와 의무를 갖고 있었다. 더 나아가 노예제도가 옹호되었다고 가정해 보는데, 실제로 그랬다. 옹호자들은 노예제도가 사회적 필요와 사회적 선의 문제라고 말했다. 사실 그들은 노예제도가 하나님의 우주 질서 자체에 뿌리를 두고 있으며 자연 자체의 문제라고 주장했다.

노예제도 자체가 본질적으로 비도덕적이라고 비난을 받는 날이 먼저 여기에, 다음엔 저기에 그리고 결코 갈등이 없지는 않은 방법으로 왔다. 사람들 사이에서 인기를 얻은 것은 모든 사람의 근본적인 평등과 그들이 자유로울 권리에 대한 도덕적 비전이었다. 노예들은 오랫동안 자유와 하나님 안에서 자신들의 존엄과 평등에 대한 열망의 진실을 알고 있었다. 그러나 결국 그것은 사회경제적으로 특권을 가진 사람들 사이에서도 신뢰를 얻었는데, 특히 그들이 경제적, 군사적 압력을 받았을 때였다! 어쨌든 노예 없는 사회가 가능하다고 상상했기 때문에 한때 유토피아적인 몽상가라고 무시되었던 사람들은 마침내 정당성이 입증되었다. 그리고 오늘날 주인/노예 도덕성의 많은 잔재가 여전히 존재한다는 사실에도 불구하고 (여성과 아동에 대한 가정 폭력의 지속적인 높은 발생률은 하나의 잔인한 사례다), 아무도 노예제를 재제도화하자는 공공연한 도덕적 주장을 하지 않는다. 수 세기 동안 권력자들 그리고 심지어 권력이 없는 사람들의 도덕적 비전이 노예제도 없는 사회를 상상할 수 없었던 반면, 이제 어떤 사회도 노예제도를 사회의 도덕적 비전의 필수적인 부분으로 포함하지 않는다.

도덕적 비전에서 다른 변화들이 있었으며, 그중 일부는 여전히 진행 중이다. 오늘날 많은 사람은 인간 공동체뿐만 아니라 모든 생명의 복지를 고려하는 도덕적 비전을 위해 애쓰고 있다. 그것은 '인간 중심적'(anthropocentric) 윤리 대신 '생명 중심적'(biocentric) 윤리를 위한 추구이며, 따라서 인간 생명뿐만 아니라 모든 생명을 포함하기 위한 의무, 가치, 미덕에 대한 인식을 확장한다.[31] 또 다른 현대적인 예를 인용한다면 덕, 가치, 의무, 도덕적 비전 자체는 여성에 대한 대우에 비추어 그리고 여성의 현실 자체를 위해 비판받고 재구성되고 있다.[32] 세 번째 사례에서는 지배와 통제에 집착하는 기술적 사고방식의 위험이 세계를 바라보는 새로운 '개념적 틀'을 제공함으로써 시정된다. 제레미 리프킨(Jeremy Rifkin)은 다음과 같이 말한다:

예전의 개념적 틀 안에서는 핵무기 없는 세계나 유전자 공학 없는 세계를 상상하는 것조차 불가능하다. 우리의 안보가 오직 권력, 이점(advantage) 그리고 통제를 극대화함으로써 확보할 수 있다고 계속 믿는 한, 우리는 결코 핵무기나 생명에 대한 유전자 공학을 포기할 수 없을 것이다. 오직 안보의 본질에 관한 우리의 생각을 근본적으로 재고함으로써 우리는 이러한 두 가지 기술이라는 현재의 현실이 없는 세계를 상상하기 시작할 수 있다. 권력 대신 공감, 이점 대신 공평, 성장과 확장 대신 차입과 부채 (borrowing and indebtedness), 통제와 조작 대신 참여와 돌봄을 맞바꿈으로써 우리는 각 개인과 종 전체의 안보를 보장할 새로운 기준점을 세운다. 자신을 단 하나의 지구 안에 둘러싸여 단일한 공동체 안에 살며 공동의 생태계에 거주하는 단일한 가족으로 정의하는 세계에서 핵무기나 유전

자 공학을 위한 자리는 없다.[33]

우리는 이러한 마지막 예와 앞선 예들처럼 도덕적 비전에서 모든 변화가 주요한 변화는 아니라는 점을 덧붙여야 한다. 외과의들의 삶은, 다른 능력이 있는 사람들에 대한 관점과 대우에 대한 중요한 관점을 제외하면, 아마 이전과 거의 똑같이 계속되었을 것이다.

우리는 또한 일부 성경 자료의 기능이 정확히 다른 도덕적 비전이 가져오는 도덕적 삶의 재정향(reorientation)이라는 점을 덧붙여야 한다. 예수의 비유는 전통적인 관계를 재구성하고 그것을 바라보는 다른 방식을 제시함으로써 이를 수행한다. 예언자들의 비전은 그들의 환경에서 똑같이 한다.

결론적으로 도덕적 비전은 도덕적 삶에서 다른 요소들을 위한 기준점을 세운다. 그것은 포함될 것과 배제될 것을 위한 조건을 설정한다. 더 중요한 것과 덜 중요한 것 그리고 진실로 전혀 중요하지 않은 것에 대해 지위를 부여한다. 도덕적 성품의 형성은 의사결정 및 행동과 함께 지배적인 도덕적 비전으로 충만하다. 선과 악, 옳고 그름을 구성하는 것은 이러한 비전을 반영한다. 우리가 가진 가장 기본적인 도덕적 개념, 즉 무엇이 선하고 옳으며 적합한가는 우리가 품고 있는 특별한 비전에 비추어 우리에게 이해되거나 이해되지 않는다. 우리의 도덕적 비전은 도덕적 삶을 사는 전체 환경에 대한 우리의 인식이다.[34]

텔레비전 세계의 한 이미지는 도덕적 비전의 의미를 도덕적 삶에 대한 '틀을 구성하는' 요소로 전달한다. 텔레비전 쇼의 제작자들은 그들이 '바이블'이라 부르는 낱장으로 된 책을 가지고 있다. 이것은 일의 기본적인 도구이다. 그들의 바이블의 내용은 그들이 제작할 시리즈의 구조, 일반적인 방향 그리고 기본적인 틀을 제공하지만, 시리즈에서 특정한 개별 쇼를 위한 정확한 경로는 아니다. 바이블은 다양한 역할에 대한 기준적인 캐릭터 개발을 포함하며 그들 사이에서의 '구조적' 관계도 설정한다. 이것은 개별 쇼의 본거지가 될 영역에 대한 일종의 지도이다. 이것은 특별 에피소드들을 개발하기 위한 조건을 설정하는 기본 원고다.

물론 이 바이블의 원고는 변경될 수 있다. 그것은 고정된 것이 아니라 낱장으로 된 책이다. 그러나 이를 다시 쓰는 것은 시리즈 자체를 변경하는 것이며 시리즈 안에 있는 각 쇼의 성격에 결정적으로 영향을 미친다. '도덕적 비전'은 그것의 바이블로 기능하는 도덕적 삶의 차원이다.[35]

성경과 도덕적 행위 능력

이것으로 도표에 대한 일반적인 소개와 특히 도덕적 미덕, 가치, 의무, 비전에 대한 논의를 마친다. 곧 이어지는 장들은 여기에서 다루지 않은 요소인 성품 형성과 의사결정에 대한 폭넓은 소개를 제공한다. 우리는 성경과 윤리의 중요한 네 가지 사항으로 지금의 논의를 마무리하고자 한다.

1) 미덕, 가치, 의무, 비전은 각각 윤리에서 그 반대가 있다. 즉, 악덕 (vice), 반가치(disvalue), 불순종 또는 도덕적 위반(disobedience or moral violation), 도덕적 근시안 또는 왜곡(moral myopia or perversion)이다. '도덕적'(moral)과 '부도덕한'(immoral)이 모두 도덕적 세계에 속하는 것처럼[이 장의 서두에서 논의한 내용을 떠올려 보라], 이러한 쌍들은 각각 우리가 사용했던 용어들의 일반적인 의미에 속한다: 미덕(virtue)과 악덕(vice)은 모두

'덕'에 대한 논의에 속하며, 도덕적 의무를 이행하는 것과 이를 위반하는 것은 모두 '의무'에 속한다 등. 우리가 여기에서 제공할 수 있는 것보다 더 완전한 기독교윤리에 대한 설명은 필연적으로 이러한 각각의 쌍에 대한 상세한 처리를 포함할 것이며, 성경을 한번 살펴보는 것은 이를 위한 자료를 제공할 것이다.[36]

2) 미덕, 가치, 의무, 비전은 우리의 경험 속에서 일상적으로 드러나는 도덕적 삶의 차원들을 조명하기 위한 교육 보조 도구이다. 모든 개념과 마찬가지로 이것들은 이해에 도움이 될 수 있는 추상화이지만, 그들 자신의 생명을 갖지 않는다. 그것들은 살아온 도덕적 삶으로부터 추출된 것이며 오직 그것을 섬기기 위해 존재한다. 더욱이 각각은 도덕적 삶의 단지 특정한 측면만을 조명하며, 따라서 어느 것도 전체를 위해 조직하는 개념으로 충분하지 않다. 이것이 중요한데, 기독교윤리의 오랜 역사 속에서 이들 각각이 때로 기독교윤리의 형태이자 그리스도인의 도덕적 삶의 초점으로 다듬어져 왔기 때문이다. 그렇게 하는 것은 항상 오해를 불러일으키며 심각한 왜곡과 누락을 일으킨다. 이러한 용어들은 복수의 존재로 함께 속하며, 지혜는 그것들을 별개의 윤리 체계나 도덕적 삶 전체가 무엇에 관한 것인지에 대한 요약으로 취급하는 것에 저항한다. 기독교윤리는 분명히 성품 형성과 덕의 윤리이지만, 단지 그것만은 아니다.

기독교윤리는 사회적 가치를 중요하게 여기며, 어떤 가치는 다른 것보다 더 중요시되지만, 사회에서 도덕적 가치를 실현하는 것이 기독교의 도덕적 삶의 의미와 차원을 철저히 규명하지는 않는다. 기독교윤리는 도덕적 의무가 존재한다는 것을 완전히 잘 이해한다. 즉, 타인은 우리 삶에 대하여, 우리는 타인의 삶에 대하여 요구하며, 삶 자체는 도덕적 요구로 가득 차 있다. 그러나 기독교윤리는 의무만으로 축소될 수 없다. 기독교윤리는 분명히 모든 창조를 포괄하는 가장 중요한 도덕적 비전으로부터 떨어져 있는 기독교윤리가 아니다. 그러나 하나님 안에서 선에 대한 이러한 포괄적인 비전은 그 자체로 다른 요소들을 대신할 수는 없다. 특히 미덕, 가치, 의무는 여전히 규정되고 실행되어야 한다.

한마디로 어떠한 적절한 기독교윤리라도 이 모든 요소를 포함하며 어떤 것도 배제하지 않도록 유의한다. 반복하자면 그것들을 의식적인 표현으로 이끄는 것은 그 자체를 위한 것이 아니라 공동체의 도덕적 삶을 위해 행해지는 과업이다.

도로시 에멧(Dorothy Emmet)의 도덕적 프리즘(moral prism)에 대한 유용한 이미지를 빌려 적용할 수 있다. 프리즘에 들어오는 빛은 우리가 구분되지 않은 방식으로 경험하는 것과 같은 도덕적 삶이다. 프리즘 자체는 빛 속에 존재하는 요소들을 분리하는 매개체이다(우리의 도표와 그 요소들에 대한 논의와 같은 어떤 것). 프리즘으로부터 나오는 구분된 빛은 우리가 살아가는 도덕적 삶을 구성하는 것을 볼 수 있게 해준다. 이 비유를 따라 우리는 '미덕'을 파란색으로, '가치'를 빨간색으로 등등 도덕적 삶의 색들이 보이고 묘사될 때까지 우리가 지금 경험하는 것에 우리가 부여하는 이름이라는 것을 인식한다. 도덕적 삶 자체를 단지 나오는 색들 중의 하나로 착각해서는 안 되며, 이 모든 것은 섞여서 애초에 프리즘에 들어가는 종류의 빛을 형성한다.[37] 부적절한 윤리는 기독교의 도덕적 삶을 단지 한두 가지 색으로만 축소하여 자신의 묘사를 도덕적 삶 자체로 오해한다.[38]

3) 성경은 이 네 가지 차원을 성경적 공동체의 삶 속에 존재하는 것으로 드러낼 뿐만 아니라 네 가지 모두를 증진한다. 나중에 자세히 설명하겠

지만, 성경은 이름을 주며, 미덕과 가치를 형성하고 명명하는 데 도움을 주며, 의무를 장려하고 구체화하며, 도덕적 비전을 창조하고 갱신한다. 성경을 잘못 축소하여 사용하는 것은 성경의 도덕적 사용을 단지 의무의 윤리로 혹은 덕이나 가치의 윤리로 혹은 단지 일반적인 도덕적 틀, 그러나 그 이상은 아닌 것으로서의 어떤 원대한 비전으로 환원한다. 성경을 현명하게 사용하는 것은 성경 본문 자체 속에 그리고 우리 자신의 삶에 내재된 도덕적 삶의 다양한 차원에 민감하다. 우리는 성경과 우리의 경험 양쪽 모두에서 도덕적 삶이 우리가 일반적으로 인식하는 것보다 훨씬 더 풍요롭다는 기대를 가지고 우리의 삶을 성경에 비추어 그리고 성경을 우리의 삶에 비추어 읽어야 한다.

4) 성경은 우리의 도표가 강조하지 않는 기독교적인 삶의 몇 가지 차원을 강조한다. 도표는 기독교와 도덕적 삶의 다른 버전들에 의해 공유된 형식적 개념들의 제한된 집합과만 작동한다. 간과된 차원들을 후에 논의하는 것은 필수적이다. 가장 중요한 것은 신학적 본질의 차원들인데, 주로 하나님에 대한 이해와 하나님과 세상이 서로의 관계 속에서 이해되는 상징들이다. 지금은 다음의 것만 언급하고자 한다. 모든 기독교윤리의 필수적인 기초는 하나님에 대한 이해와 해석이다. 우리가 나중에 더 발전시킬 용어로 한다면, 모든 기독교윤리는 그리스도인의 도덕적 삶을 자신의 이야기보다 더 큰 이야기, 즉 '하나님의 이야기' 속에 배치된 것으로 본다. 우리는 이전에 유대인과 기독교인이 모든 역사를 신학적, 도덕적 관점에서 창조 전체에 대한 드라마의 일부로 읽는 습관에 대해 언급했을 때, 이를 암시한 바 있다. 이제 우리는 하나님에 대한 **특별한** 이해와 해석이 모든 기독교윤리에서 항상 존재하며 항상 중요하다는 점을 강조해야 한다.

기독론적 선택들이 특별히 중요한데, 기독교의 주장에 따르면 하나님은 다른 어느 곳에서보다 예수 그리스도 안에서 더 명확한 표현으로 오셨기 때문이다. 이를 묘사하자면, 만약 '하나님의 이야기'가 하나님이 그리스도 안에서 인간에 대한 신격화(divinization)와 모든 생명에 대한 변환(transfiguration)을 가져오는 것이라면(동방정교회의 가르침), 그리스도인의 도덕적 삶에 대한 이해는 이러한 신학적 주장과 일치될 것이다.[39] 만약 그리스도 안의 하나님(God-in-Christ)이 인간의 마음과 정신뿐만 아니라 인간 사회 자체의 구조 안에 있는 악으로부터 해방하는 분이시며 인간 자신이 구원 드라마의 공동 참여자로서 하나님에 의해 권능을 받았다면(해방신학의 가르침), 윤리적 함의는 '하나님의 이야기'에 대한 이러한 해석에 적합한 노선을 따라 움직일 것이다.[40] 대조적으로 그리스도 안의 하나님이 사회적 장치의 전통적 형태에 반영된 불변의 도덕적 질서를 유지하시는 분이라면[초기 기독교의 자연법 윤리의 일부 버전에서와 같이], 도덕적 삶은 해방주의자들의 묘사와는 매우 다른 얼굴을 그 위에 가질 것이다.[41]

지금은 톰 드라이버(Tom Driver)와 함께 "우리가 기독론을 할 때 우리는 윤리를 하고 있는 것이며, 우리가 윤리를 할 때 우리는 그리스도와 함께 어떤 것이나 다른 것을 하고 있는 것이다…"라는 사실을 인식하는 것을 넘어 이 논의를 더 진전시켜 나갈 시간이 아니다.[42] 지금 중요한 것은 기독교윤리에서 도덕적 삶은 항상 신학적 주장 안에 자리 잡고 있으며, 이러한 주장들의 신학적 본질은 항상 다른 모든 조건에 영향을 미친다는 점을 독자들에게 환기시키는 것이다. 하나님의 이야기에 대한 특별한 해석은 미덕, 가치, 의무, 비전에 대한 이해에 특별한 내용을 부여할 것이다. 기본적인 신학적 변화가 일어날 때, 도덕적 삶 전체에 대한 파급 효과가 있을 것이다. 이러한 이유로 십자가, 부활, 성례전과 같은 중요한 기독교 상징들의 의미는 항상 기독교윤리에서 중요하며 기독교 삶을 짜맞추는 하나님의 이야기를 지니고 있다.

이것을 계시했으니, 우리는 도덕적 성품의 형성에 대한 논의를 위해 도표로 돌아가야 한다.

4장

성품 형성의 요소

그것은 단연코 6천만 명의 사상자가 발생한 최악의 대학살이었다. 그러나 그것은 끝났으며, 추축국의 마지막인 일본은 항복하고 있었다. 더글라스 맥아더(Douglas MacArthur) 장군은 천황의 항복을 받으며 그의 연설에 다음과 같은 말을 포함했다: "[지속적인 평화의] 문제는 근본적으로 신학적이며, 인간 성품의 영적 회복과 향상을 포함한다. 우리가 육체를 구하고자 한다면, 그것은 반드시 영적이어야 한다."[1]

수십 년 후 1985년 *The Public Interest*는 창간 20주년 기념호를 발행했다. 하버드대학의 제임스 윌슨(James Wilson) 교수가 집필한 표제 기사 제목은 "성품의 재발견"(The Rediscovery of Character)이었다. 그 첫 시작은 다음과 같다:

내가 지난 20년 동안 목격하고 경험했던 공익을 정의하는 방법에 있어서 가장 중요한 변화는 시민의 성품 발전에 대한 깊어지는 관심이었다. 이러한 변화의 분명한 징후는 낙태와 학교 기도와 같은 사회적 쟁점의 부상이었다. 그러나 덜 분명하지만 내가 생각하기에 더 중요한 변화는 오직 다양한 공공 문제들이 성품 형성의 결함에서 비롯된 것으로 인식된다면, 그것들이 이해되고, 어쩌면 다루어질 수 있다는 점증하는 인식이었다.[2]

윌슨은 결함이 있는 성품이 원인인 '다양한 공공 문제들'에 대해 어떤 것도 나열하지 않는다. 지속적인 평화의 부재는 분명히 맥아더의 목록에 있을 것이며, 아마 윌슨의 목록에도 있을 것이다. 우리는 확실히 공적 삶의 상태가 좋든 나쁘든 시민의 성품의 질을 반영한다는 맥아더와 윌슨의 말에 동의한다. 나아가 향상된 성품은 영적이고 신학적인 차원을 포함한다는 맥아더의 말에도 동의한다. 그러나 이 장은 그와 같은 공공의 쟁점이 아니라 성품 형성의 요소와 역학에 대한 보다 일반적인 주제에 주목한다. 그럼에도 공적 생활과 성품 형성은 분리될 수 없다는 윌슨과 맥아더 모두의 가정에 동의한다. 따라서 성품에 대한 논의 방법은 '공동체'를 성품 형성 자체에 대한 논의의 중심에 놓는다. 우리의 논지는 성품 형성과 공동체 역학이 밀접하게 연관되어 있다는 것이다.

2장에서 언급했듯이 공동체는 단순히 인간 모임(association)의 다양한 형태들이다. 대부분은 역사를 공유하는 모임들이다. 공동체의 역사는 구성원들에게 공통된 해석의 틀을 제공한다. 이것은 다시 공통된 행동의 기반이다. 실제로 이러한 역사와 이러한 해석과 행동은 '공동체 삶(bios, 생명)'의 방식으로 식별된 삶의 패턴으로 구성원들을 사회화한다. 구성원들의 정체성은 그들이 속한 더 큰 그룹의 정체성을 취해가면서 영향을 받는다.[3] 공식화(formulation)는 정확하다. 즉, "우리의 정체성은 어떤 사회와 그 참여자들에게 의미를 부여하는 다양한 사회적 형태와 동일시한 대로 정확히 형성된다."[4]

나중에 제공되는 목적을 위해 여기에서 기독교 공동체에 대한 우리의 정의를 포함한다. 기독교 공동체(또는 신약성서 용어를 상기하면 koinōnia)에 관하여 말할 때, 그것은 예수의 영향의 결과인 **공동체를 창조하는 인간 관련성**을 의미한다. 이에 대한 확장된 논의는 잠시 보류하지만, 이는 단지 기독교 공동체에 대한 의미 있는 논의는 우리가 먼저 공동체 속에서 도덕적 피조물로서 사람들이 어떻게 형성되는지를 보여주어야 한다는 점을 전제하기 때문이다.

기본 단어

마틴 부버는 1922년 *I and Thou*로 출판된 유명한 논문을 썼다. 부버는 인간에게 두 가지 기본적인 단어가 있다고 했는데, '나-너'(I-Thou, 주체 대 주체) 그리고 '나-그것'(I-It, 주체 대 객체)이다. 기본적인 단어는 그 자체로 '나'(I)가 아니다. 그것은 '나-너' 또는 '나-그것'이다.

우리는 '나'를 완전히 단독으로 상상할 수 없는데, 인간 자아는 타자들—인간과 비인간 타자들—과 떨어져서 존재하지 않기 때문이다. 사회적으로 분리된 '나'를 상상하는 것은 문자 그대로도 불가능한데, 우리는 기원에서 문화적이고 전달에서 사회적인 단어, 이미지, 몸짓을 통해 인식하고 사고하며 상상하기 때문이다. 언어적이든 비언어적이든 언어는 우리가 들어가는 세계에 이미 존재하며 그것에 속한다. 언어는 '처음부터' 개인의 창조가 아니며, 이는 우리가 자궁을 떠나는 시간으로부터 그리고 그것보다 훨씬 앞선 때로부터 우리가 속한 사회적 관계의 산물이자 유산이다. 상상하고, 반성하며, 소통하는 능력을 포함하여 '내'가 갖고 있는 어떠한 능력도 내가 속한 세계로부터 수집된다.

그러나 설령 우리가 사회로부터 도움 없이 '나'를 그 자체로 상상할 수 있다고 하더라도, 그것은 여전히 기본적인 단어가 아니라 부차적인 단어이며 더 기본적인 무언가로부터 파생된 것이다. 더 기본적인 것은 인간의 관계성이다. 이것은 우리의 자아에 대한 의식, 인격, 정체성을 위한 초석이다. 부버는 "오직 기본 단어 '나-너'의 '나'와 기본 단어 '나-그것'의 '나'를 제외하고, 그 자체로 취해지는 '나'는 없다"라고 한다.[6] "우리가 있으므로 내가 있다"라는 아프리카의 한 속담이 이것을 표현하는 방식이며, 오직 "내가 있으므로 우리가 있다"로 이어진다. 기본적인 인간 단어는 관계적인 것이다. "태초에 관계가 있다."[7] "모든 진정한 삶은 만남이다."[8] 관계는 우리의 존재를 구성한다.

이것을 읽을 수 있는 사람은 누구나 이미 오래전부터 '자아'라는 확고한 인식을 지니고 살아왔기 때문에, 우리가 그런 방식으로 삶을 시작하지 않았다는 생각은 처음에는 이상한 것이었다. 우리는 자신에 대한 강한 인식을 지닌 채 여기까지 왔으며 세상의 모든 세부 사항을 이 중심에 관련시킨다. 이것은 이미 우리의 일부분이기 때문에 우리는 이것을 '자연스러운' 것으로 간주한다. 즉, 우리는 우리가 안정적이고 변화하는 관계망 속에서 존재한다는 것을 알지만, 그럼에도 우리 자신의 자아에 대한 확고한 현실을 중심에 상정하기 때문에 우리의 분리와 독립을 과장하는 경향이 있다. 우리의 자아에 대한 의식은 '주어진 것'이고 확고한 참조 포인트이며, 나머지는 이에 부수적이거나 연관된 것이다. 그러나 이것은 두 가지 이유에서 착각이다. 이것은 의식의 순서를 뒤집고, 개인의 독립적인 존재를 과장한다.

발달 과정에 대한 더 참된 이해를 얻기 위하여 '나'에 대한 인식이 처음에 어떻게 일어나는지 이해해야 한다. 유아는 자아에 대한 강한 의식과 함께 시작하지 않는다. 유아는 다른 현실들을 주목하면서 그것을 습득한다. 처음에는 '나 아닌 것'(not-I) 이상의 것은 거의 없다. 오직 '타자'만 있다. 무엇이 '타자'인지는 배워야 한다. 하나의 타자는 '어머니'이고, 다른 하나는 '아버지'이다. 여전히 또 다른 것은 '젖' 혹은 '젖병'이다. 아직도 또 다른 것은 '뜨거운' 혹은 '야옹이' 또는 "아야!"이다. 우리는 자궁의 품으로부터 가족으로 그리고 더 넓어지는 영역들로 이끌려 나간다. 세상은 복잡하고 거대하며 놀라운 학습 과정을 통해 점점 더 구분되며, 자아, 즉 '나'에 대한 의식은 **구분의 일부**이다. '나'는 이 모든 '타자'에 선행하고 독립되며, 확실하고 중심에 있으며, 자아 의식적인 실체가 아니다. '나'는 '나'에게 영향을 주는 살아 있는 관계들 속에서 '나'가 되고 계속 '나'가 된다.

관계는 단지 다른 인간과의 관계만은 아니다. 우리의 '야옹이'와 '젖병'에 대한 언급은 그 이상을 시사한다. 부버는 나무를 가지고 '나-너' 관계에 대해 감동적으로 쓰고 있다. 심지어 무생물적인 현실조차도 우리에게 객체일 뿐만 아니라 주체가 될 수 있으며 살아 있는 관계의 구성 요소가 될 수 있다. 사실 '사회적'(social)과 '사회'(society)라는 핵심 단어는 인간 대 인간의 관계만을 함축하지 않는다. 인간이 비인간 환경과 행하는 것은 사회의 일부다. 실제로 르네상스 이후로부터 현대 세계의 특징 중 하나는 세상의 점점 더 많은 것에 영향을 미치는 증강된 능력이다. 자연과 역사 모두의 운명은 인류의 운명에 그 어느 때보다 더 크게 얽혀 있다. 독자들은 우리가 '사회'와 '역사'라는 단어를 사용하거나 '인간 관계성'에 관해 말할 때 이러한 용어들이 다른 인간뿐만이 아니라 인간이 접촉하는 모든 것을 포함한다는 점을 인식해야 한다. 결정적인 함의는 좁게 정의한 인간 복지의 세계가 도덕적 책임의 유일한 영역이 아니라는 것이다. 인간-비인간 관계 역시 도덕적으로 중요하다. 더 넓은 환경은 윤리의 대상이다.[9]

요약하자면, 자아가 되는 것은 결코 "… 나의 행위성[만]을 통해 발생하지 않을 뿐만이 아니라 나 없이 발생할 수 없다. 나는 너(Thou)에 대한 나의 관계를 통해 '나'가 되며, 내가 나(I)가 되면서, 나는 너(Thou)라고 말한다."[10] [부버의 인과 관계를 완성하기 위해 "내가 너[Thou]라고 말할 때, 나는 나[I]가 된다"라고 덧붙여야 한다.] 자아에 대한 의식은 비인간적 실체를 포함한 타자에 대한 의식과 나란히 성장한다.

두 가지 중요한 함의가 따른다. 첫째, 우리는 우리 자신 밖에 있는 무언가와의 관계 속에서만 존재한다. 사회적 관계성 또는 '공동체'와 떨어져서 '우리'는 존재하지 않는다. '나' 역시 마찬가지다. 이러한 기본적인 사실은 도덕적 형성에 대한 논의에 중요하다. 도덕적 관계들은 항상 '개인적'(personal)이 '사회적'(social)으로부터 분리될 수 없으며, '개인'(individual)이 '공동체'(community)로부터 분리될 수 없는 사회적 관계의 차원들이다. 사회적 관계 안에 있는 여기가 윤리 담론이 자연스러운 곳이다.[11]

둘째, 인간 관계성을 구조화하는 것 자체에 이미 심오하게 '도덕적'인 무언가가 있다. 우리의 존재는 그렇게 정해져 있어서 오직 우리가 아닌 것을 돌봄으로써 실현되거나 충족될 수 있다. 만약 우리가 우리 자신이 아닌 것을 돌보지 않는다면, 우리 자신의 자아는 왜소해지거나 손상되고, 잃어버리며, 심지어는 파괴될 수 있다. 여기에는 깊은 역설, 성경 자료에서 자주 나타나는 역설이 있다. 인간의 온전함은 다른 사람들의 삶에 대한 우리 삶 그리고 우리의 삶에 대한 다른 사람들의 삶의 솔직한 개방성에서 발생하는 선물로 도착한다. 역설적으로 우리 자신의 자아실현에 대한 강렬하고 의도적인 초점은 상호 관계의 가능성을 감소시키며, 그에 따라 실현 자체의 가능성도 줄어든다. 이러한 역학은 "자기 목숨을 얻는 자는 잃을 것이요, 나를 위하여 자기 목숨을 잃는 자는 얻으리라"(마 10:39)는 예수의 말씀에 신빙성을 부여한다. 이 역설은 성 프란치스코의 기도와 "십자가를 지라"는 예수의 부름에서 확실한 절정에 이른다.

오 하나님이신 주님,

제가 위로받기보다 위로하며,

이해받기보다 이해하며,

사랑받기보다 사랑하게 하소서.

주는 것에서 받게 되고,

용서하는 것에서 용서받으며,

죽는 것에서 영원한 생명으로 우리가 태어나기 때문입니다.

우리가 자신을 타자에게 줌으로써 우리 자신이 아닌 것을 돌보는 데 생명을 내주었다는 사실은 기독교윤리로 하여금 더 높은 도덕적 지위를 희생, 특히 자기희생에 부여하도록 이끈다. [예수의 십자가는 기독교윤리에서 이것에 대한 강력한 상징이다.] 때때로 자기희생은 확실히 요구된다. 그러나 자기희생은 기독교윤리를 위한 핵심 용어가 아닐 뿐만 아니라 고통받는 것도 그렇지 않으며, 공동체가 핵심 용어이고 모든 창조물의 복지를 포괄하도록 확장된다는 사실을 기억하는 것이 중요하다. 기독교윤리는 점점 넓어지는 영역에서 돌봄을 주고 돌봄을 받는 윤리이다. 자기희생은 공동체를 창조하거나 보존하기 위해 때로 필요한 제물이며 때로 치러진 대가이다. 희생은 상호성과 공동체를 위해 존재하며 이것들과 분리되어서는 아무런 의미도 없다. 이것은 구속적인 유대를 형성하거나 유지하기 위해 고통을 받아들인다. 십자가는 화해를 위해 때로 필요한 험난한 길이다.

사회적 역학과 자아

우리는 도덕적 피조물로서 우리의 형성에 대한 과정의 역학에 관해 더 이야기해야 한다. 도덕적 행위 능력은 어떻게 습득되는가? 성품 형성에서 공동체의 역할은 무엇인가?

도덕적 발달에 관한 꽤 성장하는 일단의 문헌이 있다. 이러한 관심 자체는 기독교윤리에서 거의 새로운 주제가 아니다. 2~3세기의 '교리 교육'(catechesis, 즉 '그 길'의 가르침)은 기독교 이야기를 배우는 차원으로서 도덕적 양육을 포함했다. 수도원주의와 다른 영적 훈련들은 오랫동안 기독교 성품과 미덕의 삶을 양성하기 위해 노력해 왔다. 존 웨슬리(John Wesley)의 '신도회'(societies)와 다른 경건주의 및 부흥주의 비밀집회는 동일한 목적을 추구했다. 조나단 에드워즈(Jonathan Edwards)는 '종교적 애정'과 '참된 미덕의 본질'을 장황하게 설명했으며, 호레이스 부시넬(Horace Bushnell)은 기독교 삶을 '양육'의 관점에서 조망했다. 그러나 기독교윤리에서의 도덕적 발전에 대한 최근의 관심은 그 자체의 역사적 사례보다는 인지 및 발달심리학의 더 새로운 연구, 특히 인간 발달의 뚜렷한 단계를 제시하는 이론들로부터 더 많은 것을 끌어온다.[12] 이 새로운 문헌은 분명 연구할 가치가 있지만, 여기에서 이를 검토할 수는 없다. 대신 우리가 제시하는 것은 도덕적 자아의 측면을 위한 명칭들과 함께 그것들의 형성에서의 핵심 요소에 대한 설명이다. 발달심리학 및 사회심리학에서의 연구는 다음에서 세부 내용으로 추가할 것이다.[13]

사회적 세계

'사회적 세계'는 두 가지 의미가 있으며, 모두 윤리에 대하여 중요하다. 한 가지 측면에서 사회적 세계는 단순히 자신의 역사에서 어떤 주어진 순간에 한 백성의 총체적인 물질적 환경이다. 인구 구성, 경제 유형, 기술 수준, 통치를 위한 장치들, 교육 방식, 다른 백성들 및 그들의 세계와의 접촉, 이 모든 것이 사회적 세계에 속한다. 또 다른 측면에서 사회적 세계는 한 백성의 사회적으로 구성된 현실, 즉 문화 및 삶의 방식을 구성하는 공유된 의미들을 지칭한다. 사물들이 존재하는 방식에 관해 사람들이 갖는 설명인 세계관(worldview)은 이것의 일부이며, 함께하는 사람들의 삶에 대한 분위기, 특질 그리고 성격인 정서(ethos)도 그러하다.[14] 물질적이며 비물질적인 환경이라는 이 두 가지는 함께 우리가 사회적 세계라고 부르는 총체적인 환경을 구성한다. 성품 형성, 따라서 기독교윤리를 위한 중요성은 '사회적 위치'(social location)라는 항목 아래에서 두 측면 모두를 함께 살펴봄으로써 가장 잘 이해될 수 있다. 사회적 위치는 우리의 특별한 사회적 세계에 관하여 얘기하는 방식이다.

사회적 위치

도덕적 지식을 포함한 우리가 아는 모든 것은 사회적으로 자리해 있다. 선과 악, 옳고 그름에 대한 우리의 지식은 우리가 그 일부인 집단에 속하며 그 집단의 특별한 사회적 세계를 반영한다. 도덕적 지식은 우리 모두 갖고 있는 집단 정체성에 내재되어 있으며 사회경제적 계층, 인종, 연령, 성별과 같은 구별과 연관되어 있다. 또한 그것은 우리가 속해 있는 국적, 문화적 유산, 종교적 경험, 가족 경험 그리고 제도에 내재되어 있다. 그것은 물질적 환경을 구성하며 비물질적 환경에 걸쳐 있는 사회의 더 큰 패턴과 체계, 즉 지역적, 국가적, 국제적 경제 질서, 통치 체계 그리고 정치권력의 행사, 교육과 대중 매체 및 지혜와 교훈이 특히 가정과 우정을 거쳐 한 영역과 세대로부터 다음 영역과 세대로 전달되는 수많은 비공식적 방법에서의 주요한 부분들과 함께 사회적 소통의 문화적 체계에 있다. 이러한 방식으로 지혜와 가르침이 한 집단에서 다음 세대와 다른 집단으로 전해진다. 이 모든 것에서 도덕적 지식은 상호성뿐만이 아니라 구체적인 지배와 종속의 구체적인 구조 그리고 평등과 호혜성뿐만이 아니라 특권과 결핍의 다양하고 변화하는 수준의 구체적인 구조를 반영한다.

도덕적 지식의 사회적 위치에 대한 더 가시적인 측면은 단지 더 두드러지는 것일 뿐이지만, 반드시 더 영향력이 있는 것은 아니다. 도덕적 지식은 항상 어느 특별한 사회적 세계의 비물질적 환경의 중요한 측면인바, 이는 지배적인 사상, 의미와 방향성의 넓은 틀, 확실한 세계관과 에토스를 구성하는 마음, 정신 · 상상력 · 감정의 반쯤 은폐된 세계다. 이 모든 것은 우리의 사회적 세계를 본거지로 하고 있다. 그것들은 그 세계를 표현하고, 그 세계를 형성하며, 그 세계 안에서의 성품 형성을 위한 힘이다.

우리의 특별한 사회적 세계와 우리의 도덕적 형성에서 언어의 역할은 특별히 언급할 필요가 있다. 언어는 마치 언어로부터 어느 정도 분리된 경험을 표현하기 위한 중립적인 도구인 것처럼 우리의 사회적 현실에 대해 '외부적'이지 않다. 언어는 세상이 어떠한지에 대한 우리의 인식을 지니고 있다. 이것은 우리의 관계에 대한 경험과 그것들이 속한 사회적 패턴을 전달한다. 사회에서 우리의 위치를 반영하고 우리가 누구인지에 대한 우리의 인식을 전달한다. 우리의 사회적 현실을 재생산하거나 그것을 변경하기 위해 재해석한다. "언어는 '사회적 구조'의 주된 담지자이며 전달자이다."[15]

저명한 심리학 교수 제롬 브루너(Jerome Bruner)는 그의 저서 『아이의 이야기』(*Child's Talk*)에서 유아가 심지어 단어들을 배우기 전에도 언어가 무엇을 위한 것인지 배운다고 보고한다. 아이와 돌보는 사람들, 특히 어머니와의 사이의 작은 상호 작용 속에서 '세상'을 구분하고 전달하는 관습들이 학습된다. 브루너는 언어를 완전히 익히면서 아이들은 자기들의 문화와 그 안에서의 자기들의 위치를 배운다고 주장한다. 계속해서 그는 학습된 단어 및 이미지와 우리 삶에 대한 외견상으로 분리된 경험들을 연결하고 틀 짓는 방식이 우리가 삶 자체를 경험하는 방식을 형성한다고 말한다. 언어는 우리가 무엇을 찾고, 무엇을 발견하며, 그것이 무엇을 의미하는지를 적극적으로 결정한다.[16]

이것은 우리가 태어나는 사회적 세계가 이미 언어 자체에 내재된 도덕적 판단들로 가득 차 있음을 알려준다. 우리는 단어, 몸짓, 소통의 다른 방식을 배우는 즉시 그것들을 사용하는데, 이는 우리 자신이 도덕적 결정자와 행위자가 되기 훨씬 전, 즉 우리가 적극적인 '도덕적 행위자'가 되기 훨씬 전이다. 특정한 단어들은 널리 공유되고 사회적으로 강력한 판단을 표현한다. 따라서 '살인', '강간', '잔혹함'이 잘못된 것이며, '사랑', '나눔', '당신의 약속을 지키는 것'이 좋고 옳다는 것을 "모든 사람은 알고 있다." 우리가 말을 시작하는 순간, 우리의 어휘는 도덕적 내용과 함축된 의미로 가득 차 있다.[17]

언어, 집단 정체성, 이념적 및 제도적 패턴들의 이 모든 요소는 우리의 사회적 위치에 대한 복잡하고 역동적인 현실을 구성한다. 이것들은 고도로 특별한 세계를 제공한다. 우리는 다른 세계가 아닌 **이러한** 세계의 일부이다. 우리의 도덕적 행위 능력(moral agency)은 오직 이러한 구체적인 세계, 그것의 발달 그리고 그것의 우리에 대한 영향의 관점을 가지고 이해될 수 있다.

영향은 일방적이지 않다. 사람들은 집단에 속해 있든 거의 독자적으로 행동하든, 자신만의 방식으로 사회적 세계의 다양한 요소들을 함께 형성한다. 우리는 사회적 경험의 본질이 진정으로 우리 자신이 해석한 것이라는 방식으로 작업한다. 우리는 다양한 요소들과 그 의미들을 우리의 것으로 만드는 패턴으로 정렬한다.

이 과정에서 우리는 단순히 사회를 '떠맡는' 것보다 훨씬 많은 일을 한다. 우리는 우리가 만든 것을 사회에 '다시' 주입한다. 우리 자신의 주관적 의미와 이를 표현하는 삶의 방식은 사회 자체의 일부가 된다. 따라서 이러한 의미들과 그것들의 사회적 구현은 공적 성격을 떠안는다. 그것들은 우리 안에서 그리고 우리 사이에서 모두 생명을 갖고 있으며, 우리가 즉각적으로 닿을 수 있는 범위를 훨씬 넘어서 확장된다. 한마디로 우리는 항상 사회 안에 있고, 사회는 항상 우리 안에 있으며, 사회는 언제나 우리 삶 이상이다.

그렇다면 사회와 자아는 쌍둥이로 태어난다. 우리는 매우 구체적인 세계와 분리되어 존재할 수 없다. 우리는 또한 그러한 세계의 공동 창조자다. 우리의 사회적 위치는 우리를 형성하며, 우리는 그것에 기여한다.

가장 두드러진 요점은 도덕적 성품이 이러한 상호 작용 과정에서 형성된다는 것이다. 이것은 구체적이고, 변화하며, 지속되는 사회적 관계의 공동체적 과정에서 발생한다. '성품'은 개인이나 집단의 도덕적 존재가 독특한 배열(constellation)로 형성되면서 주어진 이름이다.[18]

'성품'(character)의 어원은 유용하다. 영어 단어는 '새기는 도구'를 의미하는 그리스어 'charakter'로부터 취해진 14세기 단어이다. 이것은 또한 확장되어 새기는 도구로 만들어진 자국을 가리킨다. 결과적으로 사람의 독특한 표시를 의미하게 되었는데, 개인의 '성품'은 그 사람을 다른 사람으로부터 구별했던 자질을 보여주었다. 이것이 방금 주어진 의미이다. 하지만 두 번째 의미가 있다. '성품을 지닌' 사람은 무엇이 옳은지 아는 판단과 선한 것을 실행하는 용기를 지닌 누군가이다. 다시 말해 '성품'은 도덕적으로 분별력이 있고 자신의 신념에 따라 행동하는 데 헌신하는 사람의 표시다.[19]

이 모든 것은 사회적 역학과 성품의 중요한 요소로부터 성품 자체의 구성 요소로 우리를 이끈다. 지금 우리는 방금 주어진 성품의 첫 번째 의미에 초점을 맞추고 다음의 요소, 즉 인식(perception), 성향(dispositions), 의도(intentions)를 묘사할 것이다. '신앙'(faith) 역시 논의되어야 하는데, 그 이유는 명확해질 것이다.

신앙과 인식

제임스 개프니(James Gaffney)는 자신의 논문 "가치, 희생양 그리고 비전"(Values, Victims and Visions)[20]을 로버트 브라우닝(Robert Browning)의 시 <반지와 책>(The Ring and the Book)에 대한 설명으로 시작한다. 이 시는 이탈리아에서 유명했던 살인 사건에 관한 것이다. 결혼한 10대 소녀와 그녀의 연로한 부모가 그 젊은 여성의 중년 남편에 의해 살해되었다. 남편은 자기의 아내와 젊은 사제가 함께 부정했다고 믿었다. 사제가 종교적 서약을 했기 때문에, 그의 사건은 민사 법원으로부터 교회 법원으로 이관되었고, 결국 바티칸의 형사 재판소에서 결정됐다.

그러나 개프니가 이 시에 매료된 것은 브라우닝이 이 이야기를 전달하고 또 바꿔서 다시 전달한 데 있다. 이것은 다양한 사회적 배경과 야망과 이 사건에 다양한 정도로 관여된 다른 사람들에 의해 번번이 다시 바뀌어 얘기되었다. 있는 그대로의 사실은 시종일관 동일하지만, 그것들은 여러 관점으로부터 본 것이다. 개프니는 다음과 같이 논평한다:

우리는 하나의 설명이 우리에게 중요하다고 제시하는 것이 다른 곳에서 사소하게 보인다는 것을 깨닫는다. 우리는 다른 사람에게서 당연시되던 한 사람에게서 의심조차 되지 않던 동기들을 발견한다. 우리는 악당들로 변하는 영웅들과 보잘것없는 사람으로 변하는 악당들을 본다. 미덕은 악덕으로, 방관자는 참여자로 그리고 중립적인 상황은 강력한 영향력으로 변한다. 각각의 설명은 빛과 그림자의 독특한 모자이크이며, 생생함과 모호함의 패턴은 끊임없이 변화한다. 따라서 독자에게 비록 사실의 명확한 구조가 실질적으로 변화되지 않고 남아 있다고 하더라도, 도덕적 양상은 반복적으로 변화된다. 변화를 일으키는 것은 그것을 인식하는 각양각색인 인간의 관점이다.[21]

심지어 가장 평범한 도덕적 사건조차도 다른 사람들에게 다르게 보인다. "이 모두가 상황 나름이다. 이 모두가 상황 나름이다." 우리는 거의 어떤 논쟁적인 사건에서 제시된 판단들, 심지어 '실질적으로 변화되지 않고 남아 있는 명확한 사실의 구조'를 지닌 하나의 판단에 관하여 말한다.[22] 이 모두가 당신의 관점에 달려 있다는 것을 의미한다. 그러나 관점의 차이들이 관찰자들이 어떻게 "그들이 보는 것을 실행할 수 있게 되고 익숙해지

는지"에 달려 있다는 사실을 항상 인식하지는 않는다.[23]

사람들은 도덕적 문제에서 어떻게 보게 되는가? 랍비 헤셸(Heschel)은 개프니의 관찰을 다음과 같이 확인한다:

개인의 존재에 대한 사실은 단순히 주어지지 않는다. 그것들은 자기 이해를 통해 주어지며, 자기 이해는 해석이다. 왜냐하면 자기 이해의 모든 행위는 가치 판단, 규범 그리고 결정의 적용을 포함하며, 특별한 관점을 반영하는 선택적 인식의 결과이기 때문이다…[24]

그러나 왜 '선택적 인식'인가? 왜 불가피하게 '특별한 관점'인가?

우리 각자는 태어날 때 이미 풍부하고 붐비는 도덕적 그리고 사회적 세계로 새롭게 들어간다. 사회는 지금 살아 있는 사람들과 곧 태어날 사람들뿐만이 아니라 이전에 지나갔던 사람들의 공동체이다. 과거의 도덕적 유산들과 현재의 창조들은 계속 살아간다. 그것들은 문화와 그 제도의 방식에 사람들의 마음과 정신의 습관 그리고 기억과 희망 속에 깃들어 있다. 그것들은 인간의 사랑, 신뢰, 충성, 헌신의 다양한 대상과 상징 속에서 표현되며, 종교적 헌신의 형태, 문화적 영웅들과 여성 영웅들의 선택, 국가와 그 국민의 방향성 그리고 사람들의 대의, 신조, 삶의 방식 속에서 스스로 드러난다. 도덕적 유산들은 사람들이 실천하는 전통들과 의식들, 그들이 전하는 이야기들, 그들이 부르는 노래들 속에서 면면히 전해진다. 이 모든 것은 우리가 사회적 세계에 들어가면서 들어가는 도덕적 세계의 효과적인 전달자이다.

이러한 다양한 형태로 표현된 도덕적 유산들은 사회에서 가치 있게 여겨지는 것이 무엇인지를 보여준다. 그것들은 가장 중요한 가치로 여겨지는 것을 높이 들며 사회 또는 그 일부가 '선'(good)으로 존중하는 것을 찾아낸다. 도덕적 유산들 사이에서 우선순위는 사회 자체의 도덕적 우선순위이다.

그러나 우리의 사회적, 도덕적 세계의 내면화는 선택적이다. 우리는 사회의 신뢰와 헌신의 대상들 일부, 우리의 세계에 존재하는 이미지, 이야기 그리고 다른 의미의 전달자들 일부, 지배적인 헌신과 관점들 일부를 통합한다.

선택적 내면화와 통합은 우리의 도덕적 성품을 형성한다. 내면화된 의미들은 사건을 해석하고, 경험을 정리하며, 우리의 기대를 형성한다. 이러한 과정에서 그것들은 삶의 경험을 통해 움직이면서 상당한 도덕적 일관성과 연속성을 낳는다. [앞서 인용된 제롬 브루너는 사람들이 자기 삶의 이야기를 들려주는 것을 주의 깊게 경청한다. 특히 그는 그렇지 않다면 단절된 사건들을 연결하는 것으로 보이는 이미지와 단어들에 주목한다. 이러한 '내면화된 안내 시스템'은 사람들이 미래의 사건을 경험하게 될 방식 역시 형성하는 데까지 이르게 된다고 그는 언급한다.][25]

청소년기로부터 성인기로의 전환 이후 도덕적 성품의 기본적인 특성은 크게 변하지 않는다는 상당한 증거가 있다. 수중에 가진 것이라고는 관찰력뿐이었던 윌리엄 제임스는 성품이 약 25세에 '고정된다'라고 생각했다. 이는 그 이후에 행동이 변하지 않는다는 점을 의미하지는 않는다. 어느 정도 도덕적으로 형성된 성인에게 있어서 변화는 도덕적 성품 자체에서의 기본적인 변화보다 변화된 역할, 책임, 상황에 의해 설명될 가능성이 더 높다는 것을 의미한다.[26]

앞서 말한 내용을 다음과 같이 요약할 수 있다. 즉, 사회에 대한 우리의 선택적 내면화와 그 도덕성에 대한 선택적 통합은 우리가 세상을 보고, 그것에 관해 생각하며, 그것에 반응하는 방식을 형성한다.

'신앙'이라는 말은 여기서 적절하다. 신앙은 신뢰의 지배적인 대상과 가치의 중심을 가지고 있다는 사실과 그것들의 내용을 모두 보여준다. 따라서 개인이나 집단은 '신앙이 있을' 뿐만이 아니라[무언가 또는 다른 것에 대한 신뢰] '하나의 신앙'을 가진다(경험을 정리하는 데 도움이 되는 믿음).[27] 마르틴 루터는 이를 다음과 같이 표현했다:

한 분 하나님을 가진다는 것은 단순히 전심으로 한 분을 신뢰하고 믿는 것이다. 내가 자주 말했듯이, 오직 마음의 확신과 신앙은 하나님과 우상을 모두 만든다. … 당신의 마음이 붙잡고 털어놓는 것이 무엇이든지 그것은 진실로 당신의 진정한 하나님이다.[28]

우리가 사회에 들어갈 때, 그것은 이미 그 자신의 기능하는 '신들'(진심으로 신뢰받고 믿어지는 것들)과 함께 살아 있다. 이러한 신들이 말하는 바는 이미 언급했던 수많은 방식으로 소통된다. 기능적 신들은 우리 삶을 어떻게 살아야 하는지 말해 준다. 더 정확하게 말한다면 이러한 신들에 대한 선택적 내면화, 즉 사회의 가장 소중히 여기는 사랑과 충성을 우리 자신의 것으로 삼는 것은 대체로 우리가 무엇을 보는지를 결정한다. 이러한 이유로 동일한 사건을 목격한 다른 성품의 두 사람은 분명히 다르게 인식하고 이해하며 반응할 것이다. 그렇다면 '본다는 것', 즉 인식은 단순한 관찰보다 훨씬 크다. 이것은 선택하고 해석하며 평가하는 것이다. 어떤 지평들은 개인이나 집단의 관심의 지평이 되지만, 어떤 것은 결코 관심의 문제로 나타나지 않는다. 어떤 데이터는 시야 안에 들어오지만, 어떤 것은 완전히 간과되거나 무시된다. 어떤 문제는 도덕적으로 중요하다고 여겨지지만,

다른 것들은 그렇지 않다. 어떤 것은 우리에게 결코 도덕적 문제로 표명되지 못하지만, 이웃들은 그것들을 화급한 문제로 간주한다. "모든 것은 상황 나름이다. 이 모든 것은…" 사물에 대한 우리의 관점에 달려 있다. 간단히 말해 우리가 누구이며 누가 되어가는지는 우리가 가진 믿음에 따라 무엇을 보는지를 대체로 결정한다. 우리가 존재하게 되는 방식은 우리가 보게 되는 것에 크게 영향을 미친다.

『반지와 책』(The Ring and the Book)의 살인 사건으로 돌아가 보면, 배심원이 '사실의 명확한 구조'가 실질적으로 변하지 않은 채 남아 있다는 사실을 알고 있음에도 불구하고, 각각의 설명이 '빛과 그림자의 독특한 모자이크이기' 때문에 "도덕적 양상은 각각의 설명과 함께 반복적으로 변형된다."[29] 도덕적 인식의 변형은 다양한 관점을 반영하며, 이것은 결국 화자의 사회적 위치와 경험 그리고 그들의 공동체 안에서 그들의 성품의 형성으로 가장 잘 설명된다.

도덕적 삶에 대한 신앙과 인식의 중요성을 과장하기는 어렵다. "우리가 보는 것의 90%는 우리의 눈 뒤에 있다"라는 중국 속담은 이를 잘 표현한다. 또한 "우리가 실재라고 정의하는 것은 그 결과에서 실재한다"라는 W. I. 토마스의 격언도 있다. 우리의 인식은 정신적 사진이 아니라 매우 능동적인 이미지이다. 그것들은 우리 행동의 방향과 한계를 설정하는 데 도움이 되는데, 다른 것들보다 특정한 선택과 행동을 만들어 내고, 어떤 문제들을 다른 것들보다 더 중요한 것으로 강조하며, 우리를 다른 반응보다 어떤 반응에 가깝게 한다. 우리가 다른 것이 아니라 하나를 행하는지, 실제로 왜 아무것도 하지 않기보다 무언가를 행하는지는 사물에 대한 우리의 이해에 달려 있다. 구체적인 반응의 끝에는 우리의 신앙이 붙어 있다. 한마디로 "믿는 것은 보는 것이다"(believing is seeing).[30]

신앙과 인식의 도덕적 중요성을 과장하기 어렵다면, 특별성과 사회적 위치의 중요성도 똑같이 과장하기 어렵다. 어떤 신앙의 대상과 어떤 사회적 경험, 어떤 이미지와 이야기들이 내면화되고 통합되었는지가 도덕성에 엄청나게 중요하다. 우리 각자는 단지 선택적 인식과 특별한 관점만을 가진다. 우리는 어떤 공동체의 표현이지만 결코 모든 것은 아니며, 우리는 우리가 속한 공동체의 모든 측면이 아니라 단지 일부만을 가지고 있을 뿐이다.

윤리에 대한 함의

특별히 기독교윤리에 대한 중요한 두 가지 논평을 하기 위해 성품 요소에 대한 논의를 잠시 중단한다.

1) 기독교윤리에 대한 규범적인 신앙의 주장, 즉 예수 안에서 보이고 성령 안에서 경험되는 것으로서의 하나님이 도덕적 선의 최종적인 근원이며 궁극적인 신뢰, 사랑, 충성, 헌신의 대상이라는 성경에 기반한 주장이다. 물론 우리의 도덕적 세계에는 무수히 많은 다른 '선들'(goods)이 있지만, 그것들은 결정적 도덕적 척도로서 하나님의 뜻에 따라 자기들의 자리를 차지해야 한다.

기독교 공동체는 자신의 사회적 세계 안에서 이러한 신앙에 따라 인식과 성품을 형성하는 과업을 갖고 있다. 공동체는 이 신앙을 위한 사회화의 행위자이다. 이 작업의 주요 부분은 구성원들을 과거와 현재의 신앙 공동체의 특별한 이야기, 전통, 상징, 교훈(긍정적이든 부정적이든)에 몰입시키는 것으로 구성된다. 이러한 것들은 공동체가 도덕적 선을 정의하는 데 도움이 되는 것으로서 필수적인 내용이 된다.

2) 비판적인 사회적 분석(Critical social analysis)은 적절한 기독교윤리의 필수적인 요구 사항이다. 이것이 없으면 우리는 단순히 사회적, 도덕적 세계를 드러내지 못한다. 그 이유는 다음과 같다. 즉, 우리의 지방 세계는 종종 너무 강력하게 존재하여 우리가 효과적으로 그것을 유일한 현실 세계로 식별하고 그에 따라 행동하기 때문이다. 우리는 우리 세계의 지배적인 도덕적 기준이라고 가정하며, 이를 지역적이라기보다 보편적인 것처럼 다룬다. 비판적 분석은 도덕성의 '특수성'을 밝혀내고 그 제한된 차원들을 드러낸다. 다르게 얘기하면 비판적인 사회적 분석은 필요한데, 가정된 도덕적 개념들이 도전받기 전까지는 대부분 눈에 띄지 않은 채 지나가기 때문이다. 물론 어떠한 적절한 윤리라도 도전적인바, '윤리'와 '도덕'에 대한 우리의 이전의 '그리스적인' 구분 그리고 단지 관습과 습관을 근거로 도덕을 받아들이려는 윤리적 성찰에 대한 거부 또는 다른 권위에 의해 만들어진 긴장을 상기하라. 비판적인 사회적 분석은 가정된 도덕적 개념을 효과적으로 조사하고 이것을 비판에서 지키기 위해 유용하고 필요하다. 이것은 윤리의 한 종류로서 기독교윤리가 맡고 있는 과제에 속한다.

비판적인 사회적 분석은 또 다른, 매우 다른 이유로 필요하다. 구체적인 사회 도덕적 현실을 조사하는 일상적인 방법을 갖고 있지 않은, 즉 사회적 분석을 떠맡지 않는 기독교윤리는 구체적인 도덕적 판단을 내리고 권면할 때 신뢰성을 지니지 못할 것이다. 그것은 실제로 살아가면서 삶으로부터 매우 동떨어져 있을 것이며, 사람들은 본능적으로 그것이 관련이 없음을 깨달을 것이다. 간단히 말해 사회적 분석은 비판적이고 건설적 과제 모두를 위해 기독교윤리에 필수적이다. 이제 성품의 요소들에 대한 논의로 돌아간다.

성향과 의도

성향(dispositions)은 우리의 지속적인 태도인데, 우리가 오랜 시간 동안 갖고 있는 성품의 특성이어서 우리 기질의 일부가 된다. 의도(intentions)는 목표, 방향, 목적을 보여주는 성품의 표현이며 성품의 의지적 측면을 표현한다. 우리는 성향과 의도를 각각 차례로 다룰 것이다.

우리의 행동이 정기적으로 어떤 영역에서는 희망과 연민으로, 다른 곳에서는 체념과 경멸로 특징지어진다고 해보자. 예를 들어 우리는 이웃의 상황과 동네 사람들의 복지에 깊이 신경 쓰지만, 정치인을 참을 수 '없고' 투표가 전혀 차이를 만들지 않는다고 생각한다. 이러한 태도가 단순히 일시적이 아니라 하나의 상황과 환경에서 또 다른 것으로 이어진다면, 우리는 이러한 반응에 대해 '성향이 있게' 된다. 즉, 우리는 특별하고 비교적 일관된 방식으로 행동하고 반응한다.

반복성과 일관성이라는 이러한 점은 중요하다. 한 번의 탐욕스러운 행동은 탐욕스러운 사람을 만들지 않는다. 역으로 가끔의 친절한 표현은 진정으로 친절한 사람을 만들지 않는다. 탐욕스럽거나 친절한 사람을 만드는 것은 그들에게 표현의 일관성을 갖게 하는 경향이 있는 내면화한 특성들이다. 우리는 '태도적으로' 탐욕스럽거나 친절하다(혹은 둘 다). 우리는 이것들을 특징적인 성향으로, 즉 우리의 '취향'이나 성품으로 보여준다. 혹은 어원을 떠올려 보자면, 이것들은 성품(character)의 '새김'(engravings)이다.

그렇다면 이러한 지속적인 태도들은 도덕적 삶에서 마음과 정신의 습관들이다. 그것들은 우리가 하나의 결정에서 다른 결정으로 움직일 때, 연속성을 제공하는 관습적 패턴을 구성한다. 성향은 종종 우리에게 너무 '자연스럽게' 되어서 우리는 많은 결정을 반사적으로 내린다. 우리는 "지금 우리가[혹은 내가] 무엇을 믿는지 그리고 그것이 이 경우에 무엇을 의미하는지" 물음으로써 대부분의 선택을 직면하지 않는다. 오히려 우리의 반응이 무엇일지 알거나 직감한다.

때때로 우리는 이러한 습관들과 일치하지 않는 방식으로 행동할 수도 있다. 그러나 중요한 점은 종종 이것이 "그것은 전혀 그녀답지 않다!" 또는 "그와 같이 행동하는 것은 그답지 않다"와 같은 직설적인 논평으로 인식되곤 한다는 것이다.

성향들은 우리가 삶을 보는 방식과 조화를 이룬다. 그것들은 사물에 대한 우리의 기본적인 인식의 태도적 표현이다. 또한 우리의 의도들과 함께 있는 '성품' 안에 있다. 그러나 의도들은 성향들과 구별된다. 의도적으로 선택되고 자의식적인 활동을 암시한다. 그것들은 태도들의 방식과 달리 의지적이다. 의지를 표현한다. 목적이 있고 목표 지향적인 결단들을 분명히 한다. 따라서 우리는 행동 방침을 계획하고 어떤 목표를 달성하거나 특별한 운명을 피하려고 의도한다. 우리는 기본적인 헌신에 따라 살기로 서약하며 기꺼이 구체적인 한 묶음의 책임을 떠맡는다.

성향들과 마찬가지로 의도들은 도덕적 삶에서 단편화를 피한다. 그것들은 상황에서 상황으로, 결정에서 결정으로 움직일 때 일관성을 제공한다. 연속적이며 심지어 멀리 동떨어진 선택조차도 우리의 의도, 적어도 기본적이고 광범위한 의도와 일치한다. 따라서 우리의 기본적인 의도들은 서로 완전히 상충하지 않는다면, 일관성을 제공한다!

만약 의도가 선택에 방향을 제공하고 성향이 특정한 반응의 패턴을 제공한다면, 우리의 선택과 행동은 전적으로 상황에 좌우되지 않는다. 도덕적 인식과 함께 성향과 의도는 우리 행동의 경계와 방향을 설정하며, 우리가 무엇을 도덕적으로 중요한 것으로 간주하는지 결정하고, 문제에 대한 우리의 반응의 성격을 만들며, 우리의 행동에 안정성을 제공한다.

성품과 그 형성에 대한 더 완전한 설명을 위해 다른 요소들을 논의할 것이다. 동기와 동기부여는 익숙한 측면이다. 이것들은 의도의 원천이며 사람들로 하여금 행동하도록 하는 내적 요인들이다. 도덕적 '스타일'은 성품의 또 다른 측면이며 이것은 도덕적 특성이 표현되는 방식을 지칭한다. 예를 들어 우리는 누군가가 도움이 필요한 사람에게 대응하는 '세심한' 혹은 '무신경한' 방식에 관하여 얘기한다.[31]

양심

우리는 양심을 독립적으로 나열했는데, 양심이 인품의 별개 요소라기보다는 인품이 윤리적 나침반으로 기능할 때 전체적인 도덕적 인품이 취해지는 형태이기 때문이다. 양심은 우리로 하여금 특정 방향으로 진행하도록 정향하며, 우리가 이탈하거나 우리가 취했던 길에서 도덕적 혼란과 딜레마가 나타날 때 보여준다. 그렇다면 양심은 도덕적 인식과 밀접하게 관련되며, 비록 우리가 구체적이고 도덕적으로 곤란한 선택에 직면할 때 우리에게 가장 의식적이지만 그 작업의 대부분을 도덕적 인식에서 행한다. 로저 신(Roger Shinn)은 워싱턴 D.C.에서 열린 공공 서비스와 공공 도덕성에 관한 회의에서 참석자들에게 다음과 같이 언급했다: "양심은 주로 정책의 선택들이 제시된 후 감당할 도덕적 기준을 가져옴으로써 작동하지 않는다." 즉, 우리는 먼저 가능한 프로그램을 구체화하고, 그다음 그것의 도덕성을 판단하지 않는다. 양심의 효과는 상황에 대한 우리의 인식과 우리가 상상하는 행동 방침 위에 있다. 실제적인 결정 훨씬 전에 양심은 우리로 하여금 어떤 증거에 주의를 기울이고, 어떤 가능성을 구상하며, 다른 것들을 배제하도록 움직인다. 그러한 이유로 "가장 양심적인 사람 중 일부는 도덕성에 대해 가장 거의 이야기하지 않는다."[32]

결론

성품은 이후 장에서 더 논의될 것이지만, 우리는 중요한 전반적인 결론의 전반부에 도달하는 데 충분할 정도로 이야기했다. 즉, ① 성품은 우리의 결정과 행동에 대한 최고 건축가이다. 그러나 이 결론은 우리가 시작했던 점, 즉 공동체가 도덕적 형성의 행위자라는 점을 가리지 말아야 한다. 따라서 우리는 후반부에 제공하기 위해 결론을 수정해야 한다. ② 공동체는 성품에 대한 최고 건축가이다. 개인의 성품들이 때로 그것들을 형성했던 공동체보다 더 낮다는 것은 확실히 사실이지만 자주는 아니며, 결코 그들이 사회적 세계로부터 수집한 자료들과 동떨어지지 않는다.

직접적인 설명

이 장은 이론 설명으로 인해 다소 무거웠다. 행동에서 도덕적 성품을 보여주는 직접적인 설명과 함께 결론을 내림으로써 이론에 어느 정도 신빙성을 부여한다면 우리에게 도움이 될 것이다. 이 실례들은 부정적인 것(부적절하게 발달된 성품을 보여줌)과 긍정적인 것 모두를 보여준다. 그것들은 위에서 논의된 성품의 첫 번째 의미, 즉 공동체의 영향을 받은 도덕적 특성과 두 번째 의미, 즉 건전한 도덕적 분별과 헌신으로서의 성품을 포함한다.

종종 성품은 잘 형성되지 않고 도덕적으로 잘못 형성된 공동체의 결함을 반영한다. 사람들의 윤리적 나침반이 진정한 북쪽을 가리키지 않거나 아예 존재하지 않는다. 그러한 나침반이 없으므로, 많은 사람은 사실상 자신의 도덕적 판단을 타자에게 맡긴다. 다음은 존 에어리크먼(John Ehrlichmann)의 증언이다. 그는 밥 홀드먼(Bob Haldeman)과 함께 리처드 닉슨(Richard Nixon)의 백악관 비서진의 내부 조직을 이끌었다. 1978년 감옥에서 출소한 후 에어리크먼은 자신의 도덕적 여정에서 배운 것을 다음과 같이 증언했다:

백악관에서 대통령은 상관이며, 1969년 나는 대통령을 위해 일하게 되었고, 명령을 받고 그의 요구에 맞추어 나의 일정을 조정했다.

나는 요청이 있을 때 대통령에게 조언했지만, 그곳에 있는 다른 모든 사람처럼 나는 내가 그의 결정에 동의하든 동의하지 않든 그의 결정에 충실하도록 기대되었다.

나는 리처드 닉슨을 엄청나게 신뢰했는데, 부분적으로는 그가 대통령이었기 때문이었고, 부분적으로는 내가 위기의 순간에 그가 수많은 사려 깊고 건전한 결정을 내리는 것을 지켜봤기 때문이다.

1973년 초 워터게이트의 올가미가 조여오면서, 나는 본능적으로 닉슨의 대통령직이 살아남고 실효적이려면, 닉슨 대통령이 워터게이트와 그 여파에 관하여 그가 알고 있었던 모든 것을 깨끗하게 털어놓는 것이 필수적이라고 느꼈다. [나는 당시에 내가 갖게 될 그의 전체 폭로가 1972년 6월에 그가 FBI의 워터게이트 수사를 방해하기 위해 CIA를 이용하려 했다는 자백을 포함했다는 사실을 깨닫지 못했다.]

대통령이 미국 국민에게 '진실을 털어놓는' 것을 거부했을 때, 나는 거의 5년 동안 해 왔던 일을 했다. 나는 내 자신의 도덕적 나침반에 따라 내 길을 찾기보다 그의 결정을 따랐다.

나는 결코 나에게 이행하도록 요구되는 도덕적 판단을 다시 포기하지 않으려고 한다. 나는 성공하기를 원한다. 내가 배운 어떤 것도 나에게 더 중요한 것은 없다.[33]

비슷한 증언은 이전의 행정부에서도 나온다. 문제는 기본적이고 내부화된 도덕적 기준점, 즉 압박 아래에서 합리적으로 잘 작동하는 안내 시스템의 필요성이었다. 체스터 보울스(Chester Bowles)는 존 케네디(John Kennedy)가 대통령이었을 때 국무부 차관이었다. 그는 케네디 행정부가 피그스만에서 쿠바에 대한 침공을 후원하려던 시도가 실패한 지 한 달 후 그리고 케네디가 피델 카스트로에 대한 암살을 고려했던 시기 이후에 다음과 같은 글을 썼다:

이 새로운 행정부에 관해 나에게 가장 우려스러운 문제는 그것이 무엇이 옳고 무엇이 그른지에 관한 신념에 대한 진정한 인식이 결여하고 있는지 여부에 관한 것이다. 나는 이 질문을 제기하면서 극히 심각한 점을 제기하고 있다는 사실을 깨닫는다. 그럼에도 나는 이 문제를 직면해야 한다고 느낀다.

국내적이고 국제적인 공공 도덕의 옳고 그름에 관해 강한 신념을 가진 공적 삶을 사는 사람은 긴장의 시기에 매우 큰 이점을 가진다. 왜냐하면 무엇을 해야 할지에 대한 그의 본능이 명확하고 즉각적이기 때문이다. 그러한 도덕적 신념의 틀이나 무엇이 옳고 무엇이 그른지에 대한 감각이 없다면, 그는 자신의 정신적 과정에 거의 전적으로 기댈 수밖에 없다. 즉, 그는 어떤 문제에 대한 장점과 단점을 검토해서 결론에 다다른다. 정상적인 조건 아래에서, 그가 피곤하거나 좌절하지 않을 때, 이러한 실용적인 접근 방식은 그를 성공적으로 문제의 올바른 쪽으로 이끌 것이다.

나를 우려스럽게 하는 것은 그러한 개인이 피곤하거나, 화가 나거나, 좌절하거나, 감정적으로 영향을 받을 때 내릴지도 모르는 결론들이다. 쿠바의 대실패는 기본적인 도덕적 기준점이 없는 케네디처럼 명석하고 선한 의도를 지닌 사람이 얼마나 멀리 잘못된 길로 갈 수 있는지를 보여준다.[34]

세 번째 사례는 공동체 성품의 존재를 보여준다. 이 사례에서 그것은 단호하지는 않지만, 강하고 긍정적인 도덕적 성품이다.

이 사건들은 1987년 11월 미네소타의 한 작은 마을에서 발생했다. 고등학교 반창회 전날 밤 딘 레크너(Dean Lechner)에게 전화가 걸려 왔다. 전화를 건 사람은 그가 반창회에 참석하면 사람들이 떠날 것이라고 말했다.

수년간 떠나 있다가 레크너는 막 고향으로 돌아왔다. 그는 에이즈(AIDS)에 걸렸고 천천히 죽어가고 있었다. 지역 신문은 "에이즈, 와세카 카운티로 들어왔다"라는 1면 톱 제목을 실었다. 친구들은 샌프란시스코로부터 레크너에게 전화를 걸어 에이즈 바이러스에 감염된 누군가는 고사하고 공개적인 동성애자 어떤 사람과의 경험도 없었던 작은 마을에서 어떻게

살 수 있느냐고 물었다. 뉴욕타임스의 기사는 다음과 같이 이어진다:

"답은 식료품점, 점저(lunch diner), 우체국, 이발소에서 나올 것이었다."
레크너가 다른 손님들을 쫓아낼 것이라는 두려움 때문에 이용을 멈췄던
이곳 미용실 주인은 시내에서 그를 발견하고 그를 껴안았다.
클래식 컷(Classic Cuts)의 주인인 수잔 번(Susan Burn)은 "우리는 당신
이 그립습니다"라고 말했다.
비지 비 카페(Busy Bee Cafe)의 57세 주인 플로렌스 로먼(Florence
Lohmann)은 "우리가 누구를 판단할 수 있을까요?"라고 물었다. 그녀는
레크너가 사용한 접시들을 버리지 않고 나머지 것들과 함께 설거지했다.
"그는 내 아이나 형제일 수도 있습니다"라고 콘든 팜 서비스 피드 스토어
(Condon Farm Service feed store)를 운영하는 32세의 데이브 콘든
(Dave Condon)은 말했다. "당신은 우울한 사람을 차버리지 않습니다."
레크너에게 거의 200통의 지지 엽서가 보내졌다. 사람들은 책, 시, 기도문
그리고 돈을 보냈다. 5달러 지폐가 끼워진 카드는 "당신은 읽을 것이 필요
할 것입니다"라고 쓰여 있었다. "이걸로 잡지를 사세요."

기사는 계속되고, 그 통화가 딘 레크너가 와세카를 아주 많이 신뢰한
다는 점을 의미했는지 물으면서 결국 그 전화 통화로 돌아온다. 그러고
나서 그는 이전의 한 친구의 전화를 받는데, 그녀는 그에게 그녀의 부부
와 함께 반창회에 참석하자고 요청한다. 레크너를 초대하지 않겠다는 전
화에 대한 말이 알려지자, 이발사이며 반창회 위원인 켄트 헌팅턴(Kent
Huntington)은 "말도 안 되는 헛소리입니다. 이 불쌍한 친구가 죽어가고
있는데, 이제 우리가 그를 피한다고요? 딘 레크너는 12년 동안 이곳에서

학교에 다녔고, 아무에게도 해를 끼치지 않았습니다"라고 타임스 기자에게 말했다.

딘 레크너는 반창회에 참석했다. 아무도 떠나지 않았다.[35]

이 장의 모든 자료에도 불구하고 우리는 여전히 성품과 공동체에 관해 충분히 이야기하지 못했다. 다음 장에서 논의를 계속하지만, 이는 상당히 다른 성격에서다.

5장

성품 형성과 사회 구조

우리의 삶들은 환원할 수 없을 정도로 사회적이다. 그것들은 대규모 사회적 실체들과 소규모 실체들 사이에서, 친밀하고 강렬한 관계와 지리적 및 심리적 거리의 관계들 사이에서, 사생활과 공적 관여의 영역과 정도 사이에서, 모든 종류의 제도적 패턴과 사회적 구성 사이에서 살며 형성된다. 우리가 이러한 것들과 무관하게 기독교윤리를 논할 수 있다는 가정은 인간 '존재'의 본질에 눈감은 것이다. 도덕적 관계는 항상 사회적 관계의 차원이다.

여기에는 우리가 존중해야 할 복잡성의 차원이 있다. 우리가 그렇게 하지 않으면, 성품에 대한 논의는 심각한 혼동을 초래할 것이다. 결국 우리는 도덕적 삶을 오해할 것이다. 문제는 사회 구조와 성품의 관계에서의 특별하고도 심각한 왜곡 혹은 여러 가지 왜곡이다. 공동체와 성격에 대한 논의는 이러한 복잡한 관계를 직면하지 않았다.

『일상생활의 도덕성』(*Moralities of Everyday Life*)에서 존 사비니(John Sabini)와 모리 실버(Maury Silver)는 '한스 헤르만 크레머 교수'(Professor Dr. Hans Hermann Kremer)의 두 개의 일기 내용을 보고한다:

1942년 9월 6일. 오늘, 일요일, 훌륭한 점심: 토마토 수프, 감자와 적양배추

(20g 지방)가 곁들여진 반 마리의 닭고기, 디저트와 훌륭한 아이스(크림).
… 저녁 8시에 특수 작전을 위해 외출.

1942년 9월 9일. 오늘 아침 나는 뮌스터에 있는 나의 변호사 할러만 교수
(Prof. Dr. Hallermann)로부터 그달 1일에 아내와의 이혼이 확정되었다
는 가장 기쁜 소식을 들었다. [주: 나는 다시 색들을 본다. 내 인생에서
검은색 커튼이 걷혔다!] 이후에 의사로서 여덟 명의 죄수에 대한 체벌과
소구경 소총으로 집행된 처형에 참석. 비누 가루와 비누 두 개를 받음.
… 저녁에는 네 번째로 특수 작전에 참석.[1]

의사의 일기는 아우슈비츠에서 온 것이며, '특수 작전들'(Sonderaktionen)
은 가장 극적인 잔혹 행위였다. 드물지 않은 한 가지는 20 × 40 × 50 미터
크기의 구덩이에서 종종 살아 있는 어린이 포로들을 휘발유에 적신 나무
더미 위에서 태우는 것이었다.[2]

사비니와 실버는 "어떻게 '특수 작전'과 비누 가루가 같은 순간에 언급
될 수 있는" 일이 있는가라고 묻는다.[3] "어떻게 누군가가 고통과 분노 혹은
심지어 환희와 같은 어떤 감정을 보여주지 않고 대량 학살에 가담할 수
있는가?"[4] 그들은 문단의 끝에서 "설명이 필요한 것은 사디스트가 어떻게
살인할 수 있었는가라기보다 살인이 어떻게 비누 가루와 똑같은 중요성을
갖게 될 수 있었는지이다"라고 말한다.[5]

정말 어떻게? 전적으로 만족스러운 답은 여전히 우리 손에 들어오지
않는다. 이것과 같이 거대하지만 그렇게 '상세하며'(마지막 세부 사항까지)
그렇게 친밀하고 동시에 철저히 비인격적인 악은 이해 능력을 벗어난다.
이것은 이야기들과 눈을 뜰 수 없을 정도의 이미지에 대한 공포 속에서

기억될 수 있으며, 다른 방법은 없을 것이다. 세대들은 또한 "다시는 안 돼!"라는 호소로 고취될 수 있지만, 악은 언제나 설명을 거부한다. 신학자들에게는 이를 표현하는 구절이 있는데, '악의 신비'가 그것이다. 이것은 인간 삶 속에서 악의 규모가 어마어마하며 인간 조건의 부분으로서 너무나 근본적으로 결함이 있는 채로 존재하고 있어서, 우리는 가해자만큼이나 피해자로 느끼며 종종 둘 다이다.[6] 게다가 이러한 엄청난 악은 결국 우리의 이해를 넘어설 뿐 아니라 바로잡을 능력마저도 초월하는 것처럼 보인다. 그러나 심지어 이러한 냉철한 깨달음조차 홀로코스트 차원의 기괴함에 대한 설명으로서 불충분하다.[7] 어쩌면 오직 침묵만이 소통할 수 있다. 그럼에도 우리는 우리의 주장을 해야 한다. 대안은 무력화하는 무능함이다.

크레머 교수가 악한가? 그렇다, 명백하게. 그러나 그는 단지 악하기만 한가? 만일 그렇다면 우리는 그를 악으로서 어떻게 이해해야 하는가? 사비니와 실버는 더 이상 크레머에 관해 알려주지 않는다. 따라서 우리는 그의 일기로부터 추론할 수 있는 것을 넘어 그의 성격에 관해 고지된 판단을 내릴 수 없다. 그러나 그가 수용소에서 다른 관리자들과 다르지 않았다고 추측해 보자. 그가 바흐, 모차르트, 바그너를 즐겼으며, 훈련되고 훌륭한 학생이었다고 가정해 보자. ['교수, 박사'라는 그의 직함이 이를 뒷받침한다.] 또한 그가 친구들 사이에서 충직하고 유익하다고 알려져 있었다고 예상해 보자. 심지어 그는 전쟁 시기의 빈번한 결핍 속에서 친구들의 필요가 명백히 그의 필요를 넘어설 때 자신의 재화를 기꺼이 나눴다. 나아가 그가 좋은 파티를 즐겼고 유머 감각도 없지 않았다고 해보자. 그는 잘생기지는 않았지만, 그의 외모에서 단정하려고 신경을 썼다. 그는 특히 규칙적인 운동에 관하여 성실했으며, 전시 상황이 허락하는 만큼의 좋은 식단을 추구했다.

종종 그를 괴롭혔던 삶의 한 부분은 리사(Lisa)와의 망가진 관계였다. 사실 그는 시간과 거리에도 불구하고 수용소 직원 중 누구에게보다 리사에 대해 더 많은 감정을 느꼈다. 때로 그녀에 대하여 증오와 분노를, 때로 진정한 사랑의 마지막 자취를, 그가 수용소에서 누구에 대하여도 느끼지 않았던 감정들을 느꼈다. 이혼은 그에게 짐을 덜어주는 것으로, 환영의 끝맺음으로 왔다.

한스 크레머의 성품과 인격에 대한 이러한 지식이 9월 6일과 9일의 잔혹하게 일상적인 기록을 설명할 수 있을까? 표면적으로 확실히 그렇지 않다. 심지어 크레머와의 직접적인 만남조차 설명하지 못할 것이다. 그를 이해하려면, 우리는 다른 곳을 봐야 한다.

사비니와 실버는 설명을 찾기 위한 탐구에서 군중 폭력을 논의한다. 군중 폭력에서는 깊고 파괴적인 감정들이 표면으로 드러나 분노의 형태를 취한다. 불가피하게 재화와 재산, 종종 생명의 파괴가 있다. 그러나 이러한 감정들은 결국 자기의 길을 달린다. 심지어 피의 갈망조차도 일시적으로 언급된다. 증오는 쉼 없이, 해소 없이 지속될 수 없다.[8] 역시 감정들은 변덕스럽고 빠르게 변한다. 아이의 애원하는 울음은 공격자의 몽둥이를 그녀 어머니의 머리 위 허공에서 멈추게 할지도 모른다. 사람들은 분노와 노여움으로부터 연민과 동정으로 그리고 다시 분노로 급격히 변할 수 있다.

집단 학살을 저지르는 것은 일시적이고 불확실한 감정보다 훨씬 더 효율적이고 신뢰할 수 있는 무언가가 필요하다. 관료제는 군중을 대체해야 한다. 공유된 분노는 안정적이고 사회적으로 정당화된, 효과적인 권위에 대한 일상적인 순응으로 바뀌어야 한다.

필요한 관료제는 극단적인 반유대주의자들로 구성되었든 온건한 반유대주의자들로 구성되었든 효과적이었을 것이다…. 즉, 그것은 열정을 불러일으킴으로써가 아니라 일상을 조직화함으로써 그 구성원의 행동들을 통제했을 것이다. 그것은 오직 그것이 구별하도록 설계된 차이만 구별할 것이며, 그 구성원들로 하여금 구별하도록 하는 것들, 예를 들어 어린이와 성인, 학자와 도둑, 무고한 사람과 죄인 사이의 차이들은 아니었을 것이다. 그것은 책임의 계층을 통해 궁극적인 권위의 의지[그 의지가 무엇이든]에 반응할 것이다. 제3제국을 특징지었던 것은 바로 이러한 악의 관료화였다….[9]

리처드 루벤스타인(Richard Rubenstein)이 쓰듯이 이것은 '체계적 악'(systemic evil)인데, 그 안에서 "관료들은 정의(definitions)와 명령을 작성했고, 교회들은 아리아인 혈통에 대하여 증명했으며, 우편 당국은 정의, 수용, 국적 박탈과 추방의 메시지를 전달했다. 기업들은 유대인 직원을 해고하고 '아리아화된' 재산을 인수했으며, 철도는 희생자들을 처형 장소로 이송했다."[10]

이러한 악의 진부한 조직의 얼굴 혹은 익명성은 한나 아렌트에 의해 그녀의 유명한 보고서인 『예루살렘의 아이히만』에서 보고된다. 아이히만은 유대인, 집시, 동성애자, 공산주의자 그리고 다른 사람들을 죽음의 수용소로 보내는 이송을 조율했던, 오랫동안 추적된 고위층 나치 간부였다. 많은 사람에게 놀랍게도 그는 아르헨티나로부터 인도된 후 이스라엘에서 재판에 회부됐을 때 완전히 평범한 인물이었다.

아이히만은 거대한 파괴적 비전도 필요한 사악한 가치들도 갖지 않은 것처럼 보였다. 그 안에 열정이 있었더라도, 보일 수 없었다. 하물며 그가

속해 있었다고 주장했던 북유럽 우수 인종의 정복, 역사를 창조하는 감정에 대한 증거는 없었다.[11]

단지 열차를 조직했고, 보급품을 보냈고, 독가스를 제조했고, 서류를 보관했고, 사망 통보를 내보냈고, 수감자들을 감시했고, 왼쪽과 오른쪽으로 지시했고, 화물차의 적재와 하역을 감독했고, 재를 처리했고, 그 외 수많은 업무를 수행했던 사람들 안에서 200만 번 복제된 색깔 없는 관료만이 있었다….[12]

크레머를 아이히만처럼 악하다고 여기는 것은 분명 올바른 도덕적 판단이다. 그러나 성격 구조에 의해, 따라서 크레머가 사디스트, 맹렬한 인종차별주의자, 열정적인 반유대주의자였음에 틀림이 없다고 결론짓는 것은 핵심을 모두 놓치는 것일 수 있다. 어쩌면 그것은 심지어 사실이 아니었을 것이다. 홀로코스트의 악은 다른 무엇이었든 간에 엄청나게 무미건조하며 소름 끼칠 정도로 일상적이었다.

이 중 어떤 것도 악의 관료화와 제3제국 시기 동안 독일에서 풀린 집단적 열정 사이에 아무런 연관이 존재하지 않았다는 것을 암시하지는 않는다. 히틀러의 악의에 찬 카리스마는 전설적이며, 그것은 이미 독일 반유대주의의 역사 속에 존재하던 편견과 증오를 타오르게 했다. 의심의 여지없이 독일적인 삶의 감정들과 '최종 해결책'을 수행하기 위해 작업했던 수백만의 둔감한 관료의 엄밀한 방식의 효율성 사이에는 밀접한 연관이 있다. 그것은 우리가 곧 조사해야 할 연결점이지만, 크레머에 관한 질문은 이렇다. 즉, 여기서 문제는 과연 인품의 문제인가? 그리고 만약 그렇다면, 우리가 그의 인격에 관해 알고 있는 것과 그의 상황에 대해 알고 있는 것 모두를 고려하여 그의 행동들을 어떻게 설명하는가? 한 가지 차원에서 대답은 긍정인데, 크레머의 인품은 어쨌든 여기 깊이 관여되어 있다. 그래야만 한다. 왜냐하면 나치의 잔혹 행위는 그것을 저지른 사람들의 유형을 제외하고는 설명될 수 없기 때문이다. 동시에 크레머를 그의 공동체들과 구조 및 품성으로부터 분리된 개인으로서 대면하는 것만으로는 우리는 거의 배울 수 없을 것이다. 우리는 크레머를 제3제국의 사회와 조직을 고려하여 다뤄야 하며, 그를 교육, 경력, 직장, 가족, 동호회, 시민 및 전문 조직 그리고 교회에서의 독일 삶과 그 사회적, 제도적 형태에 대한 에토스의 핵심적인 부분으로 봐야 한다. 드러나야만 하는 것은 이러한 상황 속에서 성품이 형성된 방식인데, 우리는 살인의 제도화를 용인하고 조장했던 성품과 사회 구조의 특별한 상호 작용을 찾아야 한다.

통로

이러한 복잡한 서론의 요점은 '관료제'에 반대하는 장광설을 늘어놓으려는 것이 아니다. 그것 또한 도덕적 성품과 사회 구조의 상호 작용을 왜곡할 것이다. 그것은 아마도 낭만주의나 실존주의의 방식으로 성품을 구조로부터 분리할 것이다. 그곳에서 순수하고 소외된 고독한 자아가 거대한 잿빛 제도의 비인간성에 맞서 도전적으로 배치된다. 아니, 나치 독일이 크레머를 만들었으며, 크레머는 나치 독일을 형성하고 '연기'했다. 복잡한 방식이지만, 개인적인 것은 정치적이며, 정치적인 것은 개인적이며, 우리의 탐구는 사회적 역학과 성품 형성 사이에서 움직이는 상호 영향들을 인식하는 것이다. 우리가 사회적 역학이나 성품을 타자로부터 분리할 때,

우리는 그 어느 것도 이해하지 못한다. 그것들은 쌍둥이다. 선과 악은 양쪽에 함께 속한다.

크레머의 환경을 고려해 보라. 수십 년 동안 독일인들에게 주된 사회적 가치는 훈련된 철저한 일이었다. "Arbeit macht frei"("노동이 자유를 만든다. 자유는 노동에 있다", "In work is freedom")라는 흔한 격언이었다. 또 다른 기본적인 사회적 가치는 개인의 개별적인 욕망을 공동체 의무에 종속시키는 것과 이러한 의무를 세세하게 이행하는 것으로 이해되는 도덕적 책임이었다. 실질적인 도덕적 가르침은 "상급자에게 순종하고, 계급과 직위를 존중하라"였다. 디트리히 본회퍼는 히틀러에 반대하는 동료 음모자들을 위한 선물로 쓴 1943년 크리스마스 에세이에서 이러한 특성들을 지적한다:

오랜 역사 속에서, 우리 독일인들은 순종의 필요성과 그 힘을 배워야만 했다. 모든 개인적 바람과 생각을 우리가 부름을 받았던 과업에 종속시키는 데서 우리는 우리 삶의 의미와 위대함을 보았다. 우리는 비굴한 두려움 속에서가 아니라 자유로운 신뢰 속에서 위를 바라봤으며, 우리의 과업에서 소명을 우리의 소명에서 사명을 보았다. 우리 자신의 사적인 의견과 바람보다는 '위'로부터의 명령을 따르는 이러한 준비된 자세는 정당한 자기 불신의 표시였다. 독일인들이 순종 속에서, 그들의 과업과 소명 속에서, 최고의 용기와 자기희생을 계속해서 보여주었다는 사실을 누가 부정하겠는가? …[13]

가정에서 학교와 교회를 통해 직장 속으로 그리고 그 너머까지, 독일 사회에서 훈련된 일과 권위에 대한 순종을 지지하고 장려하며 심지어 미화하지 않은 곳은 거의 없었으며, 이는 사명 의식과 국가적 자부심과 결부되었다. 사회 구조는 이러한 도덕적 가치들의 복합체를 반영하고, 그로부터 혜택을 받았으며, 이를 적극적으로 장려했다. 성품은 이러한 가치를 보상했고, 이것들을 미덕으로 내면화했으며, 일상적인 행동의 형태로 사회에 환원시키는 방식으로 형성되었다. 크레머는 자신이 받은 것에 대한 대가로 자신의 몫을 기부했다.

이러한 소중한 사회적 가치들은 동시에 바람직한 성품의 특성이자 사회 조직에 필수적인 요소였는데, '악의 관료화, 살인의 제도화'의 본질적인 요소였다.[14] 견고한 불멸의 철로 만들어진 아우슈비츠 입구를 가로질러 아치 모양으로 걸려 있는 도덕적 구호는 다음과 같이 쓰여 있다:

"Arbeit macht frei"(노동이 자유를 만든다).

크레머와 홀로코스트의 사례에 관해 행해진 몇 가지 관찰이 있다.

첫째, 사회적 가치들, 사회적 조직, 성품 특성의 상호적 영향은 두 가지 사회적 가치와 미덕(철저한 일과 권위에 대한 순종)에 대한 간단한 조사에서 보인다. 이 경우 그것들은 글자 그대로 상호 작용하여 치명적인 결과를 낳았다. 다행히도 사회적 가치들, 조직, 성품 특성은 종종 생명을 주는 방식으로도 상호 작용한다. 예를 들어 건전한 사회 보장 제도는 사회에 대한 사람들의 기여에 대한 가치와 사회 구성원들에 대한 사회의 책임을 표현하며, 자신을 부양할 수 있는 능력이 쇠퇴했을 때나 사회가 고용된 사람들의 지위에 다른 사람들을 위한 공간을 만들어야 할 때 사람들에게 제공된다. 요점은 좋든 나쁘든 항상 중요한 상호 작용이 있다는 것이다.

둘째, 우리는 크레머의 사례가 행하는 것, 즉 성품과 행동을 유도하는 사회적 장치의 힘을 강조한다. 독일에는 열렬한 반유대주의자들이 많았지만, 홀로코스트는 수적으로 과격한 유대인 혐오자들보다 훨씬 더 많은 모든 종류의 미온적인 반유대주의자들과 전혀 관여하지 않는 사람들이 존재했고 악에 협력했기 때문에 일어났다. 크레머가 어느 그룹에 속했는지는 우리는 모른다. 그러나 과격한 반유대주의자들, 미온적인 반유대주의자들, 무덤덤한 무관심한 사람들이라는 셋 모두는 아이히만의 '열차의 효율성'에 육박하는 효율성으로 그들의 행동을 유도했던 기존의 나치 기관들에 통합되었다. 악의 일상화(The routinizing of evil)는 사회적 장치가 어떤 성품의 특성을 지시하고 장려하며 다른 것들은 무시하거나 방해하는 방식으로 행동의 통로가 될 수 있는 능력을 지니기 때문에 일어난다. 다행히 선의 일상화(The routinizing of good)는 같은 방식으로 일어난다. 이것은 다시 공의(히브리의 정의 추구)와 미덕(그리스의 노력)에 이바지하는 사회적 장치들을 위해 분투할 필요성을 강조한다. 또한 '선한 사람'과 '선한 사회'에 대한 어떠한 완전하고 진정한 정의도 결코 **단지** 성품의 내면화된 자격**들만**을 지칭할 수 없다는 사실을 강조한다. 오히려 '선'은 미덕과 도덕적으로 옳은 행동의 수렴을 가리키며, 때로 사회적 장치들에 의해 촉진되고, 때로 그것들에 의해 방해받는 수렴이다. 하지만 사회적 장치들은 결코 중립적이지 않다. 사회적 구조의 힘에 관한 월터 라우센부쉬(Walter Rauschenbusch)의 통찰은 비록 지나치게 낙관적이고 기독교 승리주의적일지라도, 여전히 시의적절하다.

비기독교적인 사회 질서는 선한 사람들이 나쁜 일을 하도록 만든다는 사실로 알 수 있다. … 기독교적인 사회 질서는 나쁜 사람들이 선한 일을 하도록 만든다.[15]

세 번째 관찰 혹은 교훈은 다음과 같다. 즉, 현대의 고도로 분화된 사회에서 사회 구조와 성품 형성을 이해하려면, 윤리학에서 '역할 도덕성'(role morality)이라고 불리는 것에 주의를 기울여야 한다. 일부 크레머의 성품은 의심의 여지 없이 하나의 환경으로부터 다른 환경으로 이어진다. 그는 여러 다른 환경에서 동일한 사람으로 인식될 가능성이 높았다. 그러나 그의 역할과 과업은 하나의 임무로부터 다음 임무로 이동하면서 광범위하게 달라졌다. 그는 한 곳에서 의사로, 또 다른 곳에서 학생과 교수로, 세 번째에서 운동선수로 그리고 네 번째에서 군인으로 훈련받았다. 그의 사회적 역할은 우정의 기술들, 아들, 연인, 남편 그리고 어쩌면 아버지, 삼촌 또한 형제가 되는 기술들을 배우는 것을 포함했다. 어쨌든 산업 및 기술 사회에서 살아가고 일하는 대부분의 사람처럼 그는 자신의 역할이 분화되어 있음을 발견했다. 다른 행동들은 다른 환경들에서 요구되었으며 또한 그러한 환경이 조직된 방식에 의해 유발되었다.

그러한 사회에서 동일한 인격, 즉 동일한 기본적 성품의 특성을 갖는다는 것은 실제로 당혹스러울 정도의 도덕적 행위를 보여줄 수 있다. 왜 그런가? 다른 역할들은 상당한 도덕적 압박과 함께 다른 도덕적 내용을 지니기 때문이다. 그렇다면 우리는 역할들을 시작할 때, 어느 정도 이러한 역할들에서 우리에게 요구되는 것이 우리가 누구인지 그리고 누가 되기를 원하는지에 잘 부합하는지와 상관없이, 그것들의 도덕적 내용을 받아들이거나 떠맡거나 최소한 그렇게 해야 할 압박을 느낀다. 우리가 단순히 '우리의 일을 할' 때, 우리가 진심으로 인정하든 하지 않든 그리고 심지어 이에 대해 깊이 생각하든 하지 않든, 우리는 이러한 역할들의 효과적인 도덕적 행위자이다.

결과는 때로 한 영역에서의 행동들이 다른 영역에서의 행동들과 전혀 일치하지 않는다는 것이다. 많은 공직자와 기업의 경영자들은 부모, 친구 혹은 그들의 이웃 시민 조직이나 교회의 구성원으로서 그들의 역할에서 결코 용납하지 않을 행동을 승인했다. 한 가지 사례를 들자면 1986년 내부자 거래 스캔들에서 체포된 가장 유명한 월스트리트의 인물은 자신의 종교 단체의 신학교 도서관에 대한 주요 기부자였으며, 또 다른 사람은 그의 회중에서 평신도 지도자였다.

이 중 어떤 것도 크레머의 성품이 악하지 않았다는 점을 의미하지 않는다. 실제로 악했다. 또한 이 중 어떤 것도 크레머가 도덕적으로 책임이 없었다는 점을 암시하지도 않는다. 실제로 책임이 있다. 그러나 크레머의 악한 행동은 더 크고 사회적으로 구조화된 악과 함께 그리고 그것들의 일부로서의 악한 행동이었고, 그러한 것으로 이해되어야 하며 또한 그것은 그에게 부여된 임무에 의해 장려되었고 가능하게 되었다. 만약 크레머가 1930년에 뉴질랜드로 이주하여 오클랜드에서 의술을 가르치고 개업했다면, 비록 그의 기본적 성품이 거의 똑같았을 것이었다고 상상할 수 있다고 하더라도, 그가 독일에서 관료로서 저지른 경멸스러운 일 중 어떤 것도 하지 않았을 가능성이 높다. 뉴질랜드에서 그의 행동은 그곳의 사회적 그리고 일의 역할과 그것들이 반영했고 창출하는 것을 도왔던 정신과 조직을 반영했을 것이다.

우리는 8년간 유엔 사무총장이자 인권을 위한 최고의 국제적 외교관이었던 쿠르트 발트하임(Kurt Waldheim)의 사례를 언급하지 않고는 크레머의 사례를 마무리할 수 없다. 1986년 6월 발트하임은 오스트리아의 대통령이 되었다. 그의 당선 얼마 전 유엔에서의 임기 이후, 그가 독일 육군 E 집단군에서 연락장교로 복무했던 기간 동안 발칸 반도에서의 나치 만행과의 연관에 관한 증거가 밝혀졌다. E 집단군은 수천 명의 유대인, 민간인,

빨치산, 연합군 특공대를 강제 노동 수용소와 집단 수용소로 보낸 책임이 있었다. [1945년 8월 미국, 영국, 소련, 프랑스에 의해 채택된 국제 군사재판소 헌장의 제6조는 "피점령지의 또는 피점령지 내의 민간인에 대한 부당한 대우나 강제 노동 혹은 다른 어떤 목적으로 추방하는 행위"를 전쟁범죄로 규정했다.] 오스트리아 정부에 의해 임명된 군사 역사학자들의 국제 위원회는 발트하임이 그의 군 부대에 의해 자행된 만행을 알았을 것이고, 그것을 멈추는 어떤 일도 하지 않았으며, 이후에 그의 전시 활동을 비밀로 유지했다는 결론을 내렸다. 위원회 보고서는 "그는 반복적으로 불법 행위에 동조했으며, 그렇게 함으로써 그는 그것들이 실행되는 것을 더 용이하게 만들었다"라고 언급했다. 그러나 위원회는 계속해서 발트하임이 전쟁범죄에 직접적으로 유죄라는 어떠한 증거도 발견하지 못했다고 말했다. 아직 공개되지 않은 추가 문서를 근거로 미국 법무부는 이 마지막 부분에 대해 의견이 달랐으며, 1942년 5월 발트하임이 로가티차(Rogatica)와 포차(Foca) 작전에서 유고슬라비아인들에 대한 추방을 용이하게 했음에 틀림이 없다고 말했다. 발트하임은 미국 법무부에 의해 미국 입국이 금지된 인물 목록에 등재되었다.

발트하임은 제2차 세계대전에서 자신의 행적에 대한 진실을 일관되게 숨겼음을 시인한 후, 전국적으로 방송된 연설에서 오스트리아 국민에게 자신이 전쟁의 '영웅이나 순교자' 가운데 있지 않다고 인정했다. 그는 계속해서 대통령직을 사임할 의도가 없으며 해서도 안 된다고 말했다. 그리고 나서 그는 오스트리아인들에게 전쟁이라는 조건 아래에서 그리고 이후의 공직 수행을 고려하여 그와 그의 행위에 대해 최종적인 평가를 해달라고 명확하게 요청했다.

여러분은 여러분의 대통령이 젊은 장교 혹은 심지어 베르마흐트(Wehrmacht)

의 이러한 장교의 왜곡된 모습인지 혹은 여러분의 대통령이 인생의 수십 년 동안 정의, 관용 그리고 평화를 위해 일했던 사람인지 여러분 스스로 판단할 수 있을 것입니다. 나는 여러분에게 여러분 자신이 판단하기를 요청합니다.[16]

'둘 중 하나'로서의 선택에 대한 발트하임의 제안은 세 번째 가능성을 배제하는데, 이를 위한 증거는 가장 강력하다. 즉, 그는 악에 적극적으로 순응했던 장교이자 국제 인권과 복지에 수년을 바쳤던 외교관이었다. 발트하임의 성품 자체가 변했다는 암시가 거의 없는 수십 년 동안 상반된 행동을 설명하는 데 도움이 되는 것은, 그의 역할과 정황이 현저히 달랐으며 대조적인 도덕적 내용과 행동의 압박을 동반했다는 사실이다. 우리의 가상적인 크레머의 뉴질랜드로의 이민에 대한 상대적인 예가 국제 외교 영역으로의 발트하임의 실제 움직임 속에 있었다.

다시 한번 이것은 결코 성품이 중립적이라는 것을 의미하지 않는다. 1988년 논란 속에서 발트하임이 드러낸 성품은 협력적인 장교, 외교적 유엔 사무총장 그리고 전쟁의 급박성에 관하여 죄책을 시인할 준비가 되어 있지 않았다. 단지 유감스러워하는 완고한 대통령이 될 가능성이 상당히 유지된다고 말하는 분석에 신뢰성을 부여한다. 발트하임의 성품은 모든 우여곡절에 대한 당사자로 남아 있다. 다른 성품은 그와 다른 사람들이 직면했던 역할과 요구들에 대한 다른 반응을 의미했을 것이다. 이 경우에 드러나는 것은 역할들과 그 정황들의 선뿐 아니라 악의 압박에 모두 지나치게 취약한 도덕적으로 얄팍한 개인의 성품이다.[17]

그러므로 어떤 적절한 기독교윤리라도 그 안에서 역할들이 사람들의 성품과 상호 작용하기 때문에 역할 도덕성(role morality)에 주의를 기울여야 한다. 많은 기독교윤리는 사회 구조와 사회 분석에 충분한 관심을 기울이지 않거나 개인의 기본적인 성품이 그들이 행하는 역할에서의 도덕적 행동을 직접적으로 결정한다고 잘못 가정함으로써 역할 도덕성을 간과해 왔다. 후자는 선한 사람들이 <u>그 사실 때문에</u> 선한 사회를 의미하는 데 반하여, 도덕적으로 타락한 사람들은 <u>그 사실 때문에</u> 타락한 사회를 만들어 낸다는 순진한 가정이다. 역할들의 압박과 내용은 이러한 가정, 즉 너무나 일관된 성품 윤리에 의해 유지되는 가정에 뚜렷하게 자격을 부여하며 복잡하게 만든다.

우리는 선한 성품이 선한 사회를 위한 필요조건이지만 충분조건은 아니라고 결론 내릴 수 있다. 선한 사람들의 임계 질량이 필요하지만, 미덕은 정책과 확립된 구조 안에서 그 통로를 찾아야 하며, 이것은 미덕과 성품 <u>그 자체로</u> 제공할 수 있는 것 이상을 요구한다. 사람들이 선하고 선한 일을 행하기에 더 쉽도록 정돈된 사회를 위해 노력하는 것은 매우 중요하다.

마지막 교훈은 성품 윤리의 한계로부터 따라오며, 효과적인 도덕성은 기술(skills)을 요구하고, 그중 많은 것이 인격과 상당히 독립되어 있다는 것이다. 제임스 팔로스(James Fallows)는 이 점을 잘 지적한다. 지미 카터(Jimmy Carter) 행정부 초반 2년 동안 그의 연설문 작성가이며 대통령의 성품과 능력에 대한 면밀한 관찰자였던 팔로스는 카터에 관하여 다음과 같이 말한다:

카터는 대체로 인내심이 강하고, 정치적 기준보다 덜 양심을 품었으며, 삶의 우연성과 그 영광 및 추구의 덧없음에 관한 관점에 대한 인식을 지닌 축복받은 사람이다. 나는 도덕적 선택이 그를 직면했을 때, 그가 그것들을 공정하게 해결할 것이며, 생사와 핵전쟁 그리고 인간 파괴의 문제들이 그의 책상 위에 놓였을 때, 그가 자기 인식과 함께 그를 성급하게 행동하거나 끔찍한 대가를 치르고 자신이 하나의 사람이었음을 증명하도록 유혹할지도 모르는 내면의 악마들로부터 자유로이 그것들에 침착하게 대처할 것이라고 느끼면서 그를 위한 근무를 그만두었다. 대통령들에 대한 우리의 선택에서 하나의 요소는 결정의 궁극적인 순간에, 손가락이 버튼 위에 놓이고 경주(선거 _ 역자 주)의 미래가 걸려 있을 때, 그들의 건전함이다. 지평선 위의 모든 경쟁자들 가운데 아무도 그러한 순간에 카터보다 더 온전하거나 확실하지 않았을 것이다. 사안 사안마다 정의를 행하는 그의 능력에서 그는 대법원을 위한 이상적인 비법률가였을 것이다. 만약 천국의 문에 앉아 내 영혼에 대한 심판을 내릴 한 명의 정치인을 선택해야 한다면, 지미 카터는 그 한 사람일 것이다.

그러나 그가 미덕의 선물을 가졌다면, 그에게 부족한 다른 선물들이 있다.

하나는 정교함이다. 곧… 카터와 그의 측근들이 자신들의 일에 대한 깊은 무지 속에서 취임했다는 점이 명백해졌다. 그들은 가능성과 가장 있을 법한 함정들에 대해 무지했다. 그들은 예측이 가능한 위험의 희생물이 됐고, 소중한 시간을 낭비했다.

두 번째는 그의 목표를 설명하고, 그렇게 함으로써 그 자신보다 더 큰 충성의 대상을 제시하는 능력이다.

세 번째이자 가장 중요한 것은 그 자신을 좋은 사람으로부터 실전에 쓸모 있는 사람으로 개조하는, 즉 일을 어떻게 하는지 배우는 열정이다. 카터는 종종 올바른 입장을 어떻게 결과로 전환하는지 배우는 것보다 올바른

입장을 택하는 것에 더 신경을 쓰는 것처럼 보였다….[18]

어떠한 적절한 기독교윤리라도 선한 성품뿐만 아니라 효과적인 행동을 촉진해야 한다.

함의

우리는 이번 장과 이전 장의 논의로부터 끌어낸 적절한 기독교윤리의 표시들에 관하여 무엇을 말할 수 있는가? 좋은 윤리의 일부 특성은 그 형식에, 다른 것들은 구체적인 도덕적 내용에 관계한다. 우리는 첫 번째를 윤리의 요소로, 두 번째를 인간 본성에 관한 통찰로 논의한다.

요소

적절한 기독교윤리에는 최소한 세 가지 형식적 요소가 있다.

1) 좋은 윤리는 개념적 적합성(conceptual adequacy)을 보여야 한다. 개념적 적합성은 문제에 접근하고, 분석하며, 숙고하는 방법이다. 어떤 사안에 관하여 우리가 어떻게 생각하는가 그리고 우리가 어떻게 그렇게 하지 않는가는 중요하다. 우리가 어떤 것에 관해 생각할 때, 우리가 함께 생각하는 범주들은 도덕적 내용과 결과에 필수적이다. 프랑스 신학자이자 소설가인 조르주 베르나노스(George Bernanos)의 논평은 적절하다: "가장 나쁘고, 가장 부패시키는 거짓말은 서툴게[혹은 그릇되게] 진술된 문제들이다."[19] 왜냐하면 작

동하는 도덕적 개념 및 관념과 그것들이 문제를 어떻게 틀 지우고 결정을 형성하는지는 심오한 도덕적 차원들 자체를 가지기 때문이다. 어떻게 크레머의 기본적인 도덕적 인식이 작동했는지 그리고 그가 유대인, 독일 사회, 자신의 의무에 관해 생각할 때 어떤 도덕적 '좌표'(grid)를 사용했는지는 그의 실제 행동에 필수적이었다. 그의 경우 그 개념들은 도덕적 관점에서 보았을 때 비참하게도 부적절했고 결국 범죄였다. 그러나 더 큰 요점은 윤리에서 건전한 개념적 적합성의 중요성이다. 이것이 없이 우리는 우리의 행동의 의미와 함의를 이해하지 못한다.

'메타윤리'(Metaethics)는 사람들이 '윤리를 할' 때 사용하는 범주들을 연구하는 윤리학의 분야에 대한 기술적 명칭이다. 메타윤리는 윤리적 범주의 적합성을 시험하고 그것들의 수정을 위해 권고한다.

2) 사회적 요건 또는 필요조건은 바람직한 도덕적 결과들이 실현되고 바람직하지 않은 것들이 방지되기 위해 준비되거나 만들어져야만 하는 두 번째 요소를 구성한다. 만일 성품을 흘려보내고 결정을 시행하기 위한 제도적 형태들과 정책들이 부재하거나 결함이 있다면, 잘 생각하기(개념적 적합성)는 헛되게 된다. 비록 우리의 윤리적 입장이 개념적으로 건전하더라도 시스템, 제도, 정책이라는 질그릇이 없다면, 그것들은 단명하여 큰 의미가 없을 것이다. 도덕적으로 올바른 입장을 택하는 것은 결과로 전환될 수 없다면 거의 가치가 없다는 제임스 팔로스의 비판을 떠올려 보라. 정책, 전략, 전술, 제도, 시스템은 입장들을 결과로 전환한다. 그것들은 적절한 기독교윤리에 결정적이다.

우리는 사회적 요건이 없다면, 결정들은 내려질 수조차 없거나 먼저 성품이 형성될 수 없다는 점을 추가해야 한다. 그것들은 이들을 위한 활동적 매개체이다. 그것들로부터 떨어져서는 아무것도 일어나지 않는다.

3) 충분한 수의 사람들의 도덕적 성품은 세 번째 요소이다. 도덕적 문제들에 대한 건전한 조사, 분석, 숙고(개념적 적합성)뿐만이 아니라 공공 행동을 위한 건전한 통로(사회적 요건)는 중대한 문제에 대하여 도덕적으로 민감한 행동을 감행할 그런 종류의 사람들이 존재하지 않거나 그 수가 너무 적다면 무력하다. 물리학으로부터 개념을 적용하자면, 도덕적 성품과 신념의 '임계 질량'이 필요하다. 충분한 도덕적 헌신이 없다면, 홀로코스트라는 악몽을 막거나 긍정적인 사회적 선을 실현하기 위해 아무것도 일어나지 않을 것이다. 두 번째 단어의 의미에서 성품, 즉 행동하기 위해 헌신하는 분별력 있는 판단의 사람들을 육성하지 않는 윤리는 부적절한 윤리이다. 건전한 도덕적 형성은 모든 좋은 기독교윤리의 주요 요소이다.

올바른 사고, 사회적 요건, 개인적인 도덕적 성품이라는 세 가지 요소는 최종적으로 서로 다른 것으로부터 분리될 수 없다. 그러나 어떤 것도 다른 것으로 대체될 수 없으며 어느 것도 불필요하지 않다. 올바른 사고는 결코 선한 성품을 대신할 수 없으며, 선한 성품은 심지어 더 큰 규모에서 홀로 선한 사회의 제도적 질서를 제공하지 못한다. 모든 것은 적절한 기독교윤리에 필수적이며 어느 것도 방치될 수 없다.[20]

악에 대한 인식

기독교윤리의 형식적 요소에 대한 집중은 그 자신의 방치, 즉 특별한 본질이나 내용에 관하여 말하지 못하는 것이다. 이후의 장은 여기서 제공하는 것보다 더 많은 것을 제공하겠지만, 크레머와 발트하임에 대한 논의와 관련된 언급을 포함한다. 존 요더(John Yoder)는 '인간의 오류 가능성에 대한 긍정적 원칙'에 관하여 쓴다. 이 언급은 우리 모두에게 익숙한 바울의 경험을 포함한다.[21] "내가 행하는 것을 내가 알지 못하니 곧 내가 원하는 것은 행하지 아니하고 도리어 미워하는 것을 행함이라"(롬 7:15). '오류 가능성에 대한 긍정적 원칙'은 우리가 '선한 사람' 또는 '악한 사람'과 같이 흔히 행하는 일부 구분을 근본적으로 제한해야 한다는 사실을 의미한다. 도덕적 성품의 차이들은 현실이고 중요하며 논쟁의 대상이 아니다. 그러나 더 기본적인 것은 선과 악에 대한 우리의 능동적인 능력인데, 성품이 어떤 지침을 제공하더라도 이 능력은 상당하다.

나치즘과 성경을 연구함으로써 등장하는 정신이 번쩍 들게 하는 깨달음은 우리가 그러한 독일인들이었을 수도 있다는 점뿐만 아니라 우리가 언제나 그들이 될 수 있다는 점이다. 기독교인들이 '원죄'라고 부르고 유대인들이 '악한 충동'이라 부르는 우리 안에 깊이 있는 무언가는 세상이 선한 사람들과 악한 사람들로 구성된다는 통념을 거짓으로 만든다. 오히려 "모든 외적인 악은 필연적으로 우리 자신의 깊숙한 곳으로부터 그것과 닮은 우리 자신의 부분들을 유인한다."[22] 똑같이 그리고 다행스럽게도 모든 외적인 선도 그렇게 한다. 설명하기 어려운 이유로 우리는 시편 기자가 알았던 것처럼, 우리가 사랑하는 것과 우리가 미워하는 것처럼 되는 경향이 있다.

'악한 충동'은 토머스 머튼(Thomas Merton)이 파블로 안토니오 쿠아드라(Pablo Antonia Cuadra)에게 보낸 편지의 주제다.

우리 안에 있는 최악의 것이 사회에서 객관화되고 승인받고 칭송받고 신격화될 때, 증오가 애국심이 되고 살인이 신성한 의무가 될 때, 염탐과 밀고가 진리에 대한 사랑으로 불리고 경찰 끄나풀이 공공의 은인이 될 때, 좌절한 관료들의 괴롭고 외설스러운 원망이 국민의 양심이 되고 깡패가 권력의 자리에 오를 때, 우리는 우리 자신을 경계해야 하며, 그러고 나서 비록 우리 자신의 마음의 소리가 그것들을 비난할 때조차 우리는 그것에 주의를 기울여야 한다. 왜냐하면 우리는 모두 동일한 독에 오염되지 않은가?[23]

1787년 제헌 회의에서의 논쟁은 기독교윤리가 여기서 지적할 수도 있는 동일한 요점을 강조한다. 즉, 인간 행동에 관해 냉철하고 현실적이며 이루어질 수 있는 선에 한계를 정하는 것을 거부하는 동시에 악한 충동을 인정하는 것은 지혜롭다. 논쟁은 예상되는 미국 의회를 위한 '뉴저지 플랜'(New Jersey Plan)에 관한 것이었다. 그 계획은 각 주가 한 표를 행사하는 단원제 의회를 제안했다. 그것은 의회에 상당한 권한을 부여했으며, 그 권력을 견제하거나 균형을 맞추기 위한 내부적 장치는 제공하지 않았다. 펜실베이니아의 제임스 윌슨(James Wilson)은 그 계획에 반대하며 "단원제 의회에서는 [견제는 없으나] 그것을 구성하는 사람들의 미덕과 양식은 있다"라고 논평했다. 그리고 그는 이어서 모든 사람은 "견제가 불충분한 것이라는 사실을 안다"라고 말했다.[24]

'미덕과 양식'(good sense)은 필요하지만, 선에 대한 충분한 보장은 아니다. 그것들은 단지 우리 안에 있는 선과 악의 혼합의 부분이며 기껏해야 취약한 현실이다. 이것은 성품이 선을 보장하기 위해 만들어질 수 있다는 모든 희망을 망설이게 한다. 동시에 이것은 선에 대한 양육자이자 전달자로서 그리고 파괴적인 행동에 대한 견제로서 구조와 정신(에토스)의 중요성을 강조한다.[25] [인접한 국가들에서, 1930년대와 1940년대 독일과 스위스 혹은

독일과 덴마크에서 성품과 행동의 차이를 목격하라.]

　　그럼에도 펜실베이니아의 윌슨은 적절한 구조적 장치들이 아니라 오직 견제되지 않으면 예외 없이 부정으로 이끌 수 있는 권력에 대한 견제와 균형만이 사회적 구원을 보장할 수 있다고 믿었다. 요컨대 '인간의 오류 가능성에 대한 긍정적 원칙' 혹은 악한 충동에 대한 인식은 미덕이 단지 양성되는 것이 아니라 미덕과 올바른 행동이 수렴되도록 성품과 사회 구조의 복잡한 상호 작용에 최대한 마음을 써서 주의를 기울여야 한다는 것이 훨씬 더 중요하다는 것을 의미한다.

　　성품과 사회 구조가 아무리 중요하더라도, 그것들은 아직 도덕적 문제에 대한 의사결정에 관해 말해 주지 않는다. 결정들의 중요성은 명백하며, 우리는 다음에 그 문제로 넘어가려 한다. 성품 형성의 요소를 알고 사회 구조의 중요성을 인식하는 것과 도덕적 문제에 대해 구체적인 결정을 내리는 것은 별개의 문제다.

6장

의사결정

질문

"나는 무엇을 해야 하나?", "우리는 지금 무엇을 하는가?", "이러한 경우에 무엇이 옳은가?" 우리는 매일 이런 질문들과 마주한다.

'이러한 경우'는 우리가 직면하는 상황만큼이나 크게 다르다. 결정은 불치병인 부모나 자녀를 위한 생명 유지 장치를 중단하도록 담당 의사에게 지시할지, 지역사회의 복지에 중요한 재정적으로 어려운 사업을 폐업할지, 인질을 잡고 토지 개혁을 요구하는 반군과 협상할지와 같은 극도로 어렵고 고통스러운 것일 수 있다. 혹은 당면한 경우가 [반드시 쉬운 것은 아니지만] 행복한 선택들을 수반할 수도 있다. 당신의 조직은 선택할 수 있는 명분이나 명분에 기부할 8만 5천 달러를 갖고 있지만, 어떤 것에 [기부할 것인가?] 또는 서로 다른 직업 기회들에 의해 제기된 것처럼 갈림길에 직면하며 두 가지 직업 중 하나만을 선택할 수 있다. 둘 다 수용 가능하지만, 그것들은 당신으로 하여금 당신이 당신의 인생을 가지고 무엇을 가장 하고 싶은지 묻도록 강요한다.[1]

당면한 선택은 "우리가 이 청원에 서명해야 할까?", "저 책을 사야 할까?", "친구를 방문하기 위해 하루를 쉬어야 할까?", "개인 교습 프로그램에 자원해야 할까?", "불편하게 하는 발언에 관하여 이웃을 꾸짖어야 할까?", "다른 아르바이트를 찾아야 할까?"와 같은 선택 중 어떤 것만큼 중대하지 않을 수 있다. 이러한 모든 사례와 다른 그럴듯한 예들이 공동으로 갖는 것은 그것들이 결정을 요구한다는 한 가지다. 그것들 모두는 "나는 또는 우리는 무엇을 해야 할까?"라는 억제할 수 없는 질문을 강요한다. 그러한 단순한 질문은 우리를 도표의 왼쪽에서 오른쪽으로 움직이게 하고 (65쪽, 3장 도표 참조), 아직 고려하지 않았던 윤리적 문제들로 끌어들인다.

결정들이 도덕적 삶의 결정적인 부분이라는 점은 쉽게 알 수 있지만, 우리가 왜 의사결정에 별도의 주의를 기울여야 하는지는 즉각적으로 분명하지 않다. 왜 좋은 성품과 건전한 사회적 구조가 올바른 결정으로 귀결된다고 믿지 않는가? 성품 형성과 우리의 삶이 사회적으로 정돈되는 일반적인 방식을 넘어 다른 무엇에 주의를 기울일 필요가 있는가? 특별한 고려를 요구하는 결정에 관한 것은 무엇인가?

대답은 결정들이 질문들을 수반하며 성품과 사회 구조가 제공하지 않는 정보를 요구한다는 것이다. 즉, [어떤 문제든 간에] 이러한 특별한 문제를 위해 어떤 데이터가 중요한가? 결정에서 어떤 요소들이 가장 영향이 큰가? 이 결정에 어떤 도덕적 기준을 가져와야 하며 어떤 규범이 우리를 인도해야 하는가? 우리는 어떤 과정을 이용하여 어떻게 결정을 내려야 하는가? 이 문제에서 누가 권한을 가지는가? 우리는 어떤 자료를 참고해야 하는가? 어떤 수단들이 고려되어야 하는가? 우리의 선택이 실현되는 것을 보기 위해 우리는 어떤 전략과 전술들을 사용해야 하는가? 성품, 심지어 훌륭한 성품조차 스스로 이러한 질문들에 답할 수 없다. 성향, 의도, 인식은 여러 가능한 행동 중 어떤 것이 가장 적합한지 알려주지 않으며, 도덕적 비전도 마찬가지다. 또한 그것들은 우리가 어떻게 이곳에서 저곳으로 도달할지 말해 주지 않는다. 성품의 특질들은 심지어 자신들이 어떤 그리고 모든 결정에 필수적일 때조차 '결정'하지 않는다. 사회적 장치와 역할 역시 우리가 보았던 바와 같이 비록 강력한 결정 요인이지만, 스스로 결정하지 않는다. 도표의 오른쪽 열은 심지어 우리가 '존재'와 '행동'의 불가분성을 계속 강조하고 윤리학을 단지 의사결정과 도덕적 문제로 축소할 수도 있는 기독교윤리학의 어떤 형태에 맞서 반대할 때조차 그 자신의 관점에서 검토되어야 한다.[2] 단지 결정만으로의 윤리는 성품 형성으로의 윤리가 너무나 단순화인 것처럼 지나치게 환원주의적이다. 별개이지만 보완적인 주의가 필요하다.

실천적인 도덕적 추론

모든 결정이 도덕성의 결정이 아니고, 모든 판단은 도덕적 판단이 아니다. 렘브란트가 그의 캔버스 중 하나의 전설적인 빛을 위해 노란색이나 금색 안료를 선택하는 것은 미적 결정이지 윤리적인 결정이 아니다. 당신이 X 모델 자전거를 구매할지 Y 모델 자전거를 구매할지는 도덕적 판단보다는 경제적, 기술적 판단과 더 관련이 있다. 그러나 도덕적 결정이 내려질 때 그리고 그것들이 미덕, 의무, 가치 혹은 비전을 포함하는 <u>모든 경우</u>에 내려질 때, 도덕적 삶에 필수적인 하나의 기획(enterprise)이 합류된다. 그러한 기획이 실천적 도덕적 추론이다. 실천적 도덕적 추론은 사람들이 자신들의 도덕적 선택에 도달하는 방식이다. 이것이 기독교적 맥락에서 어떻게 발생하는지가 이 장의 주된 관심이다.

약간의 예외가 있지만(아주 어린아이들이나 심각하게 정신적으로 무능력하게 된 성인들) 모든 사람은 실천적 도덕적 추론에 관여한다. 종종 이것은 너무 일상적이고 습관적이어서 거의 눈에 띄지 않는다. 사실 '추론'은 빈번하게 의식적인 숙고 없이 행해지는 반사적인 운동에 대한 가장 정확한 용어는 아니다. 우리는 가게에서 우유 한 통을 집어 들면서 점원을 위협해 금전 등록기를 털지 말지를 혹은 친구가 그녀의 의사와 중요한 예약을 마주할 때 그녀를 걱정해야 할지 말지를 의식적으로 숙고하지 않는다. 많은 도덕적 판단은 너무나 내면화되어 있어서 우리는 직관적으로 그리고 의식적이고 긴 숙고와는 상관없이 도덕적 판단을 내린다(115-116쪽 참조). [언어의 힘과 우리 자신의 것으로 만들었던 어휘 속의 도덕적 내용의 존재에 관한 논의를 상기하라.]

그럼에도 우리의 결정들은 어떤 형태의 과정을 수반한다. 이것은 심지어 반사적으로나 직관적으로 내려진 많은 결정에서도 그렇다. 예를 들어 우리는 존경하는 다른 사람의 결정에 따라 특정한 결정을 내릴 수 있다. 혹은 우리 경험의 축적된 지혜에 의존하여 과거에 했던 대로 반응할 수 있다. 또는 우리를 성숙하게 했으며 우리 자신의 것으로 만들었던 "나는 다른 사람들이 나에 대해 행동하기를 바라는 방식으로 행동할 것이다"와 같은 도덕적 격언에 따라 행동하기로 선택할 수 있다.

이러한 결정 중 어느 것도 관여된 논증이나 중요한 숙고의 형태로 실천적 도덕적 추론을 수반하지 않는다. 그럼에도 그것들은 사람들이 도덕적 선택에 도달하는 일반적인 방식이며, 그것들의 반사적인 성격이 애초에 암시하는 것보다 더 복잡하다. 그것들은 사실 도덕적 추론의 초보적인 형태들이다. 첫 번째 예에서 우리는 작동하는 도덕적 권위로서의 **본보기**에 대한 호소를 통해 결정하며, 두 번째 예에서 우리는 신뢰할 만한 지침으로서 **전통과 경험**을 통해 결정하며, 세 번째 예에서 **보편적 원칙으로서**

황금률의 한 형태를 통해 결정한다. 각각은 의사결정을 통한 다른 길잡이이며, 각각은 학습된 과정을 수반한다.

실천적 도덕적 추론은 종종 더 복잡한 형태를 띤다. 어려운 결정을 위해 지침에 대한 여러 근원을 이용하며, 다양한 요소를 따져보고, 여러 관점과 결과를 숙고한다. 반사적이고 직관적인 결정보다는 검토된 결정이 내려진다. 그러나 도덕적 판단이 단순하든 복잡하든, 반사적이든, 검토된 것이든, 우리는 실천적 도덕적 추론을 사용한다. 우리는 우리 앞에 있는 도덕적 문제에 관해 결정을 내리기 위해 하나의 과정을 거친다. 선택은 결코 이러한 과정에 관여할지가 아니라 그것이 어떤 형태, 맥락, 내용을 가질 것인가이다.

맥락으로서 공동체

이 장의 주된 관심사가 기독교윤리에서 의사결정의 형태, 맥락, 내용이므로, 우리는 정리하는 논제로 시작한다. 즉, **공동체 윤리로서 기독교윤리의 본질은 기독교적 의사결정의 형태와 맥락을 결정하며, 성경 이야기와 예수의 영향이 그 내용의 많은 것을 결정한다.**

일반적인 주제로서 '공동체'는 계몽주의 시대 이후 서구에서 윤리학 문헌에서 두드러지게 부재해 왔다. 윤리학 저서의 저자들은 살아 있는 공동체의 유기적 대표로서라기보다 대체로 지적 전통 안에 자리 잡은 개인으로서 썼다. 따라서 그들은 실질적으로 윤리적 선택을 위해 우리가 속한 공동체보다 더 편한 장소가 없다는 사실을 보지 못했다. 우리는 '처음부터' 결정을 내리기 위하여 공동체 '아래'나 '너머' 혹은 '뒤로' 갈 수 없다. 가야 할 '처음'은 존재하지 않는다! 명확하고 분리된 언어를 가진 단일한 보편적 도덕 공동체는 존재하지 않는다. 우리는 특정 공동체들과 그것들의 특정 전통들에 도덕적으로 뿌리를 둔 역사적 피조물들이다. 다른 곳에 도덕적 판단을 정초하기 위해 이러한 것들을 회피하려는 어떤 노력도 단지 또 다른 공동체, 보통 저자의 상상의 공동체를 창조하는 것으로 끝난다. 윤리학의 많은 문헌은 이렇게 작동하며 '선의의 모든 합리적 사람들'의 허구적 공동체를 가리킨다. 이것은 특별히 어떤 장소에서도 발견되지 않으며 이성적인 자기 이익 외에는 모든 인간적 특성이 박탈된 개인들의 공동체라고 밝혀진다.[3] 그러나 더 정확히 말하면 저자는 그 혹은 그녀가 반영하지만 인정하지 않는 특정한 사회적 위치의 위장된 영향을 무심코 제시한다.

도덕적 지식이 어떻게 발생하고 숙고가 어떻게 이루어지는지에 대한 코넬 웨스트(Cornel West)의 설명은 우리 자신의 것과 부합한다. 그는 지식을 실용주의 철학에서 이해되는 것으로 묘사한다.

지식은 기초를 위한 샅샅이 뒤지기가 아니라 결과에 대한 대중의 검증과 공개적인 평가의 문제여야 한다. 지식의 주장들은 개별적인 주제에 대한 순전히 정신적인 활동이라기보다 탐구자들의 공동체의 사회적 관습에 의해 확보된다. 공동체는 지식을 획득하고 보장하는 데 맞춰진 한 묶음의 사회적 관습, 즉 어떤 주장에도 의문을 제기하지만, 결코 모든 것을 한 번에 하지는 않는 지속적인 대화 과정으로 탐구를 이해한다. 이러한 자기 수정적인 기획은 기초나 근거를 요구하지 않는다. 이것은 어떠한 절대적인 확실성을 가져오지 않는다. 따라서 사회적 또는 공동체적인 것은 지식에 대한 이러한 실용주의 개념의 중심적인 철학적 범주이다. 이것은 지식에서 결정적인 요소가 직관이 아니라 사회적 관습과 공동체의 규범임을

인정한다.[4]

우리는 이것을 약간 수정하여 기독교 공동체에 신앙의 문제로 받아들여지는 기초와 근거가 있다고 주장한다. 이것을 전달하는 하나의 이미지는 성경에서 취해진 것인데, 신앙 공동체가 속해 있는 계속 진행 중인 대화의 일부이신 언약하시는 하나님(a covenanting God)이라는 이미지이다. 이 대화에서 도덕적 지식이나 행동은 완성된 과거에 속한다는 의미에서 결코 완전히 '끝나지' 않았다. 오히려 과거는 현재의 일부이며, 이 둘은 하나님, 하나님의 백성 그리고 전체로서 창조 사이의 계속 진행되는 언약에 속한다. 우리는 웨스트가 묘사한 것과 같은 미완성의 대화에 참여하며, 우리의 장소를 하나님 안에 모인 것으로서 창조의 지속적인 드라마 속에서 자리한 것으로 이해한다. 공동체의 도덕적 탐구는 이러한 틀 안에서 그리고 이러한 근거 위에서 일어난다.

이러한 한 가지 변화를 만들고, 우리는 '안다는 것'에서 공동체의 역할에 대한 웨스트의 설명에 동의하며 기독교 신앙 공동체와 그것이 어떻게 사람들이 도덕적 선택에 도달하는지에 영향을 미치는 방식에 주의를 돌린다. 이 논의로부터 앞으로 나아가서 의사결정의 맥락은 집단적 정체성이 예수의 영향으로부터 발생한 한 무리의 사람들을 가리킨다. 이것은 한 백성으로서 역사, 한 묶음의 이야기들, 상징들, 해석들, 의례 형식들, 도덕적 성품과 도덕적 선택에 영향을 미치는 다른 전통들을 공유하는 하나의 백성이다. 우리는 실천적인 도덕적 추론 자체를 이러한 사람들이 특정 선택을 하거나 할 수도 있는 상세한 과정으로 식별한다. 우리는 그러한 신앙 공동체가 어떻게 도덕적 판단을 위한 토론의 장으로서, 도덕적 행동을 위한 기초로서 역할을 할 수 있는지 살펴보고자 한다.

우리가 제안하는 과정은 실천적인 도덕적 추론, 도덕적 아이디어들이 어떻게 작동하는지보다는 도덕적 공동체들이 어떻게 행하는지의 문제라는 주장으로부터 전개하는 것이다. 의사결정을 위한 규칙은 중요하지만, 어떤 공동체의 역할·과업들이 훨씬 더 그렇다.[5] 그러나 그러한 역할을 묘사하기에 앞서 이미 신앙 공동체가 성경 이야기 자체에 의해 이러한 종류의 의사결정에 자리하고 있다는 것을 보여주는 것이 중요하다.

예수의 영향

기독교 정체성의 기원과 기준선은 예수의 영향이다.[6] 하나님은 더 넓은 성경의 설명 안에서 예수 이야기를 통해 이해된다. 예수에 관한 주장은 기독교윤리를 윤리의 다른 흐름들로부터 구별하는 것이다.

예수 이야기는 확실히 다면적이다. 심지어 가장 직접적인 이야기인 복음서들에 네 가지 변형이 있으며, 신약성경을 넘어 다른 것들이 있다. 또한 복음서들은 유일한 중요 자료가 아니다. 히브리 경전은 그 이야기의 매우 중요한 부분이어서 기독교의 첫 번째 언약 또는 구약이 된다. 복음서 외의 정경 자료들은 두 번째 언약 또는 '신약'에서 나중에 등장한다. 이 모든 것은 매우 다양한 한 묶음의 자료들을 구성한다. 성경 정경은 다원성을 정경화하고 있다.

이미 다면적 이야기인 예수 이야기 또한 처음부터 해석된 이야기였으며 우리에게 그렇게 남아 있다. 히브리서의 대제사장 같은 예수는 마가복음에서 넉넉하고 강렬한 인물과 확연히 다르다. 심지어 강한 공통의 주제가 사도적 증거를 통해 자신의 길을 엮어 나갈 때조차 요한복음의 예수는 바울이나 베드로의 예수의 복제가 아니다. 혹은 몇 세기를 건너뛰면 르네상스 시대의 예수는 종교개혁 시대의 예수나 20세기 후반에 지구를 둘러싼 다양한 공동체들의 예수와 동일하지 않다. 예수의 다양한 얼굴과 그의 이야기에 무궁무진한 의미의 저수지가 있다.[7] 그것은 놀랄 일이 아니다. 왜냐하면 만일 신앙 공동체가 살아 있는 것이라면, 변화하는 관점은 규범이며 항상 그들이 물려받은 유산에서 새로운 측면을 발견하기 때문이다. 우리의 요점은 이렇게 살아 있고 발전하며 변화하는 예수 이야기가 기독교 공동체를 위한, 즉 그 정체성을 위해서뿐만이 아니라 의사결정을 위한 틀로서 형성적인 이야기라는 것이다.

이야기

그러나 우리는 왜 이것을 '이야기'라고 부르며, 이야기는 우리가 권하는 종류의 의사결정을 위해 무엇을 가져오는가? 우리는 두 가지 이유로 이야기를 선택하는데, 신앙으로서 기독교는 그것에 관한 서사적 성격을 가지며, 우리의 삶도 그렇다. 서사가 행하는 것은 그렇지 않으면 사건들, 인상들, 통찰들, 기억들, 감정들의 무질서한 흐름이 되었을 것에 질서를 가져온다. 과거를 현재에 묶고 미래를 예견하는 방식으로 서사는 경험에 형태를 부여한다. 또는 다른 측면에서 이미 그곳에 존재할지도 모르지만, 우리가 그것에 관하여 이야기하면서 표현되는 질서를 서사는 드러낸다. 우리가 이전에 인용했던 심리학자 제롬 브루너(Jerome Bruner)는[8] 자신의 내담자들에게 그들의 삶의 이야기들을 얘기해 달라고 요청한다. 사람들은 이야기를 통해 그들이 현재 살고 있고, 미래에 살게 될 그들 자신의 줄거리를 만들고 틀을 세운다. 브루너는 사람들이 서사를 통해 그들의 경험을 전달하는 특별한 방식들이 "그토록 습관화되어 [이야기들이] 결국 경험 자체를 구조화하고, 기억으로

가는 길을 마련하며, 마침내 자신의 삶을 인도하는 비결이 된다"는 것을 발견했다.[9] 마지막으로 언급된 점은 윤리학에 명백하고 직접적인 중요성을 가진다. 삶의 방식과 이야기는 함께 간다.[10]

종교적 서사는 특별한 사례다. 종교들은 서사와 신화 속에서 표현되며 심하게 의례화된 '포괄적인 해석 체계'[11]다. 이야기, 신화, 의례[12]를 통해 포괄적 해석 체계가 행하는 것은 '인간 경험과 자아 및 세계에 대한 이해를 <u>궁극적인</u> 중요성과 의미의 문제들과 연결하는 방식으로 구조화하는'[13] 것이다. 포괄성과 궁극성은 종교의 독특한 특징들이다.[14]

다시 예수 이야기로 돌아가서, 우리는 기독교가 본질적으로 하나의 종교적 이야기라는 점에 주목한다. 프레드릭 뷰크너(Frederick Buechner)가 말했듯이 그것은 "시간, 장소, 일군의 인물들 그리고 무엇인가 오고 있다. … 흥미롭거나 중요하고 흥미진진한 무언가가 곧 일어날 것이라는… 암시된 약속"[15]을 수반하며, 이는 궁극적으로 중요하다. 더욱이 그것은 가장 중요한 것들을 전달하기 위해 서사로 돌아가는 명백하게 인간의 뿌리 깊은 습관을 공유한다. 뷰크너는 다음과 같이 계속한다:

> 만일 우리가 충분히 오래 좁혀 나가면, 이것은 결국 우리가 도달할 이야기이다. 그리고 만일 우리가 심지어 가장 환상적이며 가장 형이상학적인 종류의 신학자나 설교자를 붙들고 [충분히 많이] 그(또는 그녀)에게 "이것은 왜 그런가? 좋아", "그러나 그것은 왜 그런가? 그래", "그러나 우리는 어떻게 이것이 그렇다는 것을 아는가?"라고 계속해서 질문한다면, 심지어 그(또는 그녀)는 마침내 그(또는 그녀)의 안경을 벗고 [그] 책들을 한쪽으로 밀어놓으며 "옛날 옛적에 …이 있었다"라고 말할 수밖에 없으며, 그러면 모두는 약간 앞으로 기울이며 듣기 시작한다…."[16]

타당한 이유로 유대 윤리는 항상 실천적인 도덕적 추론을 위한 지혜로운 지침으로서 이야기에 중요한 역할을 할당해 왔다. 이는 우리가 도덕적 문제를 조사할 때 우리의 경험을 반영하는 성경적 습관이다.

모든 훌륭한 이야기가 행하는 것은 우리를 그들의 세계로 끌어들이는 것이다. 그리고 예수 이야기처럼 강력한 이야기들이 행하는 것은 사람들의 정체성과 세계 및 현실에 대한 인식을 형성하는 것이다. 강력한 이야기들은 그 속으로 끌려 들어간 사람들을 위한 기본적인 방향성을 창조한다. 그것들은 감수성을 조성하고 연마한다. 헌신과 신념을 형성하는 데 도움을 준다. 통찰을 주고 영감을 준다. 미덕, 가치, 비전, 의무를 창조하고 형성한다. 그리고 특히 우리의 관여를 요청한다. 즉, "우리는 더 듣고 싶다!" 이 모든 것은 의사결정을 위한 어떤 틀을 창조한다.

우리는 훌륭한 이야기들이 틀을 형성할 뿐 아니라 종종 그것들을 변화시키며 심지어 일부를 폭파하기도 한다는 점을 덧붙인다. 예수의 비유들은 여전히 인식할 수 있지만, 근본적으로 다른 세계를 제시하기 위해 청중들의 익숙한 세계를 재구성하는 이야기들의 한 예다. 이러한 다른 세계는 사회적 관계가 변하고, 따라서 결정 또한 변한 다른 삶의 방식을 의미한다.[17]

기독교적 주장

우리가 이러한 형성적인 이야기의 내용을 묘사할 수 있을까? 어떤 선명한 시도도 확실히 어리석다. 이야기는 다면적이며, 각 해석은 이미 제한된 해석이다. 그러나 우리는 어떤 진술을 제시해야만 한다. 왜냐하면 우리는 의사결정이 예수 이야기에 의해 영향을 받는다고 믿기 때문이다. 그러나 지금 중요한 것은 특정한 해석 자체라기보다는 실천적인 도덕적 의사 결정과 예수에 관한 서사의 중요한 연결이다.

가장 일반적인 기독교의 도덕적 주장은 이중적인 것인데, 하나는 가장 단순한 형태에서 이것이다. 즉, ① 하나님은 예수 안에서 보이는 것과 같고, 성령 안에서 예수는 하나님의 계시이며, ② 모든 존재의 근원인 하나님은 생명과 선의 편에 계신다. 세부 사항은 여기에서 결정적이다. 즉, 로마의 지배 아래 인간 시대의 특정한 시간 동안 갈릴리에서 특별한 유대인의 육신 안에서 하나님은 구체적인 메시지를 선포하시고, 특정한 사람들과 식탁 교제를 나누시고, 추종자들에게 특정한 삶의 방식을 요구하시고, 정해진 한 금요일에 특정한 종류의 죽음을 맞이하시고, 또 다른 유대인의 무덤에서 부활하시고, 자신의 공동체와 함께 빵을 떼시는 등의 일을 하신다. 기독교의 주장은 이러한 특별한 이야기에 묶여 있는데, 그것은 하나님의 길이 삶의 방식으로 예수의 삶 안에서 전형적으로 존재하며 이러한 삶을 그들 자신의 것으로 만들기 위해 노력하는 사람들 사이에서 이어진다고 이해하기 때문이다. 기독교인들은 여기 예수 안에서 우리가 속한 우주적 드라마에 대한 살아있는 단서를 발견하며 인간 삶을 위한 강력한 모델을 여기에서 인식한다고 주장한다.

각 세대는 예수로부터의 단서들을 자신의 도덕적 투쟁을 위해 재해석할 필요가 있다. 각 세대는 예수를 통해 하나님을 새롭게 봐야 한다. 성경은 이를 위한 결정적인 텍스트이다. 이것은 지속적인 해석을 위한 일부 자료들이 변함이 없다는 것을 의미하는데, 비유들, 예수의 식탁 교제, 그의 가르침, 자신의 투쟁에 대한 당사자들과의 만남, 무엇보다도 십자가와 이후의 부활에 대한 모든 수난 이야기가 그것이다. 이것들은 다른 신약 및 히브리 성경과 함께 계시적 세부 사항이 되는데, 기독교인들은 이를 통해

"우주의 중심은 궁핍한 자, 버림받은 자, 억압받는 자와 친구가 되기 위해 일하는 무조건적인 사랑이다"[18]라는 결정적인 주장을 해결하려고 노력한다. 그것들은 하나님이 예수 안에서 어렴풋이 보이는 것과 같다는 주장에서 비롯된 자료들이다.

여기 '거꾸로 된 왕국'이 있으며,[19] 우리는 기독교의 주장이 기독교윤리와 기독교 공동체에 전달하는 도덕적 규범을 이해하려면 이것을 인식해야 한다. 왜냐하면 예수 안에서 어렴풋이 보이는 것은 다른 하나님이며, "제국에서 아무런 자격이 없고, 법정에서 알려지지 않았으며, 성전에서 환영받지 못하는" 한 분 하나님, 그분의 역사가 '소외된 이들의 울부짖음'에 귀 기울임에서 시작되고[출애굽에 대한 논의를 상기하라] 그분의 본성은 '고난과 연민의 정, 돌보는 능력, 슬퍼하는 능력, 슬퍼하고 이후에 기뻐하는 에너지로 제시되는 한 분 하나님이다.[20] 하나님은 예수의 인성 속에 '감추어져' 있으며, 우리가 그 인성 안에서 보는 것은 하나님의 마음, 즉 연민의 하나인 마음이다. 이것은 신앙 공동체의 도덕적 숙고를 방향 짓고 품는 이야기이자 주장이다.

역할들

이야기와 기독교적 주장에 대한 필수적인 소요(逍遙)를 했으니, 우리는 이러한 주장을 하는 공동체에 적합한 도덕적 추론의 방식으로 돌아가려 한다. 의사결정을 위한 공동체의 자료들은 성경 이야기에 관한 것들뿐만 아니라 구성원들 자신의 투쟁, 관심, 열정, 우려, 전통들에 관한 것들이기 때문에, 도덕적 지식은 객관적이라기보다 주관적으로 또는 분리보다는 몰입에 의해 발생한다. 기독교윤리에서 기본적인 도덕적 지식은 실존적이며, 공동체 구성원들이 맞닥뜨리는 것으로서의 당면한 문제들과 그것들을 결정하는 맥락으로서 공동체의 신앙 사이의 연결을 끌어내려는 집단적인 노력이다. 도덕적 경험과 지식의 다른 출처들은 공동체 구성원의 경험을 넘어, 심지어 신앙 공동체와 성경 이야기의 경계를 넘어 좋은 결정을 위하여 진실로 이용되어야 한다. 교회는 세상으로부터 배우며, 공동체 구성원들은 그들의 의사결정을 밝히는 어떤 자료들이라도 자유롭게 사용해야 한다. 그러나 외부로부터 도움이 올 때조차 도덕적 지식은 그 지식을 사용하는 사람들이 전개하는 이야기 자체의 일부인, 진행 중인 기독교 이야기의 일부로서 발생한다. 이것은 그들의 이야기이다.

기독교적 맥락에서 의사결정을 위해 요구되는 구체적인 역할들이 있다. 이러한 과업들을 수행하는 것은 특정한 공동체의 도덕성이 요구된다. 필요한 도덕성은 최소한이지만, 본질적이다. 그것은 다음과 같다. 즉, 환경은 개방적이고 관용적이어야 한다. 서로 매우 다른 사람들은 맞대응 없이 자신들을 표현하는 데 자유로워야 한다. 사람들, 즉 하나님의 형상을 지닌 자로서 모든 사람에 대한 기본적인 존경심이 존재해야 한다. 모든 사람은 하나님의 피조물로서 근본적인 존엄성이 부여되어야 하며 하나님의 자녀로서 경청해야 한다.

솔직하지만 존중하는 교류의 이러한 정신을 전제한다면, 중요한 역할은 무엇인가? 무엇이 공동체의 의사결정을 촉진하는가?

비전과 정체성의 행위자

우리는 이미 하나의 필수적인 과업을 보여주었다. 일부 구성원들(우리는 그들을 '공동체 비전과 정체성의 행위자들'이라고 부를 것이다)은 도덕적 숙고가 발생하는 비전에 주목해야 한다. 이들은 공동체가 고백하는 신앙을 공동체가 명확히 하도록 돕는다. 그러한 신앙을 공유된 공적 의식에 제기하는 것 자체가 모인 집단 앞에서 특별한 결정을 선언하는 것은 아니다. [예를 들어 그 집단이 이웃의 주택 공급 문제를 논의하고 있다고 해보자.] 또한 신앙에 대한 의식이 공동체를 위한 구체적인 행동 방침을 상술하는 것도 아니다. "교회는 지역의 저소득층 주택 공급을 후원해야 하는가? 교회는 시의회에 로비해야 하는가? 교회는 이 문제를 둘러싼 지역사회 연합에 동참해야 하는가? 교회는 금융과 건설에 종사하는 교회 구성원들과 저소득층 주택 공급이 필요한 사람들이 함께 특정 전략을 추구하도록 요청해야 하는가?" 신앙에 대한 의식이 행하는 것은 숙고를 위한 **본질적 맥락**을 찾는 것이다. 이것은 여기에서의 논의가 다른 어떤 것이라기보다 예수 이야기의 일부로서 일어난다는 것을 공동체에 상기시킨다. 이는 "우리 편에서 어떤 행동이 우리가 하나님의 백성으로서 누구인지를 표현하는가?"라고 의식적으로 묻도록 공동체의 정체성을 떠오르게 한다.

기억과 분석의 행위자들

만일 공동체 정체성의 행위자들이 존재해야 한다면, '기억과 분석의 행위자들'도 역시 있어야 한다. 그들의 역할은 자신의 경험을 이야기하는 것을 포함할 텐데, 그것이 논의에 정보를 제공하고 명확하게 할 것이기 때문이지만, 그들의 주된 임무는 **공동체의 경험**을 기억하고 대변하며 분석하는 것이다. 이것은 정체성 행위자들의 일과 겹칠 것이다. 왜냐하면 당면한 문제를 둘러싼 공동체의 이야기를 묘사할 것이기 때문이다. 그럼에도 단지 기억하는 것만으로는 충분하지 않다. 왜냐하면 그것은 **도덕적 분석**이 아니기 때문이다. 분석은 분해하는 것, 분류하는 것, 탐구하고 고민하는 것 그리고 평가다. 즉, 기독교 공동체는 이전에 이러한 문제를 어떻게 다루었는가? 우리는 이러한 이전의 신앙 투쟁들로부터 무엇을 배웠는가? 우리는 본받을 가치가 있는 무엇을 발견했는가? 이 문제를 둘러싼 도덕적 실패는 무엇이었는가? 이 문제에 관한 기독교 공동체의 어떤 역사를 칭송하기보다 회개해야 하며 반복하기보다 저항해야 하는가? 현재 다른 신앙 공동체들은 이 문제를 어떻게 다루고 있는가? 어떤 주요한 신학적 주제들(언약과 창조, 율법과 복음, 본성과 은혜, 회심과 성화, 삼위일체와 공동체)이 건설적으로 탐구되고 이용될 수 있는가? 그것들은 이전에 이 문제에 대한 도덕적 입장을 어떻게 도왔는가 혹은 그렇게 하지 못했는가?

기억과 분석의 행위자들은 신앙 전통의 저장소로부터 그 자료들을 끌어내어 분석해야 할 뿐만 아니라, 특정한 문제가 신앙 공동체들을 넘어 다른 이들에 의해 어떻게 다루어졌고 현재 어떻게 다루어지고 있는지 그리고 그곳에 어떤 자료들이 있는지를 알아야 한다.

또한 분석은 구체적인 도구의 사용을 포함한다. 그것들은 종종 공동체 내에 존재하지만, 다른 곳에서, 즉 사회적 및 심리적 분석, 역사적 및 문화적 분석 기술 그리고 빛을 비춰줄 수 있는 많은 다른 접근 방법들로부터 모을 필요가 있을 것이다. 우리는 그러한 기술들이 훈련된 전문가들의 영역이라는 엘리트주의 가정을 거부한다. 대부분은 심지어 명명되지 않을 때조차 대다수 공동체 안에 어떤 형태로 이미 존재한다. 다양한 접근 방식을 사용하는 조명 분석(illuminating analysis)은 대부분의 공동체에 사용이 가능한 자원들로 성취될 수 있다.

기억과 분석에는 성경에 대한 특별한 주의를 포함해야 한다. 사실 여러 방식으로 설명하는 과정은 가장 단순한 형태로 주어진 도덕적 도전에 직면하여 함께 앞으로 향하는 길을 분별하기 위해 성경을 둘러싸고 신자들이 모이는 것이다. 이것은 성경과 관련된 최소한 두 가지의 주석적인 '순간들'을 포함한다.

1) 하나의 '순간'은 성경 본문을 그 기원 지점과 정경에서 그것의 위치에서 이해하려는 공동체의 노력이다. 역사적 맥락의 문제들, 본문의 문학적 성격과 구성, 그것의 신학적 차원들은 모두 의사결정 과정에 적절하다. [그것들은 또한 다음 장에서 다룰 부분이며, 그때까지 논의를 미룬다.]

2) 두 번째 '순간'은 본문이 공동체의 현재 숙고에 던지는 의미다. 공동체는 정경 안에서의 본래 의미에 대한 인식과 이후 및 현재의 관심들을 위한 의미에 대한 인식 사이를 움직인다. 이러한 움직임은 루터가 '살아있는 말씀'이라고 불렀던 것과 유사한데, 그것은 어떤 현재의 중요한 관심사의 현실과 치열하게 씨름하는 동안 성경과의 만남에 의해 매개된 것으로서 예수 그리스도 안에서 하나님과의 진정한 만남이다. 기억과 분석의 행위자들은 이러한 성경에 대한 면밀한 검토를 공동체의 논의에 가져가서 다른 자원들도 사용되는 동시에 성경에 중심적인 위치를 부여한다.

명료성과 방향 지시의 행위자들
(Agents of Clarity and Direction)

비전과 정체성 그리고 기억과 분석은 중요한 요소이며, 공동체는 그것들을 표현하는 사람들이 필요하다. 그러나 공동체는 논의 자체를 명확히 하고 인도할 수 있는 사람들 또한 필요하다. 이들은 용어의 문자적 의미에서 '교육자들'인데, 사람들로부터 그들이 문제에 관해 알고 있는 것과 그것에 관해 어떻게 느끼는지를 '이끌어 낼'(e-ducare) 수 있는 사람들이다. 이러한 행위자들은 사람들 발언의 도덕적이고 종교적인 차원을 인식하게 하고 이것들을 결정의 방향으로 안내한다. 그들은 숙고를 조정하고, 동시에 가능한 최대한의 참여를 장려하며, 이것에 진정한 도덕적 숙고로서의 위상을 부여하는 '명료성의 행위자들' 또는 '방향 지시의 행위자들'이다. 한마디로 그들은 공동체의 '적절한 절차'와 도덕적 초점의 행위자들이다.

이러한 행위자들의 과업들을 명확히 하기 위해 우리는 도덕적 대화가 일어날 수 있고 일어나는 네 가지 수준에 관하여 지적해 두어야 한다.

도덕적 담론의 수준들

1) 첫 번째 수준은 단순한 표현적 또는 감정적인 것이다. 우리는 반성이나 숙고 없이 자신의 감정과 판단을 직접적으로 표명한다. "좋아!", "끔찍해!", "네가 완전히 맞아!", "우린 그렇게 할 수는 없어!" 이러한 감정과 판단은 우리의 가장 깊이 간직한 신념을 표현하고 우리의 가장 내밀한 성격을 표현할 수도 있다. 이런 이유로 그러한 감정적 반응은 도덕적 숙고에 매우 중요하다.

2) 두 번째 수준은 성찰적 차원이 개입할 때 도달된다. 감정적 반응들은 "우리는 무엇을 해야 하는가?" 또는 회고적으로 "우리는 무엇을 했어야만 하는가?"와 같은 숙고한 질문으로 대체된다. 헨리 데이비드 아이켄

(Henry David Aiken)[21]은 이것을 '도덕적 수준'(moral level)이라고 부르는데, 이것이 그러한 질문들에 답하는 것을 돕기 위해 선례와 원칙 또는 다른 도덕적 지침과 척도로 돌아가는 것을 포함하기 때문이다. 사람들은 자신들이 무엇을 해야 할지 결정하는 것을 돕는 도덕적 규범을 얻으려고 노력한다. 우리는 이전에 예시, 전통, 황금률이 "해야 한다"라는 질문에 답하기 위해 요구됐을 때 단순한 형태로 이것을 접했다.

이러한 성찰적 수준에서 일부 <u>사실적</u> 근거를 논의에 끌어들이거나 어떠한 데이터가 중요한지에 대한 <u>가정된</u> 이해가 제시된다. 이것은 놀랍지 않다. 왜냐하면 사실적 주장은 항상 도덕적인 주장에 결정적이며 누구도 사실에 반하는 입장을 권하고 싶지 않기 때문이다. 요컨대 이 수준은 올바른 행동 방침을 결정하는 실질적인 목적을 위해 사람들이 사실적 평가와 도덕적 성찰을 착수하는 단계다.

3) 사람들은 "해야 한다"라는 질문에 답하면서 때로 도전을 받는다. 그들의 사실들, 그들의 도덕적 규범들, 그들의 논거의 노선 또는 그들이 예상하는 결과가 도전에 직면할 수 있다. 이러한 도전은 논의를 세 번째 수준으로, 아이켄(Aiken)의 구분을 이용하면 '윤리적' 수준으로 또는 '비판'의 의미에서 '비판적' 수준으로 불리는 것으로 옮길 수 있다. 예를 들어 일부 토론자들은 "우리는 비슷한 상황에서 대부분 다른 사람들이 해 왔던 것을 해야 한다"라고 제안함으로써 "해야 한다"라는 질문에 답했을 수도 있다. 그런 다음 그들은 그것이 무엇이었는지를 계속 말한다. 만약 그들이 '비판적' 수준에서 도전을 받는다면, 돌아오는 비평은 "그러나 왜 다른 사람들의 행동이 우리 행동의 근거인가? 왜 그들의 예가 우리의 지침인가?"와 같은 어떤 것일 것이다. 이것이 아이켄의 '윤리적' 수준이다. 이것은

'도덕적' 수준에서 만들어진 도덕적 호소에 대한 정당성을 묻는다. "해야 한다"라는 질문의 도덕적 차원에 우리가 왜, 어떤 근거로 답하는지를 묻고, 우리가 작업하는 도덕성과 그 근거에 대하여 공적으로 설명할 것을 요구한다.

4) 한 가지 단계가 더 있다. 아이켄은 이를 '포스트 윤리적'(post-ethical)이라고 부른다. 우리는 이것을 어느 정도 조정하여 '종교적' 수준 또는 '궁극성'의 수준이라고 부를 수 있다. 도덕적 성숙의 한 가지 표시는 자신의 도덕적 근거에 대해 인지하고 비판적 수준에서 그것을 설명할 수 있는 데 반하여, 어떤 단계에서는 한계에 도달하고 추론된 정당화의 방법으로 말할 수 있는 것이 거의 없다. 윤리적 수준에서 논의는 자기의 기여를 했으며 이제는 수확 체감의 지점에 이르렀다. 이러한 단계에서 사람들이 가장 근본적이고 소중히 여기는 신념과 관심사, 그들의 근본적인 전제와 가장 기본적인 관점을 분명히 표현하도록 이끌리면, 대화에 가장 도움이 된다. 이제 숙고는 사람들의 **궁극적인 충성심**과 관심사, 그들의 '최종적인' 믿음과 헌신, 즉 올리버 웬델 홈즈(Oliver Wendell Holmes) 판사가 "그의 '할 수 없다'(can't helps)라는 것이 도움이 된다"라고 부른 것을 앎으로써 도움을 받을 수 있다. 이러한 가장 깊은 신념들은 비판적이고 성찰적 수준들에서 제공된 이유의 밑바탕이 되며 보통 감정적 수준에서 공유된 감정의 기초가 된다.

건전한 논의는 이러한 종교적 수준으로 서두르지 않아야 한다. 종종 의사결정 공동체는 이것으로 이동할 필요가 전혀 없다. 그러나 이러한 한계에 도달하지 못한 논의는 도덕적이고 윤리적인 숙고를 공동체와 그 집합된 구성원들의 기본적인 신앙의 신념과 연결하는 소중한 기회를 포기한다. 어원적으로 '종교'(religion)는 '우리를 묶는 것 또는 우리가 [궁극적으로]

묶이는 것'을 의미한다. 신앙 공동체는 이러한 수준의 담론을 능숙하게 촉발하는 사람들이 필요하다. 그들의 인도 아래 종교적 삶은 도덕적 삶이 행하는 바로 똑같은 순간에 <u>검토된</u> 삶이 되며, 그들 사이의 관계를 인식하는 것은 종종 공동체를 자신감 있는 결정으로 움직일 수 있다.

명료성과 방향 지시의 행위자들은 숙고를 이러한 서로 다른 수준으로 옮기며 동시에 도덕적 의제에 초점을 유지하는 데 능숙하다. 공동체의 적절한 과정의 문제로서 그들은 열린 대화를 장려하고 최대한의 참여를 끌어낸다. 최종적인 결과는 공동체의 결정과 행동을 위한 지시들이다. 이 지시들은 자체적으로 도덕적 주체로서 행동하여 전체로서 공동체와 관련될 수 있거나 흩어져서 구성원들 각자에게 관련될 수도 있고 혹은 둘 다일 수도 있다. 그것들은 공동체의 '내적' 삶(공동체가 그 자신의 집단적 자원들과 함께 자기의 삶에서 행하는 것) 또는 '외적' 삶(공동체가 공동체의 결정과 행동의 배경이자 대상인 더 넓은 세상에서 행하는 것)을 겨냥할 수 있다. 혹은 행동을 위한 지시들은 두 가지 모두에 적용할 수 있다.

우리는 그러한 결정과 행동이 비전, 미덕, 가치, 의무의 차원을 필연적으로 포함한다는 점을 덧붙여야 한다. 비전은 신앙 정체성이 문제에 영향을 미치도록 이끌리며 결정의 맥락 자체다. 성품과 덕목은 도덕적 정체성이 모든 고려 사항에 영향을 미치는 방식과 함께 의사결정자들과 공동체 자체의 존재 안에서 자신을 표현한다. 가치는 바람직한 사회적 목표에 기여하는 행동들에 영향을 미치려는 공동체의 노력 속에 존재한다. 의무는 도덕적 경계를 설정하려는 노력 속에서 보인다. 즉, 어떤 선택은 근본적인 도덕적 책무를 위반하기 때문에 고려 대상에서 제외되며, 다른 선택은 그렇게 하지 못하면 역시 기본적인 책무를 배신하기 때문에 포함되어야 한다. 결정 과정은 이러한 차원들을 공동체가 주목하게 하며 그것들을 도덕적 숙고를 증진하기 위해 사용하는 사람들이 존재할 때 풍성해진다.

요약하자면, 우리는 실천적인 도덕적 추론의 형태를 다음의 세 가지 요소에 의해 통제되는 공동체적 과정으로 묘사했다. 즉, 의사결정을 위한 주된 맥락으로서 신앙 정체성, 신앙 공동체들의 내부와 그들의 경계를 넘어 도덕적 자원에 대한 인식 그리고 감정적 반응, 성찰적이고 비판적인 반응 그리고 궁극적 신념과 헌신 가운데서 자유롭게 움직이는 공동체적 대화에서 '이유 부여하기'가 그것이다. 그러한 숙고는 비전과 정체성, 기억과 분석, 명료성과 방향 지시의 행위자들인 사람들을 필요로 한다. 이러한 역할들이 각자에게 적합한 지식과 기술을 요구한다는 점을 인식하는 것이 중요한 데 반하여, 역할들은 특정한 직위에 놓여 있지 않으며 고도로 특화된 전문적인 훈련이 필요한 일도 아니다. 대부분의 공동체는 이미 그들 자신의 일반 구성원들 안에 능력 있는 구성원들을 보유하며 효과적인 공동체 과정을 위해 필요한 것을 배울 수 있다. 종종 역할들은 교환할 수 있으며 숙고 과정에서 많은 사람들은 하나 이상을 수행한다. 어쨌든 결정적인 것은 바로 과업들 자체다. 여기까지의 요점을 강조하자면, 도덕적 아이디어가 어떻게 작동하는지 아는 것은 도덕적 공동체가 어떻게 하는지 아는 것보다 더 중요하지 않으며 신앙의 맥락에서 도덕적 대화의 흐름을 어떻게 촉진하는지 아는 것이 핵심이다.[22] 우리는 또한 우리 자신의 경험과 더 넓은 기독교적 경험 모두의 '이야기로 꾸며진'(storied) 본질이 의사결정에 대한 대단히 참여적이고 지속되는 방식을 권장한다는 점도 언급했다.[23]

이 모든 것은 윤리학에서 '도덕적 분별'이라고 불리는 과정이다. 신학적으로 이것은 도덕적 삶에서 성령의 역사이자 동시에 '영들을 시험하는 것' 둘 다로서 이해된다.[24]

대안적 방식

방금 묘사된 방식은 우리가 추천하는 것일 수 있지만, 그것이 가능한 유일한 것은 아니다. 또한 기독교윤리 문헌에서 특별한 유명세를 누렸던 것도 아니다. 우리가 더 탁월한 대안들을 인정하지 않는다면, 태만한 일일 것이다. 우리는 일반적이고 영향력 있는 한 가지를 제시하는데, 이는 그 자신의 가치와 방금 제안한 방식에서 몇 가지 구조적 약점을 바로잡기 때문이다.

우리가 제시한 것은 신앙 공동체 안에서 서로에게 헌신적인 사람들 사이에서 열정적인 윤리적 성찰을 전제로 한다. 이것은 공유된 유대와 '풀뿌리' 참여를 전제하고, 공동체 구성원들 자신의 대단히 특별한 정체성, 관심사, 전통으로 작동하며, 구체적인 사건과 문제를 둘러싼 즉시성과 함께 경험된다. 구성원들 자신의 개인적인 이야기들의 세부 사항이 성경 이야기와 연결될 때, 우리는 의사결정 자체에 대한 자료를 갖는다.

그러나 기독교윤리에서[그리고 이를 넘어] 많은 윤리적 지식과 성찰은 지역 공동체의 경험에의 몰입으로부터 진행되지 않았거나 이러한 경험을 형성적인 것으로 선뜻 인정하지 않았다. 사실 도덕적 결정을 내릴 때 편협적(provincial) 영향의 중요성을 부인하려는 의도적인 노력이 있어 왔다. 대안적 방식의 목표는 비편협적(nonprovincial)으로 이성적, 도덕적 자율성이다. 이것은 이성적인 마음을 가진 어떤 사람에 의해서도 공식화될 수 있으며 모두에게 적용될 수 있는 도덕적 선택에 대한 탐구이다. 계몽주의 시대 이래 윤리 이론에서 두드러졌던 이러한 노력에서 도덕적 선택들은 그것들의 타당성을 위해 특정 공동체와 전통의 진리 주장에 의존해서는 안 된다. 정확히 배제되어야 할 것은 도덕적 행위자의 독특한 시간과 장소에 전적으로 묶인 경험에 대한 의존이다. 사람들 자신의 이야기(그들의 공동체, 계층, 인종, 성별, 국적, 신앙 등)의 특성들은 중요한 자원으로 회피되어야 한다. 그러한 특성들의 영향은 억제되고 최소화되어야 한다. 생명윤리 백과사전에 있는 한 표제어는 현대 윤리학의 많은 부분을 이렇게 요약한다. 즉, "대부분의 현대 윤리 이론가들은 올바른 도덕적 판단이 공정하고 이성적인 사람들에 의해 도달될 수 있는 것들이라는 점에 동의한다."[25] [공감은 더 이상 필수적이라고 간주되지 않는다.] 도덕적 판단을 내리는 사람은 "자신을 어떤 다른 사람들로부터 구별하는 어떠한 사실도 사용할 수 없으며, 마치 그가 관련된 다양한 당사자들의 정체성에 관해 아무것도 몰랐던 것처럼 도덕적 결정을 내려야 한다."[26] 이것은 '비편협적'이고 보편적인 윤리를 달성하려는 현대의 노력이다.

이러한 방식으로 진행하려는 '대부분의 현대 윤리 이론가들'에 의한 희망은 두 가지 중요한 신념이 동기를 부여한다. ① 그들은 우리가 모두 공유하는 본질적인 인간 본성이 있다고 주장한다. 이것은 시간, 장소, 환경의 특수성과는 완전히 별개로 존재한다. 이러한 본성은 인간 이성의 공유된 능력과 함께 이해될 수 있고, 공통의 도덕적 명제를 도출하기 위한 기초여야 하며, 그렇게 되면 그것은 보편적이고 사람들의 매우 독특한 신념, 성격, 이야기의 임의적이고 우발적인 본성에 근거한 어떤 원칙보다 더 신뢰할 수 있을 것이다. ② 우리에게는 개인과 집단의 이해관계에 대해 깊이 의심할 만한 좋은 이유가 있다. 바로 이러한 이해관계들이 도덕적 판단을 왜곡하고 부패시키는 것이다. 그것들은 완전히 제거될 수 없지만, 그것들의 영향은 가능한 한 억제되어야 한다. 아우구스티누스(Augustine)로부터 라인홀드 니버까지 저자들은 사람들의 인식과 판단에 대한 그들의 특정한 충성심과 위치의 심각한 비뚤어지고 이기적인 영향을 강조해 왔다. 따라서 건전한 도덕적 판단은 우리가 우리의 열망과 지역주의(parochialisms)에 의해 끌려가는 필연적인 자기기만의 결과를 최소화하기 위해 우리가 할 수 있는 모든 것을 행할 것을 요구한다. 요컨대 '좋은' 윤리는 우리가 모두 공유하는 인간 본성으로부터 작업하면서 합리적이고 보편적인 것이 되기 위해 모든 노력을 기울인다.

'좋은 윤리'에 대한 이러한 관점으로부터 실천적 도덕적 추론의 어떤 방식이 따르는가? 한 가지 일반적인 방식은 우리가 '법률적'(juridical)이라고 부를 것인데, 훌륭한 법의 운영을 닮은 윤리적 성찰이 최선이라는 것이다. 좋은 '윤리학자들'은 좋은 변호사, 판사, 배심원을 닮는다. 우리는 또한 좋은 과학자들을 닮은 좋은 윤리학자들과 함께 좋은 과학의 비유를 사용할 수 있다. 그러나 우리가 '법률적' 방식이라고 부르는 것의 많은 부분은 과학 모델과 유사해서, 이것을 별도로 발전시키지는 않을 것이다. 독자들은 유사점들을 알아볼 것이다.

법률적 방식은 최근의 기독교윤리와 도덕 철학의 문헌에서 추천되는 많은 것에 어울린다. 모든 사람과 같은 성격의 사례들은 좋은 법이 주장하듯이 똑같이 판단되어야 한다. 즉, 판단의 자료는 일반화될 수 있고 '공정한'(disinterested) 이성에 기반하여 모두가 동의할 수 있을 때 최선인 원칙들이며, 판단을 내리는 사람들은 그들 자신의 역사에 대한 열정을 제쳐두고 대신 공정한 관찰자의 관점에서 당면한 사례를 보려고 노력할 때 최선인 것이다. 사람들의 기분을 이해하고 그들의 동기를 탐구하는 데 충분한 공감으로 가득한 객관성과 거리두기는 도덕적 관결을 내리도록 요구되는 사람들(동시에 우리 모두이기도 하다)을 위한 핵심적인 미덕이다.

법률적 방식에서 사실에 큰 주의가 기울여진다. 증거는 동기, 조건, 정상 참작이 가능한 상황들에 관하여 알려질 수 있는 것을 포함하여 건전하고 철저해야 한다. 공정하고 보편적인 도덕적 규범의 사용은 모든 관련된 데이터에 대한 탐색으로 일치된다.

그렇다면 의사결정 과정은 도덕적 규범들이 개인과 집단의 정체성과는 별개로 존재하는 곳인 높은 수준의 객관성으로부터 모든 특수성과 함께 구체적인 사례들에서 적용으로 움직인다. 이것은 자신의 구성원들 이익이 공정하고 객관적인 결과를 왜곡할 수 있는 방식으로 개입하는 것을 막으려고 노력하는 '배심원'에게 호소하는 신중한 논쟁을 통해 진행된다. 법률적 방식은 공평한 적용에 대한 세심한 주의와 함께 변함없이 규칙과 사례(rules and cases)에 초점을 맞춘다.

윤리적 숙고의 이러한 방식에 대한 강력한 주장이 자주 제기되어 왔으며, 우리는 이전에 제안한 것을 보완하기 위해 곧 그 강점들을 보게 될 것이다. 지금으로서는 긴밀하게 결속된 신앙 공동체들이 그 방식을 사용할 때조차 그들의 방식에 완전히 부합하지 않으며 깊은 개인적 관여를 요구하는 '잘 알려진' 신앙의 본질에 부합하지도 않는다는 점은 분명하다. 결국 도덕적 활력의 원천이며 의사결정에서 가장 강력한 영향은 바로 신앙 공동체와 구성원들의 **특정한** 믿음, 경험, 상징, 충성심, 헌신이다. 공동체 자체 이야기의 일부인 고도로 구체적인 이해관계와 밀접하게 간직된 상징들은 도덕적 숙고에 생기를 불어넣는 것이다. 그리고 기본적으로 또 다른 것으로 대체될 수 없는 특별한 정체성을 형성하는 이야기인 예수 이야기는 공동체 윤리를 위한 틀을 설정하며 급진적인 정의와 급진적인 사랑이라는 고도로 편파적인 '거꾸로 된 왕국'의 내용을 제공한다. 성경 이야기의 세부 사항들, 이것에 대한 공동체의 특정한 표현, 구성원 자신들의 삶의 경험을 고려의 대상에서 제외하거나 '초월하는' 것은 도덕적으로 가장 중요한 것으로 간주되는 바로 그것을 무너뜨리는 것이다.

통합

이러한 방식들을 결합할 수 있을까? 그렇다. 그것들을 분리된 것으로
서가 아니라 동등한 것으로서 나란히 놓음으로써이지만, 오히려 법률적
방식의 요소들은 코이노니아 윤리(koinōnia ethics)의 중심 줄기에 접목할
수 있고 또 그렇게 해야 한다. 그 결과는 다음과 같을 것이다.

기본적인 기독교의 도덕적 지식은 강렬한 참여(engagement) 속에서
획득된다. 이것은 돌보고 돌봄을 받으며, 밀접한 공동체 속에서 행동하고
행동을 받는 경험에 뿌리를 두고 있다. 이것은 삶 자체의 질감, 즉 접촉,
목소리, 몸짓 그리고 상징, 먹는 것, 마시는 것, 노는 것, 일하는 것 그리고
예배하는 것의 질감으로 가득 차 있다. 모든 감각이 관여되고, 전통들이
존중되고, 태도들과 성향들이 형성되고 개선되며, 관점이 만들어지고 다
시 만들어지며, 결정이 내려지고, 행동이 취해진다. 이것은 인지적일 뿐만
아니라 정서적이고 심지어 신비한 도덕적 지식이다.

이러한 종류의 도덕적 지식은 기독교윤리 자체가 뿌리내린 곳이다. 이
것은 열정적인 이야기에 대한, 즉 예수 안에서 엿봤던 하나님에 대한 윤리
이다. 앞서 언급했듯이[27] 가장 중요한 것은 열정과 세부 사항, 즉 갈릴리
등에서 특별한 유대인의 육신 안에 계신 하나님이다. 형성적인 이야기는
세부 사항으로부터 그리고 공동체 안에서 삶의 구체성으로부터 분리될
수 없다. 윤리 또한 그렇다. 윤리가 공동체로부터 단절되고 도덕적 원칙들
이 특정 공동체들과 관계없이 어느 정도 독자적으로 그들의 삶을 맡도록
남겨질 때, 힘은 상실된다.

앞서 말한 것이 공동체의 도덕적 지식의 기초라면, 법률적(또는 과학적)
의사결정 방식에 대한 구체적으로 인지적인 방식을 위한 자리가 있는가?

열정에 뿌리를 두고 연민으로 움직이는 도덕적 지식은 실제적인 도덕적 판단으로서 심각하게 잘못이라고 밝혀질 수 있다. 건전한 결정을 내리는 데 더 많은 것이 수반되고 더 많은 것이 필요하다. 분석과 판결의 능력, 물러서서 비판적 시선으로 문제를 바라보고 다양한 해석에 대해 냉정하게 주의를 기울이는 능력은 빗나간 집단적 감정에 맞서는 울타리이다. 더욱이 공정성(유사한 사례를 유사하게 처리하는 것)을 검증하기 위한 법률적 방식의 절차들과 왜곡하고 타락하는 개인적, 집단적 편견의 지속적인 경향에 대한 견제는 열정과 집단적 신념의 윤리가 종종 간과하는 공동체적인 도덕적 숙고를 확보한다. 따라서 집요한 소크라테스적이며 법적인 방식이 코이노니아 윤리를 보완한다. 그러나 코이노니아 윤리는 도덕적 활력의 기반, 사람들의 경험 속에 있는 도덕적 자원, 사람들을 행동으로 움직이는 힘을 훨씬 더 잘 안다.

함의는 코이노니아 윤리가 비판적이지 않거나 분석과 논리적 논증의 능력이 없다는 것이 아니다! 모든 윤리적 성찰은 본질적으로 비판적이고 분석적이다. 정의상 윤리는 정당화에 대하여 "우리는 무엇을 해야 하는가? 어떤 근거에서, 어떤 목적을 향해?", "어떤 행동 방침이 우리가 하나님의 백성으로서 누구인지를 가장 잘 반영하는가? 그 이유는 무엇인가?"와 같은 캐묻는 질문을 밀어붙인다. 철저한 공동체적인 도덕적 숙고는 우리가 도덕적 내용과 도덕적 권위의 근거를 면밀히 검토할 것을 요구한다. 이것은 공적 논의와 활발한 논쟁에 열려 있는 검토를 촉진한다. 그리고 공동체가 전체로서 이것을 행할 때, 도덕적 권위가 비판받지 않고 단지 특정 직위들이나 사람들에게만 있게 될 가능성은 배제된다.

그럼에도 어떤 긴밀한 공동체가 공유된 이해관계와 정신과 주장의 공통성에 기반한 왜곡된 인식에 종속될 위험이 남아 있다. 이에 대하여 심지어 법적 및 과학적 방식조차[비록 그것들이 도움이 되지만] 저절로 충분한 교정 수단은 아니다. 배심원들은 극단적으로 편협적일 수 있으며, 어느 훌륭한 소송 변호사라도 알고 신뢰하듯이, 어느 정도는 항상 그렇다. 그러나 교정 수단들은 기독교윤리에 항상 가용하며, 우리는 그것들을 주목해야 한다.

하나는 세계 교회 자체에서의 소속감(membership)이다. 기독교 신앙 공동체는 지역적 실체일 뿐만 아니라 지구적 실체이다. 이것은 성경 이야기와 기독교 삶의 다른 방식에 대한 개방성과 교류로 해석된다. 기독교 신앙 공동체 사이에서 다원성과 서로 다른 문화 간의 다양성 그리고 동일한 문화 내의 하위문화에 걸쳐 있는 다양성은 분파주의적이 되려는 긴밀한 공동체의 끈질긴 경향을 견제할 수 있다. 또 다른 견제는 대화에서 변함없는 당사자 그리고 하나님의 임재의 장소로서 더 넓은 세상에 대한 개방성이다. 도덕적 지혜와 지침의 자원들은 교정적 비판이 그렇듯이 신앙 공동체 자체를 넘어선 곳에서 온다. 그것들은 열정적이고 체계적으로 추구되어야 한다.

심지어 이러한 교정 수단들이 있더라도, 도덕적 지혜의 시작과 끝은 우리가 단지 부분적인 의미만을 분별할 수 있으며 우리가 분별한 의미들을 부분적으로만 실현할 수 있다는 깨달음에 기인한다. 용서이자 새롭게 시작하는 힘으로서 은혜는 기독교의 도덕적 삶의 기초이자 의사결정의 환경으로 남아 있다.

의사결정에 대한 이러한 논의는 성품에 대한 앞선 논의와 함께 도덕적 행위 능력에 대한 우리의 논평을 마무리한다. 우리는 도덕적 삶에 대한 우리의 도표를 구성했던 기독교윤리의 형식적 요소들을 제자리에 위치시켰다. 다음 과제는 도표 전체를 신앙 공동체 자체와 연결하여 기독교의 도덕적 삶에서 교회의 역할을 구체화하는 것이다. 그 후 성경적 자료들의 권위와 사용에 주목할 것이다.

7장

교회와 도덕적 삶

기독교윤리에서 신앙 공동체 자체의 자리는 무엇인가? 그것은 성품과 행동을 형성하기 위해 어떤 실질적인 역할을 하는가? 이번 장은 정체성(identity), 전통(tradition), 숙고(deliberation) 그리고 행동(action)의 행위자로서의 교회의 네 가지 역할을 논의한다.

도덕적 정체성 형성의 공동체

도덕적 성품 형성에서 인간 공동체의 위치는 종종 이 책에서 강조되었다. 따라서 우리는 그러한 공동체 중 하나로서의 교회로 직접 돌아가서 기독교윤리에서 교회의 위치에 관해 물을 수 있다.

미국 로마가톨릭 주교들의 1986년 미국 경제에 관한 목회 서신은 "구체적인 새로운 경제 체제를 창조하거나 촉진하는 것이 교회의 역할이 아니다"[1]라고 말한다. 따라서 그 서신은 어떤 것도 제안하지 않는다. 대신 그것의 목적은 "가톨릭 신자들이 경제적 의사결정의 도덕적 차원에 대한 양심을 형성하도록 돕는 것이다…."[2] 그리고 공공 토론을 촉진함으로써 경제 문제에 대한 공공 정책에 영향을 미치는 것이다. 정책에 영향을 미치는 후자의 목적은 우리가 도덕적 숙고와 행동의 공동체로서 교회를 논의할 때 다뤄질 것이다. 전자, 즉 정체성과 양심 형성의 공동체로서의 교회가 지금의 주제다.

양심 형성은 도덕적 정체성의 발전에 관하여 이야기하는 단지 하나의 방식일 뿐이다. 주교들은 또한 '도덕적 가치에 대한 공통된 문화와 공통된 헌신'을[3] 유지하기 위한 '도덕적 비전의 필요성'에 관해 이야기한다. 그들은 우리가 단순히 죽은 자들보다는 살아 있는 자들 가운데 계수됨으로써 도덕적 비전이나 양심을 얻는 것이 아님을 날카롭게 인식하고 있다! 또한 비전, 공통된 문화, 헌신 역시 그것들의 필요성이 인식될 때조차 원한다고 해서 단순히 그리고 갑자기 존재하게 되는 것이 아니다. 그것들은 우리의 공동체 안에 원천이 있어야 하며, 시간이 지나면서 양성되어야 한다. 그것들은 유전적이라기보다 사회적이기 때문에 학습되고 세대에서 세대로 전달되어야 한다. 성숙한 양심과 도덕적 비전은 **형성된 도덕적 정체성**(formed moral identity)을 표현하며, 형성된 도덕적 정체성은 오래 지속되는 성품의 살아있는 공동체[4]에 의존한다. 기독교인들에게 그러한 공동체는 교회이다.

그러한 공동체가 행하는 것은 도덕적 비전과 자질을 일종의 '도덕적 안내 시스템'으로 내면화하는 것이다. [성품의 목소리로서의 양심은 이것의 일부이다.] 이러한 안내 시스템을 창조하기 위한 수단은 많다. 주교들의 서신은 일부 그것들을 논의하는 부분을 포함하는데, '회심'(conversion), '예배와 기도'(worship and prayer), '세상 속에서 거룩함에 대한 부름'(call to holiness in the world), '교육'(education) 그리고 '가정 지원하기'(supporting the family)가 그것이다.

시간의 문제

이러한 필수적인 내면화(혹은 사회화)는 지속적인 노력이 필요하다. 이 것은 "공통된 문화와 공통된 헌신"[5]을 창조하고 유지하는 작업이다. 이것 들은 정의상 본질적으로 세대적이다. 여기서 주교들은 전체적인 미국 사 회보다 더 현명하다. 우리 사회는 기술에 매혹되어 있고 짧은 시간의 틀에 중독되어 있다. 사회적, 도덕적 도전에 대한 전형적인 접근 방식은 "문제/ 해결의 '해법'"(problem/solution 'fix')으로 보통 기술적, 법적, 경제적 혹은 전쟁의 해법이다. 심각한 공공의 도덕적 무질서의 사례, 목록을 살펴보자 면, 월스트리트의 내부자 거래와 기타 비지니스 담합 사례들, 최고 선출직 공무원들과 그들의 임명자들에 의한 공중의 신뢰에 대한 위반, 불균형하 게 분배된 서비스 시스템에서의 터무니없는 법률 및 의료 비용, 국내외에 서 점증하는 빈부 간 차이, 사익을 소중히 여김과 동시에 공공선에 대한 의식의 상실 그리고 쾌락주의적 부유함에 대한 중독 등을 인식할 때, 우리 는 어떤 종류의 '윤리의 해법'(ethics fix)으로 해결을 보는 경향이 있다. 윤리 강령은 전문 집단을 위해 작성되고, 법률은 제정되고, 윤리 위원회는 공직자를 위해 임명되고, 새로운 규제는 산업을 위해 설정되고, 규칙들은 소비자와 환경 보호를 위해 만들어진다. 또는 특정 기관들, 예를 들어 학교 와 교회에 도덕 교육을 위한 책임을 부여함으로써 해결에 도달할 수 있다. 이 모든 조치가 중요한 목적을 수행하지만, 그것들은 여전히 '해법'이다. 아마도 마지막으로 언급된 학교와 교회를 제외하고 아무도 도덕적 정체성 형성이 모든 사람의 일이고, 오직 장기적으로만 행해질 수 있으며, 오직 다양한 방법으로만 효과적으로 추구될 수 있다는 현실을 직면하지 않을 것이다. 정체성 형성은 해법이 아니라 영혼 수련에 대한 조용한 사회적 소명

(the quiet social vocation of soulcraft)[6]이다. 만일 그것이 매일매일의 과업으로 사회에 의해 주의가 기울여지지 않는다면, 심지어 좋은 법률과 같은 진정으로 필요한 사회적 해법들조차도 작동하지 않을 것이다. 워런 수석판사(Chief Justice Warren)는 법률 자체가 "윤리의 바다 위에 떠다닌다"[7]라고 말하곤 했다. 어쨌든 해야 할 혹은 하지 말아야 할 모든 것을 법률, 규칙, 규정에 명시해 놓아야 한다면, 사회는 그저 생존할 수 없다.[8] 도덕적 형성은 이것들을 뒷받침하고 보완해야 한다.

도덕적 영혼 수련의 세대적인 본질은 힘주어 강조되어야 한다. 집단적 도덕적 정체성은 만들어지는 데 오래 걸린다. 유배지에서 이스라엘의 충격적인 경험은 실증적이다. 기원전 587년 바빌로니아 군대는 예루살렘 성벽을 돌파했고, 유력한 시민들을 유배시켰으며, 성전을 포함한 도시를 폐허로 남겨 두었다. 그러나 이후의 유배는 잔혹한 이주보다 훨씬 큰 것이었다. 또한 그것은 문화적, 정치적, 종교적 대참사였다.[9] 국가적인 종교적 정체성의 모든 분명한 표지가 산산이 부서졌고 땅은 사라졌다. 많은 사람들이 이스라엘의 전성기에 생득권으로 여겼던 번영은 파괴되었고, 다윗의 왕위는 전복되었으며, 신앙의 중심지였던 성전은 파괴되었다. 이스라엘의 생활 방식, 지도력, 신앙은 모두 근본적으로 의문시되었다.[10] "우리가 이방 땅에서 어찌 여호와의 노래를 부를까?"(시 137:4)라는 애절한 시편에 대한 함축된 대답은 사람들이 주님의 노래를 부를 수 없다는 것이었다. 이러한 절망 속으로 유배된 예언자들은 심판과 희망의 말씀을 갖고 왔다. 그것은 이스라엘의 대참사가 번영의 시기 동안 자신의 교만과 불의와 연관되어 있었다는 점에서 심판이었다. 그것은 하나님이 아직도 또 다른 말씀, 즉 용서와 유배 이후의 미래에 대한 말씀을 갖고 계셨다는 점에서 희망이었다. 그러나 자기들에게 닥친 최악의 위기와 타협하는 백성의 이러한 강력한 투쟁에서 우리를 주목하게 하는 것은 그들이 다시 '여호와의 노래를 부를' 수 있게 되는 방식이다. 예언자들은 백성의 정체성에 대한 이미지들을 그들의 가장 깊은 기억 속에 뿌리를 둔 것으로 불러일으키고, 그러한 이미지들을 희망과 갱신의 이미지로 재구성한다.

> 너희를 떠낸 반석과
> 너희를 파낸 우묵한 구덩이를 생각하여 보라.
> 너희의 조상 아브라함과 너희를 낳은 사라를 생각하여 보라
> (사 51:1-2).

이사야는 '새로운 출애굽'과 '새로운 창조'에 관하여 말하며, 예레미야와 에스겔은 둘 다 '새로운 마음의 언약'에 관해 말한다. 이것들은 이스라엘의 독자적인 정체성에 대한 오래 간직된 지향하는 이미지이며, 이제 그것들은 이를 극적으로 변화된 환경 속에 존재하는 신앙 공동체로 재건한다. 백성은 체념 및 절망과 싸울 수 있고, 희망을 품을 수 있으며, 그들이 함께하는 삶을 위한 새로운 형태의 과업을 시작할 수 있다. [회당의 탄생은 유배에서 발생한다.]

> 오직 여호와를 앙망하는 자는 새 힘을 얻으리니
> 독수리가 날개치며 올라감 같을 것이요.
> 달음박질하여도 곤비하지 아니하겠고
> 걸어가도 피곤하지 아니하리로다
> (사 40:31).

더 큰 점은 '백성 됨'이 오로지 공동의 지리, 사건들 혹은 경험을 공유함으로써 발생하지 않았다는 것이다. 또 다른 요소는 희망을 예고하고 공유된 경험에서 공통된 이야기를 형성하는 집단적 기억이다. 이 경우 유배에서 살아남는 것은 새로이 추방된 사람들이 자신들의 이야기들, 자신들의 정체성에 대한 이야기들을 바꿔 말하고 재구성함으로써 가능했다. 그들의 집단적 의식은 그들이 아브라함, 이삭, 야곱 그리고 사라, 리브가, 라헬, 레아의 자녀들이었다는 사실을 아는 벽돌 제조자들과 하인들로서의 기억을 포함했다. 이것은 모세와 언약의 체결 그리고 다윗과 솔로몬을 포함했다. 요컨대 한 백성이 되는 것은 갑작스러운 사건이 아니었으며, 현재도 절대 그렇지 않다. 또한 백성으로 살아남는 것도 그렇지 않다. [현재도 그렇지 않다.] 하지만 수천 년을 건너뛰어 현대의 한 예, 즉 마틴 루터 킹 주니어(Martin Luther King Jr.)의 소명을 가능하게 했던 노예들과 이전 노예들의 노래와 이야기로 가보자. 백성으로서 자유를 향해 함께 행진하는 것은 분명히 모세가 히브리인의 대서사에서 필요했던 것처럼 킹과 같은 지도자의 카리스마와 지성을 요구했다. 그러나 시민권 운동은 또한 수세대의 흑인 교회들의 영가들(spirituals)과 문화적, 도덕적 힘 그리고 신앙을 지켜온 노예들에 대한 기억도 필요했다. 이것은 또한 미국 역사에서 특정한 시점에 특정한 사건들의 배열과 힘의 결집도 필요했다. 그럼에도 더 큰 요점은 남아 있는데, 억압을 극복하기 위해 필요한 도덕적 형성(또는 기독교적 삶에서 다른 목표 중 어떤 것)은 그 필요의 순간에 우선 의지될 수 없으며 수세대 동안 길러져야만 한다.

세 번째 예는 제2차 세계대전 이후 프랑스 남부에서 르 샹봉(Le Chambon)이라는 작은 마을의 이야기와 함께 등장했다. 르 샹봉은 나치 점령 동안 비시 정부의 법률을 어기며 수백 명의 유대인에게 피난처를 제공했고 밤에는 그들을 스위스로 안전하게 밀입국시켰다. 인근 마을들은 강제 노동 수용소와 죽음의 수용소로 끌려가는 것을 필사적으로 피하려고 했던 낯선 이들을 위해 목숨을 걸지 않았다. 그래서 의문이 제기되었다. "르 샹봉은 왜 그렇게 했는가? 특히 어떤 유대인도 그 마을 자체에 토박이가 아니었는데?" 르 샹봉에는 목사 앙드레와 마그다 트로크메(Pastor André and Magda Trocmé) 및 그들의 친구들을 중심으로 하는 특이한 리더십이 있었는데, 그것이 중요했다. 즉, 르 샹봉의 특이점은 박해받은 종교적 소수자로서 오랜 수난의 역사를 지닌 위그노(Huguenot) 공동체였다는 사실이다. 그들은 박해받는 낯선 이들이 도움을 찾는 그러한 정체성이 도덕적 행동을 위해 무엇을 의미하는지 잘 알고 있었다. 신념으로 평화주의자이며 악에 대한 저항자였던 르 샹봉 사람들은 유대인들 안에서 심각한 어려움에 처해 있는 박해받는 하나님의 백성을 알아봤으며, 이웃한 시골 지역 도처에 걸친 반대 반응에도 불구하고 그들이 말하는 '해야만 했던' 방식, 즉 단순히 '자연스러운' 방식으로 반응했다. 전쟁 후 몇십 년이 지나 그곳에서 '어떻게 선한 일이 일어났는지'를 배우고자 르 샹봉으로 갔던 홀로코스트 연구자 필립 핼리(Philip Hallie)는 생존한 지도자 중 한 사람에게 흔히 묻는 질문을 던졌다: "그러나 당신의 저항 유형이 나치 독일 자체나 오늘날의 소련에서도 작동했을까요?" 답변은 즉각적으로 돌아왔다: "아니요, 아니요. 알겠지만, 그것은 준비하는 데 수 세대가 걸립니다."[11] 성품의 공동체들은 그들의 영가들(spirituals)을 개발하고, 그들의 이야기를 전하며, 그들의 기도법을 배운다. 그것들은 준비하는 데 "수 세대가 걸린다." 그들은 성수기와 비수기에 도덕적 영혼 수련을 실천한다.

따라서 주교들이 공공 정책 문제에 관한 목회 서한을 도덕적 비전에 실질적인 내용을 제공하는 자료로 시작하고 다양한 영역에서 동시에 이루어지는 양육 과정을 통해 도덕적 정체성을 형성하는 데 도움을 주는 권고로 끝낸 것은 직관적으로 올바른 판단이었다. 그들은 이러한 자료가 도덕적 형성의 공동체에 의해 내면화되고, 귀중한 유산처럼 소중히 여겨지며 전승되어야 한다는 것을 알고 있다. 또한 교회의 주요 역할 중 하나가 바로 그러한 공동체가 되는 것임을 인식하고 있다.

과업

이러한 역할은 두 가지 조용하고 꾸준한 과업으로 수행된다. 두 과업은 유배의 위기, 시민권 운동 그리고 피난처 도시로서의 르 샹봉의 결과에 필수적이었다.

1) 신앙 공동체의 첫 번째 과업은 그 자신의 고유한 자원으로 도덕적 역량들을 직접적으로 양육하는(directly nurture moral capacities) 것이다. 이러한 역량들은 개인적, 집단적 성품의 특질들이라는 형태를 취한다. 감수성과 공감은 자비와 용기와 같은 특질들의 예다. 그것들은 주어진 문제들을 둘러싼 구체적인 선택들에 대한 우리의 숙고에 앞서 우리의 행동에 결정적인 영향을 행사하며, 우리가 구체적인 선택들에 직면했을 때 우리를 특정한 방식으로 반응하도록 하는 경향이 있다. 그것들은 우리가 가능한 행동 방안을 숙고하는 데 가져오는 도덕적 정체성의 표현으로 존재한다. 르 샹봉의 사람들은 위험에도 불구하고 하나의 고난받는 하나님의 백성이 또 다른 백성을 구한다는 것을 '직관적으로'(intuitively) 알고 있었다. 이러한 행동은 어떤 성향들이 이미 도덕적 역량들로 그들 가운데 형성됐기 때문에 "취해져야만 했다." 신앙 공동체는 그 자신의 집단적 이야기와 정

체성의 재료들로 도덕적 정체성을 직접적이고 지속적으로 양육하여 도덕적 역량들을 형성할 수 있다.

이것은 여러 방식으로 행해질 수 있다. 우리는 몇 가지에만 주목한다. 교회는 이야기를 전하는 공동체이며, 르 샹봉, 시민권 운동, 성경적 공동체의 삶으로부터의 우리의 예시가 보여주는 방식들로 도덕적 역량들을 형성할 수 있다. 취해진 형식은 종종 모든 수준에서 교회의 교육 프로그램이다. 예배 생활과 전례는 똑같이 중요하다. 핵심적인 기독교 상징들 속에서 살고 그것들의 의미가 탐구되면서, 예배 안에서 양육과 교육 안에서 양육이 함께 가는 것이 더욱더 중요하다. 예를 들어 세례는 도덕적 차원들을 포함한 제자도의 차원들로 끌어올려지며, 성찬은 세상의 굶주림에 대한 그것의 관계 속에서 이해되고 하나님의 임재 안에서 포괄적인 공동체에 위임하는 표지로 이해된다. 성경 자체는 여기에서 예배와 교육 모두를 위한 지속적인 자원이다. 성경은 교회가 그 자신의 자원을 사용하여 도덕적 능력을 직접 육성하는 임무의 핵심에 속한다. [이것은 후속 장에서 논의된다.]

공식적인 예배와 공식적인 교육의 정해진 계기들을 넘어 많은 다른 교회의 모임들이 도덕적 역량들이 형성되는 장소들이라는 점을 추가해야 한다. 구성원들의 함께하는 작업은 매우 자주 구체적인 문제들과 과업들을 둘러싼 공동의 대의를 만드는 도덕 형성의 이름 붙여지지 않은 중요한 실험실이다.

2) 공동체의 두 번째 과업은 **통합하는 공동체**, 즉 교회 경계 너머에 놓여 있는 사회적 세계로부터 오는 자료들을 위한 도덕적 '센터링'(moral 'centering')의 장소가 되는 것이다. 신앙 공동체는 우리의 삶에서 지배적인 이미지들, 이야기들, 압력들, 사건들의 출처가 무엇이든지, 그것들에

관점과 위치를 부여한다. 이것은 우리 존재의 바로 핵심에 있는 도덕적 통합인 '온전함, 흠 없음, 완전무결함'(integrity)을 촉진함으로써 도덕적 정체성을 형성한다.

그러한 온전함은 예수 안에서 보이며 성령 안에서 경험되는 하나님이 가치의 중심이자 선과 권능의 궁극적 근원이며, 척도라는 공동체의 기본적인 주장에 따라서 일어난다. 공동체가 통합하는 것으로 기능할 때, 우리의 일상 세계에 스며드는 충성과 헌신에 대한 경쟁적인 주장들은 이러한 주장에 따라 보조를 맞추며 영향력을 갖는다.

이러한 정돈과 통합은 도덕적 영향과 지혜에 대한 무수한 출처들이 있다는 것을 전제한다. 일부는 신앙 공동체 외부에 놓여 있고, 일부는 내부에 있다. 그러나 문제는 출처들의 근원이나 내용의 다양성이 아니다. 복수의 출처들과 다양한 내용이 성경 자료들 자체를 형성했으며, 교회는 항상 기원에서 비기독교적인 영향들을 그 자신의 전통에 접목해 왔다. [아우구스티누스는 플로티노스를, 아퀴나스는 아리스토텔레스를 이용했다.] 따라서 도덕적 선택에 직면한 어떠한 현재의 공동체를 위한 질문도 도덕적 내용이 성경에 있는지, 교회의 전통에 있는지, 예수의 이야기 자체에 있는지 여부가 아니며, 질문은 다양한 자료들이 관련될 수 있는 중심이 존재하는지, 그것들을 측정할 수 있는 기준이 존재하는지 여부이다. 여기서 이 질문을 완전히 논의할 수는 없지만, "어떠한 기독교윤리의 자료들이라도 성경에서 판별된 두드러진 구절들의 설명을 취해야 한다"라는 지침을 제안할 수 있다. 즉, 어떠한 출처로부터의 내용이라도 복음의 오래된 메시지를 위반하기보다는 보완해야 한다. 물론 호환성과 보완성을 판단하는 것은 계속되는 과업이며 단번에 행해질 수 없다.[12]

교육과 예배의 장소 그리고 다양한 과업들과 문제들을 둘러싼 함께하는 공동의 대의 만들기에 관하여 이전에 언급된 것은 이 두 번째 과업에 똑같은 힘으로 유지된다.

이러한 두 가지 과업, 즉 교회의 독자적인 자원들로부터 도덕적 정체성의 형성 그리고 다른 영역으로부터 온 자료들을 통합하기는 신앙 공동체를 위한 첫 번째 주요 역할, 즉 도덕적 정체성을 조성하는 데 도움을 주는 역할을 함께 구성한다. 그러나 이것들은 두 번째 주요 역할을 전제한다.

전통의 담지자로서의 교회

순수한 허구 외의 이야기들은 그것들이 이야기되기 전에 [누군가 실제로] 살았던 이야기들이다. 그것들은 서술의 일관성이 주어지기 전에 다면적인 사회적, 역사적 사건들이다. 그러나 일관성에 대한 노력은 사건 자체와 거의 동시에 발생한다. 가공되지 않은 경험이 발생하자마자 우리는 그것에 기준, 틀, 해석을 부여한다. 우리는 관찰자에게 이질적이고 단편적이며, 심지어 터무니없게 보일지도 모르는 것을 이해한다고 주장한다. 우리는 이야기를 만드는 피조물이며 회상과 서술을 통해 우리의 경험을 이해할 수밖에 없다. 앞서 언급했듯이 이야기하기는 우리의 경험에 형식과 의미를 부여한다.

하지만 빈손으로 경험에 이르지 않는다. 우리는 이미 비축된 이야기를 수중에 가지고 있으며, 우리의 반응을 지시하고 새로운 경험에 대한 우리의 해석의 일부가 되는 전통들 가운데 서 있다. 따라서 도덕적 정체성과 도덕적 행동 모두를 위한 중요한 질문은 "나는 어떤 이야기의 일부이며, 어떤 전통의 일부인가?"[13]가 된다. 그것들은 어떻게 나의 일부인가? 나는 이미 과거와 함께 태어나고, 사회적이며 역사적인 맥락 속에 놓여 있으며, 신화와 의미의 전달자와 함께 살아있기 때문이다. 나의 정체성은 이미 내가 속한 공동체들의 살아 있는 전통에 의해 형성되어 있다. 내가 과거를 거부한다고 하더라도, 나는 변함없이 그것에 의해 제공된 조건 위에서 그렇게 한다. 다른 정체성을 위한 탐구 속에서 나는 거의 항상 전통들에 의존하는데, 그중 많은 것은 내가 더 이상 완전히 존중하기를 원치 않는 전통들이다.

그렇다면 전통들은 도덕적 전통들을 감당하는 공동체의 살아 있는 구성 요소로서 어떻게 '작동'하는가? 우리는 ① 도덕적 발전을 돕는 도움으로서의 도덕적 전통, ② 윤리를 위한 내용의 근원으로서의 도덕적 전통, ③ 도덕적 삶에서 책임성의 틀로서의 도덕적 전통이라는 세 가지 기능을 예로 든다. 교회는 이것들을 각각 제공한다. 이제 그것들을 차례대로 살펴보자.

뿌리

일반적으로 인격의 발달을 위한 것처럼, 도덕적 발달을 위해 목적 없는 방황이 아닌 방식으로 어디로 갈 수 있기 전에 우리 자신을 위치시켜야 한다. 그리고 우리가 누구인지, 어디에 있는지를 아는 것은 그 속에서 우리가 살고 움직이며 존재하는 전통 또는 전통들을 아는 것을 의미한다. 도덕적 성장과 성숙은 역사의 일부가 될 것을 요구하고, 우리의 일부로서 그것을 인식할 것을 요구한다. 전통들의 결핍 그리고 그것들에 대한 인식의 결핍은 도덕적 표류와 불확실한 상태로 귀결된다.

그러나 전통은 어떻게 작동하며, 그 권위는 무엇인가? 이 질문은 집요하게 계속되며, 도덕적 발달과 그것의 대리자로서 교회의 중요한 역학을 이해하려면 잠시 곁길로 가야 한다.

1) 먼저 도덕적 전통의 살아 있는 성격을 강조해야 한다. 만일 우리가 전통을 '안정된 현실'로 생각한다면, '전통의 권위'에 관해 말하는 것은 대단히 오해의 소지가 있다. 그런데 '안정된 현실'[14]을 위한 과업은 전체의 복합체가 마치 일종의 고정된 단위인 것처럼 [간주하고] 그것이 어떻게 작동하는지를 이해하려는 것이다.[15] 물론 전통에 관해 어떤 '주어진 것'이 있다. '전달된 것'은, 그것이 무엇이든, 전통의 일반적인 의미이다. 그러나 전통은 과거를 자신에게 전달하기, 과거에 대한 지속적인 인식 만들기 및 과거에 대한 전유의 역동적인 과정을 포함한다. 이러한 과정은 전통을 분류하고 평가하며, 일부는 존중하고 다른 것들은 거부하며, 그것들 안에서 다른 시점에 다른 의미를 인식하는 것을 포함한다. 이것은 현재의 신화에 의해 무시되거나 거부되었던 과거의 일부를 되찾는 것과 현재와 미래의 세대들을 위하여 잊혔거나 부정되었거나 폄하되었던 인간의 도덕적 경험을 모으는 것을 포함한다. 이것은 또한 결국 미래의 도덕적 정체성을 형성하고 미래의 도덕적 행동을 위한 지침을 부여하게 될 과거의 일부를 지금 창조하는 것을 포함한다. '전통화하기'(traditioning)는 역동적인 과정이며 과거에 대한 지속적인 재작업이다. 이는 명사적이기보다는 동사적이다.

한 가지 실례면 충분할 것이다. 친우회(Society of Friends), 즉 퀘이커 교도들은 초기의 강력한, 그러나 후에 경시된 전통, 즉 본질적으로 비폭력적인 제자도의 방식으로서의 기독교적 삶을 회복함으로써 시작했다. 퀘이커 교도들은 전통을 분류하고 평가했으며, 그들이 수집하여 친우회 삶의 방식으로 삼았던 것들에 새로운 형태를 부여했다. 그들은 핵 시대의 새로운 문제들에 관여하면서도 이러한 살아 있는 전통으로부터 작업을 이어간다. 퀘이커 교도들은 그들의 개인적이며 집단적인 행동을 위한 지침을 부여하는 살아 있고 선택된 전통의 담지자로서 교회의 한 예를 상징한다.

2) 만일 기독교 전통의 역동성을 인식하는 것이 중요하다면, 수많은 기독교 공동체에 속하는 전통들의 다양성을 인식하는 것도 똑같이 중요하다. 이집트나 에티오피아의 콥트 기독교인들(coptic christians)은 미국의 남침례교인들의 유산들과는 매우 다른 유산들을 가지고 있다. 소련, 시리아 또는 인도의 정교회 기독교인들은 그들 사이에 많은 것을 공유하지만, 나미비아나 탄자니아의 루터교인들과 결과적으로 다른 스칸디나비아의 루터교인들과는 말할 것도 없고, 서로 간에도 뚜렷하게 다르다. 캐나다 서부 평원의 메노나이트 신자들은 공유된 성경과 예수 중심의 공통된 형성적 기독교 이야기에도 불구하고 니카라과나 브라질의 로마 가톨릭 신자들과는 다르게 기독교적인 삶을 살아간다.

또는 지리적이라기보다 역사적이라는 또 다른 관점에서, 1세기의 기독교윤리는 2세기와 3세기 그리스-로마의 철학적 세계와의 깊은 접촉 이후 그리고 4세기 이후 제국의 신앙으로 확립 이후 뚜렷하게 변화했다. 기독교적인 도덕적 생활은 르네상스와 종교개혁 이후 그리고 부르주아와 민주적 자본주의 이후에 중세와 봉건 기독교 세계에서의 기독교적인 도덕적 생활과 달랐다. 그리고 그것은 마르크스와 프로이트를 계기로 오늘날 여전히 다르다. 그럼에도 도처에 가족의 유사함이 있으며, '기독교적'(christian)은 넓고 깊게 공유된 요소들을 위한 의미 있는 지칭으로 남아 있다.

그렇다면 우리는 본질적으로 정적이고 고정된 도덕적 내용에 갇혀 있지 않다. 도덕적 전통은 본질적으로 경직되지 않으며 하나의 의미만 있지 않다. [종종 그랬듯이 그렇게 다뤄졌을 때, 그것들은 도덕적인 성숙을 방해했다.] 한 마디로 문제는 '전통'을 받아들일지 혹은 거부할지가 아니라 에큐메니컬하게 역동적인 전통화 과정에서 우리가 확인해야만 하는 전통들을 우리가 확인하지 말아야 하는 전통들로부터 구분하기 위해 어떤 기준을 사용해야 하는지 결정하는 것이다. 우리는 지금 창조의 과정에 있는 전통들을 포함하여 신앙 공동체의 수많은 목소리와 다양한 도덕적 전통 가운데 어떻게 선택해야 하는가? 결국 과거의 많은 도덕성은 도덕적으로 미심쩍고, 일부는 심지어 터무니없으며 완전히 버릴 만하다.[16] [우리는 노예제와 여성에 대한 학대적 대우를 언급했으며 하나님의 이름으로 행해진 학살 캠페인을 신속히 추가할 수 있다.] 기준의 문제에 대해 답하는 것은 이후에 논의되지만, 그것은 교회 자신의 증언과 경험으로부터의 단서와 함께 시작하는데, 공동의 권위로서 성경에 높은 자리를 부여하는 것과 성경 내에서 예수의 이야기에 성령 안에서 함께 식별된 것으로서 규범적인 위치를 부여하는 것이다. 그렇다면 필요한 도덕적 분별은 단일한 하위 전통에 의해 요구되는 것으로부터라기보다 예수의 이야기와 호환되는 것 그리고 호환되지 않는 것으로부터 나올 것이다. 그러나 우리가 이해해야 할 요점은 다양한 전통들을 구분해야 한다는 것만이 아니다. 그것은 그러한 도덕적 전통 자체의 기능과 교회의 역할이다. 교회 안의 전통들은 우리를 위치시키는 데 도움이 되고, 우리를 뿌리내리게 하며, 그렇게 함으로써 도덕적 발달에 필수적이다. 사실 심지어 우리가 어떤 종류의 전통과 단절할 때조차 우리는 보통 전통의 개혁을 위해 전통에 의존하는 것처럼, 대개 그것들을 유산으로 그리고 정향성(orientation)의 핵심으로 진지하게 받아들인다. 재발견된 또는 새롭게 밝혀진 예수에 대한 이해는 성경으로의 다른 전환들과 마찬가지로 종종 이러한 방식으로 신앙 공동체의 삶을 증진했다.

내용

다양성과 역동성에 관해 일탈(digression)하는 것은 교회 안에서 도덕적 발달을 돕는 기능인 도덕적 전통들의 두 번째 기능을 소개하는 장점이 있으며, 도덕적 전통들은 삶과 죽음의 윤리를 형성하기 위한 많은 자료를 제공한다. 기독교 신앙에 대한 다양한 해석들은 그것들의 다양한 도덕성과 함께 광범위한 기독교 전통 안에 포함되어 있다. 이것은 서로 다른 삶의 양식들과 풍부한 초상화, 상징, 이미지, 이야기, 의식, 예식의 구현과 마찬가지로 사실상 끝이 없는 수많은 도덕적 문제에 대한 광범위한 견해들이 전통 안에 포함되어 있다는 것을 의미한다.

물론 적합한 윤리를 위해 다른 도덕적 주장들과 다른 해석들에 대한 면밀한 검토가 또한 있어야 한다. 우리는 판단을 내려야 한다. 우리가 이것을 행하면서, 삶에 대한 특정 입장과 특정 패턴의 옳고 그름에 대한 중요하고 끊임없는 논쟁이 있을 것이다. 그러나 바로 이러한 성찰과 비판이 기독교의 도덕적 전통 자체의 필수적인 부분이다. 전체로서 신앙 전통은 내용과 비판을 결합한다(the faith tradition as a whole combines content and criticism). 두 가지 모두 우리가 함께 형성하는 윤리를 지원하는 데 도움이 될 수 있다. 두 가지 모두 도덕적 발달의 공동체로서 교회에 속한다.[17]

틀

마지막으로 도덕적 전통들은 책임성의 틀을 제공한다. 전통의 일부로서 우리는 인도하는 영향력을 제공하는 도덕적 주장들과 관심들의 행렬(matrix) 속에 놓인다. 도덕적 전통으로 기능하는 신앙 전통은 우리에 대한 다른 사람들의 주장들과 우리가 그들에게 갖는 주장들을 중재한다.

이러한 책임성의 틀은 매우 구체적이고 직접적일 수 있다. 앞서 우리가 인용했던 주교들의 목회 서신의 부제는 "가톨릭의 사회적 교리와 미국 경제"이다. 주교들은 가톨릭 신자들에게 말을 걸었고 남의 눈을 의식하여 도덕적 숙고를 위한 그들의 틀로서 공식적인 교회의 교리 체계로부터 자의식적으로 작업했다. 가톨릭 전통은 심지어 주교들이 이러한 방식으로 작동했던 유산을 수정하고 확장하려고 했을 때조차 그리고 그들이 가톨릭 전통을 넘어선 자원들에 의존했을 때조차 변수들을 제공했다. '가톨릭 사회 교리'는 명확히 식별이 가능하며 권위 있는 준거점이었다.

도덕적 전통들은 때로 책임성의 틀로서 명확히 정의되지 않지만, 그럼에도 실제적이고 효과적이다. 불멸성에 대한 히브리적 이해는 하나의 확장된 실례다. 이 이해에서 나의 삶은 조화로운 창조의 비전을 향해 살아가는 하나님 백성의 계속 진행 중인 삶의 일부로 계속된다. 이러한 공동 인격과 불멸성에 대한 인식은 조상과 후대 모두에 대한 책임 의식을 길러준다. 어떤 의미에서 나는 아브라함과 사라 그리고 그들의 운명에 책임이 있다. 나는 그들의 것이었고, 나의 것이며, 나 이후에 올 사람들의 것이 될 이야기가 실현된 것의 일부이다. 그들은 나에게 유산과 소명을 남겨주었다. 그 유산과 소명은 계속되며, 나는 내 손에 놓인 유산을 통해 조상들에게 책임이 있다. 그들은 나에게 의존하고 있다.

이러한 불멸성의 개념과 창조의 목표는 과거가 단순히 죽어 있지 않으며 아직 끝나지 않았다는 것을 의미한다. 그리고 나는 그 계속 진행 중인 발전의 일부이다. 초대교회는 단지 이러한 계속 진행 중인 언약에 대한 의식을 공유했다. 히브리서는 이렇게 말한다. 즉, 이것은 성도의 교제의 목록을 요구하며 그들이 아직 볼 수 없었지만, 하나님이 그들에게 약속한 미래를 위해 그들이 믿음으로 살았음을 증언한다(11장). 그들이 알았던 위험들은 때로는 끔찍했다.

돌로 치는 것과 톱으로 켜는 것과 시험과 칼로 죽임을 당하고 양과 염소의 가죽을 입고 유리하여 궁핍과 환난과 학대를 받았으니. [이런 사람은 세상이 감당하지 못하느니라.] 그들이 광야와 산과 동굴과 토굴에 유리하였느니라 (히 11:37-38).

그러고 나서 저자는 다음과 같이 결론짓는다:

이 사람들은 다 믿음으로 말미암아 증거를 받았으나 약속된 것을 받지 못하였으니, 이는 하나님이 우리를 위해 더 좋은 것을 예비하셨은즉 우리가 아니면 그들로 온전함을 이루지 못하게 하려 하심이라(히 11:39-40).

여기 과거에 대한 단호한 책임감이 있다. 신앙 공동체는 조상들의 희망과 그들의 하나님의 꿈을 추진하고 가능한 최선으로 그러한 희망과 꿈을 실현하도록 맡겨진다.

동일한 책임감은 미래로 뻗어 있다. 사실 이러한 이해에서 유대교와 기독교의 도덕 전통의 가장 훌륭한 부분은 미래다. "의와 화평이 입 맞추는"(시 85:10) 때 도달되는 도덕적 목적(telos)이 있다. 우리의 현재 행동들은 정의롭고 조화로운 미래 창조에 이바지하는 것과 일치해야 한다. 우리는 다가오는 세대들에 책임이 있다. 그들의 복지에 대한 요구는 우리에게 부여된 책임이다. 따라서 그들을 위한 복지를 가능하게 만드는 조건들은 우리가 최선으로 만들어야 하는 조건들이다. 한마디로 교회의 도덕적 전통 자체는 미래 세대를 위한 책임을 압박한다.

이것은 현재 세대를 소홀히 하지 않는다. 유대교와 기독교윤리 모두에게 이웃 사랑은 현재의 순간에 의무적이며, 조상과 후손에 대한 의무에 의해 손상되지 않는다. 더욱이 '이웃'은 보편적이다. 가까이 있든 멀리 있든, 친구이든 낯선 사람이든 적이든, 모두는 이웃이다. 생명의 전체 공동체, 즉 비인간 생명을 포함하여 '존재에 참여하는 모든 것'(all that participates in being)[18]이 포함된다.

그렇다면 전통 자체는 도덕적 발달을 돕고 윤리의 내용에 기여하는 것처럼, 그것을 위한 틀로서 도덕적 책임감과 기능들을 육성한다.

요약

우리는 다음과 같이 요약할 수 있다.

1) 신앙 공동체는 도덕적 발달을 위한 주요 원천이자 자원이다. 이는 구성원들을 그들이 동일시하는 도덕적 전통 속에 세우기 때문에 그렇다.

2) 신앙 공동체는 구성원들의 윤리를 위한 풍부하고 다양한 내용의 원천이다. 공동체가 자신의 전통들을 구현하고 전달하며, 다른 곳으로부터 온 자료들을 찾아내고 전유하며 통합하도록 도우면서 그러한 지원을 공급한다.

3) 신앙 공동체는 기독교적인 도덕적 삶을 위한 책임성의 틀이다. 도덕적 전통들이 그 구성원들의 계속 진행 중인 삶을 형성하고 영향을 주면서,

이것은 이러한 틀로 기능한다.

이러한 세 가지 기능은 도덕적 전통의 담지자로서 공동체의 역할을 함께 구성한다. 사실 신앙 공동체의 구성원들은 이미 신분(membership) 덕분에 현재와 미래의 기독교윤리를 위한 본질과 그것을 전유하는 과정 모두를 제공하는 집단적 전통의 일부이다. 이전의 퀘이커 교도의 사례와 이 장에서 반복해서 나타나는 미국 로마 가톨릭 주교들의 사례는 본질과 과정을 다루는 두 가지 전혀 다른 방식들을 보여준다. 그러나 차이들은 전통 자체의 생동감을 반영한다.

아직도 더 많은 것이 있다.

도덕적 숙고의 공동체로서의 교회

앞 장은 방대한 공간을 도덕적 숙고의 공동체로서 교회에 할애했다. 우리는 이제까지 다루지 않은 몇 가지 사항을 강조하기만 하면 된다. 로마 가톨릭의 목회 서신은 다시 도덕적 문제들에 관한 개인적 및 집단적 의사 결정을 위한 교회의 역할에 대한 확장된 예를 제공한다. 서한에서 도덕적 숙고는 교회를 위한 몇 가지 다른 역할을 포함하고 있다.

새로운 지식

교회는 문제들에 관한 학습을 위한 장이다. 주교들이 사용한 과정은 비록 중요한 지식을 얻기 위해 가능한 많은 방법 중 하나에 불과하지만 주목할 만하다. 주교들은 다양한 견해가 방송되었던 청문회를 마련했다. 수많은 경제적 분석은 성명의 초안을 작성했고, 이에 대한 반응으로 공개적으로 초대했던 주교들의 직원과 위원회에 의해 세심한 주목을 받았다. 교회 단체뿐만 아니라 비즈니스 공동체, 학계 공동체, 정부, 노동계의 구성원들 수천 명이 응답했다. 수많은 답변이 등장했고, 다수의 해설이 발표되었다. 주교들은 이 모두를 검토했으며, 두 번째 초안이 되었던 것에 주요한 수정을 가했다. 이것은 역시 발표되었고 배포되었다. 청문회 자체는 이전에 간과되었거나 추가적인 증언이 필요한 영역들을 다루기 위하여 계속되었다. 국내외에서 추가적인 서면 응답이 뒤따랐다. 결국 주교들이 논의하고 수정했으며, 마침내 자신들의 입장으로 채택했던 세 번째 초안이 쓰였다. 그다음에 이것은 경제 정책들에 관한 교회의 입장을 위한 기반뿐 아니라 미국 로마 가톨릭교회 내에서 [그리고 훨씬 넘어] 광범위하게 사용된 기본적인 교리 문서가 되었다.

요컨대 주교들은 가톨릭의 양심을 형성하고 중요한 문제에 대한 공공 정책 논의에 참여하기 위하여 다양한 참여자들과 비판적 응답을 끌어내는 청문회와 수정의 형식을 이용했다.

그러나 이것은 하나의 사례이며 요점 자체는 아니다. 요점은 신앙 공동체가 도덕적 문제에 관한 학습의 장소라는 것이다. 구성원들은 교회가 한 묶음의 복잡한 문제들에 관한 입장을 만들어 냈고 행동을 촉구했을 때 경제생활과 기독교 신앙의 교차점에 관하여 많은 것을 배웠다. 연합감리교회의 감독들은 평화에 관한 목회 서신인 『창조를 옹호하며: 핵 위기와 정의로운 평화』(*In Defense of Creation: The Nuclear Crisis and a Just Peace*)[19]를 작성하기 위하여 비슷한 과정을 사용했다. 이것은 또한 도덕적 입장 자체에 도달하는 과정에서 그리고 계속 진행 중인 학습을 위한 도구로서 효과적인 학습의 수단이었다.

공식적인 교회 성명을 사례로 인용하는 것은 우리는 오도하지 말아야 한다. 그것들은 단지 도덕적 교육의 공동체로서 교회가 사용할 수 있는 많은 형태 중 하나일 뿐이다. 그리고 문제는 이것들과 같이 반드시 포괄적일 필요가 없다. 문제들은 교단보다는 회중이 배움의 장이며, 주고받는 양식이 비공식적이고, 심지어 스스럼없고, 아마도 이전 장에서 묘사된 방식 안에 있는 엄밀하게 지역적인 것일 수 있다. 회중이나 지역 교회나 지역의 종교적 공동체 연합은 주택 공급, 의료 서비스에 관한 행동, 제안된 법안의 일부 항목에 대한 대응 등과 같은 문제의 해결을 위해 노력할 수 있다. 핵심적인 문제는 신앙 공동체가 중요한 문제들과 그들의 도덕적 차원에 관한 배움의 장이 됨을 기대하는 것이다.

문제들에 관한 학습은 필요하다. 그러나 그것은 충분하지 않다. 만약 가톨릭 주교들의 서한이 단지 경제 현실에 관한 문서였다면, 그것은 교회 문서로서 매우 특이했을 것이다. 교회는 더 넓은 대중이 아니라 오직 신앙 공동체만이 접근할 수 있는 경제적 데이터를 가지고 있지 않다. 심지어 교회가 사람들이 처음으로 중요한 문제에 관한 어떤 본질들을 배우는 장소일 때조차 그 지식은 여전히 공공 지식이다. [미국에서 많은 사람들에게 세계 기아와 중미 문제에 대한 인식은 교회 관련 교육을 통해 왔다.] 오히려 교회의 역할에 대한 독특한 표지는 기독교 신앙으로부터 도출된 도덕적 관점의 정립이다.

규범적 관점

이것은 교회가 도덕적 숙고에서 수행하는 역할의 두 번째 요소를 소개한다. 신앙 공동체는 어떤 문제에 대한 도덕적 관점이 형성되는 장이 될수 있고 또 되어야 한다. 주교들은 두 단계의 과정을 사용했다. 첫 번째 단계는 기독교 신앙과 교리가 당면한 문제(이 경우 경제 문제)와 어디에서, 어떻게 교차하는지를 명확히 하는 것이었다. 목표는 종교적으로 기초가 된 도덕적 관점을 제공하는 것이었다. 두 번째 단계는 그것이 이미 진행되지 않는 곳에서 실제로 그것을 증진하기 위해 더 넓은 공공 논의에 돌입하는 것이었다. 그곳에서 도덕적 입장은 이러한 관점을 갖고 있던 교회 구성원들이 경제 문제에 관해 더 배웠을 뿐만이 아니라 논의 과정에서 도덕적 비판과 도덕적 건설을 제공했던 대화에 참여했다. 도덕적 입장 자체는 열린 거래에서 자주 그렇듯이 논의 과정에서 수정되었다.

도덕적 관점에 대한 정립은 상당히 복잡하지만, 과정은 목회 서신에서 따라가는 것이 어렵지 않다. 그 노정은 다음과 같다.

1) 주교들은 먼저 경제생활의 종교적, 도덕적 측면을 지적한다. 이것은 다음과 같은 문단에서 볼 수 있다:

인간적이고 도덕적이며 기독교적인 경제생활에 관한 모든 관점은 세 가지 질문에 의해 형성되어야 한다. 즉, 경제는 사람들을 위해 무엇을 하는가? 이것은 사람들에게 무엇을 하는가? 사람들은 어떻게 그것에 참여하는가? 경제는 하나님의 창조 세계 전체를 개발하고 돌보기 위해 함께 일하는 남성과 여성이라는 인간 현실이다. 이 모든 일은 사람들의 물질적 그리고 영적인 복지에 도움이 되어야 한다. 이것은 사람들이 자신들과 그들이 사랑하는 이들을 위해 희망하는 것에 영향을 미친다. 이것은 그들이 사회에서 함께 행동하는 방식에 영향을 미친다. 이것은 그들의 하나님에 대한 신앙 자체에 영향을 미친다(§1).

이 모두를 보는 어떤 사람도[주교들은 미국 경제에서 희망의 징후와 실패의 징후를 방금 묘사했다] 목회자와 주교로서 우리의 우려를 이해할 것이다. 사람들은 경제를 형성하고, 결국 그것에 의해 형성된다. 경제적 장치들은 성취, 희망, 공동체 혹은 좌절, 고립, 심지어 절망의 근원이 될 수도 있다. 그것들은 미덕이나 악덕을 가르치며, 매일 우리의 성품을 형성하는 데 도움이 된다. 그것들은 사람들의 삶의 질에 영향을 미치며, 극단적으로 심지어 사람들이 살지 죽을지를 결정짓기도 한다. 심각한 경제적 선택들은 단순히 기술적인 문제들을 넘어 가치와 인간 목적의 근본적인 문제들로 나아간다. 우리는 이러한 문제들에 직면하여 기독교의 종교적이며 도덕적인 전통이 중요한 기여를 할 수 있다고 믿는다(§5).

2) 이러한 믿음에서 주교들은 경제적 현실들과 오늘날의 문제들에 대한 우리의 접근법을 정향해야 하는 기독교 신앙의 관점을 계속해서 확인한다. 그들의 목록은 "… 인간의 존엄성, 인간 가족의 통일성, 지구의 재화들에 대한 보편적으로 유익한 목적, 각국의 선과 분배적 정의의 책무뿐만 아니라 국제적 공동선을 추구할 필요성"(§251)을 포함한다. 이것들과 성경적 신앙 및 가톨릭의 사회적 교리로부터 비롯된 다른 주제들은 경제생활에 대한 교회의 대처를 위한 특별한 방향성을 만들어 낸다. 사실 그것들은 구체적인 도덕적 시험에서 나온다. "모든 경제적 결정, 정책 그리고 제도를 위한 근본적인 도덕적 기준은 다음과 같다. 즉, 그것들은 **모든 사람, 특히 가난한 사람들을 위해 봉사해야 한다**"(§24, 원문에서 강조).

그러나 공공 문제에 대한 신앙 공동체의 대처에는 종교적, 도덕적 접점에 대한 인식과 기본적인 방향 및 기준의 정립에 대한 인식 이상이 있다. 교회가 다원적 사회에서 공중의 도덕적 담론을 계속하기 위한 길을 찾아야 한다. 신앙 공동체는 종교적 전제들을 공유하지 않는 당사자들에게도 자신의 관점을 이해하도록 만들 수 있어야 한다. 주교들은 사실상 "우리는 다음의 정책을 추천합니다. 왜냐하면 그것이 기독교적 관점을 대표하기 때문입니다"라고 말할 수 없음을 알고 있다. 다원적 세계를 위해 '기독교적'(christian)이라는 것은 강력하거나 충분하지 않다.

3) 그래서 주교들은 다음으로 나아가 국가 자신의 도덕적 주장들에 주의를 환기한다. [이것이 국가 정책에 관해 논의하는 것을 상기하라.] 여기서 주교들은 미국 공화국이 설립된 이래 만들어진 정치적 헌신과 약속, 즉 정치적, 경제적 모두의 억압으로부터의 자유, 기회의 평등, 모두를 위한 자유와 정의를 무대 위에 올린다. 이러한 주장들은 국가의 도덕적 책임의 틀로 기능한다.

4) 그런 다음 주교들은 가톨릭 신앙 전통으로부터 비롯된 규범과 국가 자신의 도덕적 주장 및 열망으로 공유되는 공통의 기반을 지적한다.

5) 다음으로 이러한 공통의 기초를 바탕으로 그들은 '국가를 위한 도덕적 우선순위'(§§85 이하 참조)를 수립한다.

6) 이러한 우선순위는 결국 구체적인 경제 정책에 대한 숙고로 돌입한다. 그곳에서 그들은 현재의 조건과 관행에 대한 비판과 더 정의로운 정책을 위한 방향 모두를 제시하는 이중적 목적을 수행한다.

신앙 공동체는 도덕적 문제에 대한 공공의 논의에 대한 많은 참여자 중 하나일 뿐이다. 그러나 이러한 예는 이것이 공공의 도덕적 담론을 계속할 수 있는 방식을 보여준다. 주교들은 교회가 어떻게 그 자신의 신앙적 주장에 의식적으로 기초한 도덕적 관점들을 명확히 하고, 동시에 이러한 관점들을 기독교적 기반 이외의 다른 기초에서 이해될 수 있는 용어로 공공 영역에 전달할 수 있는지 보여주었다.[20] 기독교적인 도덕적 입장이 형성되고 공중의 도덕적 담론을 위한 용어가 발견되는 장소로서 신앙 공동체는 도덕적 숙고의 공동체로서 공동체의 역할에 대한 두 번째 구성 요소이다. 우리는 형태가 여기서 분명히 보여주는 목적(주교들과 공식 교회 직위의 사용)을 위해 우리가 추적했던 것일 필요가 없다는 점을 덧붙인다. 지역 회중은 구체적인 도덕적 문제를 다루기 위해 형성된 수많은 비공식적이고 임시적인 네트워크들과 정확히 같은 역할을 할 수 있다.

도덕적 대리

도덕적 숙고에서 교회의 역할에 대한 세 번째 구성 요소는 '도덕적 대리(moral proxy)의 공동체'로서의 교회이다.

가톨릭 목회 서신의 주제는 미국 경제이다. 그러나 교회 문서로서 논의는 국가적인 경계에 의해 묶일 수 없으며, 그 도덕적 범위를 오직 미국 시민들의 복지에만 제한할 수 없다. 기독교 신앙 공동체는 동시에 지역적이고 지구적이다. 이것은 신앙의 어떤 정의로도 '국가적'일 수 없다. [복음은 국가 체제에 대해 아무것도 알지 못한다.] '이웃'이라는 개념이 보편적이기 때문에, 도덕적 문제에 대한 교회의 논의는 대표(representation)를 수반한다. 이웃은 적과 태어나지 않은 세대를 포함한 모두를 의미하며, '대리'(proxy)는 신앙 공동체가 보통 들리지 않는 그러한 목소리를 증폭시켜야 한다는 것을 의미한다. 이들은 언제나 힘없는 자들의 목소리다. 경제 목회 서신의 경우에 이것은 국가 자체 내부의 가난한 사람들, 다른 국가들의 가난한 사람들 그리고 미래 세대의 잠재적인 가난한 사람들을 의미한다.[21]

대표가 필요한 사람들은 종종 도덕적 문제가 변화하면서 변화할 것이다. 그러나 그렇지 않으면 들리지 않을 사람들의 목소리를 항상 강화하는 대리 역할은 똑같이 남아 있다. 이는 기독교 신앙 자체의 소명적인 결과이다. 다시 이것은 크고 작은 방식으로 그리고 공식적이거나 임시적인 제도적 수단을 통해 일어날 수 있다.

요약하자면, 교회는 문제에 관하여 배우고, 기독교의 도덕적 관점을 정립하며, 이것을 문제들에 영향을 미치게 하며, 과소 대표되거나 대표되지 못한 이들을 대표하는 장소이다. 모두는 도덕적 숙고의 공동체로서 교회의 기능의 측면들이다.[22]

행동의 행위자로서의 교회

과정에서 도덕적 전통을 활용하는 도덕적 정체성의 형성은 이러한 전통을 사용하는 도덕적 숙고와 마찬가지로 신앙 공동체의 결정적인 역할이다. 그러나 양심과 성품 형성 그리고 문제에 대한 숙고는 그 자체로 목적이 아니다. 그것들은 구체적인 행동을 돕기 위해 존재한다. 신앙 공동체는 행동의 행위자(agent of action)가 되어야 한다.

여기 중요한 신학적 요점이 있다. 유대교와 기독교 전통 모두에서 신앙의 진리는 최종적으로 '실행적인'(performative) 것이다. 우리는 그것을 보거나 경험할 때 안다. 그것은 구현될 때, 오직 그러고 나서 실제적이다. 어떠한 도덕적 진리에 대한 시험도 그것이 취하는 사회적 형태와 그것이 사회에서 만드는 차이 안에 있다. 도덕적 진리와 삶의 방식은 항상 함께 간다.

그렇다면 기독교 신앙과 도덕적 진리에 대한 이러한 '실행적' 이해는 반드시 행동에 대한 약속을 전제한다. 그것 없이는 글자 그대로 아무것도 일어나지 않는다! 행동 이외에 도덕적 정체성과 숙고는 아무런 결과가 없으며, 따라서 무의미해진다. 그 증거는 오직 그것들의 결과 안에서만 볼 수 있다.[23]

그러나 '기독교의 윤리적 논의'로서 '행동'은 정확히 무엇을 지칭하는가? 모든 사건이 도덕적 행동은 아니며, 발생하는 모든 것이 도덕적 행위도 아니다. 하늘을 가로질러 나는 새나 땅에 떨어지는 나뭇잎은 도덕적 행위가 아니며, 심장이 뛰는 것이나 눈을 깜빡이는 것도 마찬가지다. 도덕적 행동은 도덕적 행위 능력에 참여하며, 따라서 우리가 논의했던 정신적 활동들, 즉 '선택, 숙고, 분별, 성향, 동기, 의도, 책임'과 같은 다양한 정신적 활동을 포함한다. 도덕적 행동은 행위자들이 자신들이 무엇을 하고 있는지 알고 있고, 그들이 행동에 적합하다고 느끼는 어떤 지식을 가지고 있고, 행동에 대한 목적을 마음에 갖고 있으며, 행동에 대한 가능성을 갖고 있음(즉, 어떤 수준의 자유나 선택이 그들에게 존재한다)을 전제한다. 행위들이 이러한 특성을 지니며 미덕, 가치, 비전 또는 의무의 측면을 포함할 때, 그것들은 도덕적 행동에 속한다.

이러한 조건을 염두에 두고, 행동의 대리자로서 기능하는 교회에 관하여 우리는 무엇을 말할 수 있을까? 신앙의 행위들은 두 가지 영역에서 발생한다.

자기 영역(Home Turf)

신앙 공동체 자체가 첫 번째 영역이다. 신앙 공동체는 자신이 주장하고 선포하는 사회 윤리의 주체이자 객체이다. 신앙 공동체 자신의 내부적 장치들은 스스로 옹호하는 도덕성을 반영해야 한다. 만일 신앙 공동체가 성찬식에서 모든 사람을 '환영의 식탁'(많은 흑인 교회 전통에서 성찬 식탁을 위해 사용되는 용어)으로 초대한다면, 공동체 구성원 전체를 환영하지 않음으로써 이를 스스로 모순되게 해서는 안 된다. 만약 우리가 같은 떡을 나누고, 공동의 잔으로부터 마시며, 하나님 안에서 단일한 가족의 구성원으로 함께 속하는 장소로서의 세상을 묘사한다면, 이것은 공동체 자신의 함께하는 삶을 위한 그리고 주변 세계와 함께 삶과 자원을 나눌 방법을 찾아야 한다. 또는 주교들의 목회 서신을 경청하면, 경제적 행위자로서의 교회는 그 자신의 경제 활동으로 돌아가서 자신의 조직 내에서 무엇을 해야 할지 결정해야 한다. 주교들은 다섯 가지 관심 영역, 즉 교회 직원의 임금과 급여, 고용인들의 권리, 투자와 재산, 자선 활동, 경제 정의를 위한 [기관으로서의] 활동을 언급한다. 다시 말해 교회는 자신의 제도적인 영역에서 도덕적 행위자로서의 역할을 갖고 있다.

더 넓은 대중(The Wider Public)

도덕적 행동의 두 번째 영역은 제도적 교회의 경계 너머의 세상이다. 행위자는 여전히 신앙 공동체이지만, 이제 그 관심은 내부라기보다 외부적으로, 즉 대중의 영역과 그 조건에 집중된다. 여기서 공동체가 행동하는 가장 분명한 방식은 그것의 구성원의 자격(membership)을 통해서인데, 그것이 사회 전반에 흩어져 있기 때문이다. 일터와 가정에서 하나님 백성의 사역은 여기에서 매우 중요하다. 이것은 **교회** 행동의 의식적인 형태로서 발전되지 않았으며 평신도의 사역에 대한 일반적인 무관심을 반영한다. 우리가 언급했듯이 역할의 도덕성은 심각하게 경시됐으며 공적 삶의 많은 분야를 특징짓는 도덕적 불모지를 더욱 악화시켰다. 다행히도 이전의 평화 목회 서신이 "'교육자', '부모', '청소년', '군 복무 중인 남성과 여성', '방위 산업에 종사하는 남성과 여성', '과학 분야의 남성과 여성', '언론 분야의 남성과 여성', '공직자들', '시민으로서의 가톨릭 신자들'"(§§304-326)[24]의 역할의 도덕성을 포함했던 것처럼, 경제 목회 서신은 "'노동자와 노동조합', '소유주와 관리자', '시민과 정부'"(§§102-104)를 포함한다. 그렇다면 여기에서 공동체의 존재는 사회 질서 전반에 걸쳐 그 구성원들의 참여를 통해 분산된 것이다.

이것을 보완하는 것은 집합된 공동체로서 교회의 행동이다. 우리는 지금 내부적으로 그곳의 공동체 삶의 질에 대한 관심을 의미하지 않는다. 우리는 세상에서 그리고 자신의 경계를 넘어 일어나야 하는 것을 집단적으로 증거하는 하나의 집단적 행위자로서 교회의 행동을 의미한다. 예를 들어 교회는 어디에 자신의 돈을 투자하며, 자신의 재산을 어떻게 사용하는가? 하나의 단체로서 그것은 지역사회 문제에 관해 무엇을 떠맡는가? 특히 공동체가 그 세상 속에서 존재하는 방식에서 어떤 종류의 삶이 반영되는가? 공동체 자체의 도덕적 형태와 그것의 윤리를 구현하는 방식은 그 자체로 교회가 더 큰 대중 속에서 행동의 주체인 방식 중 하나다. 신학적 근거는 칼 바르트(Karl Barth)에 의해 표현된다:

기독교 공동체가 시민 질서의 건설과 작업과 유지에 이바지할 수 있는 결정적인 기여는 그 자신의 건설과 구조의 형태에서 그것과 모든 인간 사회에 제공해야 하는 증거에 있다. 그것은 세상에서 세상의 주님이자 구주이신 예수 그리스도와 하나님 나라의 평화와 자유와 기쁨을 직접적으로 묘사할 수 없다. 왜냐하면 교회는 스스로 다른 모든 것처럼 [하나님의] 나타나심을 향해 움직이는 단순한 인간 사회일 뿐이기 때문이다. 그러나 그것은 그들 사이에서 존재하는 행태에서 세상에 대하여… 그 주위에 예수 그리스도 안에서 땅 위에 이미 세워진 하나님 나라의 법에 대하여 상기하는 것 그리고 그것의 미래 나타남에 대한 약속이 될 수 있고, 되어야 한다. 사실 그들이 그것을 깨닫든 깨닫지 못하든, 그것은 인간 상황의 위대한 변화에 기초하며 그것의 나타남을 향해 겨냥된 질서가 이미 땅 위에 있다는 것을 그들에게 보여줄 수 있고, 보여주어야 한다.[25]

이것은 함께하는 삶의 질과 같이 집단적 증언의 형태에서의 행동이다. 여기에서 그것의 존재는 바르트의 인용이 요구하는 것으로서 뿐만이 아니라 공공 영역에서 교회 단체들의 직접적이고 목표 지향적인 행동에서 그 자신을 보여주는 집단적 증거로서 모범적인 공동체의 존재다. 교회, 교단, 모든 종류의 에큐메니컬 연합은 외교 정책 문제들(예를 들어 베트남, 중미, 소련, 남아프리카 문제들)에 관한 대중의 의견을 형성하고 표현하며, 제안된 법안(낙태, 건강 관리, 기타 인간 봉사 문제들이 큰 주목을 받았다)에 대해 지역, 주, 국가 차원에서 로비 활동을 벌이는 시민권 활동의 일부분이었다. 집단적 행동은 그 자신의 영역에 대한 공동체의 증인으로서 교회가 수행하는 행동과 구성원 각자가 사회적 역할과 업무 안에서 공공 영역에 분산되어 수행하는 각자의 행동을 보완한다.

요약하자면, 기독교적인 도덕적 생활은 교회를 네 가지 뚜렷한 역할에 참여시킨다. 즉, 도덕적 정체성 형성의 공동체로서, 도덕적 전통의 담지자로서, 도덕적 숙고의 장소로서 그리고 도덕적 행동의 대리자로서. 각각은 다른 부분을 도우며, 어느 하나라도 기독교적인 도덕적 생활을 저해하지 않고 배제할 수 없다. 모두는 기독교 신앙 자체의 본질로부터 나오는 책무들이다.

여전히 말해야 할 것은 기독교 공동체가 행하는 높은 권위를 자신의 성경에 부여하는 신앙 공동체가 어떻게 그 권위를 이해하고 그러한 성경을 사용하는지이다.

/ 8장 /

성경적 권위의 본질과 역할

우리는 여러 지점에서 성경을 기독교윤리에 관련시키는 데 있어서 권위의 문제를 언급한 바 있다. 도덕적 성품을 형성하고 도덕적 판단을 내리는 데 있어 성경 권위의 본질은 무엇인가? 성경은 정체성을 형성하는 권위의 유일한 근원이 아니다. 성경이 우리를 위해 윤리적 결정을 내리는 시점에 기독교윤리에 대하여 권위적이지 않다는 점은 분명하다. 기독교적 성품과 행위 모두를 형성하는 것은 많은 영향과 다양한 통찰의 출처를 포함한다. 서로에 대한 관계에 있어 그들의 권위는 무엇인가? 이러한 질문들을 직접 다룰 시간이다.

　기독교인들은 성경의 권위에 대한 문제를 피할 수 없는데, 그것은 성경이 교회를 위한 경전(scripture)을 구성한다는 주장에 내재되어 있기 때문이다. 성경을 단순히 윤리적 문제에서 가능한 많은 영향이나 통찰의 원천 중 하나로 여기는 것은 가능하지 않다. 성경이 교회에 의해 경전으로 주장될 때, 특별한 지위나 권위가 그것을 위해 주장되고 있다. 경전은 교회 및 그러한 역사적 공동체와 동일시하는 개인들의 삶에 대하여 어쨌든 규범적으로 이해된다.[1] 확실히 그러한 경전의 규범적 성격을 이해하는 많은 방식이 있지만, 기독교윤리는 교회의 경전적인 기초를 공유하고 있기 때문에 성경을 기독교윤리를 행하는 데 있어 고려되어야 할 수많은 역사적 그리고 현대의 문화적 요인 가운데 하나로만 간주할 자유가 없다. 교회의 경전으로서 성경의 특별한 권위는 검토되어야 한다.

기독교윤리에서의 권위

'권위'(authority)라는 단어는 개인이나 공동체가 자신의 삶에서 결정적인 영향의 근원으로 인정하는 것을 지칭한다. 권위는 문서나 일체의 자료(예를 들어 마그나 카르타), 개인 또는 공동체일 수 있다. 엄밀히 말하면 권위는 우리에게 권한을 부여하거나 우리의 능력을 향상시키는 것이다. 권위의 문제는 권위의 근원에 내재된 어떤 특질이 아니라 그러한 근원과 개인 및 공동체로서 우리 자신과의 상호 작용에서 발생하는 '권한 부여'(authorization)의 과정에 초점을 맞춘다.

예를 들어 복음서들은 자주 예수가 '권위를 갖고' 말씀하셨다고 말한다. 여기서 사용된 그리스어 단어는 '엑수시아'(exousia)인데, 문자적으로 '존재의 밖으로(out of) 혹은 존재로부터(from)'를 의미한다. 이것은 청중들(그리고 확장하여 우리, 독자)을 그들 존재의 가장 깊은 수준에서 연관시키는 방식으로 예수의 말씀을 언급한다. 그분의 말씀들은 마음으로 갔고 교회에 의해 전달되었는데, 그 말씀들이 우리의 가장 깊은 현실과 관심사와 부합하기 때문이다. 엑수시아는 신약에서 때로 '권능'(power)으로 번역된다. 예수의 권능은 그러한 그의 말씀에 있는 것이 아니라 사람들이 갖고 있다고 알지 못했을 수도 있는 능력을 그들 안에서 불러오는 말씀들의 능력에 있으나, 예수의 권능은 바로 말씀들의 존재로부터 나오기 때문에 거의 저항할 수 없다. 예수가 '그분의 존재로부터' [권위를 갖고] 말씀하시는 것처럼, 예수의 청중들 또한 '그들의 존재로부터' 능력을 발견한다. [그들은 새로운 삶에 대한 권한을 받고 능력이 향상된다.]

교회에서 우리는 기독교인의 삶을 위해 규범적인 것으로서 인정된 성경의 위치를 언급하는 방식으로 성경의 권위에 관하여 말한다. 권위는 성경 자체에 내재된 속성이 아니다. 성경이 기독교 공동체의 삶을 위한 권한 부여의 근원이라는 것은 기독교 공동체가 수 세기에 걸친 경험으로 인식한 것이다. 권위는 공동체의 동의와 별개로 작동하는 절대적 힘으로부터가 아니라 우리에게 영향을 미치는 어떤 근원의 권능에 대한 인정으로부터 비롯된다. 제임스 구스타프슨(James Gustafson)은 H. 리처드 니버(H. Richard Niebuhr)를 의역하며 "권위는… 동의에 의해 우리에게 행사되며, 반대에 의해 자발적으로 무효화될 수 있는 일종의 능력이다"[2]라고 썼다. 윤리 문제에서 성경의 권위에 대해 문제를 제기하는 것은 "역사적 교회가 성경을 경전으로 계속 인정한 점에 비추어 기독교인의 성품과 행위를 형성하는 데 성경에게 주어진 영향의 본질과 정도는 무엇인가?"라고 묻는 것이다.

도덕적 문제에서 권위는 오로지 성경만이 보유하는 어떤 것이 아니다. 경전이라는 주장은 반드시 고려되어야만 하는 성경에 대한 권위를 세우지만, 그 권위는 절대적이거나 배타적이지 않다. 영향과 통찰의 다른 많은 원천은 도덕적 숙고에서 권위 있게 된다. 역사적 관점, 사회경제적 데이터, 과학적 데이터, 이성적 논증들, 비성경적 원천들의 끝없는 다양성은 특별한 도덕적 판단을 내리는 데 권위가 있다. 그렇다면 진짜 문제는 기독교윤리를 위한 성경적 권위의 비성경적 출처들의 권위에 대한 관계이다. 제임스 바(James Barr)는 권위라는 전체 개념이 관계적이라는 점을 유익하게 제안했다:

[권위는] 관계적이거나 계층적인 개념이며, 우리에게 영향을 미칠 수 있는 다양한 힘이나 아이디어의 출처를 정리하고 분류하려고 시도한다. … 권위의 개념은 하나의 그러한 힘의 또 다른 것에 대한 우선순위를 규정한다. … 권위는 기독교인의 믿음과 행동에 영향을 미치는 힘들을 관련시키거나 분류하려는 시도에서 사용된다. 따라서 '권위'는 관계를 정의한다. [이것은] ① 성경과 우리 자신 사이의 관계를 정의함으로써 성경이 우리를 묶는 어떤 것, 우리가 자신을 복종시켜야 할 어떤 것으로 보이도록 한다. ② 성경과 우리의 마음이나 행동에 동시에 영향을 미칠 수 있는 다른 문서나 지식의 출처들 사이의 관계를 정의한다.[3]

그러나 우리가 기독교인의 도덕적 삶에 미치는 영향들에 대한 계층적 질서를 창조하고, 그 계층 안에서 절대적 조건으로 성경의 위치를 설치할 수 있다는 생각을 처음부터 피하는 것이 좋다. 우리는 이미 성경이 기독교 윤리에서 기능하는 방식에 대해 충분히 봤으므로 이것이 가능하지 않다는 것을 안다. 우리는 이번 장에서 더 본격적인 논의에 앞서 성경의 권위에 대한 더 다각적인 이해가 보통 교회에서 옹호되었던 것보다 필요하다는 점을 제안할 수 있다.

대부분의 성경적 권위에 대한 관점들은 너무 경직되어 왔기 때문에 도덕적 판단에서 성경적 자료의 비성경적 자료와의 대화의 관계를 허용하지 못했다. 그러한 전통적 관점들은 현대 신학과 성경 연구에서의 발전들에 직면하여 무너졌으며, 이것은 권위에 대한 문제가 제기되어야 할 새로운 맥락을 만들어 낸다.

성경의 권위에 대한 전통적 관점

전통적으로 성경의 권위는 영감(inspiration)의 개념과 연관되어 왔다. 이것은 바빌론 유수를 이은 기간 동안 기록된 토라의 확립만큼 일찍 시작했다. 유대인들에게 본문 자체는 하나님의 계시의 장소가 되었으며, 그러한 본문 내부에서, 즉 본문의 부분들과 세부 사항들의 모든 것 속에서 현재와 미래 세대에 적용될 수 있는 하나님의 말씀과 지침이 발견될 수 있었다. 초기 교회에서 문서들이 기록된 형태를 취했고(바울 서신들과 복음서들), 교회의 생활에서 영향력이 있게 되면서, 본문은 또한 신적으로 영감을 받은 것으로 여겨지게 되었다. "모든 성경은 하나님의 감동으로 된 것으로"(딤후 3:16)와 "성령의 감동하심을 받은 사람들이 하나님께 받아 말한 것임이라"(벧후 1:21) 같은 본문들을 사용하면서, 영감을 통한 신적 저작의 개념이 발전하였다.

에드워드 팔리(Edward Farley)와 피터 호지슨(Peter Hodgson)은 이것을 '성경 원리'(scripture principle)의 발전이라고 언급하는데, 이것은 성경이 "하나님의 계시의 독특한 보고(寶庫)라는 견해이며, 이 보고의 특별한 특성들은 그것의 영감받은 기원 덕분이고, 권위 있는 가르침의 전통에 의해 시대들을 통해 전해져야 한다"[4]는 것이다. 비록 세부 사항에서 달랐지만, 이러한 '성경 원리'의 일부 형태는 영감에 대한 견해들이 많은 내재적 약점과 새로운 비판 정신으로 인해 약화되기 시작했을 때인 계몽주의 이후까지 성경의 권위에 대한 개신교와 로마 가톨릭 모두의 관점을 특징지었다. 비록 많은 사람이 영감에 대한 전통적인 견해를 계속 갖고 있지만, 남침례교단(Southern Baptist Convention)에서와 같이 그것들은 오늘날 상당한 논란의 근원이다.

1) 성경의 권위에 대한 초점으로서 영감에 대한 공통의 전통적인 호소에도 불구하고 교회 내에 영감의 의미와 성경에 대한 그것의 적용에 관한 합의는 나타나지 않았다. 다양한 유형론이 영감 개념을 위한 이러한 용법들의 다양성을 체계화하려고 시도해 왔다.[5] 그러한 유형론들은 본문의 실제 단어들을 신적 소통의 직접적인 산물이라고 선언하는 절대적인 성경무오설로부터 사회적으로 제한된 맥락들을 통해 소통된 신앙과 실천의 문제에서 영감을 받은 무오설에 대한 제한된 개념들까지 그리고 성경 본문들을 우리에게 제공한 저자나 공동체 안에서 발견되지만 텍스트 자체를 인간의 산물로 간주하는 영감까지 다양하다.

데이비드 켈시(David Kelsey)는 성경이 현대 신학에서 해석되는 일곱 가지 대표적인 방식을 상세하게 묘사하면서, 영감받은 것으로서 성경에 대한 고전적인 교회의 호소에 일치하는 단 하나의 용법인 영감받은 무오한 교리로서의 성경에 대한 B. B. 워필드(B. B. Warfield)의 해석만을 들었다. 켈시의 목록에서 두 번째와 세 번째 용법은 내용에서 영감받은 것으로서 성경에 대한 수정된 견해들이라고 할 수 있다. 이것들은 성경을 독특한 개념의 출처(한스-베르너 바르트슈, Hans-Werner Bartsch) 또는 구속사의 출처(G. 어니스트 라이트, G. Ernest Wright)로 해석한다. 이러한 모든 논의가 명확히 하는 것은 영감의 본질과 위치가 정의하는 것이 불가능하지는 않더라도 어려웠다는 점이다.

2) 성경의 권위에 대한 영감에 기반한 개념은 성경 자체의 본문에 과도한 신성한 권위를 부여하는 경향이 있다. 그렇다면 기독교는 하나님 중심의 종교라기보다 책 중심의 종교가 된다.[6] 이것은 영감에 대한 개념들이 교회 전통 역시 포함하도록 확장해 왔던 로마 가톨릭에서보다 개신교 신

학에서 더 위험했다. 그러한 본문에 대한 신성화는 성경의 저자들과 공동체를 단순한 전달자의 역할로 축소하고 우리가 성경으로부터 하나님에 대한 진정한 관계에 관하여 배울 수 있는 것을 모호하게 하는 경향이 있다.

3) 역설적으로 영감을 권위와 연결하는 견해들은 실제로[그리고 이론에도 불구하고] 성경의 일부를 나머지보다 더 영감받은 것으로 암시하는 권위의 위치로 높이는 경향이 있다. 이것은 구약과의 관계에서 신약의 경우 그리고 신약 내에서 복음서들의 경우였다. 이 중 일부는 상식적인 관찰로부터 성장한다. 우리는 어미 젖으로 새끼를 삶는 것에 반하는 경고를 십계명과 똑같은 무게로 받아들이지 않는다. 그러나 만일 성경의 권위가 그것의 영감에 뿌리를 둔다면, 어떤 경우에는 다른 경우보다 더 영감을 불어넣는 하나님을 상정할 수밖에 없다. 분명히 성경의 권위에 대한 더 다면적인 견해는 자신의 영감이 본문 자체 안에 고정적으로 구현된 하나님이라기보다 본문을 통해 역동적으로 우리에게 말씀하시는 하나님에 대한 덜 문제적인 견해로 귀결된다.

성경의 권위에 대한 영감 모델들의 한계들이 현대에 더욱 분명해지면서, 많은 사람들의 의견에 성경의 권위에 대한 전통적인 개념들의 영구적인 붕괴를 초래했던 다른 발전들이 있었다.

성경 권위의 붕괴

우리는 영감받은 그리고 계시적인 내용의 보고(寶庫)로서의 성경에 대한 전통적 견해들에 향한 도전이 성경 권위의 본질에 현대적 재고를 강요

하는 두 가지 별개의 영역을 강조하고자 한다.[7]

1) 첫 번째 도전은 성경 연구의 역사비평적 방법들(historical-critical methods of biblical study)의 발전으로부터 온다. 계몽주의 시대와 함께 시작되어 19세기와 20세기에 본격적인 결실에 도달한 비평적 연구의 방법들은 성경에 적용되었다. 먼저 발전한 것은 본문 비평이었는데, 이것은 다양한 사본과 번역본 중에서 가장 오래되고 진본인 본문을 확립하려고 노력했다. 물론 이것은 본문을 상대화하는 효과가 있었다. 만약 권위가 영감받은 본문에 내재해 있다면, 어떤 본문 전통이 권위가 있었는가 혹은 권위는 복원할 수 없는 원래의 본분에만 있었는가?

다음으로 저자와 출처에 대한 관심을 지닌 문학비평이 나왔으며, 바짝 뒤를 이어 전승사와 성경 공동체 및 그것들의 제도들의 수 세대를 통한 전통의 발전을 추적하는 관심이 따랐다. 그러한 연구들은 성경의 자료가 신성한 보고의 어떤 순간적인 활동의 산물이 아니라는 점을 쉽게 분명히 했다. 그것들은 성경 공동체가 하나님과의 관계에서 그들의 경험을 증언했던 것으로, 신앙의 성경적 공동체의 삶 안에서 복잡한 문학적, 역사적 발전의 결과였다. 이야기들은 전해지고, 다시 이야기되었으며, 결합되고, 편집되고, 보존되고, 장식되었다. 영감 모델들은 본문 자체에 초점을 맞추지만, 비평적 연구는 그러한 초점과 주의의 일부를 본문 뒤에 있는 과정과 그러한 과정이 펼쳐졌던 공동체로 옮겼다.

최근에 성경 본문에 대한 세속적인 문예 비평(예를 들어 구조주의, 은유에 관한 새로운 장르 연구, 기호학, 언어 이론)의 적용은 성경의 서사와 시가 작용하는 다양한 방식에 대한 우리의 인식을 증진했다. 본문의 위치와 의미는 본문 단독으로의 특질이라기보다 독자가 본문과 만남으로부터 발생하는 특질로 인식된다.

마지막으로 그리고 가장 최근에 사회과학적 연구 방법들의 성경에 대한 증대된 적용은 성경의 본문에 대한 우리의 읽기와 해석에서뿐만 아니라 본문의 원래 형성에서 중요한 요소로서 사회적 위치에 대한 더 큰 이해를 낳았다. 비록 성경이 여전히 하나님의 은혜로운 주도권에 관한 이야기이지만, 그러한 은혜에 대한 성경적 증언의 실제 형성은 영감 견해가 제시했던 것보다 성경 시대의 인간 공동체들에서 더 분명히 발견되며, 그러한 공동체들에 의해 영향을 받은 것으로 보인다.

수십 년의 비평적 연구 방법의 발전 결과는 그러한 연구에 열려 있는 사람들에게 단순히 우리의 삶에 권위적으로 적용되기를 기다리는 영원한 계시된 진리나 교리의 보고(寶庫)로서 성경에 대한 견해를 유지하는 것이 더 이상 가능하지 않다는 것이다.

2) 성경 권위의 전통적 견해에 대한 두 번째 도전의 영역은 **해방신학과 여성신학 및 그것들에 대한 적합한 해석학**[8]으로부터 왔다. 이러한 신학들은 소외된 사람들의 관점으로부터 서구, 백인, 남성적 성경 해석의 지배적인 양식을 이데올로기적으로 편향된 것으로 도전했다. 그들은 성경의 권위가 본문 안에 추상적으로 있지 않다는 것을 인지했다. 그것은 오직 본문이 해석되고 사용되면서 작동한다. 본문이 권력자, 부자, 백인, 남성 문화의 사회적 위치로부터 지배적으로 해석될 때, 성경의 권위는 의식적으로 혹은 무의식적으로 그러한 지배하는 문화 이데올로기에 권위를 부여하고 지위를 향상시킨다.

본문이 항상 해석된다는 것을 인지한다는 점에서 해방신학과 여성신학은 옳다. 그들은 우리가 독자, 청중, 설교자 또는 교사로서 갖고 온 편견에 의해 영향을 받지 않고 우리에게 온 것은 아니다. 스스로 해석하는 성경 본문은 없다. 완전히 객관적인 방법들은 없다. 심지어 역사비평 방법에 대한 객관성의 주장조차 잘못된 주장이다. 성경 속에서 여성의 존재와 여성의 이미지는 '객관적' 학문에는 보이지 않았는데, 여성들이 학자들을 배출한 교회들 안에서 보이지 않는 것으로 취급되었기 때문이다. 가난한 자와 억압받는 자에 대한 성경적 관심은 자신의 제도들이 학자들을 지원했던 안락한 중산층 사회의 문화적 편향으로 인해 종종 영적으로 해석되었다. 해방신학과 여성신학의 요구는 자신의 사회정치적, 신학적 약속을 분명히 식별하고, 그래서 비판적으로 성찰할 수 있는 '옹호 입장'이다. 가난한 자, 억압받는 자, 소외된 자를 위한 그들의 옹호 입장은 비판적 성찰에 대한 포기가 아니라 모든 해석자의 불가피한 편향이 숨겨지거나 검토되지 않은 채로 남아 있게 함으로써, 성경의 권위로 하여금 그러한 숨겨진 편향을 도와 기능하도록 허용하는 것에 대한 거부이다.

특히 후안 루이스 세군도(Juan Luis Segundo)[9]의 영향력 있는 작품에서 구체화된 해방 해석학에서, 성경의 권위는 의심의 해석학에 의해 억압적 사회의 맥락에 대한 포로 상태로부터 복구될 수 있었다. 성경 본문은 사회적 렌즈들을 통해 읽혀 왔는데, 사람들은 그러한 사회적 렌즈들을 의심하며 성경 본문에 접근한다. 이것은 회복의 해석학으로 이끈다. 지배적인 성경적 이해들이 억압적인 사회정치적 이익에 도움이 되고 있다는 점이 드러날 때 성경 본문에 대한 새로운 읽기가 가능한데, 이것은 성경 전통의 주요 부분에 핵심적인 가난한 자와 억압받는 자들을 향한 하나님의 편견을 보여주는 해방 주제의 회복이다. 이러한 주제들은 이미 본문 안에 있지만, 억압의 해석학에 의해 모호해진다.

여성주의 성서학자들[10]은 의심의 해석학을 성경 본문 자체 내에 있는 억압적 편향의 증거로 한 발짝 더 나갔다. 성경의 공동체는 성격에서 가부장적이었으며, 성경의 신앙 이야기의 들려주기는 그러한 특성을 적지 않게 반영한다. 여성주의 성서학자들은 성경 이야기 속에서 여성들의 역할을 회복하는 오래 지연된 과정을 시작했지만[11], 이러한 회복 작업은 정치적, 경제적 억압에 대한 성경의 관심과 유사한 성적 억압에 대한 핵심적인 성경의 관심을 회복하는 것 중의 하나가 아니다. 여성들은 성경의 이야기에 대한 해석에서 주변으로 밀려났을 뿐만 아니라 너무나 자주 성경 이야기 자체에서 주변으로 격하되었다.

따라서 여성주의 해석학은 단순히 회복의 해석학일 수 없으며, 그것을 넘어 재구성과 갱생의 해석학으로 나아가야 한다. 여성주의 학문은 단순히 성경 이야기를 바꾸어 이야기하는 것이 아니라 바꾸어 이야기하는 것에 새로운 무언가를 추가하려고 한다. 성경 전통을 형성하는 데 있어 여성 역할의 회복과 함께 성경적 공동체가 거의 상상할 수 없었던 방식으로 여성 억압에 특별히 적용되는 전통의 해방하는 요소들에 대한 새로운 주장이 나온다.

해방과 여성주의의 비평에 어느 정도의 정당성을 부여하는 사람들에게 영원한 계시적 진리의 보고(寶庫)로서 성경의 권위에 대한 전통적 개념은 지속될 수 없다는 것이 분명하다. 성경의 해석은 더 대화적으로 된다. 성경 전통의 내용은 우리 자신의 시대와 공동체에서의 하나님 경험(praxis)에 의해 비평된다. 성경의 내용은 그 자신의 문화적으로 조절된 편향을 지닌다는 것이 드러났으며, 전통적으로 성경이 읽혀 온 방식은 사회적, 문화적 위치에 의해 조절되었다. 본문과 전통은 우리의 독자적인 삶과 시대에 계속 진행 중인 하나님의 활동에 대한 우리의 경험으로부터 부분적으로 성장하는 비판적 성찰을 받아야만 한다.

위에서 설명된 비평은 팔리(Edward Farley)와 호지슨(Peter Hodgson)과 같은 일부 사람들을 성경의 정경(canon)이라는 개념을 거부하도록 이끌었다. 즉, "우리의 판단으로는 아무리 수정되더라도 정경이라는 개념의 지속적인 사용은 도움이 되지 않으며 폐기되어야 한다."[12] 결코 드물지 않은 이러한 진술은 주로 기독교 신앙과 윤리를 위한 고정된 권위적 내용으로서의 정경 개념에 대한 반발이다. 비록 정경 개념 자체에 대해 회의적이지만, 엘리자베스 쉬슬러 피오렌자(Elisabeth Schüssler Fiorenza)는 성경을 영원한 전형(archetype)으로 여기는 것으로부터 원형(prototype), 즉 '경험을 움직이게 하고 변화를 초대하는 개방적인 패러다임'[13]으로 보는 것으로의 움직임이 필요하다고 제안한다. 우리는 이것의 차원들을 이 장의 뒷부분에서 탐구할 것이다.

성경의 권위: 초점과 위치

만약 우리가 흔히 이해되어 왔던 것처럼 성경 권위의 붕괴를 겪었다면, 우리는 이것을 어떻게 이해해야 하는가? 개시하는 대답은 성경 권위의 문제들이 성경 자체(책[성경]에 내재된 속성)가 아니라 하나님의 임재와 활동에 적절히 초점을 맞춰야 한다고 제안한다. 마찬가지로 성경 권위의 문제들은 모든 위대한 세계 문학에 대한 지적 평가의 영역에 적절하게 위치하지 않고, 대신 세계의 제도 중 홀로 기독교 성경에 대한 특별한 관계를 주장하는 교회에 놓여 있다.[14]

1) 성경의 권위를 영감받은 책으로서의 특성 안에서 발견했던 모든 사람

은 공통적으로 어쨌든 성경이 다른 문서들과는 다른 방식으로, 즉 하나님으로부터 직접 온다는 견해를 공유한다. 제임스 바는 이러한 영감에 대한 견해가 성경의 중요성을 그 기원에 두는 경향이 있다고 지적한다.[15] 성경이 하나님의 직접적인 영감의 결과로 존재하게 되었기 때문에, 교회에서 신앙과 삶을 위한 중심적인 권위로 여겨져야 한다.

앞서 묘사된 붕괴에도 이러한 관점은 여전히 교회에서 널리 퍼져 있으며, 기독교윤리에 대한 함의들은 광범위하다. 성경이 하나님의 영감으로 된 유일한 문서에 해당하기 때문에, 성경을 기독교의 도덕적인 판단을 위한 자족하는 권위로 만드는 경향이 있다. 하나님의 뜻은 성경에 계시되어 있으며, 그렇다면 그 내용들은 우리가 무엇을 해야 하는지 결정하기 위해 규범적으로 사용할 수 있다. 이러한 입장은 우리가 성경의 다양한 자료들을 바라보는 방식에서 유연성을 거의 허용하지 않는다.

전체 성경이 영감받았기 때문에 이것은 동일하게 권위가 있으며, 우리가 윤리적 자료들을 위해 성경을 참고할 때, 비록 실제로는 이것이 거의 사실이 아니지만, 모든 성경 자료를 동일한 방식으로 사용한다는 점을 암시한다. 요약하자면, 영감에 대한 강조는 성경의 권위를 성경 자체, 즉 그것의 기원과 특성에 내재하는 것으로 만든다. 살리 맥페이그(Sallie McFague)가 비난하듯이, 기독교 신앙은 개신교의 오직 성경(*sola scriptura*)에서 가장 명확히 보이는 것처럼, 종종 '책의 종교'가 되었다. 비록 기독교 신앙의 초점이 텍스트가 아니라 하나님 사랑의 변화시키는 힘이라는 사실이 기독교가 숭배하는 책 안에서 명백하지만 말이다.[16]

앞에서 우리는 예수가 "권위를 갖고 말씀하셨다"라는 복음서의 주장에 대해 언급했다. 예수의 권위(exousia)는 그의 청자들의 존재로부터 힘을 이끌어 냈던 '그의 존재로부터' 말씀하는 것이었다. 여기서 요점은 성경이 책으로서 권위가 아니라는 것이다. 이것은 "이러한 문서들이 권위를 가지고 이야기한다"라고 말하지 않고, "예수가 권위를 갖고 말씀하셨다"라고 말한다. 권위로서 성경에 대한 논의는 그것이 책으로서 성경 자체의 권위가 아니라 예수 말씀의 권능을 경험한 사람들로부터의 증언에 대한 매개된 권위라는 사실을 명확히 할 필요가 있다. **성경을 통해** 예수는 여전히 권위를 갖고 말씀하실 수 있지만, 예수를 성경으로 대체하지는 않는다. 사실 예수와 성경 모두 예수의 권능과 우리 자신의 힘이 의존하는 최종적인 근원으로서 우리가 그 안에서 살고 움직이며 존재하는 하나님을 가리킨다.

그렇다면 성경의 권위에 대한 문제는 성경 자체의 고유한 특성에 적절하게 집중되지 않는다는 것이 우리의 주장이다. 문제는 세상에서 활동하시며 그의 뜻이 그러한 활동 안에서 그리고 활동을 통해 사람들에게 드러나는 하나님에게 더 풍성하게 집중된다. 여기서 해석학과 윤리는 중요한 공통의 기반을 찾는다. 둘 다 신앙의 백성을 위한 하나님 뜻의 계시를 분별하려고 한다. 해석학은 하나님의 활동에 대한 교회의 이해와 오늘날의 교회 공동체에 대한 하나님의 계시를 밝히는 방식으로 이스라엘과 초기 교회 공동체에 대한 하나님의 자기 계시의 성경 기록을 해석하려고 노력한다.

기독교윤리는 기독교인들이 복잡하고 변화하는 세상에서 스스로 어떻게 이해하고 행동해야 하는지에 대한 문제에 직면하여 하나님의 활동에 대한 징후를 읽고, 현재를 위한 하나님의 뜻을 분별하려고 노력하며, 그렇게 하면서 성경과 교회에서 성경의 해석 역사를 우선적 위치에 포함한 역사적 기독교 신앙의 자원들에 호소한다. 어떤 의미에서 해석학은 역사적 증거로부터 현재의 증거로 움직이는 데 반하여, 기독교윤리는 현재의 요구와 함께 존재하고 행하기 시작하며, 그러한 요구를 충족시키기 위해 역사적 증언에 의지한다. 그러나 두 개의 활동은 동일한 공동체, 즉 교회의 필수적인 활동들이다. 그런 것으로서 성경 연구와 윤리에 대한 작업이 교회의 삶에서 종종 서로로부터 분절되어 온 것은 우스꽝스러운 일이다.

신학적으로 성경의 권위를 영감(inspiration)의 개념에 두는 것과 관련한 문제는 하나님에 대한 좁은 관점으로 귀착된다는 것이다. 이것은 마치 정경에 대한 마무리 이후에 하나님이 활동을 멈추신 것 같다. 그러한 경향은 마치 신적인 뜻에 대한 하나님의 공표가 먼 과거에 제한된 것처럼 그리고 하나님의 임재와 뜻이 알려질 수 있는 것이 단지 그러한 과거의 문자화된 기록 안에서만 있는 것처럼 말하는 것이다. 영감에 대한 엄격한 견해는 하나님의 계속 진행 중인 활동과 하나님이 성경 이외의 출처들을 통해 계시될 수 있다는 가능성을 위한 여지를 남겨놓지 않는다.

여기에서 문제는 하나님의 자유이다.[17] 이것은 항상 "나는 은혜 베풀 자에게 은혜를 베풀고, 긍휼히 여길 자를 긍휼을 베푸느니라"(출 33:19; 롬 9:15 참조)라고 말씀하시는 하나님의 은혜로운 활동을 제한하고 통제하려고 애쓰는 종교적 공동체의 경향이었다. 이러한 역동성은 성경 공동체 자체에서 이미 볼 수 있었다. 포로기의 선지자가 고레스를 하나님의 메시아, 곧 하나님의 구원의 도구로 선언할 때(사 45:1) 백성은 그 생각을 거부하는데, 그들에게 고레스는 하나님의 은혜에 대한 적절한 원천이 아니었기 때문이며, 이것은 결국 선지자의 책망을 불러일으켰다(사 45:9-13).

하나님은 단지 성경 공동체에 대한 관계에서만 활동하시지 않았다. 하나님은 이어지는 모든 시대의 교회에 하나님의 뜻을 계속해서 알리셨으며, 지금도 교회와 세상을 위해 임재하시고 하나님의 뜻을 드러내고 계신다. 해석학과 윤리학의 일은 그러한 뜻을 분별하는 데 있어 교회를 돕는 것이다. 하나님의 활동에 대한 이러한 더 넓은 이해는 통찰에 대한 신학적이며 윤리적인 원천을 위한 가능성의 범위를 활짝 연다. 교회의 역사와 신앙에 대한 교회의 이해, 세속적 이데올로기들, 현대 사건들의 흐름, 비신학적인 학문들로부터의 데이터…, 이 모든 것과 더 많은 것들은 하나님이 우리를 대면하시거나 모든 창조를 위한 하나님의 뜻에 대한 지식으로 우리에게 영감을 불어넣으시는 데 가능한 통로가 된다.

그러나 여기에도 역시 위험이 있다. 하나님의 보편적 활동을 강조함으로써 성경을 완전히 상대화할 위험이다. 성경을 인간 공동체에서 종교적 경험의 여러 표현 중 하나로 간주하는 사람들이 있다. 모두는 동일한 의미에서 권위 있는 것으로 여겨져야 한다. 이러한 견해는 하나님의 계속 진행 중인 활동을 진지하게 받아들이지만, 그러한 하나님에 대한 성경 증언의 독특성을 진지하게 받아들이지 않는다. 이러한 독특성은 세계의 문학 대전 가운데 하나로서 성경에 내재된 것이 아니다. 이것은 오직 도덕적 성품과 행동의 형성을 위한 장소가 교회일 때 나타난다. 성경에 특별한 자리를 부여하는 것은 바로 신앙 공동체이다. 자기의 정체성에 대한 고백의 일부로서 성경을 위한 특별한 장소를 주장하는 것은 바로 신앙 공동체이다.

2) 성경은 교회의 책이다.[18] 이것은 신앙 공동체 밖에서 특별한 지위를 가지지 않는다. 7장에서 우리는 이미 기독교의 도덕적인 삶을 위한 맥락으로서 교회의 중요성에 붙인 진지함을 시사했다. 그러므로 여기서 우리는 교회가 기독교윤리에서 성경의 권위에 대한 호소나 성경의 권위를 위한 역할이 평가되어야만 하는 필수적인 맥락이라는 점을 간단히 보여줄 필요가 있다.

앞서 우리는 기독교윤리의 본질이 공동체 윤리라는 점을 주장한 바 있다(2장). 여기에서 우리는 기독교 성경에 부여된 권위가 공동체의 권위라는 점을 주장한다. 하나의 책으로서 성경은 스스로 권위를 주장하지 않는다. 성경의 권위는 교회가 설교, 교육, 전례, 교회의 삶과 사명에서 지침을 위해 성경을 사용하면서 교회에 의해 규정된다. 성경의 정경은 문헌 자체에 있는 내재적 특성 때문이 아니라 그러한 문헌이 성경적 공동체의 삶에 불러일으킨 것 때문에 유래되었다. 회당과 교회에서 정경성에 대한 공식적인 선언은 신앙 공동체들에서 그러한 책들을 사용함으로써 이미 생성된 권위에 대한 승인으로 일어났다.

데이비드 켈시(David Kelsey)의 중요한 연구[19]는 계시적 문서로서 성경의 고유한 성격보다는 교회의 삶에서 성경의 기능 면에서 성경의 권위에 초점을 맞추는 최근 연구를 대표한다. 그는 성경의 사용에 초점을 맞추면서 성경에 대한 호소를 이해하기 위해 필요한 것으로 교회의 위치를 가정한다. 비록 다양한 방식이지만, 사용자는 바로 교회다. 켈시는 성경 자체가 [심지어 엄격하게 연구하더라도] 기독교 신앙의 기본적인 성품을 결정하거나 그것의 성품 위에 논쟁을 해결할 수 없다고 주장한다. 교회 공동체들, 단체들, 전통들은 신학이나 윤리 문제에서 성경에 규범적 호소를 할 수 있기 전에 어떤 공통의 관점(켈시가 '상상적인 해석'이라고 부르는 것)에 도달해야 한다.[20] 팔리(Farley)와 호지슨(Hodgson)은 성경 권위에 대한 적절한 이해를 위해 필요한 장소로서 교회에 관한 우리의 입장과 일치하는 관점에서 켈시의 연구를 요약한다:

> 켈시는 성경에 대한 명백하고 기능적인 이해를 발전시킨다. 그는 성경이 교회에서 새로운 인간 정체성을 형성하고 개인과 공동체의 삶을 변화시키기 위해 기능하는 범위에서 권위를 가진다고 말한다. 이러한 방식으로

기능하는 것은 신학적으로 이해될 수 있는데, 왜냐하면 성경에서 활동하시는 분은 바로 하나님, 즉 '말씀하시는' 혹은 '계시하시는' 하나님(전통적인 이미지들)이 아니라 '정체성을 형성하시는', '구체적인 목적을 향해 성경의 용법들을 사용하시는' 하나님이기 때문이며, 하나님의 종말론적 통치의 실현이기 때문이다."[21]

성경의 권위와 기독교윤리 : 몇 가지 제안

1) 윤리적 문제에서 성경의 권위는 자족(self-sufficiency)이 아니라 우선성(primacy)의 관점에서 바라보아야 한다. 이것으로 윤리적 통찰과 영향에 대한 가능한 모든 출처 가운데 성경이 교회에서 그 역할로 인해 우선적인 것으로 눈에 띄지만, 기독교적인 성품과 행위를 형성하기 위한 유일한 출처로서는 전적으로 충분하지 않다. 성경의 권위는 기독교의 윤리적인 삶에 필수적인 요소이지만, 자족적이지는 않다. 제임스 구스타프슨(James Gustafson)은 "권위는 배타적이지 않으면서 독특할 수 있다. 성경은 그러한 지위를 가진다. … 따라서 기독교윤리에서 그것의 권위는 절대적이지 않으면서 불가피하다"라고 쓴다.[22]

기독교윤리를 실행하려는 사람들에게 성경은 다른 윤리적 통찰의 출처들에 의해서는 공유되지 않는 특별한 중요성을 지닌다. 성경은 단순히 많은 윤리적 통찰의 출처 가운데 하나로 완전히 상대화될 수 없다.

우선 성경은 교회라고 불리는 역사적 공동체의 특별한 정체성을 확립하는 문서다. 성경은 교회의 기원과 교회가 담보하는 신앙의 기원에 대한 기록이다. 이것은 기독교 신앙과 기독교의 윤리적인 삶을 위한 초점의 중심으로 서 있는 예수 그리스도의 인격과 사역에 대한 유일한 증언이다. 그러나 이것은 단지 기원의 문제 그 이상이다. 왜냐하면 성경이 계속해서 모든 세대에서 새로운 존재에 대한 권능 부여의 근원이 되는 것은 또한 교회의 경험이기 때문이다. 이것이 각각 다른 형태와 강조를 취했다는 사실은 그러한 권위(exousia)의 근원으로서 성경에 대한 지속적인 증언의 중요성을 부인하지 않는다. 기독교윤리는 이용이 가능한 많은 윤리적 지혜의 출처 가운데 자유롭게 선택하지만, 교회가 서 있는 역사적 정체성의 연속성을 끝내고 싶지 않은 한, 성경을 무시하는 것은 자유롭지 않다.

둘째로 성경은 교회의 역사적 정체성을 확립하는 역할을 할 뿐만 아니라 현재의 도덕적 문제들에 있어서 교회의 인식과 행동을 형성하는 데 주된 영향을 제공한다. 과거의 선포 그리고 교회의 가르침을 통해 성경은 기독교 공동체가 세상에서 하나님의 뜻을 분별하고 그것에 영향을 주는 방식에 영향을 준다. 성경은 이미 교회의 삶 속에 존재하며 기독교의 윤리적 행위 능력을 형성하기 위해 작용하고 있다. 비록 성경의 그러한 사용의 범위와 다양성이 크지만, 성경의 영향력은 어떤 기독교 회중에서도 거의 완전히 부재하지는 않는다. 그와 같이 성경은 도덕적 권위에 대한 비성경적 출처에서도 하나님의 활동적인 뜻을 발견하는 신앙 공동체와 그 구성원들의 능력에 영향을 미친다. 오직 교회가 자신의 역사적 전통 속에서 하나님을 알게 되면서, 현재 하나님의 활동을 분별하는 작업이 완성될 수 있다.

따라서 성경과 교회의 독특한 관계는 성경을 도덕적 성품을 형성하고 도덕적 결정을 내리는 데 있어 교회가 지속적으로 참조하는 근원으로 만든다. 기독교인들에게는 어떤 다른 윤리적 지혜의 출처도 이러한 특성을 주장할 수 없다. 기독교윤리를 위한 권위로서 성경의 우선성은 성경이 단일하고 필수적인 참조점임을 나타낸다. 성경은 교회 내 모든 윤리적 성찰에서 진지하게 받아들여져야 한다.

2) 비록 성경이 주된 권위일 수 있지만, 현대 교회에서 기독교윤리를 위한 충분히 넓은 권위의 기반이 아니다. 성경은 필수적인 출처이지만, 하나님이 드러날 수 있는 많은 다른 지식과 통찰의 출처들과 지속적으로 대화해야 한다. 1장에서 언급되었듯이 그러한 비성경적 출처들은 단순히 현대의 문제들과 그런 시대 속에서 우리의 삶을 이해하는 데 있어서의 데이터를 위해 필요하다. 많은 문제가 성경적 공동체에서 전혀 예견될 수 없었던 데 반하여, 다른 문제들은 기대되지 않았던 형태, 복잡성, 맥락을 가지고 있다.

그러나 성경의 권위는 우리가 비성경적 출처의 권위를 주장하는 것을 돕도록 기능할 수 있다. 우리가 하나님과 만남의 변화시키는 힘의 모델을 뽑아낸 것은 바로 성경으로부터다. 성경 공동체에서 그러한 만남을 묘사하기 위해 사용된 이미지, 상징, 은유를 이해하게 되면서, 우리 자신의 세계에서 그러한 하나님과의 만남과 변화시키는 힘을 위한 가능성에 민감해진다. 현재에 활동하시는 하나님을 분별하도록 돕는 것은 바로 성경을 통해 매개된 하나님에 대한 우리의 지식이다. 우리의 하나님은 철저하게 자유로우시므로, 하나님의 임재와 활동은 공식적인 종교적 전통이나 제도에 제한되지 않는다. 더욱이 그러한 하나님의 활동을 이해하고 묘사하며 선포하는 것을 위한 모델들은 성경이나 교회 전통의 모델들이 아닐 것이다. 성경은 성경의 통찰과 우리의 과거에 하나님의 은혜로운 임재와의 연속성 속에서 하나님의 '새로운 일'(사 42:9)을 선포하는 데 적절한 모델을 만들기 위해 우리 자신의 시대와 장소로부터 끌어낸 통찰을 결합하려는 우리

의 노력에 권위를 부여한다.[23]

이러한 점을 기대하고 강조하는 것은 정확히 성경 자체다. 성경적 자료의 발전 속에서 이스라엘과 초기 교회가 외부에 이미 존재했던 자료들이 하나님에 대한 그들의 관계와 하나님 백성을 위한 하나님의 뜻을 더 명확히 소통하는 데 도움이 되었다면, 그러한 자료들에 의존하는 데 주저하지 않았다는 점이 명백해졌다. 이스라엘의 법과 언약의 많은 요소들은 잘 알려진 국제적인 법적 전통에 의존하는 것으로 보인다. 지금 지혜문학은 이스라엘이 차용했고, 자신의 목적에 맞게 사용했던 고대 근동에서의 왕실에 특유한 세속적인 장르로서 이해된다. 요한복음의 저자는 예수의 삶에 대한 그의 독특한 증언을 제시하기 위해 그의 시대인 헬레니즘 세계에서 통용되던 철학적인 범주들의 전체 영역을 사용했다. 그 목록은 쉽게 확장될 수 있다. 성경 자체는 신학적이며 윤리적인 통찰의 출처가 단지 신앙 공동체 자체의 내부로부터만 발생하는 자료들로 좁게 제한되지 않는다는 점을 분명히 한다고 말하는 것으로 충분하다. 공동체는 끊임없이 더 넓은 세상 속에서 하나님을 '발견하고' 있으며 신앙을 표현하기 위하여 그러한 세상으로부터 자료들을 사용하고 있다.

이것은 교회의 역사 전반에 걸친 계속된 진리였다. 성 아우구스티누스의 신학과 윤리는 신플라톤주의에 의해 깊이 영향을 받았으며, 성 토마스 아퀴나스는 아리스토텔레스의 '이교도' 철학을 활용했다. 이는 현재 시대에도 마찬가지다. 교회는 성경만을 기초하여 윤리를 수행할 수 없다. 교회 자체의 내부에서 우리는 성경 해석의 오랜 역사와 그와 관련된 도덕적, 신학적 전통에 의존한다. 교회 외부에서 우리는 윤리적 문제가 발생하는 사회정치적 맥락을 고려해야 하고, 교회가 도덕적 성품을 형성하고 세상에 대한 사명을 이행하는 문화적 맥락을 이해하는 데 도움을 주는 목소리에 주목해야 하며, 교회의 윤리적 관심사를 이해하기 위한 지식과 그러한 것을 소통하기 위한 세속적 범주들을 이용해야 한다. 교회가 윤리적 판단을 행사하는 데 있어 교회에 가용한 비성경적 출처들은 여기서 열거할 수 있는 것보다 훨씬 더 많다.

그렇다면 교회의 과업은 성경에 기반한 그것의 고유한 자원들을 윤리적 통찰에 대한 많은 비성경적 출처와의 대화로 이끄는 것이다. 성경은 이러한 과정에서 여전히 주된 권위로 남아 있는데, 이것이 기독교윤리를 세속적인 방식으로 행해지는 윤리로부터 구별하는 열쇠이기 때문이다.

3) 기독교윤리를 위한 성경의 권위는 내용의 매개만큼이나 과정의 모형이 되는 것(modeling)에도 있다. 성경은 하나님의 변화시키고 구속적인 활동에 대한 사람들과 공동체들의 수집된 증언으로 구성된다. 본문에 의해 이러한 증언에 대한 기억으로 부름을 받는 것은 본질적으로 고대 사건을 위함이 아니다. 그것은 고대사가의 관심사이다. 우리는 우리 자신의 구속(redemption)을 위해 기억하도록, 즉 우리 삶의 사건들 속에서 우리가 하나님의 구속적인 활동을 분별할 수 있도록 만들기 위해 본문에 의해 부름을 받는다.

맥페이그는 성경, 전통, 경험 사이의 날카로운 구분들이 '하나님의 구원 능력의 경험에 대한 증언'이라는 과정으로 이해될 때 사라진다고 제안한다. 이것들은 연속성, 즉 '퇴적된 해석'(sedimentated interpretation)을 형성하는데, 그 안에서 우리는 각 시대에 하나님의 구속적 능력을 새롭게 중재하는 데 적합한 이미지, 은유, 개념 속에서 모범이 된 하나님의 구속적 권능을 본다.[24] 권위는 책에 있는 것이 아니라 성경이 매개하는 하나님과의 변화시키는 만남에 있다. 우리의 만남은 하나님의 구속적 권능과의 이전 만남의 긴 연장선에 있다.

> 이 책(성경)을 구성하는 것은 자기들의 삶 안에서 하나님의 변화시키는 권능을 증언하는 사람들과 공동체들의 수많은 경험들인데, 그것들은 어떤 과거 시대가 아니라 그들의 고유한 시대의 관점에서 해석된 것이다. 만일 우리가 성경을 진지하게 받아들이고 그것을 규범적인 것으로 본다면, 우리는 성경을 신학이 행해지는 조건을 지시하는 권위로서라기 보다 신학이 어떻게 행해져야 하는지에 대한 모델로서 그것의 방식대로 받아들여야 한다. … 사람들이 성경에서 찾는 것은 해석이 아니라 과정이며, 내용이 아니라 형식이다.[25]

내용뿐만 아니라 과정에 초점을 맞추는 것은 어떤 사람들이 제안했던 바와 같이 정경의 개념에 대한 포기를 의미하는 것이 아니다. 이것은 우리가 정경을 영원하고 신성하게 계시된 진리의 최종적인 모음이라는 전통적인 개념과는 다른 방식으로 이해해야 한다는 것을 의미하지 않는다. 이와 같은 방식으로 받아들여지면, 여러 세대 동안 성경의 모든 부분이 똑같이 진지하게 받아들여질 수 없다는 것이 분명했다. 그럼에도 이것은 성경 전체를 신성하게 영감받은 것으로 간주하는 전통적 입장을 유지하려는 사람들에 의해 정경 내에서 하나의 정경을 선택하는 일반적인 관행으로 이끌었다. 문제는 정경의 존재에 있는 것이 아니라[그것은 우리의 역사적 전통에서 주어진 것이다] 그것에 대한 우리의 개념과 용법에 있다. 정경을 다시 열기를 원하는 사람들은 하나님의 구속적 임재가 오직 정경화(canonization)에 의해 비성경적 출처에서 정당화된다고 암시하는 것으로 보인다. 정경 개념에 대한 최근의 성경 연구는 정경의 개념화와 기능에 대한 우리의 이해를 변화시켰다.[26] 초점이 결과물(product)만큼이나 과정(process)에 맞춰져야 한다는 점이 명확해졌다. 정경 자체는 '삶에 대한 적응성'[27]의 과정에 대한 증언이지, 변할 수 없는 계시된 진리의 연속적인 축적물에 대한 증언이 아니다. 정경은 하나님에 대한 우리의 경험으로부터 고립되어 기능하는 것이 아니라 정확하게 우리의 이야기가 성경 이야기에 의해 교차되도록 하고, 그러한 교차로부터 교회에서 비판적으로 성찰하며 신실하게 행동하는 과정에서 기능한다. 우리가 노력해야 할 최종 결과는 고대의 증언이 우리에게 우리 신앙에 대한 기본적인 진리를 드러내고, 동시에 하나님에 대한 우리의 고유한 경험의 능력과 권위를 존중할 정도로 고대의 증언을 존중하는 것을 허용하는 절대화되지 않은 정경이다.[28] 다음 장에서 정경의 역할에 대해 더 얘기할 것들이 있을 것이다.

과정을 매개하는 것으로서 성경의 권위에 대한 주목은 주장될 수 있는 성경 내용의 연속성이 없다는 것을 의미하지 않는다.[29] 맥페이그는 성경으로부터 '입증할 수 있는 연속성의 전형적 내용(paradigmatic content)'에 관해 이야기할 필요가 있다고 본다. 교회로서 우리의 정체성은 단지 과정에 대한 증거가 아니라 성경 내용의 일부인 이미지, 개념, 은유에 의해 분명히 형성된다. 그러나 이것들은 신성하게 승인된 교리로서 기능하는 계시적 보고(寶庫)로 간주될 수 없다. 내용은 끊임없이 과정에 의해 검증되어야 한다. 어떤 이야기와 이미지가 계속해서 하나님의 구속하시는 권능을 드러내는가? 일부 내용의 문제들, 즉 노예제도에 대한 성경의 수용, 교회에서 잠잠하라는 바울의 여성들에 대한 권고는 교회에 의해 재평가된다. 또한 일부 내용의 문제들, 즉 가난한 자와 억압받는 자들에 대한 하나님의 선호적 선택은 다시 주장된다. 일부 내용의 문제들, 즉 예수의 삶, 죽음, 부활에 대한 복음의 이야기는 그것들과 우리의 상호 작용이 변화할지라도 여전히 중심적이다.

4) 마지막으로 우리는 기독교윤리를 위한 적절한 성경 권위에 대한 어떤 견해라도 성경 전통 내의 다양성을 인지해야 한다고 제안할 수 있다.[30] 각각 다른 자료의 유형들은 각기 다른 방식으로 이용되어야 한다[다음 장에서 충분히 논의될 문제]. 성경 권위에 대한 대부분의 논의와 관련된 문제는 성경과 그 용법에 대한 획일적인 견해를 암시하는 경향이 있다는 점이다. 성경이 윤리적 문제들에서 권위가 있다는 단일한 방식은 없다. 예를 들어 가난한 자들과 동감하고 그들을 돌보라는 명령과 같은 성경의 많은 증언 안에 있는 분명하고 일관된 도덕적 명령은 현대 교회 안에서 빈곤에 대한 윤리적 논의에서 명확한 권위를 가진다. 반면에 결혼과 성에 대한 태도에 관한 성경의 증언은 더 다양하다. 하나의 성경적 관점은 없지만, 성경 자료들은 이러한 영역에서 윤리적 문제에 대한 교회의 논의를 위한 필수적인 틀을 설정하는 데 도움이 된다는 점에서 권위를 지닌다. 여기서 강조하고자 하는 점은, 성경이 이러한 예시들에서 각기 다른 의미와 함께 각기 다른 방식으로 권위 있게 작동하고 있다는 것이다.

우리는 성경 권위가 어떤 주어진 문제에 대해 말하는 성경 자료의 본질에 따라 다르게 작동한다고 제안한다. 나아가 우리는 총체적인 성경 자원들이 기독교윤리에 활용이 가능하게 되려면, 성경의 권위에 대한 그러한 다면적인 견해가 필요하다고 주장하고 싶다. 이것은 기독교윤리에 사용 가능한 성경적 자료들을 좁히는 것으로 이끌었고, 결과적으로 단지 도덕적 문제들만을 명시적으로 다루는 구절들만 종종 사용되도록 하는 권위에 대한 편협한 정의로, 영감받은 자료들에 대한 규범적인 용법을 암시한다.

우리가 성경의 권위를 주요한 것으로 다루는 것은 성경 권위에 대한 더 유연하고 기능적인 견해를 허용하기 위하여 그리고 윤리적 탐구가 기독교적이기를 원한다면 그 안에서 발생해야만 하는 필수적인 성경적 준거의 틀을 강조하기 위하여 의도된 것이다. 다음은 기독교의 윤리적인 삶을 위해 성경 자원들을 이용하고 적절히 활용하는 데 수반되는 실제 과정들을 논의한다.

9장

성경 자료들을
이용할 수 있도록 만들기

성경이 윤리적 문제에서 교회를 위한 중요한 자원이라는 일반적인 동의에도 불구하고, 실제로 성경의 역할이 종종 대수롭지 않다는 것은 사실이다. 기독교윤리학자들은 종종 성경의 기초에 관한 장들에서 성경을 인정하지만, 그것의 영향은 이후 논의의 내용에서 미미하다. 본문, 역사, 문학적 문제에 관심이 있는 성경학자들은 종종 그러한 본문들을 여전히 경전으로 여기는 공동체의 삶에서 성경의 자료들이 어떻게 하나의 자원으로 주장될 수 있는지에 대한 관심을 거의 드러내지 않는다. 비판적 학문이 성경에 대한 우리의 이해에 있어 그렇게도 많은 것을 명확히 했던 시대에 실제로 성경이 이전 세대에서보다 그리스도인의 도덕적 삶을 위한 자원으로 덜 이용이 가능한 것처럼 보인다는 사실은 역설적인 것 같다.[1] 사람들은 이것에 대한 이유에 관해 추측만 할 수 있을 뿐이다. 아마도 성경 지식의 폭발은 성경을 복잡하고 두렵게 만들었을 수 있다. 반면에 즉각적인 만족을 강조하는 현대 삶이 교회 성도들로 하여금 성경의 자원들을 열어 줄 수 있는 훈련된 성경 연구를 착수하는 것을 꺼리도록 만들었을지도 모른다. 윤리적 문제에 대한 외견상의 시급함은 그러한 고대 공동체의 통찰이 현재의 결정에 영향을 미칠 수 있도록 그들 자신의 성경적 유산 안에서 더 장기적으로 기독교인을 양성하는 것과 긴장 관계에 있을 수 있다.

이번 장은 성경이 기독교윤리를 위한 자원으로 어떻게 활용될 수 있는 지를 제안하려고 한다. 처음에 이 장의 관심은 학자들과 지역 교구 사람들 모두에 의해 대체로 간과된 것으로 보이는 두 가지 문제에 있다.

첫째, 도덕적 통찰과 지침의 원천으로서 성경의 독특한 성격에 대하여 거의 주목되지 않았다. 성경은 종종 마치 그 고유한 성격이 아무런 특별한 이해를 요구하지 않는 것처럼 참고된다. 그러나 그러한 참고의 결과는 항상 실망스럽다. 성경의 본질에 대한 이해 없이 성경은 모호하고, 모순적이며, 무관하게 보일 수 있다.

윤리적 문제를 다루는 사람들은 주어진 상황의 사회정치적 요인들을 조사하는 데 엄청난 에너지를 쓸 수 있다. 큰 관심이 서로 다른 유형의 데이터를 규정하고 평가하는 데 기울여지며 종종 각 상황의 독특성을 강조하려는 경향이 있다. 이것은 만일 성경이 조금이라도 참조된다면, 성경은 마치 그것이 자신의 특징이나 맥락이 없는 해체된 자료에 대한 개요서인 것처럼 문제에 직접적으로 말하도록 기대된다는 점을 더 흥미롭게 만든다.

둘째, 심지어 더 적은 관심이 성경의 연구와 용법을 위한 훈련된 방법에 기울여졌다. 이것은 특히 목회자조차 성경의 본문에 대한 기본적인 주해를 수행할 준비가 되어 있지 않을지도 모르는 지역 교회에서 사실이다. 방법론에 관심이 있는 많은 기독교윤리학자는 또한 기본적인 주해 도구의 부족을 보여준다. 잘못은 부분적으로 성경의 비평적 연구가 지나치게 기술적인 의미로 정의되어서 오직 전문가들만의 영역이 되었던 성경 학문의 길드(전문가 집단)에 있다. 한 신학부 교수는 언젠가 우리에게 구약의 주해는 히브리어를 읽는 능력을 요구했기에 신학생들에게 주해 방법을 가르치는 것을 중단했다고 말했다. 그러나 잘못은 교회의 최근 역사에서 성경에 관하여 가장 지식이 없는 교회들 안에서의 세대에게도 있다. 평생 활동적인 교회 구성원이지만, 아직도 성경에 대한 아무런 체계적인 지식을 갖지 않는 것이 가능하다.[2] 그러한 엄청난 무관심에 직면하여 주해가 학문적 길드의 전유물이 되고 있다는 사실은 놀라운 일이 아니다.

만일 교회가 성경을 윤리적 자원으로 회복하고자 한다면, 교회가 성경에 대한 훈련된 성찰을 위한 능력을 개발할 수 있고, 개발해야 한다고 믿는다. 간단히 말해 교회는 그 자신의 기본적인 주해를 수행하도록 배워야 한다.

성경적 증언의 성격

성경의 독특한 성격에 대해 길게 논의할 필요는 없다. 이 주제에 관해 많은 책이 저술되었다. 그러나 윤리를 위한 성경의 사용에서 중요하며, 종종 간과되는 몇 가지 성경의 측면을 주목하는 것은 중요하다.

1) 도덕적 지침을 위해 성경에 의지했던 대부분의 사람은 윤리적 관심과 관련될 수 있는 성경 문헌의 방대한 다양성(immense variety)을 간과해 왔다.[3] 서구 기독교윤리가 가장 자주 문제 지향적이었기 때문에, 성경을 특정 문제와 관련하여 좁게 참고하는 경향이 있었다. 때로 이것은 정의와 같은 핵심 개념이나 이상에 관한 성경의 자료를 탐구하기 위하여 확장되었다. 그 결과는 윤리적 문제들에 대한 성경의 적용 가능성이 윤리적 관심을 직접적으로 다루는 성경의 그러한 부분들에 종종 제한되었다는 점이다. 도덕적 권면에 대한 구절들은 가장 많이 참조되었다. 율법 규정(특히

십계명), 예언자적 계시, 예수의 도덕적 가르침 그리고 초기 교회에서 특별한 도덕적 관심사들을 다룬 그러한 서신들에 가장 큰 관심의 초점이 맞추어졌다.

실제로 성경에는 보통 활용되었던 것보다 훨씬 더 큰 범위의 윤리적 통찰을 위한 자원이 있다. 많은 자료는 우리에게 중요하거나 심지어 존재하는 문제들을 직접적으로 다루지 않지만, 그것들은 구체적인 역사적 상황에서 하나님의 뜻을 발견하고, 그것에 따라 살기 위한 성경 공동체의 노력을 증거하며, 어떤 시대에서도 도덕적 정체성과 신실한 결정들을 만들기 위한 핵심축을 형성한다. 서사적 설명, 역사적 사건, 지혜의 말씀, 비유, 종말론적 자료, 신학적 성찰, 전례의 자료…, 이 모두는 윤리적 문제를 명시적으로 다루며 때로 그보다 더 강력하게 다루는 구절들만큼이나 많은 윤리적 통찰을 가져올 수 있다.[4]

밤에 찾아온 방문자와 씨름하는 야곱의 이야기(창 32:22 이하)는 하나의 사례다. 표면상으로 이것은 윤리적 관심사에 관해 말하는 것으로 보이지 않을 수 있지만, 실제로는 그렇다. 야곱은 이 시점까지 철저하게 이기적인 삶, 사기와 기만의 삶을 살아왔다. 결과적으로 그는 그를 죽이겠다고 맹세했던 형 에서로부터 소원해졌다. 그는 약속의 땅으로부터 먼 하란에서 살 수밖에 없으며 비록 그곳에서 물질적으로 번영하지만, 야곱은 그의 헤어진 형과 재회하기 위해 돌아가는 여행을 감수해야만 하는 때가 온다. 얍복 강가에서 야곱은 홀로 밤을 보낸다. 그는 다음 날 그의 형을 만날 것이라는 것을 알고 있으며, 자신에게 어떤 운명이 기다리고 있는지 알지 못한다. 뜻밖에 한 사람이 그 밤에 그에게 달려들고, 그들은 새벽까지 씨름한다. 이 사람은 평범한 방문자가 아니다. 그러나 야곱은 아직도 자신의 이익 속에서 자신의 운명을 통제하려고 하면서 이 상대로부터 축복을 요구한다. 대신 그는 꺾였으며, 그의 허벅지는 단지 한 번의 침으로 인해 고통스럽게 탈골되고, 그는 새로운 이름을 받는다. 이제 더 이상 그 자신의 이기심(self-interest)의 이름인 '야곱'이라고 불리지 않을 것이다. 그는 자신을 넘어 한 백성의 조상으로서 그리고 하나님의 언약의 담지자로서 역할을 가리키는 이름, 하나님과 씨름하는 사람을 의미하는 이름인 '이스라엘'이라고 명명될 것이다. 그의 평생 믿음에 반하여 운명은 그의 통제가 아니라 하나님의 통제 속에 있었다. 그가 그 장소로부터 절뚝거리며 가면서 그곳을 '브니엘'('하나님의 얼굴')이라 이름 짓는다. 왜냐하면 그곳에서 하나님을 '얼굴을 맞대고' 보았기 때문이다(32:30). 야곱은 변화된 사람이다. 이제 그는 다음 날 그의 형과의 만남을 위한 준비가 되었다. 야곱이 자신을 죽이려고 작정한 원수로서 만날 것으로 예상했던 에서는 진정으로 그의 형이었으며, 에서는 기쁘게 야곱을 포옹한다. 새로운 이해를 가지고 야곱은 "진실로 내가 형님의 얼굴을 뵈온즉 하나님의 얼굴을 본 것 같사오며"(33:10)라고 말한다. 그의 자족에 대한 극복, 그의 새로운 정체성에 대한 발견 그리고 심지어 그를 절뚝거리게 만든 가해진 고통조차 그의 형 에서와의 진정한 화해를 위한 전제 조건을 형성한다.

온전히 보면 이 본문은 개인적이고 사회적인 갈등과 소외(예를 들어 인종차별, 전쟁, 성차별)를 포함하는 윤리적 문제에 대해 깊은 의미가 있는 하나의 텍스트가 된다. 이것은 우리가 적으로 여기는 많은 이들이 실제로 형제이고 자매이며, 화해로의 길은 하나님이 인간의 투쟁이라는 형태로 우리를 만나시는 어두운 밤을 통하여 놓여 있다는 점을 시사한다. 그러한 투쟁과 고통스러운 상처를 감수함으로써 우리는 우리의 진정한 '이름을 듣고 우리의 소외된 형제나 자매의 얼굴에서 하나님의 얼굴을 볼 수 있게 된다.[5]

또는 신약의 성찬 본문들은 빵이 그리스도 안에서 기독교 공동체에 대한 상징뿐만 아니라 세상에서 빵을 가진 자와 그것이 없다는 이유로 죽어야만 하는 사람들 사이의 분열에 대한 상징이 될 때, 새로운 윤리적 의미를 받는다. 우리의 깨진 세상 속에서 빵의 깨짐과 그리스도의 몸의 깨짐에 대한 새로운 탐구는 세계적인 기아와 빈곤에 대한 교회의 대응을 위해 깊은 도덕적 함의를 지닌다. 그러나 성경에 있는 윤리적 자원들에 대한 좁은 정의는 성찬의 본문들을 포함하지 않았을 것이다.

성경의 자료에 대한 좁은 선택은 윤리의 유일한 주제로서 의사결정에 대한 집중에 그 기원이 있는 것으로 보인다. 우리가 내려야 할 많은 윤리적 결정이 성경에서 직접적으로 다뤄지지 않기 때문에, 성경은 사실 윤리적 자원으로서 다소 제한적으로 보임에 틀림이 없다. 우리는 성경을 하나의 윤리적 자원으로 사용할 수 있게 만드는 하나의 열쇠가 성경의 다양성 안에서 신앙 공동체의 삶과 헌신을 형성하는 성경의 가치와 규범뿐만이 아니라 그러한 공동체가 내리는 결정들에 대한 풍부한 통찰을 발견하는 것이라고 제안한다.

2) 성경의 증언을 하나의 자원으로 밝히는 데 있어 어떤 구절의 내용만큼 그 형식과 맥락에 많은 주의를 기울이는 것이 중요하다. 성경의 특징은 그 자료들이 일반적으로 성경적 공동체의 삶 속에서 어떤 특별한 맥락으로부터 형성된 매우 구체적인 형식 안에서 말한다는 것이다. 성경은 일반화되고 보편적인 연설에 주어지지 않는다. 따라서 교회 사람들이나 학자들이 형식과 맥락에 대한 심각한 고려와는 별개로 성경의 내용이 직접 적용될 수 있는 것처럼 성경으로부터 고르고 선택하는 것은 우스꽝스러운 일이다.

내용에만 초점을 맞추는 것은 수많은 왜곡으로 이끌었다. 언약, 정의, 하나님의 나라와 같은 위대한 주제들의 내용을 마치 이것들이 성경에서 어떠한 구체적인 현실도 주어지지 않은 것처럼 그리고 이러한 주제들이 특정 상황에서 특정 방식으로 그것들을 이해하려는 투쟁과는 별개로 사용될 수 있는 것처럼 빼내는 사람들이 있다. 심지어 동일한 내용조차 다른 맥락에서 다른 의미를 지닐 수 있다. 예를 들어 창세기 2-3장에서 아담과 하와의 이야기는 인간의 자유와 자신들의 결정에 대하여 남자와 여자가 져야 하는 책임의 이야기이다. 디모데전서 2장 13-15절에서 그 이야기는 여성의 종속적이고 죄 많은 지위를 암시하기 위해 사용된다. 이것들은 동일한 내용에 대한 의미에서의 차이들인데, 오직 각 본문 뒤에 있는 극적으로 다른 사회적 위치와 공동체의 측면에서만 이해될 수 있다. 창세기 본문은 인간 책임의 역할과 위험에 대한 새로운 강조와 함께 대략 다윗 왕국 시대에 최종 형태를 갖추었던 반면에, 디모데전서는 그리스-로마 세계에서 태도와 관행 속에서 투쟁하던 초기 교회의 상황을 반영한다.

20세기에 성경의 학문은 형식과 맥락의 중요성에 대한 이해를 특히 진전시켰다. 형식 비평은 19세기에 시작된 이래 많은 본문이 조직된 장르(형식)를 관찰하고 식별하는 데 대한 널리 인정되는 강조를 발전시켰다. 이러한 확립된 패턴들은 종종 전통과 본문을 낳았던 삶의 자리(Sitz im Leben)에 대한 단서를 제공한다. 이것은 근본적으로 변화된 이해로 이끌 수 있다. 예를 들어 대부분의 교회 사람은 오랫동안 시편을 경건한 개인들의 시로 간주했다. 지금은 시편이 주로 이스라엘의 공동 예배로부터 나오며, 개별 시인의 기본적인 신앙 이해라기보다는 공동체의 기본적인 신앙 이해를 반영한다는 점이 명백해지고, 대부분의 교회 교육과정과 학습 자료에 반영된다.

보다 최근에 성경 본문이 나오는 사회적 맥락을 더 잘 이해하기 위한 노력에서 사회학적 연구 방법을 성경 본문에 적용하는 데 있어 중요하고 새로운 분야가 개척되었다. 결과는 본문의 기원에서 그리고 현재까지 내려온 본문의 해석과 재해석의 궤적 모두에서 사회적 위치의 중요성에 대한 고양된 인식이다.[6] 예를 들어 노먼 갓월드(Norman Gottwald)와 다른 학자들의 연구는 고대 세계에서 하나의 독특한 평등주의적인 사회 구조로서 이스라엘 공동체의 등장에 새로운 강조를 두었다.[7] 이제 요한복음에 관한 연구는 초기 교회와 회당 사이의 갈등을 그것의 독특한 강조점들을 이해하는 데 필요한 맥락으로 강조한다.[8]

성경 전통의 발전과 보존을 위한 공동체 기반에 대한 재개된 관심은 이러한 발전과 관련된다. 본문들 안에 전달된 것으로서 이러한 전통들을 미래 세대를 위해 보전의 가치가 있다고 판단했던 것은 바로 신앙의 공동체, 즉 이스라엘이나 초기 교회다.[9] 이에 대해 정경(canon)에 대한 우리의 논의에서 더 얘기할 수 있을 것이다. 여기서 우리는 공동체 맥락에 대한 주목이 심지어 문제의 내용이 다를 때조차 우리를 우리 자신의 공동체 대응을 위한 모델에 민감하게 만들 수 있다고 간단히 말할 수 있다. 예를 들어 다양한 형태의 우상 숭배와 사회적 불의에 맞선 선지자적 고발 너머에 공동체가 부름을 받은 언약의 본질에 대한 매우 구체적인 이해가 놓여 있다. 우리는 바알 숭배나 왕실의 특권에 대한 선지자들의 우려의 내용을 직면하지 않을 수 있지만, 그들이 말하는 방식은 심지어 직접적으로 언급되지 않을 때조차 그 밑에 있는 언약 이해를 드러낸다. 그리고 선지자들의 사회적 맥락에 대한 이해는 어떤 사회적 환경의 지배적인 패턴 속에서도 특권과 불의를 반대하고 평등과 정의를 옹호하는 사람들을 위한 하나님의 말씀의 요구를 확실하게 한다. 형식과 맥락에 대한 주목은 우리가 바알을 반대한다는 내용을 넘어 선지자와 정의로운 공동체가 된다는 것이 무엇을 의미하는지의 문제로 움직일 수 있도록 한다. 때로 우리는 특별한 문제에 관한 구절의 내용을 넘어 우리 자신의 상황을 포함하여 많은 구체적인 상황에서 신앙 공동체에 의한 대응의 패턴에 주목한다.

3) 구약과 신약 모두에서 '행함'(doing)은 '존재함'(being)과 밀접하게 연결되어 있다. 윤리적 관심을 가진 사람들은 가장 자주 "우리는 무엇을 해야 합니까?"라고 물으며 성경에 접근한다. 성경은 단호하게 우리가 무엇을 해야 하는지는 우리가 누가 되라고 부름을 받았는지에 달려 있다고 말한다. 우리는 하나님 백성의 신실한 공동체가 되도록 부름을 받는다. 우리가 결정해야 하고 행동해야 하는 것은 바로 이러한 정체성으로부터다. 신앙 공동체를 통해 오시는 하나님과의 관계 속으로 부름에 주의를 기울이지 않고 윤리적 문제를 결정하는 데 도움을 구하는 경향이 있다.

성경은 하나님의 뜻을 아는 것이 그것을 행하는 것이라는 점을 분명히 한다. 이것들은 간단히 서로로부터 분리될 수 없으며, 두 가지의 전제 조건은 신앙 공동체를 통한 하나님에 대한 관계다. "사람아, 주께서 선한 것이 무엇임을 네게 보이셨나니 여호와께서 네게 구하시는 것은 오직 정의를 행하며 인자를 사랑하며 겸손히 네 하나님과 함께 행하는 것이 아니냐"(미 6:8). 여기서 하나님에 대한 관계는 정의를 행하는 것과 불가분하게 된다. 예수가 위대한 계명을 하나님에 대한 사랑과 이웃에 대한 사랑으로 묘사하실 때, 신앙의 삶에서 이러한 이중적인 현실과 하나님에 대한 관계는 이웃에 대한 섬김의 필연적 결과라는 것을 암시한다. 비슷한 맥락에서 야고보서의 저자는 "너희는 말씀을 행하는 자가 되고 듣기만 하는 자가 되지 말라"(약 1:22)고 말한다. 이것은 최선의 명분에서조차 우리를 무분별한 활동의 광란으로 내쫓지 말아야 한다는 것이다. 이것은 하나님의 뜻을 분별하고 그것을 행하는 것이 반드시 연결되어 있다는 점을 우리에게 말해주어야 한다. 그러한 분별은 신앙 공동체의 정체성을 형성하는 영향을 통해서만 온다.

성경의 자료들은 신앙 공동체에 의해 특별한 목적을 위해 보존되었다. 성경은 남성과 여성을 신앙의 관계로 부르며 각 세대에서 새롭게 말씀을 언급했다. 이러한 차원을 무시하는 사람들은 성경에서 윤리적 통찰에 대한 대단히 유용한 자원을 찾지 못한다. 어떤 이들은 성경을 단지 교회의 뿌리에 대한 역사적 문서로만 연구하며, 그런 이유로 성경이 현재와 무관한 것으로 생각한다. 다른 이들은 성경이 자신들을 대신하여 결정해 주기를 요구하고, 성경이 그것을 자주 하지 못할 때 실망한다.

성경 자체는 우리가 '존재함'과 '행함'을 분리할 수 없다고 말한다. 따라서 성경이 도덕적 삶을 위한 자원이 되고자 한다면, 우리는 '행함'의 윤리에 대한 배타적인 집중을 포기해야 한다. "우리는 누가 되고자 하는가?"뿐만 아니라 "우리는 무엇을 하고자 하는가?"라고 물어야 한다. 물론 우리가 결정하는 것과 행동하는 것은 성경에 의해 영향을 받을 수 있지만, 신앙의 관계 안에서 결정하는 것과 행동하는 것을 시행하는 사람들(개인적으로, 공동으로)의 기본적인 정체성과 성품을 형성하는 성경의 역할과 별개로는 아니다. 우리는 나중에 이러한 문제들로 돌아올 것이다.

우리는 성경적 증언의 성격 안에서 하나의 윤리적 자원으로 성경에 접근할 때 중요한 세 가지 요소, 즉 성경 문헌에서의 방대한 다양성(the immense variety in biblical literature), 형식과 사회적 맥락의 중요성(the importance of form and social context), 존재함과 행함의 밀접한 관계(the intimate relation of being and doing)를 추적했다. 이제 특정 본문들의 자원들을 열기 위한 더 구체적인 방법으로 주의를 돌려야 한다.

주해의 중요성

성경이 하나의 윤리적 자원으로 역할을 하려면, 성경 본문의 의미를 이해하고 설명하기 위한 훈련된 방법이 있어야 한다. 대부분의 교회에서 성경은 무작위적으로 참조된다. 만일 참조된 본문이 겉보기에 이해할 수 있는 것으로 보이면, 그것은 사용되거나 일부 영향을 미칠 수 있다. 본문의 메시지가 즉시 명확하지 않으면 무시되거나 처음부터 발견조차 되지 않을 것이다. 성경은 하나님에 대한 자신들의 관계 속에서 1,500년 이상의 기간에 걸친 성경 공동체들의 복잡한 기록이다. 그와 같이 성경은 스스로 해석하는 문서일 것이라고 기대할 수 없다. 그럼에도 교회 사람들은 성경의 메시지를 이해하는 데 체계적인 노력을 거의 기울이지 않는다. 만일 성경이 윤리적 관심사에 이용될 수 있으려면, 문제에 활용될 수 있으려면, 교회 안의 사람들이 주해의 기본을 배워야만 한다.

미국 헤리티지 사전(American Heritage Dictionary)에 따르면, 주해 (exegesis)는 '비평적 설명이나 분석, 특히 성경 해석'이다. 이것은 두 개의 그리스 단어에서 유래되었는데, '밖으로'를 의미하는 'ex', '이끌다, 안내하다'를 뜻하는 'hegeisthai'이다. 이것은 본문의 의미를 끌어내면서 본문을 비평적으로 설명하는 과정을 나타내는 성경 연구에서 흔히 사용되는 단어이다. 주해의 도구와 기법은 광범위하게 발전되었다. 그러나 주해는 지역 교구 사람들의 어휘에서 거의 발견되지 않는 단어이며, 그것이 나타내는 과정도 대개 부재한다.

어쨌든 주해는 너무 복잡한 작업이어서 전문가, 성경학자 또는 학문적으로 더 기울어진 목회자들을 위해 준비되어 있다는 생각이 널리 퍼져 있다. 심지어 성경 본문에 대한 설명이 자신들의 능력을 넘어선 과업이라고 시사하는 목회자들도 많다. 그들은 이러한 작업을 그들을 위해 수행하고, 그렇게 함으로써 무엇을 설교하고 가르칠지 말해 주는 책들과 논문들을 원한다. 그러나 종교개혁의 기본 원칙 중 하나는 교회, 성직자, 평신도의 성경을 해석하는 권리였다. 만약 우리 시대에 성경 해석이 성경 연구의 학문적 길드에 있는 소수의 사람만의 영역이 된다면 역설적일 것이다. 오늘날 그런 것처럼 교회 사람들은 주해가 요구하는 훈련된 성찰의 과정에 들어갈 것으로 거의 기대되지 않는다. 그들은 자신들의 신앙 전통의 자원들을 터득하라고 요구되지 않는다.

그러나 기본적인 주해 기술에 대한 터득이 어떠한 진지한 탐구자에게도 가능하다는 점이 여기서 우리의 주장이다. 또한 성경의 자원들이 오늘날 윤리적 도전들에 직면한 교회에 가용하려면, 그러한 터득이 필요하다고 주장한다.[10] 이제 우리는 기본적인 주해의 다양한 측면에 대해 논의하기 위해 나아갈 수 있다.

주해의 첫 번째 과제는 **본문을 검토**하는 것이다. 보통의 교회 구성원들에게 이것은 원어로 수행될 수 없으므로 번역본에 의존해야 한다. 다행히도 가용한 많은 훌륭한 번역본이 있다. 개정표준역(Revised Standard Version), 예루살렘 성경(The Jerusalem Bible), 새영어성경(The New English Bible), 새미국성경(The New American Bible), 새국제성경(New International Version) 등이 유익하게 사용될 수 있다.[11] 회중들이 성경 자료들에 관하여 연구할 때, 비교를 위하여 여러 다른 번역본을 갖고 있는 것이 도움이 된다.

번역본을 비교할 때, 여러 일이 발생할 수 있다. 만약 어떤 본문의 번역이 번역본마다 근본적으로 다르다면, 사람들은 심각한 번역의 문제가 존재하며 번역자들이 서로 다른 판단을 내렸다고 추정할 것이다. 이는 확실히 사람들이 어떤 윤리적 입장을 위한 강한 기초로서 본문에 대한 단일한 번역을 사용하는 데 주의해야 한다는 점을 의미한다. 사람들은 어느 번역이 더 믿을 만해 보이는지에 대한 판단을 내리기 위하여 해설서나 기타 도움이 될 것들을 참고해야 할 수 있다. 어쨌든 주의의 깃발을 올려야 한다.

만일 번역들이 서로 다르지만 구절의 핵심을 변화시키는 방식이 아니라면, 본문을 연구하는 그룹은 번역에서 구절을 표현하고 소통하기 위한 가능성에 대한 방대한 다양성으로 그저 풍성해질 뿐이다. 이 중 하나는 또 다른 것보다 더 확실하고 더 분명하게 보일 수도 있으며, 그렇다면 이는 신앙의 삶에 대한 그것의 함의들을 논의하기 위한 기본적인 본문이 될 수 있다.

번역들은 어떤 핵심 단어나 구절에 대하여 다를 수 있다. 그렇다면 이것은 연구 노력을 어떤 핵심 개념을 명확히 해보려는 노력으로 특별한 통로(channel)에 집중할 수 있다. 예를 들어 "살인하지 말라"(죽이지 말라)는 계명에서 일부 번역본들은 "죽이지 말라"(살인하지 말라)라고 말한다. 이 구절은 전쟁과 정당방위를 포함하여 생명을 취하는 모두를 지칭하는가? 혹은 이것은 '살인하다'라는 단어를 사용함으로써 암시된 더 좁은 범위의 범죄를 지칭하는가? 이상의 연구가 필요할 것이며, 번역의 비교는 연구의 방향을 제시할 것이다.

본문에 대한 세심한 주의의 부수적인 효과는 서로 다른 번역본의 사용에 대한 심지어 짧은 경험조차도 어느 하나의 성경 번역에 대한 절대화의 위험을 가르친다는 점이다. 집단들은 성경이 기계적으로 적용되는 도덕적 정보의 매뉴얼이 아니라는 것을 즉시 배운다. 심지어 본문이 무엇을 말하는

지를 발견하는 것조차 훈련되고 숙고하는 판단이 필요하다. 잘 된다면 이러한 배움은 본문이 무엇을 의미하는지를 발견하는 것으로 이어질 것이다.

본문 자체를 조사한 후 주해자는 본문의 의미를 신중하고 비평적인 발견으로 돌린다. 만일 성경이 진정으로 기독교적인 도덕적 삶을 위한 자원으로 가용하게 되려면, 그 구절들은 우리와 소통하는 문학적 형식에서 그리고 그것들을 생산했던 구체적인 역사적 상황 모두에서 가능한 한 철저히 이해되어야 한다. 이전에 성경을 이해하는 데 있어 형식과 맥락의 중요성에 관해 썼으므로, 여기서는 그 점을 논증할 필요가 없다. 우리는 주해가 작동하는 방법으로 직접 돌아갈 수 있다.

주해는 대개 구절의 **문학적 형식과 구조** 검토로 시작하는 것이 가장 좋다. 주해는 주어진 본문이 제기하는 특별한 질문들에 답을 구하는 과정으로 이해될 수 있다. 본문에 의해 어떤 문학의 유형이 대표되는가? 본문이 구성될 때 강조점은 어디에 놓이는가? 그 구절에 논리적인 양식(문체)의 구조가 있는가? 그 구절은 더 큰 자료의 일부인가? 그것은 그러한 더 큰 문학적 맥락과 어떻게 연관되는가? [예를 들어 그것은 전체의 절정인가?] 저자에 관해 어떤 것을 말할 수 있는가? 그 구절에 대한 직접적인 문학적 유사성이 있는가? [예를 들어 복음서의 이야기나 가르침은 세 번 또는 네 번 다시 얘기하는 것에서 나타날 수 있다.] 이러한 유사한 자료들 사이에서 강조점이 달라지는가?

문학적 질문들과 밀접하게 관련된 것은 **형식 또는 장르**에 대한 질문이다. 많은 경우에 어떤 구절의 형식적 구조는 스스로 우리에게 본문의 의미와 그 용법에 관한 어떤 것을 알려주는 독특한 유형을 지닌다. 사례들은 기도문, 심판의 예언, 비유 혹은 환상이 될 수 있다. 어떤 구절에 대한 구체적인 맥락을 알지 못하고 이러한 분명한 장르 중 하나였다고 전해 듣는 것으로 우리는 그것에 관하여 무언가를 알기 시작할 수 있다. 그러한 많은 장르가 구약과 신약에서 다양하게 구별되었다. 주해자는 그 구절이 특정한 장르로 분류될 수 있도록 하는 어떤 뚜렷한 형식적 범주에 속할지 질문해야 한다. 만약 그렇다면, 이것은 성경적 공동체에서 그 구절의 용법에 대한 우리의 이해에 어떻게 영향을 미치는가? 그것은 그 구절이 메시지를 말하는 방식에 어떻게 영향을 미치는가?

어떤 구절에 관한 역사적 맥락에 대하여 질문을 제기할 때, 우리는 그 본문 뒤에 놓여 있는 이스라엘이나 초기 교회의 삶의 경험을 이해하려고 애쓴다. 흔히 주해자가 관심을 가져야 할 역사적 맥락의 두 가지 수준이 있다. 첫 번째는 본문이 직접적으로 증언하는 구체적인 역사적 경험 자체다. 예를 들어 부활이라는 중심적인 경험이 있다. 두 번째는 이러한 증언이 말하려고 의도된 역사적 맥락이다. 비록 단 한 번의 부활이 있었지만, 각 복음서는 초기 교회의 삶에서 다른 시대와 상황으로 그 증언을 향하도록 한다.

한 가지 구약의 예를 들자면, 이사야 40-55장은 끊임없이 이집트에서의 속박으로부터 이스라엘에 대한 하나님의 구원이라는 출애굽의 표현을 사용한다. 따라서 우리는 출애굽의 경험을 가능한 한 완전하게 이해할 필요가 있다. 그러나 선지자는 바벨론 포로기 동안 글을 쓰고 있으며 또한 우리는 그러한 경험의 비극에 대한 이해에 부름을 받는다. 그렇다면 우리는 선지자가 출애굽의 경험을 택했고 그 자신의 유배 경험의 맥락에 놓음으로써 이것을 새로운 출애굽의 희망으로 변형시켰다는 것을 알 수 있다. 성경을 기독교윤리를 위해 사용할 수 있게 하는 데 있어 어떤 구절이 그 자신의 역사적 상황에서 어떻게 기능했는지를 아는 것은 매우 중요하다. 우리가 성경이 기원했던 신앙 공동체를 위해 어떻게 살아 있었는지를 이해한다면, 성경은 비로소 우리의 윤리적 관심사에 살아 올 수 있다.

마지막으로 우리는 본문에 대해 **신학적 질문들**을 제기할 수 있다. 그것의 문학적 및 역사적 맥락에 비추어 그 구절의 신학적 메시지는 무엇인가? 그것의 주요 신학적 주제(모티프)는 무엇인가? 이러한 구절이 관련된 더 큰 신학적 주제들은 무엇인가? 이러한 구절을 넘어서는 신학적 기초를 가리키는 핵심 단어나 개념이 있는가? 그 당시 성경 공동체에 대한 이러한 구절의 신학적 중요성은 무엇인가?

개교회(local church)에서 주해를 수행하는 사람들이 유용한 도구가 없지는 않다는 점을 주목하는 것이 중요하다. 훌륭한 주석들, 성경 사전들, 성경 지도책들, 용어 색인들, 성경 신학 핸드북들, 성경 문헌에 대한 입문서들이 있다.[12] 그러나 이러한 것들을 너무 빨리 참고하는 것은 피해야 한다. 이러한 도구들을 사용하기 전에 검토 중인 구절을 신중히 살펴봐야 하고 다루어져야 할 중요한 질문들이 무엇인지를 결정해야 한다. 그런 다음 본문을 숙고하면서 본문에 대한 문학적, 역사적, 신학적 차원들 위에서 초기 판단을 형성하기 시작해야 한다. 이 지점에서 그 구절에 대한 가장 완벽한 이해에 도달하는 데 사용이 가능한 도움을 위한 도구들을 참고한다.

기독교 주해자는 어떤 구절을 직접적인 맥락에서 검토하고 전체적인 구절의 범위와 전체 정경(canon) 안에서 그 주제들을 주목해야 한다. 교회는 구약과 신약 모두를 경전으로 간주하므로, 주해를 위한 경계를 이들 사이에 그을 수 없다. 구체적인 구절들이나 그것들과 관련된 주제는 전체 정경 속에서 그것들의 완전한 발전에서 이해되어야 한다. 우리는 다음 섹션에서 자세한 정경의 중요성으로 돌아올 것이다. 이 시점에서는 이러한 노력을 위한 필수적인 도구가 성경 색인(concordance)이라는 점만 지적하면 충분하다. 성경 색인은 핵심 단어를 알파벳순으로 나열하고, 그 단어가 어떤 성경 구절에 등장하는 모든 사례를 기록한 것이다. 학자, 성직자 혹은 평신도를 막론하고 성경의 진지한 모든 학생은 성경 색인에 대한 용법을 연습해야 한다. 그렇게 하지 않는 것은 당장 가까이 보는 것이 볼 수 있는 전부라고 생각하며 눈가리개를 쓰고 성경의 본문을 살피는 것이다.

주해의 과제를 객관적인 역사가의 기술적인(descriptive) 과제로 좁게 정의하는 사람들은 이 시점에서 주해의 방법에 대한 논의를 마무리할 것이다.[13] 본문과 그것의 본래 의미가 가능한 한 충분히 설명되었다. 이것은 교회에 충분하지 않다. 교회에서의 주해는 성경 본문의 말씀이 어떻게 우리 시대에 하나님의 백성을 새롭게 부르시는 하나님의 말씀이 되는지에 대하여 성찰하는 단순한 묘사를 넘어가야 한다. 교회의 주해자는 온전히 그리고 비평적으로 이해된 어떤 구절이 현대의 신앙 공동체에 대해 어떻게 그것의 요구를 하는지 질문해야 한다. 하나님의 신실한 백성이 되려고 현재 애쓰고 있는 교회를 위해 어떤 통찰이나 지침이 그곳에 주어졌는가?

이 마지막 단계에서 성경은 교회의 윤리적 관심사들에 대한 하나의 자원으로 온전히 가용하게 된다. 윤리적 문제들에 대한 성경의 적용은 기계적이지 않으며 대화적이다. 이 대화의 한 축은 우리의 도덕적 관심사들이 커지는 현재 상황이다. 또 다른 축은 우리가 훈련된 주해적 성찰을 통해 복원한 것으로서 성경적 증언에 대한 온전한 이해이다. 오직 성경의 목소리가 온전히 들리게 될 때, 대화가 일어날 수 있다. 그러고 나서 성경과 윤리적 관심사들 사이의 관계는 역동적인 것이 되며, 그 안에 성경이 기독교적인 도덕적 삶에 영향을 미칠 수 있는 많은 선택이 있다. 신중한 주해가 없다면 성경적 증언은 온전히 들리지 않으며, 현재 대화의 축은 자신의 고유한 목소리로 말하는 것이 허락되지 않았던 성경으로부터 고르고 선택함으로써 자기의 선입견을 확인하는 독백이 된다.

개교회에서 주해를 위한 역량을 개발하라는 이러한 요청은 좁은 방법을 강요하는 시도가 아니다. 주해 방식에는 상당한 다양성을 위한 여지가 있다. 이는 교회가 자신의 성경적 자원들에 대해 훈련된 성찰에 관여하라는 요청이다. 오직 성경의 자료들에 대한 훈련되고 체계적인 이해를 통해서만이 성경이 교회 안에서 도덕적 통찰의 자원으로 적절히 기능할 수 있다.

통제의 틀로서 정경

우리는 주해의 과제가 본문과 그 주제를 기독교 정경의 전체 범위 안에서 검토할 때까지 완료되지 않는다고 제안했다. 이것은 전통적인 관점이 아니었다. 비평적 방법의 광범위한 영향 아래에서 구절들을 분석적으로 해체하는 경향이 있었다. 전체에 대한 신학적 의미에 거의 주의가 기울여지지 않았다. 이것은 특히 방대한 성경 자료와 관련하여 사실이다. 예를 들어 이사야라 불리는 8세기 선지자의 예언과 6세기 익명의 포로기 선지자의 예언이 동일한 성경책에 함께 보존되는 것이 중요하지 않은가? 서로 다른 복음서의 묘사들은 서로 관련하여 읽혀야 하지 않는가? 더욱더 중요하게, 정경이라는 개념은 우리가 신약을 구약에 비추어 그리고 반대로 읽어야 한다는 것을 의미하지 않는가?

최근에 편집 비평(전체 성경책이나 문학적 전통들을 형성하는 영향들에 대한 비평적 이해)에 대한 관심은 이러한 영역에 대한 새로운 관심을 불러왔다. 동시에 정경의 의미에 대한 재개된 관심이 있었다. 브레바드 차일즈(Brevard Childs)는 '기독교 교회의 정경은 성경 신학을 수행하기에 가장 적절한 맥락'[14]이라고 주장하는 가장 유명한 목소리 중 하나였다. 우리는 그가 옳으며, 정경에 대한 더 넓은 틀이 기독교윤리를 위한 성경 자료들을 사용하는 데 특히 중요하다고 믿는다.

'정경'(canon)이라는 개념(그리고 그 단어 자체)은 많은 교회 사람에게 익숙하지 않다. 기본적으로 '정경'이라는 단어는 기독교 전통에서 기독교적인 삶과 교리를 위해, 교회에 의해 권위적이라고 판단된 그러한 책들의 모음을 지칭하는 데 사용된다. 단어 자체는 '막대기'(rod)를, 파생어로는 '척도'(measure)를 의미하는 셈족어 어근으로부터 온 것으로 보인다. 따라서 성경의 정경은 교회의 계속 진행 중인 전통 속에서 하나의 신학적 척도이다.

최근의 활발한 논의는 정경의 본질과 그것의 역할을 둘러싸고 발전했다. 일부 목소리는 정경화가 단지 전통을 형성하는 과정의 최종 단계일 뿐이며, 그러한 과정에서 어떠한 확실한 단계보다 더 높이 평가되어서는 안 된다고 주장한다. 어떤 이들에게 정경은 단지 성경 시대로부터 현재까지의 전통들을 재해석하는 과정에서의 한 단계로 이해되어야 하며, 어떠한 특별한 권위(즉, 경전으로서)도 부여되지 말아야 한다.[15] 이러한 입장들은 성경 전체를 경전으로 주장하는 교회에 적합한 이해로 전환하기 어려운데, 왜냐하면 사람들은 전체 성경을 배경으로 그것의 신학적 또는 윤리적 주장들을 평가해야 한다는 의무감 없이 [정경 이전 또는 이후] 전통에 대한 어떤 단계라도 집중할 수 있기 때문이다.

차일즈는 정경의 중요성을 재강조했으며, 성경 신학(따라서 윤리학 역시)을 위한 유일한 규범적 기반으로 정경 본문의 최종 형태를 주장했다.[16] 한편으로 이것은 단지 본문들의 발전에서 여러 가지 인식할 수 있는 단계들만을 반영하고 전체는 거의 반영하지 않는 것으로 보이는 환원주의적 주해에 대한 환영할 만한 교정으로 보인다. 그럼에도 본문의 최종 형태에 대한 차일즈의 배타적인 집중은 불필요하게 제한적인 것으로 보인다.[17]

제임스 샌더스(James Sanders)는 다소 중재하는 입장을 취하는 것 같다.[18] 그는 전통이 그 고정된 최종 형식을 획득하기까지 공동체들이 전통을 받아들이고 조정했던 과정의 중요성을 강조한다. 샌더스에게 이러한 과정과 본문의 수준들에서 식별이 가능한 증거는 신학적 해석의 적절한 초점이 될 수 있지만, 그는 또한 전통이 취했던 최종적인 정경 형태의 맥락에서 그러한 성찰을 설정해야 할 필요성을 강조한다.

정경은 여전히 성경 전체가 그들의 신앙을 위한 기초라고 주장하는 교회 안에서 하나의 실체로 존재한다. 적어도 현대 세계에서 교회의 삶과 그것의 도덕적 영향력에 영향을 미치고자 하는 사람들에게 선택지는 한편으로 정경에 대한 완고하고 독단적인 견해로 제한되거나, 다른 한편으로 정경에 대한 완전한 평가절하로 제한될 수 없다. 차일즈와 샌더스는 정경이 교회의 삶에서 어떻게 이해되어야 하는지의 문제에 대한 새로워진 관심을 이끌었다.

몇 가지 기독교 정경의 본질에 관하여 기본적으로 관찰해야 한다.

1) 교회의 명확한 이해는 기독교의 정경이 구약과 신약 모두로 구성되어 있다는 것이다. 이 둘은 함께 기독교 교회의 경전을 형성한다. 교회 안에서 많은 사람들은 두 성경을 분리하는 경향이 있었다. 기껏해야 구약은 이 등급의 경전으로 여겨졌다. 신약에 대한 배타적인 집중은 전체 성경이 하나님의 말씀이라는 교회의 전통적 증언을 왜소하게 했다. 이것은 신약을 그 뿌리로부터 많은 부분이 단절되고 온전히 이해되는 것이 불가능한 상태로 남겨둔다. 교회의 윤리적 관심사의 관점에서 이는 가용한 자원

들의 범위를 크게 좁히고 나머지를 이해하기 위한 잘못되고 협소한 맥락을 만든다. 기독교윤리학에서 많은 저명한 저작들은 단지 신약만을 사용함으로써 성경의 기초를 다룬다.[19] 우리의 성경적 성찰을 위한 전체적인 틀로서 정경에 대한 관심은 자원에 대한 이러한 자의적인 협소화에 대한 교정으로서 역할을 한다.

여기서 우리는 기독교인들에게 예수 그리스도가 신앙과 윤리를 위한 초점의 중심이지만, 단순하고 획일적인 도덕적 판단의 기준을 제공할 수 있는 그의 삶과 사역에 대한 단일한 이해는 없다는 사실을 지적할 수 있다. 사실 예수를 이해하기 위해서는 그의 삶과 사역에 대한 신약의 다양한 증거들뿐만이 아니라 하나님이 세상을 구원하기 위해 행동하셨다는 복음에 대한 예수 자신의 이해와 선포를 위한 기초와 내용을 제공했던 구약의 풍부한 유산도 필요하다는 사실이 점차 분명해진다. 교회는 정경을 단순한 역사적 문서로서가 아니라 예수 그리스도 안에 중심을 둔 교회의 신앙을 온전히 이해하는 데 필수적인 것으로 보존해 왔다.

2) 기독교의 정경은 교회가 선택하고 권위를 부여했던 책들로 간주되어서는 안 된다. 교회는 항상 정경의 형성에 대한 복잡한 과정이 단지 교회의 삶 속에서 이미 확립된 하나님으로부터의 권위를 교회가 인정한 것을 대변했다고 강조해 왔다. 그러한 권위는 본문들 자체에 있는 것이 아니라 본문들과 함께한 성경 공동체의 경험에 있다. 정경은 공동체를 새로운 존재로 부르셨던 하나님을 증거하는 본문들로 구성되어 있다. 그렇다면 본문들 자체는 계속해서 이러한 하나님의 권능을 새로운 존재에게 중보한다. "정경의 개념은 그 저작물들과 모음집들에 대한 하나님의 **권위**를 <u>인정하는</u> 시도였다. … 정경에 관하여 말할 때 교회는 성경의 권위가 인간의

승인이 아니라 하나님으로부터 유래되었다는 사실을 증거했다."[20] 이러한 관점은 교회가 정경을 만들었으므로, 어떤 사람들이 시대에 뒤떨어지거나 무관한 것으로 간주하는 그러한 부분들을 빼버림으로써 개조할 수 있다는 생각에 맞서는 안전장치를 제공한다. 정경의 원칙에서 교회는 구약과 신약 모두를 하나님 말씀의 권위를 가지고 있는 것으로 인정한다. 윤리적 문제에서 이것은 우리가 어떻게든 성경의 전체성을 기독교적인 도덕적 삶을 위해 권위적인 것으로서 무시할 자유가 없다는 것을 의미한다.

3) 정경은 실제 신앙 공동체들의 맥락에서 발전했다. 따라서 그것은 그러한 공동체들의 모든 은사와 실패를 반영한다. 예를 들어 신약은 예수의 사역에 뿌리를 둔 동등한 제자도의 윤리에 대한 증거뿐만이 아니라 윤리가 문화적 수용 가능성에 대한 압력으로 인해 전복되었던(예를 들어 종들에게 주인에게 복종하며 아내들에게 남편에게 복종하라고 권고하는…) 골로새서 3장과 에베소서 5장의 가정 규범(Haustafeln)을 담고 있다.[21]

하나님과의 실제 공동체 경험의 현실들을 반영하는 정경은 필연적으로 다원적이다.[22] 정경은 단일한 목소리로 말하지 않는다. 이것은 하나님과의 다양한 경험에 대한 증거이자 성경이 말하는 목소리들에 대한 어떤 선택도 절대화하는 것을 반대한다고 경고하는 교정이다. 성경 공동체 자체가 하나님에 대한 자기 고유의 경험을 배경으로 전통을 판단하고 재해석하며 측정한다고 이해될 수 있다는 사실은 우리 편에서 유사한 활동을 지지하는 것으로 읽힐 수 있다.

물론 이것은 본문 안에 보존된 모든 수준의 증거에 대해서뿐만 아니라 성경적 공동체에 의해 본문에 주어진 궁극적인 모양으로서 최종적인 형식에 대한 주목도 필요로 한다. 정경은 기록인데, 목적에 대한 기록뿐 아니라 여정에 대한 기록이기도 하다[The canon is a record, not only of a destination but a record of the journey as well].

4) 정경은 생명과 죽음, 해방과 억압, 희망과 절망의 원천이다. 비평적 주해는 항상 본문에 대한 명확한 분석적 이해를 그러한 본문을 의미 있는 것으로 사용하는 우리의 능력과 동일시하는 경향이 있었다. 그러나 어떤 경우에 본문에 대한 우리의 명확한 이해는 우리의 신학적 이용에 대한 문제와 장애의 원천이 된다. 예를 들어 우리가 성경적 공동체의 가부장적 구조에 관해 더 명확해질수록 교회에서 여성들이 이러한 공동체들의 전통을 의미 있는 것으로 주장하기가 점점 더 어려워졌다.[23] 하나님의 말씀이 성경을 통해 우리에게 말한다고 주장하는 것은 성경적 공동체의 문화적 특성을 자동적으로 규범적인(normative) 것으로 주장하는 것이 아니다. 하나님의 말씀이 때로 우리가 성경의 공동체 자체 안에서 하나님의 은혜에 대한 그들의 증거와 함께 사회적, 정치적 편견, 좁은 비전 그리고 죄의 깨어짐에의 참여에도 불구하고 우리에게 전달된다는 점은 분명해 보인다. 사실 이것을 인식하는 것이 때로 우리로 하여금 하나님의 말씀을 더 명확하게 듣도록 해 준다.[24]

5) 정경은 또한 현대 교회의 소유다. 따라서 정경은 오직 살아 계신 하나님에 대한 우리의 경험과 우리 시대에서 신실함을 위한 그 하나님의 요구와의 대화 속에서 수용되고 해석되어야 적절하다. 목표는 특히 신앙 경험을 위한 우리의 사회적인 위치의 특수성 측면에서 신앙에 대한 우리의 경험과의 진실한 대화 안에 있는 정경이다. 이 대화는 정경 자체만큼이나 다양할 것이며, 우리가 그러한 다양한 증거를 받아들일 수 있는 정도까

지 성경의 말씀을 새롭게 받아들이기 위한 새로운 눈과 귀로 풍성해질 것이다. 따라서 정경과 현대의 신앙 경험의 역동적 관계는 상호적이다. 정경의 증언에 대한 다원성을 이해하게 되면서, 우리는 우리 시대에 하나님이 해방과 화해를 가져오기 위해 행하시는 일에 대한 현대적 증언의 다양성에 대해 더 주의 깊고 더 수용적으로 된다.

정경과 그것의 역할에 대한 문제들은 기독교윤리에서 성경의 재활성화된 용법을 위해 특히 중요하게 보인다. 8장에서 제안했듯이 우리가 애써야 할 목표는, 고대의 증거가 우리에게 우리의 신앙에 대한 기본적인 진실들을 드러낼 정도로 고대의 증거를 존중하는 한편, 동시에 성경적 공동체의 하나님에 대한 경험의 능력과 권위와 함께 하나님에 대한 우리의 고유한 경험의 능력과 권위를 존중하는 것을 고려하는 절대화되지 않은 정경이다.[25] 오직 그러한 목표만이 살아 있는 말씀을 통해 우리에게 말씀하시는 살아 계신 하나님이라는 개념을 공평하게 다룰 수 있다.

우리는 성경의 자원들을 사용하기 위한 맥락으로서 정경이 작용하는 것을 어떻게 이해하는가? 앞서 성경의 권위에 대한 논의에서 우리는 성경의 권위가 절대적이지 않다고 강조했다. 다른 요소들이 도덕적 판단에 관여한다. 여기서 우리는 성경 자료의 방대한 다양성 속에서 우리 자신의 주관적 판단들이 성경적 자원에 대한 선택에서 역할을 해야만 한다는 점을 특별히 강조하고자 한다. 사실 성경을 활용하는 과정에 대한 대화적인 이해는 이것을 요구한다. 그러나 정경의 원칙은 주관적인 윤리적 성향이 가장 광범위하게 가능한 성경적 틀 위에 검증되도록 보장한다. 우리의 판단과 일치하는 성경 자료만큼이나 우리의 판단과 일치하지 않는 성경 자료를 진지하게 받아들이지 않을 수 없다. 우리의 주관성은 어떤 객관적인 성경의 기준으로 대체되지 않는다. 성경은 그런 획일적인 문서가 아니다.

우리의 주관성은 전체적인 정경이 제공하는 통제의 틀 안에서 작용해야 한다. 정경이 그러한 방식으로 어떻게 작용할 수 있는지 살펴보자.

기독교 전통에서 정경의 중요성은 교회 안에서 그리고 교회를 위해 주해를 시행하려는 어떤 사람이라도 전체적인 정경의 맥락에서 이를 행해야 한다는 것을 의미한다. 우리는 이미 어떤 구절은 단지 그 자신의 즉각적인 맥락에서 이해될 수 없다는 것을 의미한다고 언급했다. 어떤 주어진 구절에 관한 연구와 성찰에서 얻어진 이해는 기독교 정경, 즉 구약과 신약 안에 있는 전체 범위의 자료들과의 대화 속에 관여되어야 한다. 해석자는 먼저 그 구절이 성경의 다른 어떤 곳에서 명시적으로 언급되는지 질문해야 한다. 그렇다면 그 전통은 그곳에서 어떻게 기능하는가? 이것은 처음 본문과 유사한가 혹은 다른가? 만약 그 구절이 명시적으로 언급되지 않는다면, 구약이나 신약에서 유사한 표현이 사용된 곳들이 있는가? 또는 유사한 개념과 주제 문제가 취해진 곳들이 있는가?[26] 관련된 자료 전체가 우리 앞에 있을 때, 우리는 성경 자체 안에서 자료들 사이의 역동적인 관계를 탐구할 수 있다. 단독으로 본 구절은 더 광범위한 관련된 성경 자료와 함께 볼 때, 그 의미와 중요성에서 꽤 다르게 보일 수 있다.

기독교윤리에 대한 함의는 분명하다. 만일 관심이 끌리는 성경적 보증이 성경의 증거에 대한 전체성을 배경으로 검증되지 않은 좁은 선택이라면, 윤리적 문제에 대한 성경과의 대화에 온전하게 돌입할 수 없다. 물론 정경의 맥락에서 주해를 수행하는 것은 획일적인 도덕적 증언보다 성경 자료에서 긴장과 모순을 발견하는 위험을 무릅쓴다. 우리는 오직 그러한 긴장의 극단을 다른 근거에서 도달된 입장과 가장 양립할 수 있다고 더 이상 인용할 수 없다. 정경은 종종 도덕적 지침을 위해 성경에 접근하는 사람들을 도덕적 투쟁의 일부로서 이러한 긴장들을 직접 마주하도록 강요한다. 우리는 이러한 긴장들이 종종 현대의 윤리적 상황에서 존재한다고 입증되며, 그곳에서 역시 직면해야 할 필요가 있다고 제안한다.

▼▼▼

이 지점에서 우리의 논의를 멈추고, 윤리적 함의를 지닌 특정 본문으로 더 넓은 정경의 맥락이 어떤 구절에 대한 우리의 이해를 어떻게 변화시킬 수 있는지 간단히 보여주는 것이 유용할 것이다.

마태복음 26장 6-13절(또한 막 14:3-9; 요 12:1-8)은 한 여인이 예수에게 다가와 비싼 향유 한 병을 그의 머리에 부은 사건에 관하여 이야기한다. 제자들은 그러한 낭비에 분개하고, 향유에 대한 돈이 가난한 사람들에게 주어졌다면 더 나을 수 있었다고 불평한다. 예수는 "너희가 어찌하여 이 여자를 괴롭게 하느냐? 그가 내게 좋은 일을 하였느니라. 가난한 자들은 항상 너희와 함께 있거니와 나는 항상 함께 있지 아니하리라"라고 말씀하시며 개입하신다. 그는 계속해서 향유 부음을 자신의 장례를 위한 준비에 대한 전조로 여기신다.

"가난한 자들은 항상 너희와 함께 있거니와"라는 예수의 언급은 교회에서 우리 사회와 전 세계 다른 곳에서 빈곤이라는 가혹한 현실에 대한 기독교인의 양심을 일깨우려고 노력했던 사람들에게 지속적인 응보(네메시스)가 되어 왔다. 복음을 오직 개인적이고 '내면적인' 구원의 측면에서만 정의했던 사람들은 이 본문을 빈곤의 희생자들과 정의로운 사회 질서의 수립에 대한 완전한 무관심을 정당화하기 위해 사용한다. 그들은 이 본문이 가난한 자들의 상태를 완화해 주기 위해 노력하는 것의 헛됨을 선언하며, 대신 예수의 인격에 주의를 집중한다. 그들에게 이것은 영적 필요를 물질적 필요보다 높이는 것을 의미한다.

　사실 만일 우리의 주해가 이 본문에 좁게 제한된다면, 이러한 견해에 도달하는 것도 무리는 아니다. 예수는 가난한 자들에게 주기를 바라는 제자들을 <u>실제로</u> 책망하신다. 그는 그 자신의 인격에 주의를 돌리신다. 그러나 예수가 우리는 고통받는 사람들의 물질적 필요에 관심을 가지지 말아야 한다고 의도했는가? 예수 자신의 인격에 대한 주목은 '영적인' 문제로 돌리는 것인가? 우리가 더 넓은 정경의 맥락으로 이동할 때, 이 구절에 대한 이해는 변하기 시작한다.

　첫째는 자연스럽게 복음서에서 예수의 사역에 대한 더 넓은 묘사로 이동하는 것이다. 처음부터 예수는 자신의 사역을 가난한 자와 억압받는 자들과 동일시하셨다. 예수는 누가복음 4장 16-19절에서 공적 사역을 시작하시고, 나사렛에서 설교하시며 이사야 61장 1-2절의 본문을 선택하신다:

주의 성령이 내게 임하셨으니, 이는 가난한 자에게 복음을 전하게 하시려고 내게 기름을 부으시고, 나를 보내사 포로 된 자에게 자유를, 눈먼 자에게 다시 보게 함을 전파하며, 눌린 자를 자유롭게 하고, 주의 은혜의 해를 전파하게 하려 하심이라.

　예수는 자신을 가난한 자들과 사회의 버림받은 자들과 관련시키셨으며, 이것으로 인해 비판을 받으셨다(마 11:19; 눅 7:34). 그의 설교에서 예수는 가난한 자들을 염려하며 말하셨고, 그들이 하나님에 의해 특별히 축복받았다고 지적하셨다(눅 6:20-21). 아마도 가장 인상적인 것은 마태복음 25장 31-46절의 대심판에 관한 구절일 것이다:

내가 주릴 때에 너희가 먹을 것을 주었고 목마를 때에 마시게 하였고, 나그네 되었을 때 영접하였고, 헐벗었을 때 옷을 입혔고, 병들었을 때 돌보았고, 옥에 갇혔을 때에 와서 보았느니라.

예수는 그를 받아들이는 것이 그들의 필요를 섬기는 것과 동일하다는 정도까지 바로 그의 인격이 가난한 자들과 궁핍한 자들과 동일시된다는 점을 분명히 하신다.

내가 진실로 너희에게 이르노니, 너희가 이 형제들 중에 가장 작은 자에게 한 것이 곧 나에게 한 것이다(마 25:40).

복음서의 다른 곳에서 가난한 자들의 물질적 필요에 관하여 예수가 염려하셨다는 데 대한 강력한 증언에 비추어, 우리는 확실히 마태복음 26장 11절에서 예수의 말씀을 그 자신의 사역에 대한 부정이라고 이해할 수는 없다. 예수는 이 구절에서 그 자신의 고난에 주의를 집중하고 있지만, 가난한 자들과 궁핍한 자들의 필요를 무시하라고 촉구하고 있지는 않을 것이다.

정경에서 더 넓게 움직이면, 우리는 신명기 15장 7-11절에서 예수의 말씀과 매우 유사한, 예수가 직접적으로 언급했을 가능성을 제기하는 본문을 발견한다. 이 구절은 예수와 그 시대 유대인들의 신앙에 중심적이었던 율법, 즉 토라의 일부다. 이 본문은 가난한 자들에 대한 우려가 신앙 공동체에서 의무적이라는 것을 분명히 하고 있다.

너희 중에 가난한 자가 없으리라. … 네가 만일 네 하나님 여호와의 말씀만

듣는다면… 네 하나님 여호와께서 네게 주신 땅 어느 성읍에서든지 가난한 형제가 너와 함께 거주하거든 그 가난한 형제에게 네 마음을 완악하게 하지 말며 네 손을 움켜쥐지 말고 반드시 네 손을 펴서 그에게 필요한 대로 쓸 것을 넉넉하게 꾸어주라. … 너는 반드시 그에게 줄 것이요, 줄 때에는 아끼는 마음을 품지 말 것이니라. … 땅에는 언제나 가난한 자가 그치지 아니하겠으므로 내가 네게 명령하여 이르노니 네 땅 안에 네 형제 중 곤란한 자와 궁핍한 자에게 네 손을 펼지니라.

이 구절은 만약 언약의 요구들이 완전히 구현된다면 가난이 없을 것이지만, 이스라엘이 모든 인간 공동체와 마찬가지로 '목이 곧은 백성'이기 때문에 거주자 중 일부는 불가피하게 가난할 것이라는 점을 시사한다. 그러므로 하나님의 백성은 그들을 돌보라고 명령받는다. 이러한 과업은 하나님의 백성이 된다는 것이 의미하는 바의 일부분이지, 선택적인 활동이 아니다.

이것은 마태복음 26장 6-13절에 대한 우리의 생각을 크게 바꾼다. 예수는 가난한 자들에게 주자는 제자들의 바람이 아니라 여인에 대한 그들의 책망에 응답하고 있다. 그는 가난한 자들의 존재가 전체 언약 공동체에 대한 지속적인 심판이라는 점을 상기시키고 있다. 그 여인은 스스로 의롭게 지목되어서는 안 되며, 가난한 자들은 공동체의 책임이다. 예수는 가난한 자들의 지속적인 존재에 대한 주의를 환기하면서, 그들의 필요를 잊으라고 우리에게 촉구하고 있지 않다. 그는 우리가 가난한 자들을 돌봐야 하며, 그들의 지속적인 존재는 언약 공동체로서 우리의 실패를 지적하는 고발이라는 하나님의 명령을 직접적으로 언급하고 있다. 우리가 책임을 지는 것은 그들이 항상 존재하기 때문이다. 그리고 나서 예수는 계속해서 자신의 고난, 즉 인간의 고통에 대한 그 자신의 궁극적인 개입에 대한 주의를 집중시키기 위해 그 여인의 선물을 이용한다.

더 넓은 정경의 맥락은 이 구절에 대한 우리의 이해를 완전히 바꾼다. 만약 더 넓게 검토했다면, 우리는 하나님의 백성을 가난한 자들의 복지에 연관시키는 훨씬 더 많은 본문을 발견했을 것이다(선지자들, 바울). 전체 성경의 맥락에서 주해는 결코 마태복음 26장 6-13절을 물질적 필요보다 영적 필요를 높이는 것으로 좁게 해석하도록 하는 것이 아니며, 가난하고 궁핍한 자들에 관한 도덕적 의무의 힘으로 우리를 압도한다.

▼▼▼

이제 성경을 기독교윤리를 위한 자원으로 사용할 때, 몇 가지 중요한 방식으로 **정경이 통제의 틀로 작용한다는 점**을 제시할 수 있을 것이다.

1) 정경은 성경 자원들을 활용하는 데 있어 신앙 공동체의 중요한 역할을 강조하는 데 도움이 된다. 정경은 하나님의 뜻을 분별하는 데 있어 이스라엘과 초기 교회의 삶의 경험으로부터 성장했다. 권위 있는 것으로서 전체 정경에 대한 교회의 인정은 그러한 공동체들의 지속성을 암시한다. 따라서 정경은 교회가 그 안에서 성경이 신앙 공동체의 현대적인 윤리적 관심사들에 대하여 가용하도록 만들어질 수 있는 적절한 맥락이라는 것을 의미한다. 성경은 더 넓은 신앙 공동체로부터 분리된 채 개인들에 의해 온전하게 해석될 수 없다.

2) 정경은 또한 우리에게 하나님의 계속 진행 중인 활동을 상기시킨다.

우리가 성경의 전체 범위와 관련되어야만 할 때, 우리는 성경 자체 안에서 끊임없이 새로운 방식으로 계시되시는 하나님을 본다. 비록 모든 부분이 특별한 시간과 장소에서 이해된 것으로서 하나님의 임재에 대한 권위를 갖고 말하지만, 어떤 하나의 말씀도 하나님의 자기 계시에 관한 최종적인 말씀이 아니라는 점은 분명하다. 성경은 그 자체를 넘어 하나님의 실재를 가리킨다. 신앙은 그 동일한 하나님이 우리의 현재 속에서 활동적인 것으로 이해한다. 따라서 정경은 과거 속에 모셔져 있는 하나님을 발견하기 위해서가 아니라 우리 시대에 하나님의 활동과 뜻을 분별하는 데 우리를 돕기 위해 성경에 대한 대화적 사용을 장려한다.

3) 이전 요점의 당연한 귀결로서 정경은 성경 본문의 절대화를 방지하는 데 도움이 된다. 성경의 말씀들은 그 자체로 숭배되어서는 안 된다(때때로 성경 숭배[bibliolatry]로 불리는 관행). 정경의 맥락에서의 주해는 성경 안에서의 범위와 다양성을 보여주며, 성경 안에서 어떤 하나의 표현도 절대화하는 것에 주의한다. 이것은 성경 말씀의 본질이 정적이지 않고 동적이라는 것을 가르치며, 그럼으로써 윤리적 문제에 있어서 우리가 성경을 기계적으로 적용할 수 없음을 시사한다.

4) 정경은 윤리적 사용을 위해 선택자의 성향에 기초하여 본문을 선택하는 것을 방지하는 데 도움이 된다. 성경의 전체성에 대한 정경의 강조는 도덕적 판단이 단지 이미 다른 근거에서 도달한 입장을 지지하는 본문들만을 모으는 것에 기초를 둘 수 없다는 점을 의미한다. 심지어 그것이 우리에게 어려운 긴장과 모순을 제시할 때조차 정경에 대한 주목은 도덕적 판단에 도달할 때 성경의 증언에 대한 전체성을 따져볼 것을 요구한다. 일부분

과 관련 있는 것으로 선택하고 다른 것들을 거부하는 것은 자기 고유의 정경을 창조하는 것이다. 그렇게 제한된 정경을 바탕으로 한 윤리적 진술은 대개 오해를 불러일으킨다. 기독교윤리를 수행하는 것은 교회의 역사를 통해 경전으로 인정된 기독교 정경 전체와 대화에 들어가는 것이다.

5) 마지막으로 정경에 대한 강조는 비평적 환원주의(critical reductionism)를 피하는 데 도움이 된다. 성경 본문을 비평적으로 분석할 때의 경향은 부분에 집중하고 전체에서 그것들이 관계를 보지 못하는 것이다. 정경에 대한 관심은 비평가에게 성경 전체의 역동적인 상호 관계로 되돌아가도록 지속적으로 촉구한다. 이것은 비평적 방법에 대한 거부를 의미하지 않으며 단순히 비평을 넘어 말씀의 정확한 위치(address)를 발견하려는 지속적인 관심을 의미한다. 그리고 이것은 결코 단 하나의 본문이나 심지어 단 하나의 책을 검토한 비평적 결과를 단순히 살펴보는 것으로 이행될 수 없다. 윤리적 지침을 구할 때 이러한 더 넓은 틀은 필수적이다.

만일 성경이 그것의 본질에 대한 이해를 통해 그리고 전체 정경의 맥락에서 그 구절들에 대한 신중한 주해를 통해 가용하게 된다면, 그것은 기독교의 도덕적인 삶을 위한 풍부한 자원이 될 수 있다. 우리는 성경이 그러한 자원으로서 역할을 할 수 있는 방법들에 대한 논의로 향한다.

도덕적 삶을 위한 자원으로서의 성경

기독교윤리에 대한 성경의 관계를 논의할 때 자주 저지르는 실수 중 하나는 성경이 어떻게 사용되는지에 대하여 도덕법, 도덕적 이상 혹은 도덕적 유추와 같은 단일한 다목적 모델을 제시하는 것이다.[27] 이전의 논의가 제시하듯이 이것은 성경 자원들의 다면적인 본질을 무시한다. 또한 교회 안에서 윤리적 관심사에 대한 획일적 특성을 암시한다. 우리는 성경이 기독교의 도덕적인 삶을 위한 자원으로 적절하게 기능할 수 있는 몇 가지 방법을 제안하고자 한다.

1) 성경은 기독교 정체성의 형성자로서 역할을 한다. 성경은 신앙 공동체의, 따라서 교회와 그것의 신앙 전통과 자신을 동일시하기로 선택한 개인들의 자의식적인 정체성의 주요한 원천이다. 성경은 하나님 백성의 신실한 공동체가 되려는 이스라엘과 초기 교회의 투쟁에 대한 그들의 증거이다. 그것은 그들의 구체적인 삶의 경험 속에서 하나님 자신을 하나님이 계시하시는 데 대한 그들의 응답에 관해 이야기한다. 교회는 이러한 증거를 권위 있는 것으로 인정하면서, 우리 자신의 시대에 신실한 공동체가 되려는 교회의 시도를 위한 규범적 지침으로서 성경 공동체들에 대한 자기 이해를 확립했다. 도덕적 행위 능력이 독특하게 기독교적으로 되는 것은 바로 성경에 대한 관계 속에서다. 기독교적 윤리에 관심이 있는 이들에게 이것은 기독교인들이 더 넓은 교회의 공동체와 공유하는 특별한 정체성을 자신들에게 부여하는 기본적인 미덕, 가치, 비전을 위한 주요한 원천이 성경이라는 것을 의미한다. 윤리적 문제에 직면할 때, 이러한 성경의 사용은 기독교인들이 그 문제를 검토하는 관점에 영향을 미친다. 간단히 말해 이러한 성경의 사용은 결정, 성품과 행위뿐만이 아니라 의사결정자를 형성하는 것과 관련이 있다.

만일 성경이 기본적인 정체성을 형성하는 역할을 한다면, 이것이 도덕적인 딜레마가 결정을 위해 스스로 나타날 때까지 미뤄질 수 있는 기능이 아니라는 것이 분명해야 한다. 이러한 성경의 사용은 자기의 삶을 정리하기 위하여 책임 있는 사람들에 의해 신앙 공동체를 장기적으로 양육할 것을 요구한다. 만일 교회의 독특한 미덕, 가치, 비전이 성경의 자원들에 대한 연구와 성찰로부터 이미 내면화되지 않았다면, 도덕적이고 윤리적인 위기의 한가운데서 그것들에 의미 있게 의존하는 것은 가능하지 않을 것이다. 이러한 기능을 위한 출발 지점은 윤리적 문제를 정의하는 것이 아니라 성경 자체다. 이것은 기독교적인 도덕적 성품의 형태에 대한 그 자체의 기본적인 증거를 위해서뿐만이 아니라 어떤 특별한 윤리적 문제에 대한 실용적 적용을 위해서도 연구되어야 한다.

이러한 기능에서 전체적인 정경이 자원으로서 역할을 한다는 점은 분명해야 한다. 전체로서 성경은 개인과 공동체에서 도덕적 성품을 형성하는 역할을 한다. 따라서 이야기들은 계명만큼 윤리적으로 중요하며, 시편은 가르침만큼 영향을 미친다. 교회의 기본적인 성격은 성경에 기록된 경험의 범위에 대해 성찰함으로써 형성된다. 윤리적 의미는 도덕적 관심사들을 명시적으로 다루는 본문에 한정되지 않는다.

예를 들어 복음서들은 예수 시대의 사회에서 다른 사람들에 의해 버림받은 사람들과 죄인들이라고 여겨진 사람들과 예수의 관계에 관해 전해주는 이야기들로 가득하다. 어떤 명시적인 가르침과는 전혀 관계없이 이러한 이야기들의 증언은 교회가 포용적이고 수용적이며 새롭게 하도록 부름을 받은 공동체의 유형을 형성한다. 가난이나 형사법적 정의를 다루는 윤리적 상황에 이러한 태도를 적용하는 사람들은 그 혹은 그녀의 결정이 변화된 것을 발견할 것이다.

또는 재차 성경 전통에서 양육되어 아가의 사랑 노래뿐만 아니라 결혼에 관한 바울의 더 무거운 의견을 봤던 사람들은 인간의 성(性)에 내재된 위험뿐만 아니라 충만함을 위한 가능성에 대한 인식을 갖고 성적 윤리의 문제에 접근할 것이다.

선한 것으로서 창조에 대한 히브리인들의 확언이나 복음의 보편성에 대한 바울의 확신과 같은 기본적인 태도들은 교회가 윤리적 관심사들에 가져오는 관점의 기초가 되었다. 그러나 이러한 태도들은 성경 자체의 원천에서 양육되지 않고 강하고 예리하게 유지될 수 없다. 이러한 방식으로 생각하면, 교회 안에서 지속적으로 성경을 연구하고 그 지혜에 대해 성찰하는 것은 교회의 도덕적 삶에서 필수적인 요소다.

2) 성경은 도덕적 명령의 수여자로서 역할을 할 수 있다. 여기서 우리는 성경이 하나님의 백성인 사람들에게 선택 사항이 아닌 윤리적 입장을 가리키는 직접적인 도덕적 말씀(address)으로서의 영역임에 대하여 말하고 있다. 많은 윤리학자와 교회 지도자는 규범적인 도덕적 규범으로서 성경의 사용에 대응하려는 욕망에서 성경의 기능을 관념(ideals)의 설정이나 도덕적 대화를 위한 하나의 자원으로 제한하는 경향이 있었다. 이것은 때로 성경이 명확한 합의와 함께 개인이나 공동체인 기독교의 도덕적 행위자의 정체성에 기본적인 것으로, 의도된 직접적인 도덕적 명령의 원천으로 역할을 한다는 사실을 호도한다. 구약과 신약 모두 "네 마음을 다하고, 목숨을 다하고, 뜻을 다하여 주 너의 하나님을 사랑하라. … 또 네 이웃을 너 자신같이 사랑하라"(마 22:37-39)라는 가장 큰 계명에 대한 예수의 요약을 일관되게 확언한다. 따라서 이웃에 대한 복지를 자신의 복지와 동등하게 놓아야 한다는 것이 바로 하나님을 사랑하는 사람들에게 요구되는 것이다. 이러한 명령은 윤리적 문제에 대한 어떠한 접근 방식에도 깊게 영향을 미친다.

그러한 도덕적 명령과 함께 구체적인 문제가 발생하기를 기다릴 필요는 없다. 명령은 그 자체로 내면화되어야 한다. 이러한 문제들에서 교회의 입장은, 비록 그러한 입장에 대한 전략과 시행과 관련하여 상당한 허용 범위(latitude)가 의심의 여지 없이 남아 있다는 점을 강조해야만 하지만, 성경 자료 안에 확고하게 확립되어 있다. 그러한 도덕적 명령들이 기독교 정체성에 대한 형성자로서 성경에 대한 우리의 이전 기능과 밀접하게 관련되어 있다는 점은 분명해야 한다. 사실 여기서 우리의 구별은 하나의 인위적인 구별이다. 성경의 증거에서 명확해진 도덕적 명령들은 신앙 공동체의 기본적인 정체성의 일부로 내면화되어야 한다. 우리는 그것들을 구분했는데, 단지 이전에 가치와 태도의 형성에 관해 말했고, 여기에서 더 직접적으로 특별한 도덕적 입장에 대한 검증(identification)에 대해 말했기 때문이다.

　　이 시점에서 더 확장된 예시가 도움이 될 수 있다. 세계 식량 위기와 지구적인 기아의 비극에 비추어 교회는 윤리적 관심사들의 복잡한 영역에 대한 대응과 함께 씨름해 왔다. 성경 자료들에 대한 검토는 기아 및 빈곤에 대한 신앙 공동체의 관계에 관한 명확하고 모호하지 않은 말씀을 보여 준다. 구약에서 하나님은 특히 가난한 자들을 사랑하고 돌보신다(시 10:12; 12:5; 사 25:4; 29:19). 하나님은 그들의 상태를 받아들이지 않으시고, 그들을 구원하겠다고 약속하신다(시 132:15; 잠 15:15). 하나님이 가난한 자들과 동일시하셨기 때문에, 신앙 공동체 역시 이러한 사람들을 위한 특별한 관심으로 부름 받는다. 가난한 자들의 권리들은 율법 규정에 확립된다. 가난은 공동체의 자원 분배에 대한 심판이며, 따라서 가난한 자들에 대한 우려는 자발적인 자선에 맡겨질 수 없다. 선지자들은 가난하고 억압받는 자들에 대한 강력한 옹호자가 되며, 이것을 전체 언약 공동체의 관심사로 촉구한다.

우리가 이미 주목했듯이 신약에서 예수는 가난하고 억압받는 자들과 급진적으로 동일시하시며,[28] 제자들에게 이러한 관심을 제자도에 본질적인 것으로 삼을 것을 명령하신다(마 25장). 예루살렘의 초기 교회는 궁핍한 자에게 공급하기 위해 모든 물질적 자원을 공유했다(행 2:44-45). 서신서에 나오는 수많은 언급은 가난한 자들과의 동일시 및 그들에 대한 우려가 초기 교회에 중요한 명령으로 남아 있음을 보여준다(고후 8:9; 9:9; 히 13:16; 약 2:1-7).

구약과 신약 모두의 증거는 기아와 빈곤 속에서 소외된 존재로 살아갈 수밖에 없는 사람들에 대한 우려가 하나님의 백성에게 선택적인 활동이 아님을 분명히 한다. 또한 그것은 단지 형식적인 자선으로 처리되는 사소한 요구 사항이 아니다. 이러한 사람들과의 동일시는 그것이 신앙 공동체에 의미하는 것의 핵심이다. 명백한 도덕적 명령은 교회가 되려는 사람들을 위해 여기 확립된다.

최종적인 주의 사항이 필요하다. 교회는 성경의 증언이 이것을 보증하지 않는 영역에서 도덕적 명령을 선언할 이들에 맞서 항상 경계해야 한다.[29] 교회의 역사는 성경의 제한된 일부분에 절대적인 도덕적 권위를 부여했던 사람들의 사례들로 가득하다. 전체 정경의 맥락에서 신중한 주해는 안전장치이다. 도덕적 관심이 법률 규정으로부터 가르침의 이야기, 비유, 서신서에 이르기까지 성경 자료들 안에서 표현될 때, 그것의 요구는 더 제한된 맥락에서 표현된 관심보다 필연적으로 더 강하다. 오직 하나님 백성의 진정한 자기 이해에 필요한 도덕적 명령으로 성경 전체에 걸쳐 지속적으로 확인된 그러한 관심사만이 성경의 근거에서 믿음의 필수적인 표지로 주장될 수 있다.

3) 성경은 윤리적 문제에 대한 교회의 대응에 집중하는 신학적 관점을 제공할 수 있다. 심지어 기본적인 정체성과 명령이 교회 내에서 명확할 때조차 윤리적 관심사에 대한 반응은 신학적인 관점의 협소함으로 인해 손상될 수 있다. 성경은 그 다양성 속에서 전체 범위의 신학적 관점들을 제공하며, 그중 어느 하나도 성서신학이라고 불릴 수 없지만, 그 모두는 어떤 주어진 상황에서 윤리적 반응을 위한 적절한 맥락으로 가용하게 될 수 있다. 성경의 자료에서 제시된 어떤 신학적 관점의 적합성은 교회에 대한 기본적인 성경의 자기 이해를 왜곡하지 않도록 항상 주의하면서 도덕적 상황을 기초로 판단되어야 한다.

이러한 성경의 사용은 기아와 빈곤의 문제에 관해 더 집중함으로써 가장 잘 설명될 수 있다. 가난하고 배고픈 자들에 관한 성경의 명령이 분명하다면, 교회의 삶에서 이러한 명령들이 어떻게 따라질지는 덜 명확했다. 많은 것이 우리의 반응에 집중하는 신학적 관점에 달려 있다. 구약에서 지배적인 성경의 신학적 모델은 구원의 역사다. 초점은 이스라엘을 구속하기 위한 역사 속에서 하나님의 행동에 있다. 물론 중심 사건은 바다를 건너는 것과 이집트에서 속박으로부터의 구원이다. 이러한 출애굽 사건은 이스라엘의 삶과 신앙의 전형이 된다. 강조점은 공동체가 끊임없이 처하는 고난의 상황과 스스로 구원할 능력이 없는 공동체에 놓인다. 비록 하나님이 백성을 심판하실 수 있지만, 공동체는 궁극적으로 하나님의 구원에 대한 확신 속에 신뢰와 희망을 둘 수 있다. 이것은 세상의 가난하고 배고픈 자들의 고통과 억압에 기초한 신학들을 위한 극히 적절한 모델이며 해방신학에서 많이 사용되었다. 세계의 적대적인 세력에 맞서 하나님의 개입으로 달성된 구제, 구속, 구원은 겉보기에 절망적인 상황에서 희망의 기초를 제공한다.

미국 중산층 교회의 편에서 세계적인 기아와 빈곤에 대응을 위해 이것은 훨씬 더 적절하지 않은 신학적 틀일 수 있다. 이러한 교회들이 구원 역사의 주제를 사용했을 때, 그들은 주로 구제와 구원을 가져오는 하나님의 대리자의 품위 없는 역할 안에 자신들을 놓는 것 같다. 구원 역사의 관점에 대한 위기의 초점은 자신들이 빼앗긴 자 가운데 있지 않은 사람들로부터 오는 구조자의 반응을 강조하는 경향이 있다. 따라서 기아와 빈곤을 위한 관심에 대한 우리의 구호와 자선의 접근 방식은 생색내고 자축할 뿐, 더 큰 체계적 문제를 다루지 못하는 것 같다.

대체 신학적 관점들은 이러한 부적절한 윤리적 반응을 변형시킬 수 있다. 예를 들어 구약의 다른 문헌으로 가보면, 우리는 하나님을 창조자뿐만 아니라 구속자로 강조하는 것을 발견할 것이다. 이로부터 창조된 질서 내에서 생명을 보존하고 풍요롭게 하는 데 대한 강조와 이러한 과업에서 인간의 자유와 인간의 도덕적 책임의 중요성에 대한 초점이 성장한다. 그러한 신학적 관점은 구조자의 사고방식에 대한 유일한 의존을 막고 더 공정하고 조화로운 경제적, 정치적 질서의 수립을 위해 노력하도록 우리를 촉구한다. 증상만이 아니라 원인이 치료될 것이다. 또한 우리가 내리는 결정과 지지하는 시스템에 의해 인간의 질서 안에서 생명 또는 죽음을 가져오는 자로서 우리 자신의 역할에 더 큰 중요성을 둘 수밖에 없을 것이다. 세계적 빈곤과 기아의 고통을 만들어 냈던 패턴에서 우리의 역할은 드러날 것이며, 교회는 그것의 참여에 대해 회개하도록 부름 받을 것이다.

성경의 이러한 사용에서 특별한 행동이 지시되지는 않지만, 행동을 위한 다양한 가능한 틀이 제시된다. 이 중 어느 것도 절대화하지 않는 것이 중요하다. 윤리적 자원으로서 성경의 풍성함은 다양한 신학적 관점들이 서로에 대한 관계에서 제공하는 지속적인 비평과 교정에 있다. 성경의 기반들에 대한 우리의 선택은 윤리적 전략에 대한 선택만큼 신중하게 이루어져야 한다.

4) 성경은 명확한 도덕적 명령이 이미 공동체 내에서 내면화되지 않을 때, 특별한 문제들에 대한 의사결정을 위한 하나의 자원으로 역할을 할 수 있다. 우리는 주어진 도덕적 상황에서 무엇을 해야 할까? 우리는 이러한 사용을 마지막까지 남겨두었는데, 이것이 종종 성경과 기독교윤리 사이의 관계에 관한 논의의 전체적인 초점이 되어 왔기 때문이다.

성경의 이러한 사용은 결정을 요구하는 문제와 함께 시작된다. 우리는 이미 설정된 의제를 가지고 성경에 접근한다. 여기서 성경의 사용은 진정으로 대화적이 된다. 성경의 자료는 교회의 삶에서 구체적인 상황에 있는 문제를 정의하는 모든 요소와의 대화 속에 놓는다. 우리가 성경에서 찾는 자원이 되는 자료의 크기는 다양할 것이다. 어떤 문제에 대해서는 똑같은 문제가 직접적으로 다루어지는 성경의 부분이 있을 수 있다. 당면한 문제와 관련된 자료는 성경의 사람들과 사건들의 이야기에서 암시될 수 있다. 주어진 문제에 대한 다양한 자료들과 관점들이 있을 수 있다. 정의와 같은 성경의 원칙들이 주어진 문제에 적용될 수 있다. 문제가 직접적으로 다루어지지 않거나 심지어 전혀 암시조차 되지 않을 때(예를 들어 장기 이식), 우리는 단지 현대적인 결정을 내리는 데 영향을 미칠 수 있는 일반적인 가치와 태도에 대한 성경의 증언에만 의존할 수밖에 없을 수도 있다.

결정을 위한 자원들을 찾는 데는 성경의 정경에 대한 전체 범위를 철저히 살펴보는 것이 중요하다. 그렇다면 결과적으로 도출된 성경 자료는 여러 가지 다른 방식으로 기능할 수 있을 것이다.

성경의 자원에 대한 조사는 상반된 입장을 드러낼 수 있다. 책임 있는 도덕적 판단은 양극의 하나 또는 다른 하나를 절대화할 수 없으나, 성경의 증언에서 확립된 긴장 속에서 결정을 위해 애써야 한다. 예를 들어 성경은 인간의 요구가 하나님의 뜻과 충돌할 때 인간의 권위보다 하나님에게 순종해야 한다고 가르치지만(다니엘의 이야기를 보라), 성경은 또한 이러한 직책들이 하나님에 의해 임명된 것으로서 세속적 권위에 대한 순종을 가르친다(롬 13장). 우리는 오직 긴장의 양극단 모두를 신중하게 취함으로써 이러한 영역에서의 윤리적인 결정에 책임 있게 도달할 수 있다. 그렇다면 성경은 의사결정이 발생해야 하는 창의적인 긴장을 식별하는 데 도움이 된다. 긴장은 불공평할 수도 있다. 혁명적 상황에서 기독교인들은 폭력의 문제와 투쟁해야 했다. 성경의 압도적인 증거는 도덕적 목표에 대한 정상적인 수단으로 폭력에 반대한다. 겟세마네에서 자기의 죽음으로 기꺼이 가기 위해 예수가 베드로를 제지한 것은 종종 하나의 예로 인용되어 왔다. 그러나 성경은 또한 악한 자에 대한 하나님의 진노를 증언하며, 성경 공동체 안에 있는 사람들은 때때로 악에 맞서 물리적으로 서도록 부름 받는다. 이러한 문제와 씨름해야 하는 사람들은 긴장의 한 축에 대한 압도적인 강조를 고려해야 하며, 다른 축이 요구될 수 있는 상황에 대한 성경의 증언을 신중하게 따져봐야 한다. 최종적인 결정은 오직 성경 증언의 긴장 속에서 신앙의 위험이 감수된 것일 수밖에 없다.

성경의 자료들에 대한 신중한 조사는 전제 범위의 선택지나 관점을 드러낼 수 있다. 예를 들어 성 윤리 분야에서 우리는 가장 광범위한 자료의 차이를 다뤄야 한다. 창세기 1장과 2장은 남성-여성 관계의 창조된 선함과 조화를 확언한다. 잠언은 성적 유혹의 위험한 함정에 대해 경고한다. 아내에 대해 성적으로 끌리는 것은 지혜를 따르는 것이지만, 창녀의 유혹은 어리석음이다. 아가는 사랑과 성적인 관계의 즐거움을 찬양하는 사랑의 노래에 대한 책이다. 이것은 결혼이나 사회적인 규범에 관하여 말하지 않는다. 고린도전서 7장에서 바울은 억제되지 않은 정욕보다 결혼이 더 좋은 것으로 간주하지만, 독신을 가장 좋은 길로 권고한다. 디모데전서 2장 12절 이하는 여성을 최초의 범죄자가 된 결과로서 종속된 것으로 간주하며, 성적 관계의 가치가 오직 여성의 구원을 위한 출산에만 있다고 암시한다. 확실히 여기에서 인간의 성에 대한 어떠한 단일한 견해도 드러내 보이지 않으며, 이 중 하나를 그 성경적 견해라고 선언하는 것은 완전히 어리석을 일일 것이다. 성 윤리의 문제에 관한 지침을 위해 성경에 접근하는 사람들은 이러한 관점을 모두 고려해야 한다. 각자가 자기 시대의 맥락에 반응하고 있는 방식을 조사하는 것이 특히 중요할 것이다. 그렇다면 성경 자료들은 우리 자신의 구체적인 상황에서 선택지와 우선순위를 명확히 하는 데 도움이 되는 자원이 된다.

마지막으로 당면한 윤리적 문제는 성경 자료에 의해 단순히 다뤄지지 않을 수 있다. 장기 이식, 유전자 실험, 낙태와 같은 문제들은 모두 성경 자료에서 알려지지 않았거나 다뤄지지 않은 생물학적 데이터를 다루는 문제들이다. 그러나 여기서 성경은 의사결정에 역할을 할 수 있다. 성경의 자원에 대한 조사는 도덕적 탐구가 일어나는 경계를 설정하는 데 도움이 될 수 있다. 분명히 인간 생명의 존엄성과 인간 존재의 특질에 대한 성경의 강조는, 비록 구체적인 문제들 자체가 언급되지 않더라도, 이러한 문제들이 결정되어야 할 경계를 형성한다. 이러한 도덕적 틀은 이미 내려질 수 있는 결정들을 제한하기 시작한다.

성경을 의사결정을 위한 자원으로 사용할 때, 성경이 의사결정자로부터 결정의 부담을 결코 벗길 수 없다는 점을 강조하는 것이 중요하다. 성경 자료는 의사결정의 과정에서 초점을 제공할 수 있지만, 성경의 주장은 결코 도덕적 결정을 위한 근거로서 완벽하게 충분할 수 없다. 앞서 언급된 바와 같이 그것들은 다른 비성경적인 도덕적 통찰의 출처들과 대화적으로 기능해야 한다. 성경 권위에 대한 우리의 이전 논의는 성경에 대한 이러한 더 관계적인 용법에서 성경 자료로부터 온 통찰이 기독교의 윤리적 성찰을 위한 주요한 원천으로 기능하지만 자족적이지 않다는 점에 주목했다.

마지막으로 성경을 의사결정을 위해 사용할 때, 통제의 문제에 대한 마지막 사항을 얘기해야 한다. 우리는 존재가 행동과 분리될 수 없다는 통찰이 성경에 근본적이라는 점을 주목했다. 교회가 무엇을 해야 할지 결정하려 할 때, 기본적인 통제는 교회가 무엇이 되도록 부름을 받았는지에 대한 그 자신의 이해다. 하나님의 백성으로서 성경적으로 기초한 교회의 정체성은 어떤 특별한 문제에 대한 윤리적 결정을 위한 지속적인 참조점을 형성한다. 앞서 우리가 소개했던 또 다른 용어를 사용하자면, 교회의 결정들은 그것의 비전과 일치해야 한다. 그러한 기본적인 정체성과 비전을 위반하는 결정은 비록 그것이 성경의 보장을 주장하고 있다고 하더라도 의심스럽다.

사실 교회는 종종 의사결정에 도움이 되는 가용한 성경의 자료들에 대하여 충분히 조치하지 않은 채 윤리적 문제에 대해 즉시 결정함으로써 주객전도의 경향이 있었다. 기본적인 기독교적 성품의 형성 없이 내린 결정은 공허하고 무의미하다. 성경은 기독교적인 도덕적 삶을 위한 자원으로 진정으로 가용하게 되려면, 이 두 가지 현실과 관련되어야 한다.

10장

요약 및 도전

우리의 성경과 도덕적 삶에 대한 논의는 공동체(community)와 도덕적 행위 능력(moral agency)이라는 두 주제를 둘러싸고 발전했다. 이것은 다음과 같은 두 가지 합의로부터 이행되었다. 즉, ① 기독교윤리는 성경의 윤리와 동의어가 아니다. ② 그럼에도 성경은 기독교윤리를 위해 형성적이고 규범적이다. 이 결론의 장에서 첫 번째 과제는 요약을 제공하는 것이고, 두 번째는 함의와 도전을 도출하는 것이다. 우리의 요약은 단지 성경과 윤리를 가장 직접적으로 연결하는 요점들만 언급할 것이다. 그 목적은 도덕적 삶에 대한 전체적인 논의의 결과를 정제하기보다는 성경과 윤리의 관계를 강조하는 데 있다.

도덕적 행위 능력(Moral Agency)

성경의 자료들은 도덕적 행위 능력을 촉진하며 기독교적인 도덕적 삶의 주요 차원들을 다룬다. 우리는 그 일부인 세계에 대해 도덕적으로 책임이 있다는 점과 이러한 책임은 우리가 속한 공동체 안에서 학습된다는 점은 성경의 자료에 대한 확고부동한 가정이다. 사물에 대한 성경적 견해에서 우리는 하나의 '미완성된' 세계 속에서 '미완성된' 행위자들이다. 우리는 창조 자체의 상태에 대한 책임을 환기해 주는 역동적인 역사 속에서 하나님과 함께하는 공동 참여자들이다. 어떤 확실한 권능이 삶에 대한 질서 부여(ordering)를 위하여 우리에게 투입되었다. 성경은 이를 떠맡으면서 도덕적 행위 능력을 독특하게 인간적인 특성으로 장려한다. 성경적으로 말할 때 인간이 된다는 것은 하나님과 함께 그리고 하나님 앞에서(with and before God) 도덕적으로 책임을 지는 것이다.

성경의 자료들 자체는 사실상 도덕적 행위 능력의 모든 차원을 다룬다. 이는 성경이 성품 형성과 의사 결정과 행동을 다룬다는 것을 의미한다. 성경은 우리의 '존재'(being)와 '행위'(doing) 모두를 다룬다. 이것은 도덕적 덕목 그리고 도덕적 가치, 의무, 비전에도 관심을 가진다.

성품 형성은 우리의 도덕적 정체성에 대하여 형성적인 삶의 방식을 배우고 내면화하는 것이다. 그것은 우리가 누구인지에 대한 표현인 도덕적 '존재'이다. 그 과정은 때로 양심 형성으로 언급되지만, 그것은 지나치게 좁은 개념이다. 양심은 단지 특별한 선택, 즉 대개 딜레마에 직면할 때 작동하는 도덕적 나침반으로서의 성품이다. 양심은 필수적이지만, 성품은 양심 이상이다. 성품은 우리의 기본적인 도덕적 인식, 즉 우리가 사물을 어떻게 보고 이해하는지뿐만 아니라 우리의 근본적인 성향, 의도, 동기를 포함한다. 성품은 우리의 도덕적 능력뿐만 아니라 적극적인 도덕적 특성을 포함한다.

성경과의 필수적인 연결은 기독교인들에게 성경의 자료들이 성품을 형성하는 데 도움을 준다는 것이다. 우리의 도덕적 정체성을 형성하며 우리 존재의 가장 깊은 수준에서 그렇게 할 수 있다. 이러한 가상적인 예를 고려해 보라. 한 사람이 예수라는 인물에 이끌려서, 그로부터 존재와 행동에 대한 자신의 방식을 위한 단서를 의식적으로 그리고 무의식적으로 얻는다. 그녀(she)는 자신이 내면화한 예수에 대한 특정한 초상을 갖고 있다. 그의 삶은 완전한 신뢰 안에서 하나님에 중심을 두며 확실히 사회에서 자신의 지위와 권력에 관한 조금의 염려도 갖지 않는다. 대신 버림받은 자들과 동일시하며 배척 당한 자들과 친구가 된다. 그는 자연에 대한 온유함을 드러내지만, 인간의 가식에는 참을성을 보이지 않는다. 모든 범주의 인간적 감정을 보여주지만, 결단력 있게 자신의 길을 고수한다.

우리는 예수에 대한 이 사람의 초상이 정확한지 묻지 않는다. 대신 그녀의 인식, 성향, 의도, 동기가 그것에 의해 어떻게 영향을 받는지를 추측한다. 그녀가 일반적으로 보는 방식은 사회에서 많은 사람들에게 보이지 않는 자들, 즉 버림받은 자, 병자, 가난한 자를 찾아내는 도덕적 민감성에 의해 영향을 받을 수 있다. 인간의 고통에 조율된 의식과 고통 속에 있는 사람들과 공감하는 능력을 얻을 수도 있다. 또한 인간 운명의 개선에 관한 근본적인 희망, 자연의 세계에서 비인간 생명에 대한 감사 그리고 높고 지속적인 성취에 대한 사람들의 주장에 대한 못 견딤과 같은 특정한 성향을 습득할 수 있다. 갈등에 대한 비폭력적 해결을 추구하는 것, 억압받는 이들의 대의를 옹호하는 것, 무엇보다 하나님의 통치를 추구하는 것과 같은 특별한 의도 역시 있을 수 있다.

무엇이 이러한 강렬한 초상을 제시했는가? 그것은 아마도 예수의 사역에서 치유와 급식의 이야기들(healing and feeding narratives), 선한 사마리아인의 비유와 일단의 잃은 양, 잃은 동전, 잃은 아들 이야기, 산상수훈, 선지자들의 메아리, 누가복음 4장의 예수의 사역에 대한 선언, 고난 주간의 사건들 혹은 기타 이야기들과 같은 성경 자료들의 콜라주(모음)였을 것이다. 우리는 단순히 한 묶음의 성경 자료가 이 사람을 대신하여 세상을 보고 그에 대응하는 방법을 위한 주된 원천이 된 전형적인 인물을 묘사했을 가능성을 표명하기 위해 이것들을 나열한다. 예수에 대한 그러한 제시는 그녀에게 무엇이 진짜인지 정의하는 데 도움을 주었고, 그녀가 정했던 어떤 한 묶음의 도덕적 우선순위를 만들어 냈으며 또한 그녀를 다른 길 대신에 하나의 길에 세웠던 패턴에서 그녀가 행동하고 반응하도록 하는 경향이 있었다. 그녀의 동기, 태도, 의도는 그녀가 예수 안에서 육신화된 것으로 봤던 선한 삶과 일치한다고 느꼈던 것으로부터 흘러나왔다.

성경은 관점, 성향, 의도를 형성하는 데 힘이 될 수 있으며 또 그래야 한다. 그것은 항상 다른 많은 힘과 상호 작용하겠지만, 성경이 기본적인 성향을 키우고 특별한 태도와 의도를 만들어 낼 수 있다는 사실을 약화하지는 않는다. 한마디로 성경은 도덕적 성품을 형성하는 데 도움을 줄 수 있다.

그러나 어떤 성경의 자료들이 그렇게 할 수 있는가? 모든 자료라 말하는 것은 얼버무리는 것이 아니다. 서사적 이야기, 율법, 선지자와 시편, 교훈과 격려 및 권면의 서신들, 신학적 묵상 그리고 경건한 요소들 같은 전체적인 자료들의 전경이 관여된다. 우리가 도덕적 발전이라고 부르는 복잡한 현상에서 중요한 역할을 할 수 없는 중요한 성경 자료 유형은 없다. 그러므로 윤리에서 성경을 사용하는 데 있어 함정 중 하나는 '장르 환원주의'(genre reductionism)다. 장르 환원주의란 의도적이든 아니든, 단지 특정한 유형의 성경 자료들만 윤리와 관련이 있는 자료들로 선택하는 것이다. 따라서 선지자의 예언, 십계명, 산상수훈 혹은 바울의 책망과 같은 직접적인 도덕적 권고 자료들은 선택되지만, 역사적 이야기, 시편, 비유, 기적 이야기 그리고 종말론적 비전들은 선택되지 않는다. 성품 형성의 복잡한 본질은 기독교윤리를 위한 그러한 선별성에 대해 반론한다. 이러한 이유로 참조와 통제의 틀로서 정경의 중요한 역할을 강조했다.

물론 다른 성경 자료들은 다른 방식으로 작업할 수 있다. 예를 들어 바울 혹은 욥기 저자의 신학적 담론은 어떤 도리에 맞는 신념과 믿음의 원천이 될 수 있고, 따라서 사람이 명제적으로 진실로 간주하는 것을 통해 성품에 영향을 미칠 수 있다. 묵시적 환상은 우리로 하여금 세상을 다르게 보도록 자극할 수 있으며, 어떤 것들은 그러한 기이한 이미지들을 우리에게 비춰주기 전에는 분간되지 않았던 의미들과 함께 생생하게 다가온다. 헌신적인 자료들의 경건은 도덕적 습관 안으로 이어지는 신비, 겸손, 경외심에 대한 확실한 태도를 우리 안에 생성할 수 있다. (예를 들어 자연의 시편은 환경에 대한 다른 반응으로 우리를 움직일 수 있다.) 어떤 순간에도 원칙적으로 어떤 성경 자료들이 도덕적 성품의 발달에 영향을 미치는 것에 속하고, 어떤 성경의 자료들이 그렇지 않은지를 말할 수 없다. 따라서 기독교윤리는 서로 다른 유형의 자료들이 어떤 효과를 갖고 있는지를 해석하기 위해 노력하며 장르 환원주의에 굴복해서는 안 된다.

의사 결정과 행동은 성경의 자료들이 다루는 또 다른 주요 영역이다. 성경의 자료들은 여러 방식으로 결정에 영향을 미친다. 우리는 이미 그렇게 많은 결정의 설계자로서 성품에 대한 영향을 언급했다. 게다가 성경의 자료들은 내용을 공급하고 우리가 특별한 문제들을 숙고할 때 방향을 제공해 주는 오래된 도덕적 전통을 형성해 왔다. 성경의 자료들은 결코 스스로 결정을 내리지 않으며, 그것은 우리가 해야 한다. 또한 성경의 도덕적 전통들 자체는 내용에서 다원적이며 변화에 열려 있으므로 우리는 그것들 안에서 그리고 그것들을 넘어 선택해야 한다. 그럼에도 그것들은 강력한 참조점과 그것으로부터 끌어낸 도덕적으로 풍요로운 세계를 공급한다. 예를 들어 우리의 도덕적 상상을 위한 이미지, 예시, 비유를 제공할 수 있다.

그것들은 우리의 선택을 측정하는 규범 또는 기준을 제공하거나 도덕적으로 허용이 가능한 행동의 경계를 설정하는 데 도움이 되는 원천이 될 수 있다. 또한 입증의 부담을 찾아내는 데 도움이 될 수 있다(어떤 문제에 대하여 정상적인 영향은 무엇인지, 어떤 종류의 사례가 도덕적으로 정당화된 예외를 구성하는지). 어떤 경우든 성경의 자료들은, 비록 우리가 앞에서 강조했던 사회역사적 분석과 경험적 연구와 같은 모든 결정적인 요소를 결코 공급할 수 없다고 하더라도, 의사 결정을 위한 풍부하고 다양한 재원을 제공한다.

또한 성경의 자료들 자체가 행동을 의무적으로 만든다는 점을 덧붙인다. 어떤 것도 그토록 일관되게 성경에서 신앙의 **구현**으로 강조되지는 않으며, 신앙의 존재에 대한 시험은 그것에 대한 도덕적 표현에 있다.

우리는 성품 형성과 의사 결정을 넘어 도덕적 삶, 주로 미덕, 가치, 의무, 비전을 묘사하기 위해 다른 용어들을 사용했다. 각각은 도덕적 삶의 다른 측면을 드러내며, 성경의 자료들은 네 가지 모두를 다룬다. 그중 어느 하나라도 빠뜨린다면 어떤 유형의 기독교윤리도 불완전한 것이며, 그중 어느 하나라도 생략한다면 윤리학에서 성경의 어떠한 사용도 권위가 떨어진 것이다.

기독교윤리는 분명히 미덕을 강조한다. 성경의 자료들은 온유, 친절, 인내, 용기, 겸손, 의로운 분노 등 소중히 여겨지는 특성들을 함양하기 위한 예배와 교육에서 적절히 사용된다. 성경은 우리가 현재 그리고 미래에 되어야 하는 인격들에 대한 미덕의 문제에 지속적으로 주목한다.

기독교윤리는 사회에서 실현되는 가치 또는 도덕적 재화들에 관심이 있다고 말해야 하는 선한 사회를 일으키는 데 동일하게 관심이 있다. 사회적 정의로움에 대한 유대 전통의 관심과 건전한 성품을 양성하는 구조에 대한 그리스의 강조는 모두 기독교윤리에서 가치의 중요성을 강조한다.

성경의 자료들 자체는 기독교적인 도덕적 삶을 위한 많은 가치를 낳는다. 정의, 사랑, 평등, 평화(샬롬)는 그중에서 두드러진다.

도덕적 의무와 삶을 위한 근본 규칙들은 기독교윤리가 지속적으로 몰두한 것이었다. 조금이라도 함께 살아가기 위한 기본적인 도덕적 요구 사항들과 우리가 삶을 살아가는 그 안에서의 도덕적 경계들은 기독교윤리의 계속 진행 중인 관심사이다. 특별한 관계(예를 들어 부모/자녀, 친구/친구, 친구/적, 고용주/고용인, 시민/통치자)의 성격으로부터 발생하는 의무들 역시 그러하다. 성경의 자료들은 가장 기본적이고 일반적인 의미(사람들에 대한 존중, 진실 말하기)에서 그리고 특별한 관계(사회적 역할과 공동체의 과업)에 관련된 모든 것에서 의무의 표현으로 가득하다. 분명히 기독교윤리에서 의무에 대한 논의는 미덕과 가치에 대한 논의와 마찬가지로 일관되게 성경의 자료들에 의존한다.

우리는 3장에서 사용된 도표에서 성품과 의사 결정 모두를 연결하고, 도덕적 삶을 이해하고 살아가는 데 대한 광범위한 조건들을 설정하면서 '도덕적 비전'에 특별한 위치를 부여했다. 여기에서 우리는 도덕적 비전의 본질에 대하여 결코 모두는 아니지만 많은 부분을 제공하는 데 있어서 성경의 역할을 강조한다. 우리는 위대한 이야기, 위대한 인물, 숭고한 연설, 시와 예언, 삶과 죽음 그리고 도덕적 선택의 드라마에서 강렬한 주인공과 악역 인물들에 의해 감동되고 형성될 수 있다. 여기 희망과 절망, 고뇌와 환희, 고통과 기쁨의 자료들이 있다. 단순하고 일상적인 것, 위대하고 신비로운 것이 있다. 가장 깊고 넓은 차원들에서 삶 자체의 짜임과 하나님에 대한 삶의 관계가 있다. 사람들이 성경의 세계에 몰입할 때, 그들은 도덕적 '우주'의 비품들을 제공받는다. 그것은 성경 자체 내에서 혹은 우리의 삶 속에서 정착된 것이 아니다. 그것은 두 맥락에서 역동적이며, 우리의 지속적인 경험의 일부이다. 하지만 이러한 도덕적 세계는 '보는 것', 즉 의미와 방향을 식별하는 것에 필수불가결하다. 앨런 블룸(Allen Bloom)은 "우리의 자연적 비전의 일부로서 위대한 계시, 서사, 철학이 없다면, 그곳 밖에는 볼 것이 아무것도 없고, 결국 내면에도 남는 것이 거의 없다. 성경은 마음을 제공하는 유일한 수단은 아니지만, 잠재적 신자의 진지함으로 읽히는 비슷한 중량감을 지닌 책 없이 그것은 제공되지 않은 채 남을 것이다"라고 하였다.[1] 기독교윤리에서 도덕적 세계의 비전과 그것을 제공하는 많은 부분은 성경에 의해 공급된다.

그러므로 성경은 기독교적인 도덕적 삶에서 미덕, 가치, 의무, 비전을 다루고 촉진한다. 이것은 미덕과 가치를 명명하며 그것들을 형성하는 데 도움이 되고, 의무를 장려하며 구체화하고, 도덕적 비전을 조성하고 새롭게 한다. 이 중 단지 하나나 둘 만에 매달리는 윤리에서 어떠한 성경의 사용도, 기독교윤리를 미덕, 가치, 의무, 비전의 윤리로 환원시키려는 어떠한 시도도 도덕적 삶에 대한 복수의 차원들에 부적절한 것과 마찬가지로 불충분한 사용이다.

공동체(Community)

성경의 자료들은 도덕적 삶과 도덕적 행위 능력을 주로 신앙 공동체의 삶 안에 위치시킨다. 성경은 한 민족의 책이다. 사실 이것은 정확히 '백성 됨'의 힘으로서 하나님의 권능에 대한 경험으로 비롯된다. 성경의 자료들은 하나님에 대한 집단적인 경험을 부인할 수 없었던 조상들로부터 온 증거다. 그러므로 기독교윤리에서 성경에 대한 지속적인 사용이 궁극적으로 도덕적인 삶을 공동체와 그 복잡다단한 역사의 맥락 안에 찾는 것은 놀라운 일이 아니다. 도덕적 삶은 공동체 삶의 방식에서 보이듯이 처음부터 하나님을 향한 공동체의 신실함의 일부로 이해된다. '도덕성'은 고립에 관심이 없으며, 대신 공동체의 신실함의 중요한 부분으로 생각된다. 도덕적 삶은 공동체 신앙의 실천적 표현으로서 기독교 신앙 자체의 중심 가까이에 놓인다.

다르게 말하면 성경은 코이노니아(koinōnia) 윤리, 즉 하나님에 대한 강렬한 경험에 뿌리를 둔, 창조하는 윤리인 기독교윤리를 위한 헌장 자원(charter resource)이다. 공동체 안에서 성경의 사용은 그리스도인들을 신앙 공동체의 구성원들로서 이스라엘과 예수 이야기들 안으로부터의 세계를 충분히 잘 경험할 만큼 그 이야기들을 배우고 그러한 경험에 따라 행동하는 사람들로 형성하도록 돕는 것이다. 성경은 공동체의 지속적인 삶의 일부로서 학습된 선하고 정의로운 삶을 만들어 내는 데 도움이 된다.

성경을 도덕적 삶을 위한 헌장 자원으로 보는 것은 성경에 매우 높은 권위를 부여하는 것이다. 이는 우리의 삶에서 도덕적으로 중요한 것이 이러한 글들의 도움으로 집단적으로 식별될 수 있다고 주장하는 것이다. 그 주장은 성경이 윤리를 위해 필요한 모든 것을 제공한다는 것이 아니라 성경이 '그 도'(the Way) 안에서 걷고자 하는 하나님의 백성이 되는 것을 의미하는지에 대한 신실하고 신뢰할 만한 안내자라는 것이다. 권위는 성경의 포괄성이 아니라 도덕적 삶 속에서 하나님의 실제 임재에 대한 중재자로서 성경의 충분함에 있다.

우리는 도덕적 삶에서 공동체, 즉 도덕적 정체성 형성의 공동체로서, 도덕적 전통의 담지자로서, 도덕적 숙고와 행동의 공동체로서 공동체의 역할들을 상세히 언급했다. 성경은 각각에서 필수적인 역할을 한다. 첫째는 복잡하고 끝없는 성품 형성의 과업에 사용된다. 교회 안에서 도덕적 전통들은 도덕적 성장을 도우며, 우리가 '성경'이라고 부르는 정경적인 전통의 일부와 함께 시작되고 항상 그것을 포함한다. 또한 도덕적 전통은 윤리의 내용을 위한 지속적인 원천이며 도덕적 삶을 위한 책임의 틀을 제공한다. 여기에서도 성경은 내용과 틀을 제공한다. 숙고하는 과정 자체는 의사 결정과 함께 우리가 논의한 방식으로 성경을 사용한다. 도덕적 문제 자체는 성경의 자료들에 의해 직접적으로 다루어질 수도 있지만, 성경의 자료들이 의사 결정자들에게 그들이 누구인지와 그들이 결정을 내리는 신앙의 맥락을 상기시키는 것만큼이나 중요하다. 마지막으로 앞서 언급된 내용을 강조하자면, 행동은 성경의 암묵적인 명령이다. 기독교윤리의 기원은 한 분 하나님에 대한 신앙의 사회적인 구현에 대한 히브리인들의 주장에 있는데, 이것은 삶의 방식에서 가시적으로 드러난다. 성경은 그 자체가 이에 대한 증거이며, 이것이 지속되는 데 대한 자극이다.

요약하자면, 성경의 자료들은 기독교윤리를 공동체 윤리로 이해한다. 도덕적 삶은 공동체의 신앙의 삶에 대한 중요한 차원이며, 공동체 자체는 도덕적 행위자로서 그리고 도덕적 행위자들의 창조자로서의 두 역할을 모두 한다. 공동체는 성경의 정경을 형성하고 보존했으며, 이러한 성경적 전통들을 권위 있는 것으로 주장했고 또 각 세대가 그 안에서 기독교적 삶을 위한 성경적 자원을 사용할 수 있는 맥락을 계속 제공했다. 성경의 자료들 자체는 하나님에 대한 관계 안에서 인간이 되는 독특한 특성으로서 도덕적 행위 능력을 가정하고 촉진하며 도덕적 삶 자체의 주요 차원들을 다룬다.

교회의 삶에 대한 함의
(Implications for the Life of the Church)

이전의 논의에서 묘사된 성경과 기독교윤리 사이의 중요한 관계는 교회의 모인 삶과 흩어진 삶 모두에서 교회에 함의를 갖는다.

1) 모인 공동체로서 교회의 다양한 기능이 항상 교회의 윤리적 삶을 위한 주요 영역으로 여겨지는 것은 아니다. 일반적으로 견지되는 견해에서 윤리는 세상에서 교회가 다루는 문제들을 지칭한다. 설교, 전례, 기독교 교육, 회중의 양육과 같은 교회의 삶의 요소들은 종종 개인적인 신앙과 회중의 공동체를 다루는 것으로 이해된다. 이것들은 교회의 삶에 필수적인 것으로 여겨지지만, 도덕적 또는 윤리적 문제들로 간주되지 않는다. 그렇다면 윤리적 관심은 회중에서 '사회적으로 관심'이 더 많은 이들에게 가용한 별도로 분리되고 선택적인 것으로 여겨진다. 세상에서 교회의 도덕적 증언은 이익 집단이 된다.

반면에 윤리적 문제들에 대한 교회의 반응에 관여된 일부 사람들 가운데는 대체로 교회의 모인 삶에서 발생하는 성경에 대한 읽기와 연구가 단지 세상에서 교회의 도덕적 삶에 대한 일종의 먼 배경이라는 광범위한 견해가 있다. 저자의 오랜 친구인 어떤 도심의 목회자는 언젠가 "나는 성경을 읽고 있을 시간이 없어요. 사람들이 밖에서 굶주리고 있어요!"라고 불쑥 말했다. 도덕적 문제의 시급성은 때로 우리의 성경적 자원들에 대한 작업이 낮은 우선순위라고 하는 견해에 이바지한다. 이러한 견해에서 성경 읽기와 세상 문제에 대한 반응은 '양자택일'의 문제가 된다.

확실히 윤리적 문제들이 교회 내부 생활 속으로 들어가는 경우가 있다. 때때로 '예언적인 설교'가 전해진다. 전례는 봉사와 행동에 대한 강력한 파견을 포함할 수 있다. 기독교 교육 프로그램은 오늘날의 시사 문제들에 대한 시리즈를 포함할 수 있다. 그러나 이러한 모든 활동에서 근본적인 역동성은 윤리가 '저 밖에서'(out there) 발견된다는 것이다. 이러한 가끔의 활동들은 윤리가 수행되는 '저 밖으로' 우리를 돌아오도록 격려하는 격려 연설로 기능하는 것처럼 보인다.

방금 설명된 견해들이 여전히 통용됐지만, 1970년대 후반과 1980년대 초반에 기독교적인 도덕적 삶에 대한 더 넓은 관점과 기독교윤리에서 성경을 위한 더 중심적인 역할을 제안하는 교회 내 목소리에 대한 관심이 점증했다. 예를 들어 미국 로마 가톨릭 주교들은 평화와 경제 문제에 대한 장문의 목회 서신을 발표했다.[2] 비록 이러한 목회 문서들이 문제들 자체를 유익한 방식으로 분석했지만, 이 문서들은 교회의 전체적인 삶이 평화 구축과 경제적 정의에 대한 추구의 과업을 반영하고 준비하도록 요구함으로써 유명해졌다. 우연이 아니라 이 문서들은 이러한 도전적인 문제들에 대한 대응에 영향을 주는 성경의 토대에 대한 진지한 평가와 이용으로부터 그 시작점을 잡는다. 추가적인 예는 중남미의 기초 기독교 공동체들(base Christian Communities)의 경험과 증언이다.[3] 이러한 공동체들은 자신들의 사회적 맥락에서 빈곤과 억압의 패턴에 대한 기독교적 응답에 깊이 관여하는 동시에, 모인 공동체의 예배와 성경 연구 속에 그러한 과업을 기초하고 준비하는 것의 중요성을 지속적으로 증언한다. 이는 선택적이거나 관련 없는 활동이 아니지만, 신앙 공동체가 세상에서 자신의 사명을 이해하고 준비하는 방식의 중심적인 부분이다.

이러한 사례들의 증언에 따라 우리는 기독교적인 도덕적 삶에서 성경의 역할에 대한 명확한 이해가 **교회의 모인 삶**이 교회의 흩어진 삶만큼이나 사실상 본질적으로 윤리적이라는 것을 의미한다고 믿는다. 도덕적 행위 능력을 형성하는 데 있어 성경은 기독교적인 도덕적 삶에 대하여 가장 큰 영향력을 갖고 있으며, 모인 공동체의 내부 삶에서 도덕적 행위 능력의 개발을 위한 가장 명확한 기회가 많이 발생한다.

회중의 내부 삶은 너무 자주 스스로 목적이 되었다. 모인 공동체의 활동들을 깨어진 세상에서 하나님의 화해 사역의 행위자로서 책임 있는 삶에 부름을 받은 도덕적 행위자들의 개발로 보는 것은, 자신에게로 돌아갔던 많은 회중에게 목적을 제공하고 자신들의 사회적 증언이 단지 자신들의 일부 구성원들만을 위한 선택적 관심사로 보는 회중들에게 통합을 제공할 것이다. 설교, 전례, 기독교 교육, 회중 양육은 도덕적 삶에 결정적인 활동들이 되며, 그것들 모두를 위한 토대와 자원들을 제공하는 것은 바로 성경이다. 이러한 활동들이 하나님 백성의 신실한 공동체로서 교회의 기본적인 정체성을 새롭게 수립하는 데 도움이 되는 것은 오직 성경의 증거와의 관계에서다. 교회의 모인 삶에서 이러한 요소들 각각은 개인적인 사람들이나 회중의 이해를 초월하는 기본적인 미덕, 가치, 의무, 비전을 소통하는 데 도움이 된다. 교회의 내부 삶의 도덕적 차원을 끌어내는 것은 자신들의 성품과 행위로 하여금 공동의 성경적 신앙에 의해 형성된 사람들의 전체적인 조직체 안에서 소속감(membership)에 대한 인식을 높일 것이다.

성경의 자원들을 교회의 모인 삶에서의 윤리적 관심사와 결합하는 것은 장기적인 개발과 양육의 과업을 떠맡는 것이다. 교회의 도덕적 책임은 위기 문제에 대한 즉각적인 대응에 국한되지 않는다. 만일 기본적인 성경의 이해가 도덕적이고 윤리적인 위기가 발생하기 전에 그리스도인들에 의해 통합되지 않는다면, 성경적 자원들은 어떠한 중요한 역할도 수행할 수 없을 것이다.

만일 교회가 성경의 유산을 윤리적 관심사와 연결하고자 한다면, 교회 삶의 모든 측면은 이러한 과업의 일부로 인식되어야 한다. 예배는 결정적인데, 신앙의 의미를 지니며 기독교적인 성품을 형성하는 데 도움이 되는 성경적 전통에 기초한 기본적인 상징, 이야기, 이미지, 의식, 전통을 위한 지속적인 매개체이기 때문이다. 예배는 기독교적인 도덕적 삶에 핵심적인 '인식함'(seeing)에 대하여 직접적인 영향력을 갖고 있다.

예배에서 폭넓은 표현의 사용에 관한 교회 내의 현재 논쟁은 이러한 문제를 설명하는 데 도움이 된다. 만약 전례에서 하나님과 인간에 대한 표현이 남성 대명사, 어휘, 이미지를 배타적으로 사용한다면, 단순히 많은 여성이 예배 의식에서 벌어지고 있는 것으로부터 배제된다고 느낄 것이고, 실제로 배제되는 것이 우리 현대 사회의 사실이다. 하지만 종종 덜 인식되는 것은 이러한 문제가 성역에 국한되지 않는다는 점이다. 우리의 전례에서 포괄성에 대한 둔감함은 우리 사회에서 포괄성에 대한 둔감함에 이바지한다. 만일 전례가 매주 미덕, 가치, 의무, 비전과 같은 주제들의 영향력을 반영하지 않는다면, 우리를 형성하는 그러한 주제들은 하나님의 형상 안에서 창조(남성과 여성, 창 1:27) 혹은 예수 그리스도 안에서 하나 됨(남성과 여성, 갈 3:28)과 같은 중요한 성경 주제들의 영향력을 포함하지 않을 것이다.

예배와 윤리는 필연적으로 연결되어 있다. 그러나 다음과 같은 진지한 형성적인 질문들을 사용하며 계획된 예배의 경험은 드물다. 즉, 우리가 지금 예배를 시행하는 방식에서 의식적으로 또는 무의식적으로 존재하는 도덕적 영향은 무엇인가? 무엇이 예배 경험을 계획함에 있어 기독교적 성품과 행위에 대한 적절한 형성에 기여할 수 있는가? 우리가 판단할 수 있는 최선으로서, 이러한 특별한 방식으로 계획되고 이러한 특별한 자료들과 함께 시행된 예배의 기독교적인 도덕적 발전을 위한 결과는 무엇인가? 물론 이러한 것들은 예배를 계획하는 데 유일한 질문들이어서는 안 된다. 예배의 의미는 도덕적 삶을 위한 그것의 의미 이상이다. 그러나 그 이하는 될 수 없다. 따라서 회중의 예배 생활은 부분적으로 기독교적인 도덕적 삶에 대한 핵심적인 고려 사항에 의해 신중하게 통제되어야 한다.

기독교 교육의 과업은 똑같이 결정적이다. 아이들의 교육에서 우리가 도덕적 성품 형성과 전반적인 도덕적 행위 능력의 형성에 직접적으로 기여하고 있다는 점은 분명하다. 그럼에도 아이들과의 성경 이야기의 사용은 교육과정에서 또는 성경적 전통의 윤리적 차원을 가르치는 데 있어 거의 분명하지 않다. 심지어 일부 영향력 있는 기독교 교육계에서는 아이들이 중요한 도덕적 딜레마(출애굽기에서 하나님과 바로 사이의 압제로부터 자유를 위한 투쟁과 같은)에 그들을 노출하는 성경의 이야기로부터 보호되어야 한다고 생각하기조차 했다.[4] 성경이 도덕적 행위자로서 우리를 형성하는 데 있어 수행하는 역할에 대한 더 큰 의식은 우리 아이들을 교육하는 데 놓인 기반에 대한 새로운 민감성으로 귀결된다.

불행하게도 여전히 성인들을 위해 제공되는 어떠한 심각한 본질도 거의 없이, 기독교 교육이 아이들에게 제한되는 교회들이 많다. 분명 기독교 교육은 성인들에게 어떤 진지한 목적에도 도움이 된다고 여겨지지 않지만, 성경과 신학적인 자원들에 관한 연구와 성찰은 교회의 사람들에게 도덕적 행위자로서 그들의 역할을 준비시키는 데 근본적이다. 아이러니하게도 교회의 도덕적 자원들에 대한 장기적 성찰과 그것들에 기초할 기본적인 필요를 무시하는 사람들은 바로 종종 교회를 '연관된' 것으로 만들기를 가장 열망하는 사람들이다. 심지어 성인 교육이 회중 프로그램의 정기적인 일부일 때조차 윤리의 관심사는 시사적이고 문제 중심의(issue-defined) 과정들로 격하된다. 우리 연구의 한 가지 중요한 함의는 교회의 교육적인 삶에서 우리의 신앙을 성찰하기 위한 모든 기회로부터 흘러나오는 도덕적 영향들이 있다는 점을 인식하는 것이다. 특히 성경 연구는 문제 중심의 과정만큼이나 도덕적 삶을 위한 큰 잠재력을 가지고 있다. 사실 사회적 실천에 자신들의 뿌리를 둔 해방신학들은 특별한 사회경제적 문제의 선택과 논의에 의한 것만큼이나 출애굽기의 해방에 주목하면서 출애굽기를 연구함으로써 북미 중산층 교회에 많이 열려 있다. 우리는 마치 성경 읽기와 도덕적 문제에 대한 성찰이 서로 별개의 이익 집단인 것처럼 분리하는 성인 교육의 패턴을 피해야 한다. 우리의 역사적 신앙의 자원들과 세상에서 교회의 증언에 대한 고려는 교육 프로그램과 기독교적인 도덕적 삶 안에 함께 속한다.

2) 대개 기독교적인 윤리적 관심사를 위한 주요 장소로서 간주되는 것은 바로 세상을 만나는 흩어진 공동체로서 교회의 삶이다. 도덕적 결정과 행동의 필요성은 문제들이 스스로 더 넓은 사회적 맥락으로부터 나타나고 기독교적 응답을 요구하면서 발생한다. 교회에서 많은 사람이 이러한 응답을 진지하게 떠맡으려고 노력해 왔다. 그러나 종종 기독교인들은 윤리적 문제들을 다룰 때 교회로서 그들의 고유한 정체성에 대한 자의식적 이해를 지니지 못한다. 그럼에도 도덕적 문제에 깊은 관심을 가진 사람들은 자신들의 고유한 신앙 전통, 특히 성경 안에 있는 특별한 자원에 대한 인식을 거의 보여주지 않는다.

기독교적 성품 및 행위와 성경의 관계에 대한 우리의 이해는 교회의 흩어진 삶이 교회의 모인 삶만큼이나 본질적으로 성경적이라는 것을 시사한다. 통상 '기독교의 사회적 행동'이라고 불리는 것이 뿌리를 찾는 것은 바로 성경에서다. 교회는 윤리적 문제에 관해 사회와 상호 작용을 하는데, 어떤 경건한 '선행주의'나 막연한 인본주의에서가 아니라 깨어진 세상에서 대면, 증언, 화해의 행위자로서 작업하라는 성경적 부름에서다. 교회의 윤리적 관여는 오직 하나님의 뜻에 대한 성경적 이해와 연관될 때만 적절한 근거를 발견한다.

윤리적 관심에 성경적 이해를 연결하는 결과는 라틴아메리카, 아프리카, 아시아의 일부 강력한 해방신학들에서 가장 분명하게 드러난다. 한편으로 이러한 신학들은 해방이 필요한 사람들의 실제 투쟁과 고통 속에서 교회의 관여로부터 성장한다. 그것들은 교회의 실천적 관여에 기반을 두고 있다. 다른 한편으로 그것들은 이러한 상황 속에서 하나님의 뜻을 찾는데 있어 성경적 이해에 깊이 의존해 왔다. 기독교인의 행위는 성경적 증거에 근거를 두며 권능이 부여된다.

해방신학들은 교회를 도덕적 투쟁의 한가운데 위치시키는 것이 성경의 말씀을 온전히 듣고 그것의 함의를 온전히 사용할 수 있게 한다는 점을 시사한다. 하나님의 말씀을 듣지 못하는 것은 종종 교회가 화해하도록 파송된 세상의 깨어짐 속에 자신을 올바르게 놓지 못하는 것이다. 오직 그러한 맥락에서만 온전한 성경의 도덕적 위치(address)를 발견하는 것이 실제로 가능하다. 예를 들어 빼앗긴 사람들과 동일시하고 그들을 돌보라는 성경의 급진적인 명령은, 굶주린 자들, 가난한 자들 혹은 억압받는 자들과 관여되려는 노력과 위험을 제외하고, 교외의 중산층 회중들에 의해 실제로 이해될 수 없다. 교회가 세상 속에 진정으로 흩어지고 그것의 깨어짐을 공유할 때, 교회는 새로운 눈으로 보기 위해 기본적인 성경적 토대로 돌아갈 수밖에 없다. 하나님의 말씀을 수용하기 위한 새로운 환경은 창조되며 새로운 형태는 탄생한다. 결국 교회를 자신의 도덕적 과업을 위해 준비시키는 데 있어 새로운 급박성이 모인 공동체의 작업에서 생긴다. 이제 모인 공동체와 흩어진 공동체는 기독교적인 도덕적 삶과의 관계에서 보완적으로 인식될 수 있다. 어느 한쪽도 다른 쪽 없이 온전하게 기능할 수 없으며 성경의 증거 속에서 통합이 발견된다.

이는 실질적인 면에서 윤리적 문제에 관심이 있는 교회 내 사람들이 예배, 학습, 성찰을 교회의 도덕적 증언에 권위를 부여하는 데 필수적인 요소로 진지하게 받아들여야 한다는 것을 의미한다. 교회가 하나의 문제에 가져올 수 있는 특별한 자원들에 대한 어떤 명확한 평가와 별개로 성급하게 결정하거나 행동할 수 없다는 것을 의미한다.

이는 교회가 적시에 대응할 수 없게 된다는 점을 의미하지 않는다. 단지 더 넓은 사회적 맥락에서 윤리적 문제들에 관여하는 사람들이 교회 내에서 도덕적 미덕, 가치, 의무, 비전을 형성하는 장기적인 과업에도 역시 관심을 가지고 참여해야 하며, 그래서 그리스도인들이 의미 있고 시기적절한 응답에 언제라도 준비가 되어 있을 것이라는 점을 시사한다.

교회의 삶에서 성경과 기독교윤리에 대한 전체적인 이해는 세상에서의 교회의 목적에 있어 더 큰 통합에 대한 의식으로 이끌 수 있다. 예를 들어 교회가 세상 속으로 파송된 또 다른 과업은 복음 전도, 즉 특별한 신앙 관점에 대한 교회의 증언이다. 윤리적 활동가들과 복음 전도에 관심이 있는 사람들은 종종 교회 안에서 서로 다른 진영에 서 있었다. 우리가 앞선 장들에서 발전시킨 기독교적인 도덕적 삶에 대한 이해는 이것이 잘못된 분열임을 명확하게 한다. 만약 기독교적인 도덕적 활동이 성경적 신앙에 제대로 뿌리를 두고 있다면, 교회는 세상 속에서 일하면서 끊임없이 그러한 특별한 신앙에 대해 증언한다. 도덕적 관여와 복음적 증거는 합쳐진다. 그렇다면 자신의 고유한 신앙의 의미에 대한 교회의 증거는 깨어진 세상에서 화해를 위한 자신의 관심과 적절히 합쳐지며 둘 다 성경의 증거에 기반한다. 구원은 인간 삶의 충만함을 위한 믿음의 문제와 윤리적 관심의 문제를 모두 포괄하는 용어가 된다.

우리 시대에 도덕적 문제들은 수그러들지 않는 빈도와 커지는 복잡성과 함께 우리를 직면한다. 희망과 화해에 대한 하나님의 대리인 중 하나로 세상에 파견된 교회에 있어 그러한 시대는 도전으로 가득 찼다. 성경에 대한 고대 증거가 여전히 현대의 신앙 공동체에 대하여 핵심적인 말씀을 언급한다는 것은 우리의 확신이다. 도덕적 행위자로서 우리의 성품을 형성하고 우리의 도덕적 결정과 행동에 틀을 지어주는 성경의 다면적 역할은, 우리가 우리의 고유한 시대의 지혜와의 대화 속에서 성경의 증언을 끊임없이 성찰하는 것을 의무적으로 만든다. 우리 시대에 고대의 성서적 증거와 현대의 도덕적 도전 사이의 연결이 창조적이고 유익하게 만들어지고 있다는 많은 징후가 있다고 믿는다. 우리의 희망은 세상을 위한 교회의 삶 속에서 노력이 지속되고 확대되도록 성경과 기독교윤리 사이의 관계에 대한 이해를 심화시키는 것이다.

참 고 문 헌

Achtemeier, Elizabeth. *The Old Testament and Proclamation of the Gospel.* Philadelphia: Westminster, 1973.

Aiken, Henry David. *Reason and Conduct.* New York: Knopf, 1962.

Andolsen, Barbara Hilkert, Christine E. Gudorf, and Mary Pellauer, eds. *Women's Conscience, Women's Consciousness: A Reader in Feminist Ethics.* Minneapolis: Winston Press, 1985.

Arendt, Hannah. *Eichmann in Jerusalem: A Report on the Banality of Evil.* New York: Penguin Press, 1977.

Aristotle. *Nicomachean Ethics.* Loeb Classical Library, vol. 19. Translated by H. Rackham. Cambridge: Harvard University Press, 1982.

Barbour, Ian. *Myths, Models, and Paradigms: A Comparative Study in Science and Religion.* New York: Harper and Row, 1987.

Barr, James. *The Bible in the Modern World.* New York: Harper and Row, 1973.

Barth, Karl. *Church Dogmatics.* Translated by A. T. Mackay, et al. Vol. III, Pt. 4. Edinburgh: T. & T. Clark, 1961.

_____. *The Humanity of God.* Translated by Thomas Weiser. Richmond: John Knox, 1963.

_____. *The Word of God and the Word of Man.* New York: Harper and Row, 1957.

Barth, Markus and Verne Fletcher. *Acquittal by Resurrection.* New York: Holt, Rinehart and Winston, 1964.

Beauchamp, Tom and James F. Childress. *Principles of Biomedical Ethics.* New York; Oxford University Press, 1979.

Beegle, Dewey. *Scripture, Tradition and Infallibility.* Grand Rapids, Mich.: Wm. B. Eerdmans, 1973.

Bellah, Robert N., et. al. *Habits of the Heart: Individualism and Commitment in American Life.* Berkeley, Los Angeles, London: University of California Press, 1985.

Berger, Peter. *The Sacred Canopy.* Garden City, N.Y.: Doubleday, 1967.

Birch, Bruce C. "Old Testament Narrative and Moral Address." In *Canon, Theology, and Old Testament Interpretation*. Edited by Gene M. Tucker, David L. Peterson and Robert R. Wilson, 75-91. Philadelphia: Fortress, 1988.

_____. "The Role of Memory in Congregational Life." In *The Congregation: Its Power to Form and Transform*. Edited by C. Ellis Nelson, 20-42. Atlanta: John Knox, 1988.

_____. "Tradition, Canon and Biblical Theology." *Horizons in Biblical Theology* 2 (1980): 113-126.

_____. *What Does the Lord Require?: The Old Testament Call to Social Witness*. Philadelphia: Westminster, 1985.

Birch, Bruce C. and Larry L. Rasmussen. *The Predicament of the Prosperous*. Philadelphia: Westminster, 1978.

Bird, Phyllis A. "Images of Women in the Old Testament." In *Religion and Sexism*. Edited by Rosemary Radford Ruether, 41-88. New York: Simon and Schuster, 1974.

_____. *The Bible as the Church's Book*. Philadelphia: Westminster, 1982.

Bloom, Allan. *The Closing of the American Mind: How Higher Education Has Failed Democracy and Impoverished the Souls of Today's Students*. New York: Simon and Schuster, 1987.

Bonhoeffer, Dietrich. *Letters and Papers from Prison*. The Enlarged Edition. Edited by Eberhard Bethge. New York: Macmillan, 1971.

Borg, Marcus J. *Jesus: A New Vision*. New York: Harper and Row, 1987.

Branson, Roy. "Apocalyptic and the Moral Imagination." Proceedings from a conference, Bioethics: Old Models and New, Loma Linda University, November 1986.

Brown, Raymond E. *The Churches the Apostles Left Behind*. New York: Paulist Press, 1984.

Brown, Robert McAfee. *Elie Wiesel: Messenger to All Humanity*. Notre Dame and London: University of Notre Dame Press, 1983.

_____. *Theology in a New Key*. Philadelphia: Westminster, 1978.

Brueggemann, Walter. *The Prophetic Imagination*. Philadelphia: Fortress, 1978.

Bruner, Jerome. *Actual Minds, Possible Worlds*. Cambridge, Mass.: Harvard University Press, 1987.

_____. *Child's Talk: Learning to Use Language.* New York: Norton and Co., 1983.

Buber, Martin. *I and Thou.* 2nd ed. Translated by Ronald Gregor Smith. New York: Charles Scribner's Sons, 1958.

Cahill, Linda Sowle. *Between the Sexes: Foundations for a Christian Ethic of Sexuality.* Philadelphia: Fortress; New York: Paulist Press, 1985.

Capps, Donald. *Deadly Sins and Saving Virtues.* Philadelphia: Fortress, 1987.

Childress, James and John Macquarrie, eds. *The Westminster Dictionary of Christian Ethics.* Philadelphia: Westminster, 1986.

Childs, Brevard S. *Biblical Theology in Crisis.* Philadelphia: Westminster, 1970.

_____. *Introduction to the Old Testament as Scripture.* Philadelphia: Fortress, 1979.

Clement of Alexandria. "The Instructor", "The Stromata", "The Rich Man's Salvation." In *The Anti-Nicene Fathers*, vol. II. New York: Charles Scribner's Sons, 1926.

Cohen, E. *Human Behavior in the Concentration Camp.* New York: Grosset & Dunlap, 1953.

Cohen, Shaye J. D. *From the Maccabees to the Mishnah.* Philadelphia: Westminster, 1986.

Cone, James. *God of the Oppressed.* New York: Seabury Press, 1975.

Crites, Stephen. "The Narrative Quality of Experience." *Journal of the American Academy of Religion* 39, no. 3 (September 1971): 291-311.

Curran, Charles E. "Dialogue with the Scriptures: The Role and Function of the Scriptures in Moral Theology." In *Catholic Moral Theology in Dialogue*, 24-64. Notre Dame, Ind.: Fides Publishers, 1972.

Curran, Charles E. and Richard McCormick, eds. *Readings in Moral Theology.* No. 4, *The Use of Scripture in Moral Theology.* New York: Paulist Press, 1984.

Dodd, C. H. *Gospel and Law.* New York: Columbia University Press, 1951.

_____. "The Ethics of the New Testament." In *Moral Principles of Action.* Edited by Ruth Nanda Anshen, 543-558. New York: Harper and Brothers, 1952.

_____. *The Founder of Christianity.* New York: Macmillan, 1970.

Driver, Tom F. *Christ in a Changing World: Toward an Ethical Christology.* New

York: Crossroad, 1981.

Duff, Nancy J. "Humanization and the Politics of God: The *Koinōnia* Ethics of Paul Lehmann." Ph.D. diss., Union Theological Seminary, 1987.

Eichrodt, Walther. "The Effect of Piety on Conduct (Old Testament Morality)." In *Theology of the Old Testament*, vol. II. Translated by J. A. Baker, 316-379. Philadelphia: Westminster, 1967.

Emmet, Dorothy. *The Moral Prism.* New York: Macmillan, 1979.

Erikson, Erik. *Childhood and Society.* 2nd rev. ed. New York: W. W. Norton & Co., 1963.

Everding, H. Edward and Dana M. Wilbanks. "A Functional Methodology for Relating Biblical Studies and Contemporary Ethics." Unpublished paper for the American Academy of Religion Consultation on the Bible and Ethics. October 1974.

_____. *Decision Making and the Bible.* Valley Forge, Pa.: Judson Press, 1975.

Farley, Edward. *Ecclesial Reflection: An Anatomy of Theological Method.* Philadelphia: Fortress, 1982.

Farley, Edward and Peter C. Hodgson. "Scripture and Tradition." In *Christian Theology.* Edited by Peter C. Hodgson and Robert H. King, 61-87. Philadelphia: Fortress, 1985.

Fiorenza, Elisabeth Schüssler. *Bread Not Stone.* Boston: Beacon Press, 1984.

_____. "Discipleship and Patriarchy: Early Christian Ethos and Christian Ethics in a Feminist Theological Perspective." In *Proceedings of the Society of Christian Ethics* (1982).

_____. *In Memory of Her.* New York: Crossroad, 1984.

_____. "The Ethics of Interpretation: De-Centering Biblical Scholarship." *Journal of Biblical Literature* 107 (1988): 3-17.

Fletcher, Joseph. *Situation Ethics.* Philadelphia: Westminster, 1966.

Forde, Gerhard O. "The Exodus from Virtue to Grace: Justification by Faith Today." *Interpretation* 34 (January 1980): 32-44.

Frankena, William K. *Ethics.* Englewood Cliffs, N.J.: Prentice-Hall, Inc., 1963.

Furnish, Victor. *The Love Command in the New Testament.* Nashville: Abingdon, 1972.

_____. *Theology and Ethics in Paul.* Nashville: Abingdon, 1968.

Gaffney, James. "Values, Victims and Visions." *Commonweal* (15 August 1986):

426-429.

Geertz, Clifford. *The Interpretation of Cultures: Selected Essays*. New York: Basic Books, 1983.

Gilkey, Langdon. *Shantung Compound*. New York: Harper and Row, 1966.

Gilligan, Carol. *In a Different Voice: Psychological Theory and Women's Development*. Cambridge, Mass.: Harvard University Press, 1982.

Gnuse, Robert. *The Authority of the Bible: Theories of Inspiration, Revelation and the Canon of Scripture*. New York: Paulist Press, 1985.

Gottwald, Norman. *The Hebrew Bible: A Socio-Literary Introduction*. Philadelphia: Fortress, 1985.

_____. *The Tribes of Yahweh: A Sociology of the Religion of Liberated Israel 1250-1050* B.C.E. Maryknoll, N.Y.: Orbis, 1979.

Granberg-Michaelson, Wesley, ed. *Tending the Garden: Essays on the Gospel and the Earth*. Grand Rapids, Mich.: Wm. B. Eerdmans, 1987.

Gregorios, Paulos. *The Human Presence: An Orthodox View of Nature*. Geneva: World Council of Churches, 1978.

Gustafson, James M. *Can Ethics Be Christian?* Chicago: University of Chicago Press, 1975.

_____. *Christ and the Moral Life*. New York: Harper and Row, 1968.

_____. "Christian Ethics." In *Religion*. Edited by Paul Ramsey, 285-354. Englewood Cliffs, N.J.: Prentice-Hall, Inc., 1965.

_____. *Ethics from a Theocentric Perspective*. 2 vols. Chicago: The University of Chicago Press, 1981-1984.

_____. Introduction to *The Responsible Self* by H. Richard Niebuhr, 6-41. New York: Harper and Row, 1963.

_____. *The Church as Moral Decision-Maker*. Philadelphia: Pilgrim Press, 1970.

_____. *Theology and Christian Ethics*. Philadelphia: Pilgrim Press, 1974.

_____. "The Place of Scripture in Christian Ethics: A Methodological Study," *Interpretation* 24 (October 1970): 430-455.

Gutierrez, Gustavo. *A Theology of Liberation*. Maryknoll, N.Y.: Orbis, 1973.

Hall, Douglas John. *God and Human Suffering*. Minneapolis: Augsburg, 1986.

Hallie, Philip. *Lest Innocent Blood Be Shed*. New York: Harper and Row, 1979.

Hanson, Paul D. *The Diversity of Scripture*. Overtures to Biblical Theology.

Philadelphia: Fortress, 1982.

_____. *The People Called: The Growth of Community in the Bible*. New York: Harper and Row, 1986.

Harakas, Stanley S. *Toward Transfigured Life*. Minneapolis: Light and Life Publishing Co., 1983.

Haring, Bernard. *The Law of Christ*. 3 vols. Westminster, Md.: The Newman Press, 1961~1966.

Harned, David Bailey. *Faith and Virtue*. Philadelphia: Pilgrim Press, 1973.

Harrison, Beverly Wildung. *Making the Connection: Essays in Feminist Social Ethics*. Edited by Carol S. Robb. Boston: Beacon Press, 1985.

Hauerwas, Stanley. *A Community of Character*. Notre Dame, Ind.: University of Notre Dame Press, 1981.

_____. *Character and the Christian Life: A Study in Theological Ethics*. San Antonio: Trinity University Press, 1975.

Hayes, John H. and Carl R. Holladay. *Biblical Exegesis: A Beginner's Handbook*. Revised Edition. Atlanta: John Knox, 1988.

Hempel, J. *Das Ethos des Alten Testaments*. Berlin: A. Topelmann, 1938.

_____. "Ethics in the Old Testament." In *Interpreter's Dictionary of the Bible* vol. II, 153-161. Nashville: Abingdon, 1962.

Henry, Carl F. H. *Christian Personal Ethics*. Grand Rapids, Mich.: Wm. B. Eerdmans, 1957.

Heschel, Abraham. *Who Is Man?*. Palo Alto, Calif.: Stanford University Press, 1965.

Hessel, Dieter, ed. *Social Themes of the Christian Year*. Philadelphia: The Geneva Press, 1983.

Hoberman, Barry. "Translating the Bible." *The Atlantic Monthly* (February 1985): 43-58.

Hollyday, Joyce. "Rest for the Weary." *Sojourners* 17, no. 1 (January 1988): 15-20.

Houlden, J. L. *Ethics and the New Testament*. Baltimore: Penguin Books, 1973.

Hug, James E., ed. *Tracing the Spirit*. New York: Paulist Press, 1985.

Isazi-Diaz, Ada Maria, and Yolanda Tarango. *Hispanic Women: Prophetic Voice in the Church*. New York: Harper and Row, 1988.

Jersild, Paul T. and Dale A. Johnson. *Moral Issues and Christian Response*. New

York: Holt, Rinehart and Winston, 1988.

Johnston, Robert. *Evangelicals at an Impasse: Biblical Authority in Practice.* Richmond: John Knox, 1979.

Jonas, Hans. *The Imperative of Responsibility.* Chicago: The University of Chicago Press, 1984.

Kammer, Charles L. III. *Ethics and Liberation: An Introduction.* Maryknoll, N.Y.: Orbis, 1988.

Kant, Immanuel. *Critique of Practical Reason.* Translated by Lewis White Beck. Indianapolis: The Bobbs-Merrill Co., Inc., 1956.

_____. *Groundwork of the Metaphysics of Morals.* Translated by H. J. Paton. New York: Harper and Row, 1964.

_____. *Religion within the Limits of Reason Alone.* Translated by T. M. Greene and H. H. Hudson. New York: Harper and Row, 1960.

Keane, Philip S., s.s. *Christian Ethics & Imagination.* New York: Paulist Press, 1984.

Keck, Leander E. "On the Ethos of Early Christians." *Journal of the American Academy of Religion* 42, no. 3 (September 1974): 435-452.

Keck, Leander E. and James E. Sellers. "Theological Ethics in an American Crisis: A Case Study." *Interpretation* 24 (October 1970): 456-481.

Kelsey, David H. "The Bible and Christian Theology." *Journal of the American Academy of Religion* 48 (1980): 385-402.

_____. *Uses of Scripture in Recent Theology.* Philadelphia: Fortress, 1975.

Kemper, Vicki and Larry Engel. "A Prophet's Vision and Grace: The Life of Dom Helder Camara." *Sojourners* (December 1987): 12-15.

Kirkpatrick, Frank G. *Community: A Trinity of Models.* Washington, D.C.: Georgetown University Press, 1986.

Kittel, Gerhard and Gerhard Friedrich, eds. *Theological Dictionary of the New Testamen.* 10 vols. Translated by Geoffrey W. Bromiley. Grand Rapids, Mich.: Wm. B. Eerdmans, 1964~1976.

Knight, Douglas A., ed. *Tradition and Theology in the Old Testament.* Philadelphia: Fortress, 1977.

Knox, John. *The Ethics of Jesus in the Teaching of the Church.* Nashville: Abingdon, 1961.

Kohlberg, Lawrence. *Essays on Moral Development.* Volume One. *The Philosophy of Moral Development.* San Francisco: Harper & Row, 1981.

_____. *Essays on Moral Development.* Volume Two. *The Psychology of Moral Development.* San Francisco: Harper & Row, 1983.

Kraybill, Donald. *The Upside-Down Kingdom.* Scottdale, Pa.: Herald Press, 1978.

Kugel, James and Rowan A. Greer. *Early Biblical Interpretation.* Philadelphia: Westminster, 1986.

Kysar, Robert. *The Fourth Evangelist and His Gospel: An Examination of Contemporary Scholarship.* Minneapolis: Augsburg, 1975.

Lebacqz, Karen. *Justice in an Unjust World.* Minneapolis: Augsburg, 1987.

Lehmann, Paul. *Ethics in a Christian Context.* New York: Harper and Row, 1963.

Lindbeck, George A. *The Nature of Doctrine: Religion and Theology in a Postliberal Age.* Philadelphia: Westminster, 1984.

Long, Edward LeRoy, Jr. *A Survey of Christian Ethics.* New York: Oxford University Press, 1967.

_____. "The Use of the Bible in Christian Ethics: A Look at Basic Options," *Interpretation* 19 (April 1965): 149-162.

Luther, Martin. *Lectures on Romans.* Library of Christian Classics, vol. XV. Translated and Edited by Wilhelm Pauck. Philadelphia: Westminster, 1961.

_____. *Luther's Large Catechism.* Minneapolis: Augsburg, 1935.

Lutz, Charles P. *God, Goods, and the Common Good.* Minneapolis: Augsburg, 1987.

Maas, Robin. "Biblical Catechesis and Religious Development: The Goldman Project Twenty Years Later." *Living Light* 22 (January 1986): 124-144.

_____. *Church Bible Study Handbook.* Nashville: Abingdon, 1982.

_____. "New Foundations for Biblical Education with Children: A Challenge to Goldman." Ph.D. diss., Catholic University of America, 1985.

MacIntyre, Alasdair. *After Virtue.* Notre Dame, Ind.: University of Notre Dame Press, 1981.

Maguire, Daniel. *The Moral Choice.* Minneapolis: Winston Press, 1978.

Manson, T. W. *Ethics and the Gospel.* New York: Charles Scribner's Sons, 1960.

May, William F. *The Physician's Covenant: Images of the Healer in Medical Ethics.* Philadelphia: Westminster, 1983.

McFague, Sallie. *Models of God: Theology for an Ecological Nuclear Age.*

Philadelphia: Fortress, 1987.

Meeks, Wayne. *The Moral World of the First Christians.* Philadelphia: Westminster, 1986.

Merton, Thomas. "A Letter to Pablo Antonia Cuadra Concerning Giants." *Emblems of a Season of Fury.* New York: New Directions Books, 1961.

Minear, Paul S. *Command of Christ: Authority and Implications.* Nashville: Abingdon, 1972.

Muilenberg, James. *The Way of Israel: Biblical Faith and Ethics.* New York: Harper and Brothers, 1961.

National Conference of Catholic Bishops. *Economic Justice for All: Pastoral Letter on Catholic Social Teaching and the U.S. Economy.* Washington, D.C.: United States Catholic Conference, 1986.

_____. *The Challenge of Peace: God's Promise and Our Response.* Washington, D.C.: U.S. Catholic Conference, 1983.

Nelson, C. Ellis, ed. *Conscience: Theological and Psychological Perspectives.* New York: Newman Press, 1973.

Nelson, James B. *Moral Nexus: Ethics of Christian Identity and Community.* Philadelphia: Westminster, 1973.

Nelson, Ruben F. W. *The Illusion of Urban Man.* Ottawa, Canada: Square One Management Ltd., 1979.

Niebuhr, H. Richard. *The Responsible Self: An Essay in Christian Moral Philosophy.* New York: Harper and Row, 1963.

Niebuhr, H. Richard, et al. *The Purpose of the Church and its Ministry: Reflections on the Aims of Theological Education.* New York: Harper and Row, 1956.

Niebuhr, Reinhold. *Moral Man and Immoral Society.* New York: Charles Scribner's Sons, 1932.

_____. *The Nature and Destiny of Man.* 2 vols. New York: Charles Scribner's Sons, 1941~1943.

Ogletree, Thomas. *The Use of the Bible in Christian Ethics.* Philadelphia: Fortress, 1983.

Outka, Gene. *Agape: An Ethical Analysis.* New Haven and London: Yale University Press, 1972.

Pelikan, Jaroslav. *Jesus through the Centuries.* New York: Harper and Row, 1985.

Plato. *The Republic.* 2nd rev. ed. Baltimore: Penguin Books, 1955.

Ramsey, Paul. *Deeds and Rules in Christian Ethics.* Edinburgh: Oliver and Boyd, 1965.

_____. *The Patient as Person.* New Haven, Conn.: Yale University Press, 1970.

Rasmussen, Larry. "The Persistence of World Hunger." *Currents in Theology and Mission* 14, no. 4 (August 1987): 245-251.

Rauschenbusch, Walter. *Christianizing the Social Order.* New York: Macmillan, 1912.

Rawls, John. *A Theory of Justice.* Cambridge, Mass.: Harvard University Press, 1971.

Reich, Warren T., ed. *Encyclopedia of Bioethics.* New York: Free Press; London: Collier Macmillan, 1978.

Reumann, John and William Lazareth. *Righteousness and Society.* Philadelphia: Fortress, 1967.

Richesin, L. Dale and Brian Mahan, eds. *The Challenge of Liberation Theology: A First World Response.* Maryknoll, NY: Orbis, 1981.

Rifkin, Jeremy. *Declaration of a Heretic.* Boston, London, Melbourne, and Henley: Routledge and Kegan Paul, 1985.

Ringe, Sharon H. "Positive Force for Justice or Benediction to Abuse?," *Engage/Social Action* 11 (July-August 1983): 26-29

Ross, William David. *The Right and the Good.* London: Oxford University Press, 1930.

Rubenstein, Richard L. *The Cunning of History: Mass Death and the American Future.* New York: Harper and Row, 1975.

Russell, Letty M., ed. *Feminist Interpretation of the Bible.* Philadelphia: Westminster, 1985.

Sabini, John and Maury Silver. *Moralities of Everyday Life.* Oxford, New York, Toronto, Melbourne: Oxford University Press, 1982.

Sanders, E. P. *Jesus and Judaism.* Philadelphia: Fortress Press, 1985.

Sanders, Jack T. *Ethics in the New Testament.* Philadelphia: Fortress, 1975.

Sanders, James A. *From Sacred Story to Sacred Text.* Philadelphia: Fortress, 1987.

_____. "The Bible as Canon." *The Christian Century* (2 Dec. 1981): 1250-1255.

Schell, Jonathan. *The Fate of the Earth.* New York: Avon Books, 1982.

Schmemann, Alexander. *For the Life of the World: Sacraments and Orthodoxy.* New York: St. Vladimir's Press, 1973.

Schnackenburg, Rudolf. *The Moral Teaching of the New Testament*. New York: Herder and Herder, 1965.

Segundo, Juan Luis. *The Liberation of Theology*. Maryknoll, N.Y.: Orbis, 1984.

Shinn, Roger. *Tangled World*. New York: Charles Scribner's Sons, 1965.

Sleeper, C. Freeman. *Black Power and Christian Responsibility*. Nashville: Abingdon, 1968.

_____. "Ethics as a Context for Biblical Interpretation." *Interpretation* 22 (October 1968): 443-460.

Smart, James D. *The Strange Silence of the Bible in the Church*. Philadelphia: Westminster Press, 1970.

Soelle, Dorothee. *Suffering*. Philadelphia: Fortress, 1973.

Spohn, William C., S. J. *What Are They Saying about Scripture and Ethics?*. New York: Paulist Press, 1983.

Stendahl, Krister. "Biblical Theology, Contemporary." In *Interpreter's Dictionary of the Bible*, vol. I, 418-432. Nashville: Abingdon, 1962.

Strain, Charles E. *Prophetic Visions and Economic Reality*. Grand Rapids, Mich. Wm. B. Eerdmans, 1988.

Stringfellow, William. *An Ethic for Christians and Other Aliens in a Strange Land*. Waco, Tex.: Word, 1973.

Taylor, Paul W. *Principles of Ethics: An Introduction*. Encino, Calif.: Dickinson Publishing Company, Inc., 1975.

The United Methodist Council of Bishops. *In Defense of Creation: The Nuclear Crisis and a Just Peace*. Nashville: Graded Press, 1986.

Thiemann, Ronald R. "The Scholarly Vocation: Its Future Challenges and Threats." *Theological Education* 24, no. 1 (Autumn 1987): 86-101.

Torres, Sergio and John Eagleson, eds. *The Challenge of Basic Christian Communities*. Maryknoll, N.Y.: Orbis, 1981.

Trible, Phyllis. *Texts of Terror: Literary Feminist Readings of Biblical Narratives*. Philadelphia: Fortress, 1984.

Troeltsch, Ernst. *The Social Teachings of the Christian Churches* vols. I and II. Introduction by H. Richard Niebuhr. Translated by Olive Wyon. Chicago: The University of Chicago Press, Phoenix Edition, 1981.

Verhey, Allen. *The Great Reversal: Ethics and the New Testament*. Grand Rapids, Mich.: Wm. B. Eerdmans, 1984.

West, Cornel. *Prophesy Deliverance! An Afro-American Revolutionary Christianity.* Philadelphia: Westminster, 1982.

Wharton, James A. "Theology and Ministry in the Hebrew Scriptures." In *A Biblical Basis for Ministry.* Edited by Earl E. Shelp and Ronald Sunderland, 17-71. Philadelphia: Westminster, 1985.

Wilder, Amos N. *Eschatology and Ethics in the Teaching of Jesus.* New York: Harper, 1939.

_____. *Kerygma, Eschatology and Social Ethics.* Philadelphia: Fortress, 1966.

_____. "The Basis of Christian Ethics in the New Testament." *Journal of Religious Thought* 15, no. 2 (Spring-Summer 1958): 137-146.

Wilken, Robert L. *The Christians as the Romans Saw Them.* New Haven, Conn. Yale University Press, 1984.

Wilson, James Q. "The Rediscovery of Character: Private Virtue and Public Policy." *The Public Interest* 81 (Fall 1985): 3-18.

Wink, Walter. *Violence and Nonviolence in South Africa: Jesus' Third Way.* Philadelphia: New Society Publishers, 1987.

Womer, Jan L., ed. *Morality and Ethics in Early Christianity.* Philadelphia: Fortress, 1987.

Yoder, John Howard. *The Politics of Jesus.* Grand Rapids, Mich.: Wm. B. Eerdmans, 1972.

_____. *The Priestly Kingdom: Social Ethics as Gospel.* Notre Dame, Ind.: University of Notre Dame Press, 1984.

주 (註)

개정판 머리말

1. 관련 문헌은 상당히 많다. 일부를 소개하면 다음과 같다: Thomas W. Ogletree, *The Use of the Bible in Christian Ethics* (Philadelphia: Fortress, 1983); Allen Verhey, *The Great Reversal: Ethics and the New Testament* (Grand Rapids: Eerdmans, 1984); Charles Curran and Richard McCormick, eds., *Readings in Moral Theology*, No. 4: The Use of Scripture in Moral Theology (New York: Paulist Press, 1984); Letty M. Russell, ed., *Feminist Interpretation of the Bible* (Philadelphia: Westminster, 1985); William C. Spohn, S. J., *What Are They Saying about Scripture and Ethics?* (New York: Paulist Press, 1983).

1장 ǀ 합의 및 질문

1. "New Life: The Promise and Risk of Genetic Engineering," *The New York Times*, 8 June 1987.

2. "Farmers to Face Patent Fees to Use Gene-Altered Animals," *The New York Times*, 6 Feb. 1988.

3. Jonathan Schell, *The Fate of the Earth* (New York: Avon Books, 1982). 셸은 핵전쟁이 초래할 가능성 있는 결과를 서술적으로 설명하고 있다. 그의 서술은 인류가 역사상 처음으로 '창조를 거스르는 자'(uncreators)가 될 만큼 충분한 파괴력을 갖게 되었음을 효과적으로 전달한다. 인간의 강력해진 힘이 기존의 도덕적 범주에 미치는 영향과 보다 실행 가능한 새로운 윤리 체계를 재구성하려는 철학적 논의에 대해서는 Hans Jonas, *The Imperative of Responsibility* (Chicago: The University of Chicago Press, 1984)를 참고하라.

4. 1~2세기 비기독교 로마인들의 시각에서 신앙 공동체에 대한 충성이 시민 공동체에 대한 충성보다 우선시되는 모습이 어떻게 비쳤는지를 흥미롭게 설명한 저서로 Robert L. Wilken, *The Christians as The Romans Saw Them* (New Haven: Yale University Press, 1984)이 있다.

5. 성경이 우리에게 질문을 던지고 종교적, 도덕적 세계를 형성하는 과정에 대한 고전적인 설명으로 Karl Barth, *The Word of God and the Word of Man* (New York: Harper & Row, 1957)이 있다. 또한 대계명(Great Commandment)에 대한 심도 있는 논의를

원한다면 Gene Outka, *Agape: An Ethical Analysis* (New Haven and London: Yale University Press, 1972)를 참고하라.

2장 ¦ 공동체 윤리로서 기독교윤리

1. 우리 중 많은 사람이 민주적 자본주의와 19세기 앵글로-아메리칸 자유주의에서 기계론적/개인주의적 관점이 일반적으로 통용되는 것에 익숙해져 있기에, 서구 역사 전체를 보더라도 이것이 예외적인 견해라는 사실을 거의 인식하지 못한다. 이 장에서 살펴보겠지만, 기계론적/개인주의적 모델은 기독교윤리에서 그리스적 전통이나 히브리적 전통과 조화를 이루지 않는다. 초기 기독교윤리에 큰 영향을 미친 스토아주의는 인간 존재뿐만 아니라 우주적 존재까지도 관계적 관점에서 이해했다. 기독교윤리에 막대한 영향을 끼친 아리스토텔레스는 상호성이 시민 질서를 유지하는 결속의 본질이라고 보았다. 성경 자체도 다양한 관점에서 중심적인 히브리적 은유인 '언약'을 강조하며, 하나님의 백성이 야훼와 맺는 관계뿐만 아니라 서로 간의 관계, 심지어 어떤 경우에는 모든 피조물과의 관계(예: 노아 언약)를 설명한다. 기독교윤리를 형성하는 이러한 요소들은 모두 존재의 관계적 성격을 전제하거나 이를 명확히 드러낸다. 도덕적 삶도 이러한 관계적 이해의 일부이다. 기독교윤리의 기원과 발전 그리고 기독교 공동체의 사회적 형태에 대한 고전적인 연구로는 Ernst Troeltsch, *The Social Teaching of the Christian Churches, Volumes I and II*, intro. by H. Richard Niebuhr, trans. Olive Wyon (Chicago: University of Chicago Press, Phoenix Edition, 1981)이 있다. 그러나 트뢸취조차도 계몽주의 개인주의와 19세기 프로테스탄트 자유주의의 영향 아래 예수와 초기 교회에 존재하지 않는 개인주의를 투영하고 있다. 미국 사회, 특히 백인 중산층 문화에서의 개인주의와 헌신에 대한 논의를 원한다면 Robert N. Bellah, Richard Madsen, Wm. M. Sullivan, Ann Swidler, and Steven M. Tipton, *Habits of the Heart: Individualism and Commitment in American Life* (Berkeley, Los Angeles, London: University of California Press, 1985)를 참고하라.

2. Joyce Hollyday, "Rest for the Weary," *Sojourners* 17/1 (January 1988), 20.

3. 도덕 철학은 기독교윤리에 매우 중요한 요소이며, 여기에서 제기하는 논쟁이 이를 부정하려는 것은 아니다. 그러나 우리가 제기하는 논점은 의미 있는 쟁점이다. 계몽주의 이후 전개된 도덕 철학의 주류는 개인주의와 보편주의 개념을 핵심으로 삼아 왔다. 무엇을 확실히 알 수 있는가(인식론)와 이에 대해 무엇을 할 수 있는가(윤리학)는 전통이나 특정한 지역적 영향, 특히 종교적 영향을 배제한 자율적이고 이성적인 개인에 의해 발견되어야 한다고 본다. 도덕성을 탐구하는 과정에서 진정으로 중요한 것은, 인간이 이성적 존재로서 선을 추구하는 과정에서 공유하는 요소와 이에 대한 도덕적 의무뿐이다. 그 결과 도출되는 것은 모두에게 적용되는 진리이며, 마찬가지로 보편적으로 적용될 수 있는 도덕이 되어야 한다. 현대 도덕 철학이 추구해 온 것은 전기적, 역사적 배경에 구애받지 않는 개인들(개인주의)이 보편적이고

합리적인 도덕적 자율성(보편주의)을 유지하는 것이었다. 그러나 특정한 역사 속에서 형성된 하나님의 특정한 공동체 윤리로서 기독교윤리가 가지는 본질적 특성은 이러한 도덕 철학과 근본적으로 상충된다. 물론 도덕 철학이 제공하는 이론적 깊이는 풍부하지만, 기독교윤리와의 긴장을 낳는다. 현대 도덕 철학에서 다양한 윤리 이론을 종합적으로 다룬 저서로, 기독교윤리에서도 널리 사용되는 책은 William K. Frankena, *Ethics* (Englewood Cliffs, N.J.: Prentice-Hall, Inc., 1963)이다. 또한 최근 큰 영향을 미치며 많은 논의를 불러일으킨 저작으로는 John Rawls, *A Theory of Justice* (Cambridge, Mass.: Harvard University Press, 1971)가 있다. 계몽주의 윤리 사상의 탐구를 철저히 하려면 Immanuel Kant, *Grundlegung zur Metaphysik der Sitten* (Groundwork of the Metaphysic of Morals)을 참고해야 하며, 이는 다양한 판본으로 출간되어 있다.

4. Wayne Meeks, *The Moral World of the First Christians* (Philadelphia: Westminster, 1986), 125.

5. Meeks, *The Moral World of the First Christians*, 12. 또한 우리는 믹스가 데살로니가 교인들에게 편지를 쓴 바울에 대해 논의한 내용을 참고하였다.

6. 기독교적 도덕적 삶을 이렇게 설명하는 방식은 기독교윤리의 많은 전통에 적절하지만, 여기에서는 특히 Stanley Hauerwas, *A Community of Character* (Notre Dame: University of Notre Dame Press, 1981)의 영향을 크게 받았다. 또한 George A. Lindbeck, *The Nature of Doctrine: Religion and Theology in a Postliberal Age* (Philadelphia: Westminster, 1984)에서도 영향을 받았다.

7. Marcus J. Borg, *Jesus: A New Vision* (New York: Harper & Row, 1987), 96-124, "예언자로서의 예수: 전통적 지혜에 대한 도전"을 참고하라.

8. 디다케의 원문은 Jan L. Womer, ed., *Morality and Ethics in Early Christianity* (Philadelphia: Fortress, 1987), 30-33에서 확인할 수 있다.

9. Ferdinand Lassalle, *Franz von Sickingen*, trans. Daniel DeLeon (New York: New York Labor News, 1910), 63. 이는 John Todd Stewart, "Christian Soldiers in the Nuclear Age"(미출간 논문)의 표지에서 인용된 내용이다. 원문의 의미는 유지하되, 문체상의 이유로 일부를 의역하였다. 목표 지향적인 삶과 그것이 수단과 맺는 관계에 대한 논의는 여기서 다루는 것보다 훨씬 더 깊이 있는 탐구가 필요하다. 이와 관련하여 가장 유익한 논의 중 하나는 Dorothy Emmet이 제시한 '목적론 A'와 '목적론 B'의 구분이다. 이에 대한 자세한 설명은 그녀의 저서 *The Moral Prism* (New York: Macmillan, 1979), 6 이하를 참고하라. 특히 '목적론 B'는 성경적 관점과 본 논문의 논의와 잘 부합한다.

10. 여기서 설명하는 내용은 종교 공동체의 일반적인 특징이라는 점을 간략히 언급해 두고자 한다. 종교는 일반적으로 삶의 의미에 대한 거시적, 심지어 '우주적' 차원의 설명을 제공할 뿐만 아니라 이러한 설명과 조화를 이루는 삶의 방식 또한 제시한다. 즉, 종교는 의미만

을 제공하는 것이 아니라 그 의미를 구현하는 '길'도 제시하는 것이다. 예를 들면 초기 기독교의 호도스(hodos, 그리스어로 '길'), 유대교의 할라카(halakah), 이슬람의 샤리아(shar'ia), 중국 종교의 도(tao) 등이 있다. 이러한 종교 전통에서 지도자는 일반적으로 한 시대의 전통적 지혜와 강한 긴장을 이루는 삶의 방식이나 길을 가르치는 현자다. 기원전 6세기 중국에서 노자가 그러했으며, 기원전 5세기 인도에서 부처가 그러했으며, 모세는 이집트의 방식과 분명히 구별되는 길을 가르쳤고, 예수 또한 당시의 전통적 지혜에 도전하였다. 유대교 및 기독교 경전에서 '길'의 의미를 추적하고자 하는 학생들은 Gerhard Kittel and Gerhard Friedrich, eds., *Theological Dictionary of the New Testament*, trans. Geoffrey W. Bromiley (Grand Rapids: Eerdmans, 1957), 제5권을 참고하라. Wilhelm Michaelis, "hodos" 항목을 참조하면 도움이 될 것이다.

11. Meeks, *The Moral World of the First Christians*, 특히 40 이하, 제2장 "위대한 전통: 그리스와 로마"(The Great Traditions: Greece and Rome)를 참고하라. 또한 Robert L. Wilken, *The Christians as the Romans Saw Them* (New Haven and London: Yale University Press, 1984), 68 이하, 제4장 "갈렌: 철학자의 호기심"(Galen: The Curiosity of a Philosopher) 역시 흥미로운 논의를 제공한다.

12. Wilken, *The Christians as the Romans Saw Them*.

13. Porphyry, *Vita Plotini*, *Ibid.*, 132-133.

14. 철학과 초기 기독교에 대한 이 논의는 Wilken, *The Christians as the Romans Saw Them*, 77-83에 많은 영향을 받았다. 또한 무신론과 종교적 세계관의 충돌에 대한 논의는 Wilken, "Epilogue," 197-205를 참고하라.

15. Shaye J. D. Cohen, *From the Maccabees to the Mishnah* (Philadelphia: Westminster, 1986).

16. Raymond E. Brown, *The Churches the Apostles Left Behind* (New York: Paulist Press, 1984).

17. 랍비 어빙 그린버그(Rabbi Irving Greenberg)는 그의 흥미로운 에세이 "유대 역사에서의 세 번째 위대한 주기"(The Third Great Cycle of Jewish History)에서 유대교의 세 가지 주요 역사적 주기를 설명한다. 첫 번째 주기는 성서 유대교, 두 번째 주기는 랍비 유대교, 세 번째 주기는 홀로코스트와 이스라엘 국가의 설립을 통해 형성된 현대 유대교이다. 이 세 주기는 각각의 역사적 상황, 제도, 실천, 자기 이해에서 뚜렷한 차이를 보인다. 그러나 이러한 단절 속에서도 신앙의 사회적 구현이라는 근본적인 명령은 지속된다. 그린버그는 다음과 같이 서술한다: "무한한 존재의 궁극적 메시지는 살과 피를 가진 한 민족에게 맡겨져 다른 이들에게 전달되며, 그들의 삶 속에서 구현되어야 한다. 유대인 사회학과 유대인 신학은 동일한 것은 아니지만, 깊이 상호 연관되어 있다." "The Third Great Cycle of Jewish History," Perspectives (연도 미상), 1.

18. 콘스탄티누스와 그에 따른 교회의 새로운 사회적 질서가 기독교윤리에 미친 영향을 과장해서 말하기는 어렵다. 이에 대한 가장 간결하고 핵심적인 논의 중 하나는 John Howard Yoder, *The Priestly Kingdom: Social Ethics as Gospel* (Notre Dame: University of Notre Dame Press, 1984), 135-150, 제7장, "서구 사회 윤리의 콘스탄티누스적 기원"(The Constantinian Sources of Western Social Ethics)에서 찾아볼 수 있다.

19. Bruce Birch, "The Covenant at Sinai: Response to God's Freedom," in *Social Themes of the Christian Year*, ed. Dieter Hessel (Philadelphia: The Geneva Press, 1983), 142-148에 대한 논의를 참고하라.

20. Bruce C. Birch and Larry L. Rasmussen, *The Predicament of the Prosperous* (Philadelphia: Westminster, 1978), 80-98, 제4장 "Deliverance"를 참고하라.

21. James Cone, *God of the Oppressed* (New York: Seabury Press, 1975).

22. 이 과정과 그 핵심 내용을 간결하면서도 뛰어나게 다룬 저서로는 Walter Brueggemann, *The Prophetic Imagination* (Philadelphia: Fortress, 1978); Bruce C. Birch, *What Does the Lord Require? The Old Testament Call to Social Witness* (Philadelphia: Westminster, 1985)가 있다. 보다 상세한 논의는 Paul Hanson, *The People Called: The Growth of Community in the Bible* (New York: Harper and Row, 1986); Norman Gottwald, *The Tribes of Yahweh* (Maryknoll, N.Y.: Orbis Books, 1979)에서 찾아볼 수 있다. 또한 신약의 자료와 해석을 중요하게 다룬 저서로는 Elisabeth Schüssler Fiorenza, *In Memory of Her* (New York: Crossroad Books, 1984)가 있다. 특히 폴 한슨의 저서는 우리가 여기서 설명하는 과정에 대한 탐구뿐만 아니라 구약과 신약에서 '공동체'라는 주제의 모든 측면을 가장 철저하게 조사한 연구로 알려져 있다.

23. Walter Brueggemann, *The Prophetic Imagination*, 특히 제1장, 제2장을 참고하라. 또한 Bruce C. Birch, *What Does the Lord Require?*, 제3장, 제4장도 함께 참고하라.

24. 이 논의는 Larry Rasmussen, "Creation, Church, and Christian Responsibility," in *Tending the Garden: Essays on the Gospel and the Earth*, ed. Wesley Granberg-Michaelson (Grand Rapids: Eerdmans, 1987), 124-125에서 많은 부분을 참고하였다.

25. C. H. Dodd, *The Founder of Christianity* (New York: Macmillan, 1970), 90.

26. *Ibid.*, 102.

27. Borg, *Jesus: A New Vision*, 서문 (n.p.). 우리는 앞서 인용한 Dodd에 대한 참고 자료를 제공해 준 보그(Borg)에게 감사한다. 또한 E. P. Sanders의 중요한 저서 *Jesus and Judaism* (Philadelphia: Fortress, 1985)도 언급할 가치가 있다.

28. Paul Lehmann은 특히 그의 저서 *Ethics in a Christian Context* (New York: Harper and Row, 1963)에서 기독교윤리 전체를 코이노니아(koinōnia)의 관점에서 바라

보도록 하는 데 가장 큰 영향을 준 신학자이다.

29. Meeks, *The Moral World of the First Christians*, 94.

30. 성경 정경의 형성에 대한 논의는 James Kugel and Rowan A. Greer, *Early Biblical Interpretation* (Philadelphia: Westminster, 1986), 제1부를 참고하라.

31. *Ibid.*, 93.

32. *Ibid.*, 94.

33. 이러한 용어와 구분은 Wayne Meeks, *The Moral World of the First Christians*, 96에서 따온 것이다.

3장 | 도덕적 삶의 궤적 따라가기

1. 이러한 용어들의 어원에 대한 통찰력 있는 논의는 Paul Lehmann, *Ethics in a Christian Context* (New York: Harper and Row, 1963), 23-25에서 찾아볼 수 있다. 또한 철학적 윤리학의 기본 용어를 설명하는 유용한 저서로는 Paul W. Taylor, *Principles of Ethics: An Introduction* (Encino, Calif.: Dickinson, 1975)이 있다.

2. 행위성(agency)에 대한 이 간략한 설명은 Charles E. Strain, ed., *Prophetic Visions and Economic Reality* (Grand Rapids: Eerdmans, 1988)에서 Paul Camenisch가 다룬 보다 긴 논의를 참고한 것이다. 원고 작성 당시 해당 책이 아직 출간되지 않았기 때문에 페이지 번호는 제공하지 않는다.

3. George Will이 "The Wilde Wild West," *The Washington Post*, 1 Aug. 1982에서 언급하였다.

4. Aristotle, *Nicomachean Ethics*, II.i.4-5, trans. H. Rackam, *Loeb Classical Library*, vol. 19 (Cambridge: Harvard University Press, 1926, Reprint 1982), 73.

5. Plato, *The Republic* (Baltimore: Penguin Books, 1974, 개정 2판), 107-108. 히브리 성경의 지혜서(Book of Wisdom)에도 이와 유사한 극적인 구절이 포함되어 있다. 그러나 문맥은 상당히 다르다. 여기에서는 '죽음과 계약을 맺은' '불경한 자들'의 '그릇된 사고'로 묘사된다. 그들의 말 중에는 다음과 같은 내용이 포함된다:

> 의로운 사람이 가난하다면, 그를 억압하자.
> 과부를 봐준다는 생각을 버리고,
> 수많은 세월을 살아온 백발의 노인을 존중하지 말자.
> 우리의 힘이 곧 정의의 척도가 되게 하자.
> 약함은 스스로 무가치함을 증명하는 것이니.
> 의로운 자가 우리를 귀찮게 하고
> 우리의 삶의 방식을 반대하며,

우리가 율법을 어긴 것을 책망하고
우리의 성장 과정에서 배운 것을 배반했다고 비난한다.
그는 스스로 하나님을 안다고 주장하며
자신을 주님의 아들이라 부른다.
그는 우리의 생각을 꾸짖는 자로 우리 앞에 서 있으며,
그를 바라보는 것만으로도 우리의 영혼은 무거워진다.
그의 삶의 방식은 다른 사람들과 같지 않으며,
그가 가는 길은 우리에게 낯설다.
그의 눈에 우리는 가짜이며,
그는 우리 행실을 더러운 것처럼 멀리한다.
그는 의로운 자의 마지막이 행복할 것이라 선포하며,
하나님이 자신의 아버지라고 자랑한다.
그가 하는 말이 사실인지 보자.
그가 어떤 최후를 맞이하는지 지켜보자.
만약 의로운 사람이 하나님의 아들이라면,
하나님이 그의 편을 들어
그를 적들의 손에서 구해 주실 것이다.
그의 온유함을 시험하고
그의 인내심을 확인해 보기 위해
그를 잔인하게 고문하자.
그를 수치스러운 죽음에 처하자.
그가 돌보심을 받을 것이라 했으니,
그 말이 사실인지 확인해 보자.
(지혜서 2:10-20, JB)

6. 이 논의는 플라톤과 아리스토텔레스 사이에 중요한 차이가 없었다는 것을 의미하는 것이 아니다. 두 사상가 사이에는 분명한 차이가 있으며, 이는 기독교윤리에도 큰 의미를 가진다. 플라톤은 이상주의적 방식의 종교 윤리의 근원이 되었다. 그는 '참된 현실'이 또 다른 차원에 존재하며, 그곳에는 변치 않는 도덕적 원칙이 있다고 보았다. 기독교윤리에서 이러한 접근 방식은 영원성과 시간 그리고 변함없는 도덕적 질서와 끊임없이 변화하는 역사적 흐름을 연결하는 과제를 의미했다. 반면 아리스토텔레스는 '자연주의적' 접근 방식을 취했다. 그는 모든 종이 목표(telos)를 가지고 있다고 보았으며, 우리가 주변 세계를 연구함으로써 그 패턴을 발견할 수 있고, 그 속에서 인간 행동에 적합한 도덕적 패턴 또한 파악할 수 있다고 주장했다. 이후 기독교윤리는 윤리적 사고에서 이상주의적 접근과 자연주의적 접근을 반복적

으로 참조하게 되었다. 그러나 위의 논의에서 강조하는 핵심은 플라톤과 아리스토텔레스가 모두 고전적 문화에서 덕(virtue)에 대한 관심을 공유했다는 점이다.

7. 이것은 기독교의 상황 윤리(situation ethics)에서 명확하게 드러난다. 여기에는 하나의 규범, 즉 사랑과 당면한 결정만이 존재한다. 결정을 내리는 데 도움이 되는 경험적 규칙(rules-of-thumb)이 있기는 하지만, 결정권자 자체의 형성에는 거의 또는 전혀 주의를 기울이지 않는다. 일반적으로 기독교 상황 윤리에 대한 대표적인 논의로 간주되는 저서는 Joseph Fletcher, *Situation Ethics* (Philadelphia: Westminster, 1966)이다.

8. Martin Luther, *Lectures on Romans*, trans. and ed. Wilhelm Pauck; published as vol. 15 of *Library of Christian Classics* (Philadelphia: Westminster, 1961), 4.

9. 여기서 인용된 내용은 루터를 논의한 Gerhard O. Forde, "The Exodus from Virtue to Grace: Justification by Faith Today"(덕에서 은혜로의 출애굽: 오늘날의 신앙에 의한 칭의), *Interpretation* 34 (January 1980), 37에서 가져온 것이다. 추가로 언급하자면 *Interpretation*은 계간 학술지로, 성경 자료를 다루는 데 전문성을 가지며 종종 성경이 도덕적 문제를 어떻게 다루는지를 포함하여 논의한다.

10. 루터의 논점을 20세기에서 더욱 강력하고 정교하게 발전시킨 윤리학자는 Reinhold Niebuhr의 대표 저서 *The Nature and Destiny of Man* (New York: Charles Scribner's Sons, 1941, 1943)을 참고하라. 특히 제1권 제7장 "죄인으로서의 인간"(Man as Sinner)과 제2권 제4장 "지혜, 은혜 그리고 권력"(Wisdom, Grace, and Power)은 주목할 만하다. 니버는 루터보다 더욱 깊이 있게 인간의 자기기만과 선의 가면을 쓴 악의 가능성을 탐구한다. 그러나 동시에 그는 하나님의 압도적인 심판과 자비 앞에서 윤리적 선택을 상대화하려는 루터의 경향을 피하고자 한다. 이에 대한 논의는 제1권, 219-227에서 확인할 수 있다.

11. Vicki Kemper and Larry Engel이 *Sojourners* 12 (December 1987), 14에서 인용했다. 이 시는 Dom Helder Camara, *A Thousand Reasons for Living* (Philadelphia: Fortress, 1981), 71에서 발췌되었다.

12. Langdon Gilkey, *Shantung Compound* (New York: Harper & Row, 1966), ix. 길키의 서술은 20년 후에 출판되었지만, 산둥 수용소에서의 경험을 직접 기록한 것이다. 그는 당시 작성한 일지를 활용하였으며 함께 수용소에서 생활했던 사람들과 교차 검증을 통해 내용을 확인하였다.

13. *Ibid.*, 99.

14. *Ibid.*, 109.

15. *Ibid.*

16. *Ibid.*, 110.

17. *Ibid.*

18. *Ibid.* 구호 물품 배분 사건의 결말은 다음과 같다. 미국인들이 결정을 내리지 못한

채 머뭇거리는 사이 이 문제는 일본 당국으로 넘어갔다. 일본 당국은 도쿄의 상급 기관에 이를 보고했고, 최종적으로 각 수용자가 하나씩의 구호 물품을 받으며 남은 물품은 다른 수용소로 보내기로 결정되었다. 이 사건은 신랄한 유머로 마무리되었다. 배분을 위해 산더미처럼 쌓인 물품을 정리하는 과정에서 남아프리카 적십자가 보낸 부츠 200켤레가 포함되어 있다는 사실이 밝혀졌다. 당시 수용소에는 남아프리카 출신자가 단 두 명뿐이었다. 이에 그들은 다음과 같은 공지를 게시했다: "이미 확립된 전례에 따라 남아프리카 공동체는 자국 적십자가 기부한 200켤레의 부츠에 대한 소유권을 주장합니다. 우리는 각 부츠를 사흘씩 번갈아 착용하며, 이를 우리의 정당한 재산으로서 사용할 권리를 표시할 것입니다. 이후 착용하지 않는 동안에는 요청하는 비(非)남아프리카인들에게 기꺼이 빌려주겠습니다." Ibid., 113.

19. Niebuhr, *The Nature and Destiny of Man*, vol. 2, 244.

20. *Ibid.*, 47.

21. *Ibid.*, 248.

22. Thomas Ogletree, *The Use of the Bible in Christian Ethics* (Philadelphia: Fortress, 1983)의 장점 중 하나는 책의 서두에서 윤리 이론을 체계적으로 정리하고 논의한다는 점이다. 우리가 여기서 '목적론적' 윤리라고 부르는 것을 그는 '결과주의적' 윤리 (consequentialist ethics)라고 명명한다. 성경의 윤리적 흐름을 이러한 관점에서 논의한 내용을 보고 싶다면 그의 저서를 참고하라. 오글트리는 '의무론적' 윤리(deontological ethics)에 대해서도 동등한 비중을 두며, 우리는 이를 도덕적 삶에서 '의무'의 개념으로 논의하고 있다. 또한 그는 '완전주의적' 윤리(perfectionist ethics)를 다루는데, 이는 우리가 '덕'(virtue)과 '성품'(character) 윤리로 명명한 것과 동일하다. 이들 역시 성경 윤리 논의의 틀로 활용된다. 이러한 개념들이 제시된 장인 "도덕적 삶에 대한 선이해"(Preunderstandings of the Moral Life), 15-47은 이러한 윤리 이론들이 등장하게 된 인간 현실을 밝혀주는 추가적인 장점을 가진다. 또한 해당 장의 각주 및 선정된 참고 문헌은 보다 깊이 있는 연구를 위한 안내 역할을 한다.

23. 이에 대한 보다 심도 있는 논의와 기독교윤리에서 가치 윤리와 의무 윤리가 가진 한계를 다룬 내용은 Charles L. Kammer III., *Ethics and Liberation: An Introduction* (Maryknoll: Orbis Books, 1988)에 포함되어 있다. 특히 제5장, 제6장을 참고하라. 또한 이전 각주에서 인용한 오글트리의 논의 역시 이와 관련성이 높다.

24. Tom L. Beauchamp and James F. Childress, *Principles of Biomedical Ethics* (New York: Oxford University Press, 1979), 29.

25. 도덕적 의무 윤리를 가장 철저하고 일관되게 체계화한 사상가이며, 이 방향에서 현대 기독교윤리에 가장 큰 영향을 미친 인물은 임마누엘 칸트(Immanuel Kant)다. 그의 가장 중요한 저서로는 *Groundwork of the Metaphysic of Morals*, trans. H. J. Paton (New York: Harper and Row, 1964); *Critique of Practical Reason*, trans. Lewis White

Beck (Indi- anapolis: Bobbs-Merrill, 1956); *Religion within the Limits of Reason Alone*, trans. T. M. Greene and H. H. Hudson (New York: Harper and Row, 1960) 이 있다. 또한 목적론적 윤리와 의무론적 윤리를 결합한 중요한 도덕 철학 저서로는 William David Ross, *The Right and the Good* (London: Oxford University Press, 1930)이 있다. 20세기 기독교윤리학자 중에서 도덕적 의무에 대한 기독교윤리를 가장 일관되게 발전시킨 인물은 Paul Ramsey이다. 그의 저서는 많지만, 이와 관련하여 *Deeds and Rules in Christian Ethics* (Edinburgh: Oliver and Boyd, 1965)를 참고하라.

26. 앞서 언급한 바와 같이 칸트는 도덕 윤리를 의무 윤리로 가장 철저하게 발전시킨 철학자이며, 이 방향에서 현대 기독교윤리에 가장 큰 영향을 미쳤다. 그는 이를 인간에 대한 존중의 원칙에 기반하여 전개한다. 도덕의 최소한의 기준으로 타인은 결코 나의 주관적인 목적을 위한 단순한 수단으로 취급되어서는 안 된다. 더 나아가 사랑 자체는 타인의 복지를 나 자신의 것으로 삼는 것을 의미한다. 따라서 사랑은 단순한 감정이 아니라 실천적이고 자애로운 행동이다. 이에 대한 보다 자세한 논의는 Immanuel Kant, *Groundwork of the Metaphysic of Morals*를 참고하라. 이러한 개념을 의료 윤리에 적용한 중요한 연구로는 Paul Ramsey, *The Patient as Person* (New Haven: Yale University Press, 1970)이 있다.

27. 우리는 다시 한번 Charles L. Kammer, *Ethics and Liberation: An Introduction* 에서의 훌륭한 논의에 많은 도움을 받았다.

28. Beauchamp and Childress, *Principles of Biomedical Ethics*, preface, vii.

29. "Pat Robertson vs. the Facts," *The New York Times*, 10 Oct. 1987.

30. Roy Branson, "Apocalyptic and the Moral Imagination"에서 발췌했다. 본 논문은 1986년 11월 로마 린다대학교에서 개최된 "Bioethics: Old Models and New" 학술회의 자료집(1-2쪽)에 수록되었다.

31. 많은 사례를 들 수 있지만, 최근 기독교윤리를 비인간중심적(nonanthropocentric) 관점에서 가장 철저하게 개념화하려는 시도로는 James M. Gustafson, *Ethics from a Theocentric Perspective* (Chicago: University of Chicago Press)가 가장 주목할 만하다. 제1권은 1981년에, 제2권은 1984년에 출판되었다.

32. 기독교윤리의 재구성을 선도하는 중요한 논문들은 Beverly Wildung Harrison, *Making the Connections: Essays in Feminist Social Ethics*, ed., Carol S. Robb (Boston: Beacon Press, 1985)에 수록되어 있다. 이 연구는 Barbara Hilkert Andolsen, Christine E. Gudorf, Mary D. Pellauer, eds., *Women's Conscience, Women's Consciousness: A Reader in Feminist Ethics* (Minneapolis: Winston Press, 1985)에서도 계속 이어진다. 이 책은 해리슨의 연구를 인정하며 그녀에게 헌정되었다.

33. Jeremy Rifkin, *Declaration of a Heretic* (Boston, London, Melbourne, and

Henley: Routledge and Kegan Paul, 1985), 99.

34. 도덕 철학과 신학 윤리를 연구하며 우리의 도덕적 비전에 있는 핵심 은유가 전체 도덕적 삶에 미치는 영향을 강조한 대표적인 학자는 리처드 니버(Richard Niebuhr)다. 특히 그의 저서 *The Responsible Self: An Essay in Christian Moral Philosophy* (New York: Harper and Row, 1963)가 중요한 연구로 꼽힌다. 이 분야의 연구는 이후 많은 학자들에 의해 지속되었으며, 의사들의 사례를 고려할 때 특히 주목할 만한 연구로는 William F. May, *The Physician's Covenant: Images of the Healer in Medical Ethics* (Philadelphia: Westminster, 1983)가 있다. 또한 Philip S. Keane, s. s., *Christian Ethics and Imagination* (New York: Paulist Press, 1984)도 참고할 만하다.

35. 도덕적 비전의 역할을 설명하는 방식으로 텔레비전의 '바이블' 개념을 제안한 것은 William F. May, *The Physician's Covenant*, 17-19에서 비롯된 것이다.

36. Donald Capps, *Deadly Sins and Saving Virtues* (Philadelphia: Fortress Press, 1987)는 세 개의 주요 부분으로 구성되어 있다: "The Deadly Sins", "The Saving Virtues", "The Saving Graces." 캡스는 이를 Erik Erikson이 *Childhood and Society* (2nd rev. ed., New York: W. W. Norton & Co., 1963)에서 발전시킨 생애 주기 이론을 바탕으로 논의한다. 또한 성경 속 인물들의 이야기를 활용하여 죄, 덕목, 은혜 그리고 그 역동성을 설명한다.

37. 이 이미지는 Dorothy Emmet, *The Moral Prism* (New York: St. Martin's Press, 1979)의 제목에서 가져온 것이다. 여기에서 이 이미지를 사용하는 방식은 그녀의 원래 의도와 크게 어긋나지 않는다. 그러나 에멧의 저서는 이 개념을 훨씬 더 광범위하게 활용한다. 우리의 논의에서 충분히 다루지 못한 도덕적 삶의 여러 측면을 훌륭하게 다룬 저서이므로, 이 책을 강력히 추천한다.

38. John Yoder, *The Priestly Kingdom* (Notre Dame: University of Notre Dame Press, 1984), "Radical Reformation Ethics in Ecumenical Perspective" 중 "A Detour Concerning Logic," 113-116이 이 논의에 매우 유익한 자료가 되었다.

39. 이 주제를 더 깊이 탐구하고자 하는 학생들은 다음의 저서를 참고하라. Alexander Schmemann, *For the Life of the World: Sacraments and Orthodoxy* (New York: St. Vladimir's Press, 1973); Paulos Gregorios, *The Human Presence: An Orthodox View of Nature* (Geneva: World Council of Churches, 1978); Stanley S. Harakas, *Toward Transfigured Life* (Minneapolis: Light and Life Publishing Co., 1983).

40. 다음과 같은 저서들이 이에 대한 예시로 포함될 수 있다. Gustavo Gutierrez, *A Theology of Liberation* (Maryknoll: Orbis, 1971); James H. Cone, *God of the Oppressed* (New York: Seabury, 1975); Robert McAfee Brown, *Theology in a New Key* (Philadelphia: Westminster Press, 1978); Karen Lebacqz, *Justice in an Unjust*

World (Minneapolis: Augsburg, 1987).

41. 초기 기독교윤리(2세기)의 흥미로운 사례로 알렉산드리아의 클레멘스(Clement of Alexandria)가 있다. 그는 당대의 귀족적 헬레니즘과 기독교적 삶의 방식을 조화시키려는 시도를 했다. 이에 대한 논의는 그의 저술 "The Instructor", "The Stromata", "The Rich Man's Salvation"에서 찾아볼 수 있으며, 이는 *The Ante-Nicene Fathers*, 제2권 (New York: Charles Scribner's Sons, 1926)에 수록되어 있다.

42. Tom F. Driver, *Christ in a Changing World: Toward an Ethical Christology* (New York: Crossroads, 1981), x.

4장 ┃ 성품 형성의 요소

1. William F. Buckley, "The Higher Laws of Charles Colson," *New York Daily News*, 27 Nov. 1987.

2. James Q. Wilson, "The Rediscovery of Character: Private Virtue and Public Policy," *The Public Interest* 81 (Fall 1985), 3.

3. 기독교윤리에서 Stanley Hauerwas의 성품과 공동체의 관계에 대한 연구는 중요하다. 여기서는 그의 *A Community of Character* (Notre Dame: University of Notre Dame Press, 1981)에서의 논의를 참고하며, 특히 제1부를 중심으로 다룬다.

4. Ronald F. Thiemann, "The Scholarly Vocation: Its Future Challenges and Threats," *Theological Education* 24/1 (Autumn 1987), 96.

5. Martin Buber, *I and Thou*, trans. Ronald Gregor Smith (New York: Charles Scrib- ner's Sons, 2nd ed., 1958).

6. *Ibid.*, 4.

7. *Ibid.*, 18.

8. *Ibid.*, 11.

9. 이 주제에 대한 성경 자료를 다룬 내용은 *The Predicament of the Prosperous* (Philadelphia: Westminster, 1978), 제5장 "Wisdom and Creation"(지혜와 창조), 98-125를 참고하라.

10. Buber, *I and Thou*, 11.

11. 우리는 기독교윤리의 영역으로서 '개인 윤리'와 '사회 윤리'의 구분을 사용하지 않는다. 모든 윤리는 개인적이며 사회적이며, 이를 분리할 수 없다. 사실 기독교윤리의 임무 중 하나는 이들의 친밀함을 보여주는 것이다. 그럼에도 이 구분에는 제한된 진리가 있다. 일부 도덕은 '개인적'인데, 이는 개인이 선택에 대한 상당한 통제권을 행사하기 때문이다. 그러나 우리는 '단순한' 도덕과 '복잡한' 도덕을 구분하는 것이 더 나은 접근임을 알게 된다. 또는

셸던 울린(Sheldon Wolin)이 카터 대통령에 대한 언급에서 사용한 용어를 쓸 수 있다. 그는 카터를 '깨끗한 미덕'에 대해 상당히 좋다고 평가했다: 정직, 자기 통제, 개인적인 품위, 충실성, 연민 등. '깨끗한' 미덕은 개인이 상당한 통제권을 가지는 미덕이다. 나는 거짓말을 할지, 술을 마실지, 욕을 할지, 담배를 피울지 선택할 수 있으며, 내 선택의 결과는 일반적으로 내 힘의 범위 내에 머무른다. '단순한' 또는 '깨끗한' 미덕은, 만약 그 용어를 사용해야 한다면, '개인 윤리'의 내용에 포함된다. 그러나 삶의 많은 부분은 '더러운 미덕'과 연관된다. (울린은 '악덕'을 의미하는 것이 아니라 '미덕'을 의미한다.) 이것은 반드시 많은 사람들의 삶을 동시에 포함하는 미덕이다. 이는 복잡한 사회적 상호 작용 없이 실현될 수 없다. 그것은 불가피하게 집단 간의 갈등을 수반하며 보통 정치적 타협을 포함한다. 그것은 한 개인이 통제할 수 없는 사회적 혼합의 일부가 되는 행동을 포함한다. '자유', '정의', '평등'은 모두 이러한 종류의 미덕과 가치에 속한다. 울린의 논의는 *New York Review of Books*에서 다뤄졌으며, Martin Marty가 *CSCM Yearbook IV* (Valparaiso, Ind: Center for the Study of Campus Ministry, 1981), 85에서 보고하였다. 우리는 또한 기독교윤리에서 '개인'과 '사회'의 구분이 이 책에서 거부하는 가정, 즉 개인이 사회 이전에 그리고 사회와 분리되어 존재한다는 가정에 참여해 왔다는 점을 덧붙인다. '더러운 미덕'과 윤리에 대한 복잡한 사회적 상호 작용의 의미에 대해서는 기독교윤리의 고전인 Reinhold Niebuhr, *Moral Man and Immoral Society* (New York: Charles Scribner's Sons, 1932)를 참고하라.

12. Lawrence Kohlberg의 연구는 최근 도덕 발달에 관한 많은 논의의 출발점이자 참고점이 되었다. 그의 가장 중요한 저서로는 두 권의 주요 에세이 모음이 있다: *Essays on Moral Development, Volume One: The Philosophy of Moral Development* (San Francisco: Harper & Row, 1981); *Essays on Moral Development, Volume Two: The Psychology of Moral Development* (San Francisco: Harper & Row, 1983). 콜버그의 이론은 보편적인 도덕 발달 단계 이론으로, 각 단계는 이전 단계의 성공적인 해결에 의존한다. 현재까지 콜버그의 가장 중요한 수정은 Carol Gilligan, *In a Different Voice: Psychological Theory and Women's Development* (Cambridge: Harvard University Press, 1982)이다. 우리의 판단에 따르면, '단계 이론'에 대한 미래 연구는 발달 단계가 원래 콜버그나 장 피아제(Jean Piaget), 에릭 에릭슨(Erik Erikson)의 중요한 연구에서 인식된 것보다 문화적 영향과 구성에 훨씬 더 민감하다는 것을 보여줄 가능성이 크다. Erikson, *Childhood and Society, 2nd rev. ed.* (New York: W. W. Norton & Co., 1963)은 많은 사람들이 발달 이론에서 사용한 생애 주기의 단계를 개요로 제시한다. Donald Capps, *Deadly Sins and Saving Virtues* (Philadelphia: Fortress, 1987)는 에릭슨의 체계를 사용하고 현재의 목회적 돌봄에 관련된 성경 자료를 예시로 들어 설명한다. 어쨌든 기독교윤리에서 도덕 발달에 관한 현재의 논의는 인지 및 발달심리학의 이와 다른 저자들의 연구에 크게 의존하고 있다. 도덕 발달 이론과 기독교 전통에서의 자료와 방법을 완전히 통합하는

작업은 아직 이루어지지 않았다.

13. 발달 문헌은 계속해서 어린 시절의 영향력의 중요성을 강조한다. Robert L. Fulghum은 초기 어린 시절에 배운 도덕적 내용을 재미있게 회상하며, 우리가 전체적으로 인용한 "All I Ever Really Need to Know I Learned in Kindergarten"에서 다음과 같은 내용을 제공한다:

"내가 정말로 살아가고 해야 할 일 그리고 어떻게 살아야 하는지에 대해 내가 배운 대부분의 것은 유치원에서 배웠다. 지혜는 대학원 산꼭대기에 있는 것이 아니라 유치원 놀이터 모래밭에 있었다."

"내가 배운 것은 이것들이다: 모든 것을 나누어라. 공정하게 놀아라. 사람을 때리지 마라. 물건은 원래 있던 곳에 다시 두어라. 내 물건은 스스로 치워라. 남의 물건을 가져가지 마라. 누군가를 다치게 했을 때 사과하라. 먹기 전에 손을 씻어라. 물을 내려라. 따뜻한 쿠키와 차가운 우유는 몸에 좋다. 균형 잡힌 삶을 살아라. 조금 배우고, 생각하고, 그리기, 그림 그리기, 노래 부르기, 춤추기, 놀기 그리고 매일 조금씩 일하라."

"매일 오후에는 낮잠을 자라. 세상에 나갈 때는 교통을 조심하라. 손을 잡고 함께 다녀라. 경이로움을 느껴라. 플라스틱 컵 속의 작은 씨앗을 기억하라. 뿌리는 내려가고 식물은 올라가며, 아무도 그 방법이나 이유를 알지 못하지만 우리는 모두 그렇게 살아간다."

"금붕어와 햄스터와 하얀 쥐, 심지어 플라스틱 컵 속의 작은 씨앗도 모두 죽는다. 우리도 그렇다."

"그리고 다시 기억하라, 딕과 제인에 관한 책과 당신이 처음 배운 가장 큰 단어: LOOK. 모든 것을 거기서 배운다: 황금률과 사랑 그리고 기본적인 위생, 생태학과 정치 그리고 건강한 삶."

"만약 우리가 모두-전 세계가 매일 오후 3시에 쿠키와 우유를 먹고 그 후에는 담요를 덮고 낮잠을 잤다면 얼마나 더 나은 세상이었을까. 또는 우리나라와 다른 나라들이 항상 물건을 원래 있던 곳에 다시 두고, 우리의 오물을 스스로 치우는 기본적인 정책을 가지고 있다면 그리고 당신이 나이가 얼마나 많든 세상에 나갈 때 손을 잡고 함께 있는 것이 가장 좋다는 것은 여전히 진리이다"(*Kansas City Times*, 17 Sept. 1976).

14. Clifford Geertz는 세계관과 에토스를 문화의 요소로서 광범위하게 설명하고 있다. *The Interpretation of Cultures: Selected Essays* (New York: Basic Books, 1973)를

참고하라. 또한 현실의 사회적 구성을 다룬 중요한 논의는 Peter Berger, *The Sacred Canopy* (Garden City, N.Y.: Doubleday, 1967)에서 찾아볼 수 있다. 우리는 이 두 가지 사회적 차원에 대한 논의를 Marc Borg, *Jesus: A New Vision* (New York: Harper and Row, 1987), 제5장 "The Social World of Jesus," 79-96에서 가져왔다. 보그는 기어츠와 베르거를 비롯한 다른 학자들을 참고하며, 이 책의 다른 부분에서도 우리가 사용한 자료들이 포함되어 있다.

15. 언어에 관한 이 논의는 다른 매우 다양한 사회 이론 간의 합의에 대한 보고로는 너무 간단하다. 기독교윤리에서 특별히 중요한 것은 언어의 사회적 역할이다. 이는 페미니스트 신학자들과 윤리학자들에 의해 가장 풍성하게 다루어졌다. 조직신학에서는 Sallie McFague, *Models of God: Theology for an Ecological, Nuclear Age* (Philadelphia: Fortress, 1987)를 참고하라. 사회 윤리에서는 Beverly Wildung Harrison, *Making the Connections: Essays in Feminist Social Ethics*, ed. Carol S. Robb (Boston: Beacon Press, 1985), "Sexism and the Language of Christian Ethics," 22-41 에세이가 중요하다. 여기서 우리의 간략한 논의와 이곳에서 인용된 구절(23쪽)을 비롯한 내용이 다뤄진다.

16. Jerome S. Bruner, *Child's Talk: Learning to Use Language* (New York: Norton and Co., 1983).

17. 얼굴이 빨개지는 신체적 행위는 도덕적 형성을 보여주는 비언어적 의사소통의 좋은 예다. 동물은 얼굴이 빨개지지 않지만, 인간은 그렇다. 그러나 인간 아기는 그렇지 않다. 얼굴이 빨개지는 것은 사회적 규칙과 기대를 내면화하는 데 의존한다. 이 중 많은 부분은 도덕적 성격을 가지며 옳고 그름, 선과 악, 적절하고 부적절한 행동에 대한 개념을 반영한다. 내면화되었을 때도 이것이 여전히 사회적 성격을 유지한다는 점은 분명하다. 우리는 개인적으로 얼굴이 빨개지지 않으며, 다른 사람들 앞에서만 그렇다. 도덕성은 우리 사이에 존재하며, 그것이 우리 안에 깊이 들어가 있을 때도 여전히 '우리 사이'에 있다.

18. 간결하고 유익한 논의는 *The Westminster Dictionary of Christian Ethics*, eds. James Childress and John Macquarrie, 제2판 (Philadelphia: Westminster, 1986)에서 찾을 수 있다. 해당 항목은 Richard Bondi, "Character," 82-84이다. 이 논의는 또한 '행위'(Act), '행동'(Action), '행위자'(Agent), '습관'(Habit), '악덕'(Vice), '미덕'(Virtue)과 같은 다른 관련 항목들을 참조하도록 안내한다. *The Westminster Dictionary of Christian Ethics*는 윤리학을 공부하는 학생들이 익혀야 할 중요한 저서이다. 기본적인 도덕 개념과 이론에 관한 주제를 폭넓게 다룬 훌륭한 다 권의 저서로는 Warren Reich, ed., *The Encyclopedia of Bioethics* (New York: Free Press; London: Collier MacMillan, 1978)가 있다.

19. 어원에 관한 주석은 William Safire, *On Language* 칼럼에서 발췌한 것이다.

"Character Issue," *The New York Times Sunday Magazine*, 22 Nov. 1987.

20. James Gaffney, "Values, Victims and Visions," *Commonweal* 15 (Aug. 1986): 426-429.

21. *Ibid.*, 426.

22. *Ibid.*

23. *Ibid.*

24. Abraham Heschel, *Who Is Man?* (Palo Alto, Calif.: Stanford University Press, 1965), 11.

25. "Leading Psychologist Expands the Boundaries," *The New York Times*, 20 Oct. 1987.

26. 이 결론을 뒷받침하는 여러 연구 중 하나는 Daniel Goleman, "Personality: Major Traits Found Stable through Life," *The New York Times*, 9 June 1987에서 제공된다. 제임스의 논평은 이 기사에서 인용된 것이다.

27. Marcus Borg의 논평은 여기에서 적절하며 중요하다: "이 신앙의 의미는 현대 시대에서 미묘하지만 결정적인 변화가 일어났다는 점을 보그는 강조한다. 많은 사람들에게 신앙은 이제 '하나님 존재를 믿는 것'을 의미한다. 그러나 이전 시대에는 하나님이 존재한다고 믿는 데 '신앙'이 필요하지 않았다 — 거의 모든 사람이 그것을 당연하게 여겼다. 오히려 '신앙'은 하나님과의 관계에 관한 것이었다 — 즉, 하나님을 신뢰하는지 여부이다. '무엇이 존재할 수도 있고 존재하지 않을 수도 있는 것을 믿는 신앙'과 '하나님을 신뢰하는 신앙' 사이의 차이는 엄청나다. 첫 번째는 '머리의 문제'이고, 두 번째는 '마음의 문제'이다. 첫 번째는 사람을 변하지 않게 만들 수 있지만, 두 번째는 본질적으로 변화를 가져온다. Marcus J. Borg, *Jesus: A New Vision* (New York: Harper & Row, 1987), 35, note. 우리는 신앙과 윤리가 삶의 방식으로서 밀접하게 연결되어 있다는 점이 보그가 정의한 두 번째 의미에서 신앙의 의미를 전제로 한다는 점을 덧붙인다. 또한 우리의 논의는 첫 번째 의미에서의 신앙도 포함하지만, 단순히 '하나님 존재를 믿는 것'을 의미하지는 않는다. 오히려 기본적인 신뢰의 맥락에서 우리의 경험을 질서 있게 정리하고 우리의 세계에 대한 기본적인 인식을 위한 실체를 제공하는 신념의 집합이다. 따라서 우리는 보그의 논의를 수정하지만, 신앙을 신뢰로서 가장 근본적인 의미로 강조하는 점에서 그와 공유한다.

28. Martin Luther, *Luther's Large Catechism* (Minneapolis: Augsburg, 1935), 44.

29. Gaffney, "Values, Victims and Visions," 426.

30. 위에서 인용된 Jerome Bruner의 글에는 그가 프린스턴고등연구소에서 방문 학자로 지내던 시절 대화했던 물리학자들에 대한 언급이 포함되어 있다. 그들 중 한 명은 물리학이 "5퍼센트의 관찰과 95퍼센트의 추론"으로 이루어져 있다고 주장했다. 이는 그들의 모델이

무엇을 탐색하고 발견하며 해석하는지를 크게 결정한다는 의미였다. 이와 관련하여 종교 연구에서 중요한 연구를 수행한 Ian Barbour, *Myths, Models, and Paradigms: A Comparative Study in Science and Religion* (New York: Harper & Row, 1987)을 참고하라.

31. 성품 요소에 대한 이 논의뿐만 아니라 도덕적 지식과 우리의 경험과의 관계는 Daniel Maguire의 탁월한 저서에서 매우 유익하게 탐구되고 있다. 특히 *The Moral Choice* (Minneapolis: Winston Press, 1978)를 참고하라. 이 책의 한 장에서는 동기의 의미와 도덕적 스타일에 대해 구체적으로 다루고 있다.

32. Janis Johnson, "Two Educators, Legislator, Explore Moral Choices and Public Service," *The Washington Post*, 18 Feb. 1977에서 보도한 바와 같다. 독자들은 위에서 인용된 *The Westminster Dictionary of Christian Ethics*, "Conscience"(양심) 항목과 C. Ellis Nelson ed., *Conscience: Theological and Psychological Perspectives* (New York: Newman Press, 1973)를 참고할 수 있다.

33. John Ehrlichmann, "What I Have Learned," *Parade*, 26 Sept. 1982, 7.

34. David Halberstam, *The Best and the Brightest* (Greenwich, Conn.: Fawcett Publications, 1972), 88에서 인용한 내용이다. 32번 각주에서 양심에 대해 언급된 워싱턴 회의에서 하를란 클리블랜드(Harlan Cleveland)는 다음과 같이 말했다. 이는 보울스 (Bowles)의 증언을 보완하는 내용이다: "윤리 강령은 결코 [공직자가 직면하는 도덕적 선택 을] 모두 포괄할 수 없다. … 정부의 책임 수준은 수십만 명의 공공 및 민간 경영인의 도덕적 감수성과 내재된 기준에 달려 있다. 상황이 복잡해질수록 개인의 결정이 더욱 중요해진다. … 아리스토텔레스, 성경, 부모님의 현명한 격언 등이 유용할 수는 있지만, 그것이 각 사례에 단독으로 적용될 수는 없다. 인종 폭동을 어떻게 통제할 것인지, 베트남 전쟁을 어떻게 해결할 것인지 혹은 새 사무실 건물을 지을 것인지와 같은 문제에 대한 구체적인 지침을 제공하지 않는다."

35. Dirk Johnson, "Coming Home, with AIDS, to a Small Town," *The New York Times*, 2 Nov. 1987.

5장 | 성품 형성과 사회 구조

1. John Sabini and Maury Silver, *Moralities of Everyday Life* (Oxford, New York, Toronto, Melbourne: Oxford University Press, 1982), 57. 일기 기록은 E. Cohen, *Human Behavior in the Concentration Camp* (New York: Grosset & Dunlap, 1953) 에서 인용되었다.

2. *Ibid.*

3. *Ibid.*

4. *Ibid.*

5. *Ibid.*

6. Sallie McFague, *Models of God: Theology for an Ecological, Nuclear Age* (Philadelphia: Fortress, 1987), 137.

7. 신정론(Theodicy)은 악의 현실에 대해 일관성 있게 설명하면서도 하나님이 선하다는 주장을 유지하려는 신학적, 도덕적 노력의 명칭이다. 이에 관해서는 다음의 저서를 참고하라: Douglas John Hall, *God and Human Suffering* (Minneapolis: Augsburg, 1986); Dorothee Soelle, *Suffering* (Philadelphia: Fortress, 1973); James H. Cone, *God of the Oppressed* (New York: Seabury Press, 1975), 8장 "Divine Liberation and Black Suffering," 163-194; 9장 "Liberation and the Christian Ethic," 195-225. 기독교윤리학 저술에 깊은 영향을 미친 유대인 작가는 Elie Wiesel이다. 그는 자신의 비르케나우, 아우슈비츠, 부나 그리고 부헨발트 강제 수용소 경험을 *Night* (New York: Avon Books, 1969)에서 서술하였다. 또한 그의 소설들은 악과 선의 문제를 다루는 과정에서 위젤의 사유를 따라가기 위해 연대순으로 읽는 것이 좋다: *Dawn* (New York: Avon Books, 1970); *The Accident* (New York: Avon Books, 1970); *The Town beyond the Wall* (New York: Avon Books, 1969); *The Gates of the Forest* (New York: Avon Books, 1967); *A Beggar in Jerusalem* (New York: Avon Books, 1971); *The Oath* (New York: Avon Books, 1973); *The Testament* (New York: Summit Books, 1981). 영어판 출판 연도가 원래 프랑스어판의 출판 순서를 반영하지 않는 경우도 있다. 엘리 위젤의 작품을 해석하고 악과 고통 그리고 긍정과 선의 가능성을 다루는 기독교윤리학의 뛰어난 저서는 Robert McAfee Brown, *Elie Wiesel: Messenger to All Humanity* (Notre Dame and London: University of Notre Dame Press, 1983)이다.

8. *Ibid.*, 55-57.

9. *Ibid.*, 56 (emphasis added).

10. Richard L. Rubenstein, *The Cunning of History: Mass Death and the American Future* (New York: Harper & Row, 1975), 4-5.

11. Hannah Arendt, *Eichmann in Jerusalem: A Report on the Banality of Evil* (New York: Penguin Press, 1977).

12. Sabini and Silver, *Moralities of Everyday Life*, 56. 이는 그들이 아렌트의 연구 결과를 보고한 내용이다.

13. Dietrich Bonhoeffer, "After Ten Years," *Letters and Papers from Prison, The Enlarged Edition*, ed. Eberhard Bethge (New York: Macmillan, 1971), 5-6.

14. Sabini and Silver, *Moralities of Everyday Life*, 56.

15. Walter Rauschenbusch, *Christianizing the Social Order* (New York: Macmillan, 1912), 127. 라우셴부쉬의 통찰은 1930년대에 루이스 브랜다이스(Louis Brandeis) 대법관이 다른 표현으로 언급한 바 있다. 그는 다음과 같이 말했다: "우리 정부는 강력하고, 어디에나 존재하는 교사다. 좋든 나쁘든, 정부는 그 모범을 통해 국민 전체에게 가르침을 준다. 범죄는 전염된다. 만약 정부가 법을 어기는 존재가 된다면, 그것은 법에 대한 경멸을 조장하며, 모든 개인이 자신만의 법을 따르도록 만들고, 결국 무정부 상태를 초래한다." 이는 "Congressional Iran-Contra report"에서 인용되었으며, 다음과 같은 설명이 덧붙여졌다: "이란-콘트라 사건[레이건 행정부의]은 이 메시지를 간과한 결과였다." "The Law and the Devil," *The New York Times*, 19 Nov. 1987. 독자들은 라우셴부시가 20세기 첫 30년 동안 미국 개신교의 사회복음(Social Gospel) 운동에서 중요한 인물이라는 점을 알아야 한다. 그의 저서 *A Theology for the Social Gospel*은 기독교윤리사에서 중요한 책 중 하나이며, 특히 구조적 악의 문제를 심도 있게 다루고 있다.

또한 사회 구조가 행동을 유도하는 강력한 힘을 가진다는 우리의 언급이 개인의 성품, 특히 집단적 성품이 사건과 구조를 변화시킬 수 있는 힘을 부정하는 것은 아니라는 점을 주목할 필요가 있다. 시민권 운동에서 드러난 강한 성품은 이를 충분히 입증하는 사례다. *The Boston Globe Magazine*은 시민권 운동을 다룬 TV 시리즈 "Eyes on the Prize"에 대한 보도에서 다음과 같이 언급했다: "만약 Moses Wright가 용기를 내어 증언하지 않았다면 또는 몽고메리 시민들이 스스로 행동하기로 결심하지 않았다면, 이 모든 일은 일어나지 않았을 것이다. 법률이 그것을 만들어 내지 못했을 것이고, 정치 지도력은 더욱 불가능했을 것이다. 연방 정부와 헌법도 그것을 이루지 못했을 것이다. 그리고 우리가 빈곤층(underclass)에 대해 이야기할 때, 이 문제를 해결할 유일한 방법은 그들 개개인이 자신이 변화를 만들어야 한다는 사실을 깨닫는 것이다. 그리고 그들은 이 운동을 시작한 미국 남부 농촌의 가난한 흑인들과 자원이 많거나 적거나 다르지 않다는 사실을 이해해야 한다." Ed Siegel, "Let My People Go," *The Boston Globe Magazine*, 18 Jan. 1987, 57.

16. "Waldheim Assails 'Slanderers,' Vows Not to Step Down," *The New York Times*, 16 Feb. 1988. 또한 다음 자료에서 정보를 참고하였다: "Inquiry for Austria Declares Waldheim Knew of War Crimes," *The New York Times*, 9 February 1988; "Waldheim Linked to Nazi Roundup," *The New York Times*, 18 February 1988; "Austrians Divided over Waldheim's Nazi Issue," *Nairobi Daily Nation*, 16 January 1988.

17. Robert Edwin Herzstein, Waldheim: *The Missing Years* (New York: Arbor House/William Morrow & Company, 1988)를 참고하라. 흥미롭게도 헤르츠슈타인은 발트하임(Waldheim)을 "악하지 않다"고 선언하는데, 그 이유는 그가 대부분 '선의의 의도를 가진 사람'이라고 판단했기 때문이다. 그러나 이는 윤리를 단순히 의도에만 국한시킨

잘못된 도덕적 판단이다. 의도는 중요하지만 성품(character)의 일부일 뿐이며, 성품 역시 윤리의 한 부분에 불과하다. 따라서 본 장에서 강조하는 바와 같이 '선함'(good)은 덕(virtue)과 도덕적으로 올바른 행동(morally right action)의 일치에서 비롯된다.

18. James Fallows, "The Passionless Presidency," *Atlantic* 243 (May 1979): 34-35.

19. Daniel P. Moynihan, "How Reagan Created the Crash," *The New York Times*, 1 Nov. 1987에서 인용.

20. 이 세 가지 요소는 Larry Rasmussen, "The Persistence of Hunger," *Currents in Theology and Mission* 14/4 (Aug. 1987): 245-251에서 세계 기아 문제를 논의하는 틀로 사용되었으며, 해당 논의에서 차용한 것이다.

21. John Howard Yoder, *The Priestly Kingdom* (Notre Dame: The University of Notre Dame Press, 1984), 5.

22. Walter Wink, *Violence and Nonviolence in South Africa: Jesus' Third Way* (Phil- adelphia: New Society Publishers, 1987), 64.

23. Thomas Merton, "A Letter to Pablo Antonio Cuadra Concerning Giants," *Emblems of a Season of Fury* (New York: New Directions Books, 1961), 71. 머튼은 이어서 다음과 같이 말한다: "우리는 나쁜 꿈의 시대에 살고 있다. 과학자와 기술자는 인간 무의식의 환영(幻影)에 외형을 부여할 힘을 가지고 있다. 대기를 가로지르며 노래하는 밝은 무기들은 세계의 도시들을 산산조각 낼 준비가 되어 있으며, 그것은 중심 없는 거인들의 꿈이다. 그들의 수학적 전개는 믿음 없는 주술사들이 만들어 낸 신성한 의식이다. 그들의 꿈이 덜 비참했기를 바랄 수는 있겠지만, 어쩌면 그것은 우리 내면의 무의식적 자아에서 나온 발현일 수도 있다!"(72쪽)

24. "New Jersey Plan Is Blown Away by Winds of Change," 헌법 제정 과정에 관한 특집 시리즈 중 일부, *The Washington Post*, 15 June 1987.

25. Reinhold Niebuhr의 저술은 역사 속에서 인간의 가능성과 한계 그리고 이것이 선과 악을 행할 수 있는 인간의 능력과 어떻게 연결되는지를 논의하는 중요한 자료로 남아 있다. 니버의 대표작이자 20세기 기독교윤리학의 위대한 저서 중 하나는 *The Nature and Destiny of Man* (New York: Charles Scribner's Sons, 1941, 1943)이다.

6장 | 의사결정

1. 이 책에서는 기독교윤리에서의 현대 사회 문제를 거의 다루지 않으며, 다만 예시를 들기 위해 간헐적으로 언급될 뿐이다. 이는 우리가 이러한 문제를 중요하지 않다고 여기기 때문이 아니라 오히려 그 문제들이 단일 윤리학 저서에서 다루기에는 너무나 중요하고 방대한 주제이기 때문이다. 게다가 현대 사회 문제에 대한 논의는 본질적으로 시간이 지나면서 금방

시대에 뒤처지게 된다. 이에 대한 좋은 자료로는 몇 년마다 개정판이 출간되는 Paul T. Jersild and Dale A. Johnson, eds., *Moral Issues and Christian Response* (New York: Holt, Rinehart and Winston, 4th ed., 1988)가 있다. 또한 그린헤이븐 프레스(Greenhaven Press, St. Paul, Minn.)는 윤리적 이슈에 대한 다양한 관점을 다룬 *Opposing Viewpoints*라는 연속 소책자 시리즈를 출판하고 있다. 이 책들은 저실드와 존슨의 저서와 마찬가지로 하나의 이슈에 대한 다양한 관점을 제공하지만, 차이점은 그린헤이븐의 출판물은 종교적 관점을 반영하지 않는 반면, 저실드와 존슨의 저서는 기독교적 관점을 포함한다는 점이다.

2. 이것이 바로 '상황 윤리'(situation ethics)의 근본적인 오류다. 상황 윤리는 윤리에서 결정을 절대적인 것으로 여기며 성품 형성과 선한 사회의 구조 형성을 소홀히 한다. 그럼에도 상황 윤리는 윤리학에서 오랫동안 인기를 끌어왔으며, 많은 사람들은 윤리를 단순히 도덕적 결정을 내리는 것으로만 이해하고 그 이상의 관점을 고려하지 않는 경우가 많다. note 7.

3. John Howard Yoder, "The Hermeneutics of Peoplehood: A Protestant Perspective," *The Priestly Kingdom* (Notre Dame: University of Notre Dame Press, 1984), 15-45를 참고하라. 본 논의는 해당 논문뿐만 아니라 서론(1-12)의 내용도 반영하여 전개된다.

4. Cornel West, *Prophesy Deliverance! An Afro-American Revolutionary Christianity* (Philadelphia: Westminster, 1982), 21.

5. Yoder, *The Priestly Kingdom*, 26ff.에서의 토론을 참고하라.

6. *Ibid.*, 116-122.

7. 이와 관련하여 문화사적 관점에서 흥미로운 해석을 보고 싶다면 Jaroslav Pelikan, *Jesus Through the Centuries* (New York: Harper & Row, 1985)를 참고하라.

8. note 16.

9. "Leading Psychologist Expands the Boundaries," *The New York Times*, 20 Oct. 1987. 이 주제에 대한 광범위한 논의는 Jerome Bruner, *Actual Minds, Possible Worlds* (Cambridge: Harvard University Press, 1987)에 자세히 나와 있다. 이와 유사한 논의를 종교 연구에서 다룬 대표적인 논문으로는 Stephen Crites, "The Narrative Quality of Experience," *Journal of the American Academy of Religion*, 39/3 (Sept. 1971): 291-311이 있다.

10. 하버드대학교에서 가르치는 정신과 의사 Robert Coles는 하버드 경영대학원에서 "The Business World: Moral and Social Inquiry Through Fiction"이라는 세미나를 진행한 경험을 전한다. 그는 잘 알려진 소설을 활용하여 기업 세계에서 사람들이 자주 직면하는 도덕적 딜레마를 논의하는 수단으로 삼았다. 그는 다음과 같이 밝혔다: "이야기는 [참여자들의] 도덕적 상상력을 생생하게 만들었다. 이야기는 마음에 마법을 걸어 지성이 모든 것을 끝없는 일반화 속에서 자신과 멀어지게 하려는 유혹을 저항하도록 돕는다. 그렇다, 우리는

그 강의에서 이성을 사용했다. 하지만 대부분 우리는 편히 앉아 이야기들이 우리에게 다가오게 하고, 과거를 떠올리게 하며, 새로운 시각으로 미래를 고민하게 만들었다…." Coles, "Gatsby at the B School," *The New York Times Book Review*, 10 Oct. 1987, 41.

11. George A. Lindbeck, *The Nature of Doctrine: Religion and Theology in a Post-liberal Age* (Philadelphia: Westminster, 1984), 32.

12. ritual이라는 단어의 어원은 산스크리트어 rita에서 유래하며, 이는 질서(order)를 의미한다. 여기에서 rite(의식)와 right(옳음)라는 단어가 파생되었다. 이야기를 들려주는 행위는 의례(rite)로서, 우리의 경험을 올바른(right) 질서로 정리하려는 시도이며, 동시에 우리에게 방향을 제시하는 역할을 한다(옳은[right] 길을 찾도록 돕는다). 이 논의는 Nancy J. Duff의 박사학위 논문 "Humanization and the Politics of God: The *Koinonia* Ethics of Paul Lehmann" (Union Theological Seminary, 1987)에서 Ted L. Estess 의 연구를 활용한 논의를 바탕으로 한다.

13. Lindbeck, *The Nature of Doctrine*.

14. 여기에서의 논의와 인용은 린드벡의 것이다. Nancy J. Duff는 위에서 인용된 그녀의 박사 논문에서 린드벡의 연구를 기독교윤리에 통찰력 있게 활용하였다.

15. Buechner의 설교 "수태고지"(The Annunciation), *The Magnificent Defeat* (New York: Seabury, 1966), 58-59.

16. *Ibid.*, 59.

17. Bruce C. Birch, *Canon, Theology, and Old Testament Interpretation*, eds. Gene M. Tucker, David L. Petersen, and Robert R. Wilson (Philadelphia: Fortress, 1988), "구약 내러티브와 도덕적 가르침"(Old Testament Narrative and Moral Address).

18. *Ibid.*, 55.

19. 『거꾸로 된 왕국』은 크레이빌이 이 예수에 대해 저술한 책의 제목이다. Donald Kraybill, *The Upside-Down Kingdom* (Scottdale, Penn.: Herald Press, 1978).

20. Walter Brueggemann, *The Prophetic Imagination* (Philadelphia: Fortress, 1978), 72.

21. '도덕 담론의 수준'에 대한 이 논의는 Henry David Aiken의 중요한 논문을 단순화하고 각색한 것이다. 해당 논문은 그의 저서 *Reason and Conduct* (New York: Knopf, 1962), 65ff.에 수록되어 있다.

22. 이러한 역할과 공동체적 의사결정에 대한 강조는 John Yoder, *The Priestly Kingdom*, "The Hermeneutics of Peoplehood: A Protestant Perspective"(민족됨의 해석학: 개신교적 관점), 15-45에서 상당 부분 영향을 받았다. 그러나 여기에서 제시하는 내용은 그의 논의를 축약하고 상당히 각색한 것이다. 또한 일부 역할의 명칭을 다르게 부여하

고 요더가 제안한 두 개의 역할을 하나로 통합하였다.

23. 우리와 매우 유사한 방법이 Ada Maria Isasi-Diaz and Yolanda Tarango, *Hispanic Women: Prophetic Voice in the Church* (New York: Harper and Row, 1988), 104-110에서 설명되어 있다. 이 책은 히스패닉 여성들이 함께 신학적, 윤리적 성찰을 한 경험을 보고하는 내용이다.

24. James M. Gustafson, *Theology and Christian Ethics* (Philadelphia: Pilgrim Press, 1974), 99-120, "Moral Discernment in the Christian Life"(기독교 삶에서의 도덕적 식별); James E. Hug, S. J., ed., *Tracing the Spirit* (New York: Paulist Press, 1985), 279-305, "Christian Moral Discernment"(기독교적 도덕 식별)를 참고하라.

25. *Encyclopedia of Bioethics*, Warren T. Reich, editor-in-chief (New York: Free Press; London: Collier Macmillan, 1978), 439.

26. *Ibid.*, 440. Daniel C. Maguire는 *Theological Studies* 41/4 (December, 1980): 752-763, *Encyclopedia of Bioethics*(생명윤리 백과사전) 서평에서 이 항목을 주목하게 했다. 또한 그의 저서 *The Moral Choice* (Minneapolis: Winston Press, 1978)는 관련된 도덕적 지식과 그 원천에 대한 이해에 도움을 주었다.

27. 위의 174쪽을 보라.

7장 ι 교회와 도덕적 삶

1. *Economic Justice for All: Pastoral Letter on Catholic Social Teaching and the U.S. Economy* (Washington: United States Catholic Conference, 1986), §129.

2. *Ibid.*, §360.

3. *Ibid.*, §22.

4. 이 장에서의 논의는 이 책의 초판 제4장 "The Church as Community Context" (126-141)에서 이루어진 연구를 직접적인 기반으로 하며, 이후 장에서 Larry Rasmussen, "Going Public: The Church's Roles," in Charles P. Lutz, ed., *God, Goods, and the Common Good* (Minneapolis: Augsburg, 1987), 29-44에서 다루어진 내용을 토대로 한다.

5. note 3.

6. Recall the discussion of *psychogogia*, chap. 2, 23.

7. Roger L. Shinn, *Tangled World* (New York: Charles Scribner's Sons, 1965), 96.

8. Ruben F. W. Nelson, *The Illusions of Urban Man* (Ottawa, Canada: Square One Management Ltd., 1979), 48.

9. Bruce Birch, *What Does the Lord Require? The Old Testament Call to Social*

Witness (Philadelphia: Westminster, 1985), 83.

10. *Ibid.*

11. 트로크메(Trocme)와 르 샹봉(Le Chambon)에 대한 기록은 Philip Hallie, *Lest Innocent Blood be Shed* (New York: Harper and Row, 1979)에 보존되어 있다.

12. 윤리학을 위한 성경 해석과 성경을 활용하여 규범적 윤리 입장을 형성하는 작업은 복잡하며 현재 많은 논쟁의 대상이 되고 있다. 이 책의 후반부에서 이 논의를 다룰 것이다. 기독교윤리학에서 이러한 문제를 명확하게 제시하고 성경을 규범적 윤리에 활용하는 방법을 설명하는 저서로는 Lisa Sowle Cahill, *Between the Sexes: Foundations for a Christian Ethics of Sexuality* (Philadelphia: Fortress Press; New York: Paulist Press, 1985)가 있다. 방법론과 관련된 중요한 문제에 대해서는 특히 제1장, 제2장을 참고하라. 어떤 특정한 도덕적 문제(케이힐의 책은 성적 관계에 관한 것이다)에 대한 규범적 입장은 성경만으로 결정될 수 없다. 현대의 한 가지 문제에 대한 규범적 입장은 여러 가지 요인의 영향을 받아 형성된다. 케이힐은 네 가지 상호 보완적 준거점을 제시한다. 즉, ① 신앙 공동체의 '경전'이 되는 기초적 텍스트인 성경, ② 공동체의 신앙·신학·실천 전통, ③ 본질적 혹은 이상적인 인간성을 설명하는 철학적 논의('규범적' 인간 이해), ④ 인간 삶과 사회에서 실제로 존재하고 존재해 온 모습을 기술하는 설명적 논의('기술적' 인간 이해)이다(5쪽). 이러한 요소들은 공동체가 "무엇을 해야 하는가?"라는 질문에 대한 답으로서 규범적 입장을 정립해 가는 과정에서 구체적인 사실들과 상호 작용한다. 그러나 이 방법론 내에서 그리고 그 일부로서 성경은 무분별하게 사용될 수 없다. 즉, 공동체가 직면한 문제에 대해 성경을 어떻게 올바르게 이해해야 하는지에 대한 주의를 기울여야 한다. 이것이 바로 '해석학'의 문제로, 케이힐의 제2장에서 다루어지고 있으며 위에서 논의한 내용과도 연결된다. 요컨대 도덕적 문제에 대한 '규범적' 입장을 정립하는 과정과 이를 위해 성경을 '규범적'으로 해석하는 과정이 모두 중요하다. 성경의 규범적 해석은 이러한 과정에서 다른 준거점들과 상호 작용하며 결론에 이르게 된다.

13. 이 단락들은 Alasdair MacIntyre, *After Virtue*, "Virtue, Unity of Life and the Concept of a Tradition"에서 발췌한 것이다. 앞서 인용된 질문은 *Ibid.*, 201에서 가져왔다.

14. John Yoder, *The Priestly Kingdom* (Notre Dame: University of Notre Dame Press, 1984), 77.

15. *Ibid.*

16. 성서 연구에서 이 점을 강력하게 강조하는 중요한 저작으로 Phyllis Trible, *Texts of Terror: Literary-Feminist Readings of Biblical Narratives* (Philadelphia: Fortress, 1984)가 있다.

17. 전통이 윤리의 내용과 틀에 미치는 관계는 물론 지속적인 공동체로서의 교회에만 국한되지 않는다. 이는 사회 내 여러 공동체뿐만 아니라 사회 자체의 개념과도 관련이 있다.

1940년 미국 대법원 판결에서 펠릭스 프랭크퍼터(Felix Frankfurter) 대법관은 "자유로운 사회의 궁극적 토대는 결속된 감정을 묶는 유대"이며, 그러한 결속된 감정은 "한 민족의 전통을 수집하고, 이를 세대에서 세대로 전승하며, 그리하여 문명을 구성하는 소중한 공동 삶의 지속성을 형성하는 정신적, 지적 기관들에 의해 길러진다"고 밝혔다. Martin E. Marty, "Pluralists Take It on the Chin-Deservedly," *The New York Times*, 2 Apr. 1988에서 인용. 이 장에서 논의하는 많은 내용은 도덕적 삶에서 유사한 역할을 수행하는 다른 기관에도 적용될 수 있다. 우리가 이들을 다루지 않는다고 해서 기독교인과 타인의 삶에서 그들이 중요하지 않다고 생각하는 것은 아니다. 단지 이 장의 주제가 도덕적 삶에서의 교회에 국한되기 때문이다.

18. H. Richard Niebuhr, et al., *The Purpose of the Church and Its Ministry: Reflections on the Aims of Theological Education* (New York: Harper & Row, 1956), 38. 전체 단락은 다음과 같다: "결국 나의 이웃, 즉 내가 자신처럼 사랑하라고 명령받은 동반자는 누구인가? 그는 가까운 자이면서도 먼 자이며, 시간과 공간, 신념과 충성심의 거리로 인해 나와 분리된 자다. … 이웃은 과거와 현재, 미래에 존재하지만 단순히 인류 전체가 아니라 공동체 안에서 개별적으로 형성된 공동체다. 그는 로마 가톨릭교회의 아우구스티누스이며, 아테네의 소크라테스이며, 러시아 민중이며, 우리의 실패로 인해 결과를 감당해야 할 태어나지 않은 미래 세대이며, 우리가 자연과 다른 더 큰 공동의 선물을 관리하는 미래의 사람들이다. 그는 인간이며 천사이며 동물이며 무기물 존재이기도 하며, 존재하는 모든 것과 함께 존재에 참여하는 자다."

19. The United Methodist Council of Bishops, *In Defense of Creation: The Nuclear Crisis and a Just Peace* (Nashville: Graded Press, 1986).

20. 주교들의 사목 서한에 대한 가톨릭, 개신교, 유대교의 응답은 Charles Strain, ed., *Prophetic Visions and Economic Realities* (Grand Rapids: Eerdmans, 1988)에서 확인할 수 있다.

21. 이 장에서 주교들의 사목 서한을 활용한 다른 논의들과 마찬가지로 본 논의 역시 *Lutz, God, Goods, and the Common Good*에 수록된 Larry Rasmussen의 장에서 직접 인용한 것이다.

22. 우리는 도덕적 숙고에 대한 논의에 윤리적 분석을 목표로 하는 모든 분석에 관한 한 가지 사항을 추가한다. 공동체가 도덕적 문제를 다룰 때, 윤리의 필수 요소로 다음과 같은 구성 요소가 포함되어야 한다: 기술적 요소, 비판적 요소, 규범적 요소. 이들은 모두 윤리 자체의 형식에 속하는 '형식적' 요소들이다. 도덕적 문제와 그 맥락은 변화할 수 있지만, 이러한 요소들은 변함없이 유지된다.

(1) 윤리적 분석에는 기술적 요소가 포함된다. 어떤 문제에 대해서든 일정한 경험적 사례가 제시되거나 전제된다. 기술적 윤리 분석은 이를 드러내는 역할을 한다. 기술적 분석은 어떤 사실과 사실에 대한 해석이 중요한 것으로 간주되는지를 묻는 질문에 답한다. 또한 도덕적 문제의 위치를 구성하는 다른 요소들을 가능한 한 밝히고자 한다. 어떤 이념적 틀이 존재하는가? 어떤 역사적 요인이 영향을 미치는가? 이미 내려진 결정이나 고려 중인 결정에 가장 강력한 영향을 미치는 이해관계는 무엇인가? 누가 결정을 내리고 있으며, 어떤 방식으로 결정이 이루어지는가? 요컨대, 문제의 맥락은 무엇인가?

기술적 분석은 또한 문제의 제시 방식에 주목한다. 다양한 참여자들이 제시하는 도덕적 정당화(이유 근거)는 무엇인가? 그들은 어떤 행동을 권장하며, 그 이유는 무엇인가? 어떤 선택지는 고려되지 않고 있는가? 그 이유는 무엇인가?

한마디로 좋은 윤리적 분석은 도덕적 현실을 기술적으로 밝혀내는 작업을 포함한다.

(2) 두 번째 요소는 비판적 평가다. 이는 첫 번째 요소에서 이어진다. 밝혀진 도덕적 패턴, 제시된 정당화 근거, 동원된 사실, 이루어진 해석을 우리는 어떻게 평가할 것인가? 이러한 요소들은 비판적 숙고의 관점에서 어떻게 보이는가? 제시된 사례들은 타당한가? 고려되는 특정 입장들은 도덕적으로 가치 있는가?

(3) 세 번째 요소는 규범적 요소다. 특정 도덕적 문제의 경우, '규범적'(normative)이라는 것은 권장되는 입장과 행동 방침을 제시하는 것을 의미한다. 또한 이에 대한 근거를 제시하여 공적 검토를 받을 수 있도록 하는 것을 의미한다. 이러한 요소들은 서로 다른 명칭으로 불릴 수도 있다. 때때로 기술과 평가가 함께 묶여 '비판적 윤리'(critical ethics)로 불리며, 권장 방안은 '구성적 윤리'(constructive ethics)라고 불리기도 한다. 그러나 본질적으로 그 역할은 동일하며, 윤리적 분석이란 도덕적 현실을 밝혀내고, 이를 평가하며, 규범적 제안을 제시하는 것이다. 신중하게 도덕적 숙고를 하는 공동체는 이 세 가지 과정을 모두 수행한다.

23. 공동체와 행동에 대한 유익한 논의는 Frank G. Kirkpatrick, *Community: A Trinity of Models* (Washington, D.C.: Georgetown University Press, 1986)에서 찾을 수 있다. 특히 6장, "Religion and the Nature of the Loving Community" (186-220)를 참고할 것. 또한 이전 장에서 논의한 도덕적 진리의 실용적 성격을 기억하라.

24. 전미 가톨릭 주교회의(National Conference of Catholic Bishops), *The Challenge of Peace: God's Promise and Our Response* (Washington, D.C.: U.S.

Catholic Conference, 1983)를 참고하라. 우리는 예시를 위해 로마 가톨릭 주교들의 사목 서한을 사용하였으나, 가톨릭 도덕 신학의 다른 출처들은 인용하지 않았다. 가톨릭 윤리학의 발전을 따라가기 위한 편리하고 유익한 방법 중 하나는 Charles E. Curran and Richard A. McCormick, S. J., eds., *Readings in Moral Theology* (New York: Paulist Press) 시리즈를 참고하는 것이다. 이 자료들은 주제별로 구성되어 있으며, 첫 번째 권은 1979년에 출간되었다. 또한 매코믹은 *Theological Studies* 저널에서 "Notes on Moral Theology" 를 집필하고 있으며, 이는 가톨릭 윤리학의 특정 주제에 대한 문헌을 반기별(semi-annual) 로 검토하는 논평이다.

25. Karl Barth, *Church Dogmatics* IV/2, trans. G. W. Bromiley (Edinburgh: T. & T. Clark, 1958), 721.

8장 ㅣ 성경적 권위의 본질과 역할

1. 성경의 규범적 역할이 다양한 방식으로 이해되어 왔다는 것은 두말할 필요도 없다. 이에 대한 유용한 유형론은 David H. Kelsey, *The Uses of Scripture in Recent Theology* (Philadelphia: Fortress, 1975); Robert Gnuse, *The Authority of the Bible: Theories of Inspiration, Revelation and the Canon of Scripture* (New York: Paulist, 1985)에 서 찾을 수 있다.

2. James Gustafson, "Introduction," in H. Richard Niebuhr, *The Responsible Self* (New York: Harper and Row, 1963), 22.

3. James Barr, *The Bible in the Modern World* (New York: Harper and Row, 1973), 23.

4. Edward Farley and Peter C. Hodgson, "Scripture and Tradition," in *Christian Theology*, eds. Peter C. Hodgson and Robert H. King (Philadelphia: Fortress, 1985), 62. 보다 자세한 논의는 Edward Farley, *Ecclesial Reflection: An Anatomy of Theological Method* (Philadelphia: Fortress, 1982)를 참고하라.

5. Dewey Beegle, *Scripture, Tradition and Infallibility* (Grand Rapids, Mich.: Eerdmans, 1973), 124-125; Robert Gnuse, *The Authority of the Bible*, 20-21; Robert Johnston, *Evangelicals at an Impasse: Biblical Authority in Practice* (Atlanta: John Knox, 1979), 19-34.

6. Sallie McFague, *Models of God: Theology for an Ecological, Nuclear Age* (Philadelphia: Fortress, 1987), 43.

7. Farley and Hodgson, "Scripture and Tradition," 72ff.에서는 '권위의 집 붕괴' 에 대해 논의한다.

8. 성서 해석학이 주목받은 대표적인 저작으로 Juan Luis Segundo, *The Liberation*

of Theology (Maryknoll, N.Y.: Orbis, 1976); Elisabeth Schüssler Fiorenza, *Bread Not Stone* (Boston: Beacon Press, 1984)이 있다.

9. Segundo, *The Liberation of Theology*.

10. Elisabeth Schüssler Fiorenza, "A Feminist Biblical Hermeneutics: Biblical Interpretation and Liberation Theology," in *The Challenge of Liberation Theology: A First World Response*, eds. L. Dale Richesin and Brian Mahan (Maryknoll, N.Y.: Orbis, 1981), 91ff.; *Feminist Interpretation of the Bible*, ed. Letty M. Russell (Philadelphia: Westminster, 1985).

11. Phyllis A. Bird, "Images of Women in the Old Testament," *Religion and Sexism*, ed. Rosemary Radford Ruether (New York: Simon and Schuster, 1974), 41ff.; Elisabeth Schüssler Fiorenza, *In Memory of Her: A Feminist Theological Reconstruction of Christian Origins* (New York: Crossroad, 1983).

12. Farley and Hodgson, "Scripture and Tradition," 81.

13. Elisabeth Schüssler Fiorenza, "The Will to Choose or Reject: Continuing Our Critical Work," in *Feminist Interpretation of the Bible*, 135.

14. 유사한 주장과 우리가 논의한 많은 점은 유대교에도 적용될 수 있으며, 이는 교회와 공유하는 히브리 성경과의 관계에서도 마찬가지다.

15. James Barr, *The Bible in the Modern World*, 23.

16. Sallie McFague, *Models of God*, 43.

17. 이 개념에 대한 보다 자세한 논의는 Bruce C. Birch, *What Does the Lord Require? The Old Testament Call to Social Witness* (Philadelphia: Westminster, 1985), 52ff.; James A. Wharton, "Theology and Ministry in the Hebrew Scriptures," in *A Biblical Basis for Ministry*, ed. Earl E. Shelp and Ronald Sunderland (Philadelphia: Westminster, 1981), 17ff.를 참고하라.

18. Phyllis A. Bird, *The Bible as the Church's Book* (Philadelphia: Westminster, 1982).

19. David H. Kelsey, *The Uses of Scripture in Recent Theology*.

20. David H. Kelsey, "The Bible and Christian Theology," in *Journal of the American Academy of Religion* 48 (1980): 400-401.

21. Farley and Hodgson, "Scripture and Tradition," 80.

22. James Gustafson, "Introduction," in *The Responsible Self*, 22.

23. Sallie McFague, *Models of God*은 이 맥락에서 건설적 신학의 훌륭한 본보기이다.

24. *Ibid.*, 42. '퇴적된 해석들'(sedimented interpretations)이라는 표현은 McFague from Farley and Hodgson, "Scripture and Tradition," 85에서 가져온 것이다.

25. McFague, *Models of God*, 43.

26. James A. Sanders, *From Sacred Story to Sacred Text* (Philadelphia: Fortress, 1987).

27. *Ibid.*, 9ff.

28. 나는 이 문장을 1982년 뉴욕에서 열린 AAR의 페미니스트 해석학 패널에서 Elisabeth Schüssler Fiorenza에 대한 이전의 미출판 응답에서 사용하였으며, 이는 Letty Russell, "Authority and the Challenge of Feminist Interpretation," *Feminist Interpretation of the Bible*, 146에서 인용되었다.

29. McFague, *Models of God*, 43.

30. Allen Verhey, *The Great Reversal: Ethics and the New Testament* (Grand Rapids, Mich. Eerdmans, 1984), 153ff.

9장 | 성경 자료들을 이용할 수 있도록 만들기

1. 심도 있는 논의를 위해서는 Birch and Rasmussen, *Bible and Ethics in the Christian Life*, 1st ed. (Minneapolis: Augsburg, 1976), 1장을 참고하라. 이 장에서는 학문적 연구와 교회의 삶에서 성경과 기독교윤리 사이의 점점 벌어지고 있는 격차 문제를 다룬다. 1976년 이후 성경과 기독교윤리의 관계에 대한 논의가 다시 활성화되었으며, 특히 윤리학자들 사이에서 중요한 저작들이 발표되었다: Thomas W. Ogletree, *The Use of the Bible in Christian Ethics* (Philadelphia: Fortress, 1983); Allen Verhey, *The Great Reversal: Ethics and the New Testament* (Grand Rapids: Eerdmans, 1984). 그러나 성서학이나 교회의 삶에서는 아직 이러한 체계적인 논의가 충분히 발전하지 못했다. 해방신학 및 페미니스트 해석학과 같은 발전과 사회적 위치에 대한 관심 증가는(이 장 후반부에서 논의될 내용 참고) 성경과 기독교윤리를 연결하는 데 중요한 시사점을 제공하며, 이에 대한 논의가 점차 이루어지고 있다(Walter Brueggemann의 거의 모든 저작에서 이러한 논의를 찾을 수 있다).

2. James D. Smart, *The Strange Silence of the Bible in the Church* (Philadelphia: Westminster, 1970); Elizabeth Achtemeier, *The Old Testament and Proclamation of the Gospel* (Philadelphia: Westminster, 1973). 보다 최근의 논의는 Bruce C. Birch, "The Role of Memory in Congregational Life," in *The Congregation: Its Power to Form and Transform*, ed. C. Ellis Nelson (Atlanta: John Knox, 1988), 20-42를 참고하라.

3. 성서 문헌의 이러한 다양성이 갖는 신학적 의미에 대한 논의는 Paul D. Hanson, *The Diversity of Scripture, Overtures to Biblical Theology* (Philadelphia: Fortress, 1982)를 참고하라.

4. 도덕적 삶에서 구약 서사문의 중요성이 간과되었다가 다시 회복되는 과정에 대한 논의는 Bruce C. Birch, "Old Testament Narrative and Moral Address," in *Canon, Theology, and Old Testament Interpretation*, eds. G. M. Tucker, David L. Petersen, and Robert R. Wilson (Philadelphia: Fortress, 1988)을 참고하라.

5. 이 이미지와 세계 자원 문제의 관련성에 대한 논의는 Bruce C. Birch and Larry L. Rasmussen, *The Predicament of the Prosperous* (Philadelphia: Westminster, 1978), 74-75에서 찾을 수 있다.

6. Elisabeth Schüssler Fiorenza는 SBL 회장 연설에서 성서 비평에서 사회적 위치에 대한 새로운 관심을 촉구하는 강력한 논지를 전개하였다. "The Ethics of Interpretation: De-Centering Biblical Scholarship," *Journal of Biblical Literature* (1988): 3-17.

7. Norman K. Gottwald, *The Tribes of Yahweh: A Sociology of the Religion of Liberated Israel 1250-1050 B.C.E.* (Maryknoll, NY: Orbis Books, 1979); *The Hebrew Bible: A Socio-Literary Introduction* (Philadelphia: Fortress, 1985).

8. Robert Kysar, *The Fourth Evangelist and His Gospel: An Examination of Contemporary Scholarship* (Minneapolis: Augsburg, 1975).

9. Paul D. Hanson, *The People Called: The Growth of Community in the Bible* (San Francisco: Harper and Row, 1986); James A. Sanders, *From Sacred Story to Sacred Text* (Philadelphia: Fortress, 1987)는 공동체의 중요한 역할을 강조한다.

10. 특히 유용한 자료로는 Robin Maas, *Church Bible Study Handbook* (Nashville: Abingdon Press, 1982)이 있다. 이 책은 지역 교회에서 성인 성경 공부를 위한 방법과 도구를 자세히 다룬다. 또한 해석학적 과정에 대한 또 다른 유용한 자료로 John H. Hayes and Carl R. Holladay, *Biblical Exegesis: A Beginner's Handbook*, rev. ed. (Atlanta: John Knox, 1988)이 있다.

11. 성경 번역과 그 과정에 대한 뛰어난 대중적 논의로 Barry Hoberman, "Translating the Bible," *The Atlantic Monthly* (February 1985): 43-58을 참고하라.

12. Maas, *Church Bible Study Handbook*, 199-208을 참고하라. 이 책에는 이러한 도구들에 대한 우수한 참고 문헌 목록이 포함되어 있다.

13. 성서 신학의 과제가 객관적인 역사학자의 기술적 작업에 국한되어야 한다는 고전적 주장은 Krister Stendahl, "Biblical Theology, Contemporary," in *The Interpreter's Dictionary of the Bible*, vol. 1 (Nashville: Abingdon Press, 1962), 418ff.에서 찾아볼 수 있다.

14. Brevard S. Childs, *Biblical Theology in Crisis* (Philadelphia: Westminster, 1970), 99.

15. Hartmut Gese, "Tradition and Biblical Theology"; R. Laurin, "Tradition

and Canon"; Douglas A. Knight, "Revelation Through Tradition"; all in *Tradition and Theology in the Old Testament*, ed. D. A. Knight (Philadelphia: Fortress, 1977).

16. Brevard S. Childs, *Introduction to the Old Testament as Scripture* (Philadelphia: Fortress, 1979), 76, 83.

17. 이 표현 자체가 문제적이다. 어떤 본문 전승이 최종 형태인가? 이것이 최종적인 정경적 맥락에서 구약과 신약을 함께 의미하는 것인가, 아니면 구약을 신약과 연결시키기 전에 독자적인 증언으로 연구할 수도 있는가? Bruce C. Birch, "Tradition, Canon and Biblical Theology," in *Horizons in Biblical Theology* 2 (1980):113-126에서 차일즈(Childs)에 대한 비판을 참고할 것.

18. James A. Sanders는 *From Sacred Story to Sacred Text*에서 정경과 정경화 과정과 관련된 자신의 중요한 연구들을 모아놓았다.

19. Paul Lehmann, *Ethics in a Christian Context* (New York: Harper and Row, 1963)는 구약의 뿌리의 중요성을 간략히 인정하며(26쪽), 종교개혁의 원칙인 *tota Scriptura est verbum Dei*("성경 전체가 하나님의 말씀이다", 30쪽)를 인용하지만, 성경적 자료를 다루는 부분의 제목을 "기독교윤리와 신약 윤리"(26쪽)로 명명하고 있다.

20. Childs, *Biblical Theology in Crisis*, 105.

21. Elisabeth Schüssler Fiorenza, "Discipleship and Patriarchy: Early Christian Ethos and Christian Ethics in a Feminist Theological Perspective," in *Proceedings of the Society of Christian Ethics* (1982).

22. James A. Sanders, "The Bible as Canon," *The Christian Century*, 2 Dec. 1981.

23. Sharon H. Ringe, "Positive Force for Justice or Benediction to Abuse?," *Engage/Social Action* 11 (July/August 1983), 26ff.

24. Phyllis Trible, *Texts of Terror* (Philadelphia: Fortress, 1984). 트리블은 억압적인 본문과 씨름하는 과정에서 하나님의 말씀을 강력하게 들을 수 있는 해석을 제시한다.

25. note 28, chap. 8.

26. Childs, *Biblical Theology in Crisis*, 195ff. 차일즈는 주제의 유사성을 찾는 과정에서 여러 가지 부정적 제약을 지적한다.

27. James Gustafson, "The Place of Scripture in Christian Ethics: A Methodological Study," *Interpretation* 24 (Oct. 1970): 430-455. 이 글에서는 여러 모델을 논의하며, 구스타프슨은 이를 거부하고 자신의 보다 다면적인 모델을 제안한다. 또한 3장에서 논의된 바와 같이 도덕적 삶은 덕, 가치, 의무, 비전 중 하나로만 환원될 수 없으며 성경 또한 이들 중 하나에만 관련되는 것이 아님을 강조한다.

28. 위의 282-284쪽을 보라.

29. 우리의 견해로는 현재 여러 교회 공동체에서 논의되고 있는 동성애 문제가 이러한 사례의 한 예다. 가장 넓게 보더라도 동성애를 다룬다고 주장되는 성경 본문은 일곱 개에 불과하며, 이 중 일부는 성적 지향 자체보다는 폭력적이거나 욕망에 기반한 행위 혹은 이방 종교 의식과 관련된 것으로 보인다. 이는 성경 공동체에서 동성애가 기껏해야 부차적인 문제였으며 거의 언급되지 않은 주제였음을 보여준다. 따라서 이 문제에 대해 성경에서 명확하고 일관된 도덕적 명령을 찾기는 어렵다. 그러므로 교회가 이 문제에 대한 도덕적 결정을 내릴 때는 성경에 기초한 보다 일반적인 원칙, 가치, 비전과 함께 사회적, 의학적 데이터를 고려해야 한다.

10장 ┃ 요약과 도전

1. Allan Bloom, *The Closing of the American Mind: How Higher Education Has Failed Democracy and Impoverished the Souls of Today's Students* (New York: Simon and Schuster, 1987), 60.

2. *The Challenge of Peace: God's Promise and Our Response. A Pastoral Letter on War and Peace* (Washington: The National Conference of Catholic Bishops, 1983); *Economic Justice for All: Pastoral Letter on Catholic Social Teaching and the U.S. Economy* (Washington: National Conference of Catholic Bishops, 1986). 미국 연합감리교회 주교회의(The United Methodist Council of Bishops)도 유사한 과정을 거쳐 *In Defense of Creation: The Nuclear Crisis and a Just Peace* (Nashville: Graded Press, 1986)를 발표하였다.

3. Sergio Torres and John Eagleson, eds., *The Challenge of Basic Christian Communities* (Maryknoll: Orbis Books, 1981).

4. Robin Maas는 여전히 널리 퍼져 있는 이 개념과 그 뿌리를 1985년 가톨릭대학교에서 발표한 미출판 논문 "New Foundations for Biblical Education with Children: A Challenge to Goldman"에서 문서화하였다. 또한 그녀의 간략한 논의는 "Biblical Catechesis and Religious Development: The Goldman Project Twenty Years Later," *Living Light* 22 (January 1986): 124-144에서 찾아볼 수 있다.

성 경 참 조 색 인